심슨 가족이 사는 법

윌리엄 어윈
마크 T. 코너드
이언 J. 스코블 엮음

유나영 옮김

심슨 가족이 사는 법

코미디를 뛰어넘는 철학의 성찰

글항아리

(≪심슨 가족≫ 등 다수의 텔레비전에 출연해 여러분에게 친숙할)

라이어널 허츠와 트로이 매클루어에게 이 책을 바칩니다.

『심슨 가족이 사는 법』은 기막힌 책이다. 철학자와 비철학자가 의기투합하여 《심슨 가족》의 인물, 발상, 줄거리로부터 매우 흥미진진한 철학적 쟁점들이 생겨나는 것을 보여준다. 잘 쓰인 에세이들은 도발적이고 성찰적이고 지적이면서도 엘리트주의의 낌새라곤 없다. 지극히 유용하고 굉장히 재미있게 읽힌다. 필자들 간의 적당한 타협이라고는 눈 씻고 찾아봐도 없다(일례로 바트는 하이데거적 사상가이지만 니체적 영웅은 아니다). 이 책은 심각할 때가 있는 (그리고 심각하게 웃기는) 텔레비전 쇼에 적용된 심각한 철학이다.

패러디, 인유, 아이러니처럼 좀더 문학적인 관심사에 천착하며 《심슨 가족》을 영화 같은 다른 예술 장르와 비교한 글들도 있다. 《심슨 가족》을 《사인펠드》 《비버는 해결사》 《잭 베니 쇼》 《야전병원 매시» 같은 무수한 텔레비전 시리즈와 함께 ‹싸이코› ‹펄프 픽션› ‹좋은 친구들› 『도리언 그레이의 초상』과 비교한 예들은 매우 인상적이다.

호머의 논리적 장애, 바트의 치사한 수법, 리사의 신랄한 논평에 허를 찔려본 적이 있는 모든 이에게 이 책을 추천한다. 철학 입문 수업에 도발적인, 때로는 도전적인 텍스트를 활용하는 데 관심이 있는 선생님들에게도 이 책을 추천한다.

여러분은 이 책으로부터 많은 걸 배울 수 있을 것이다. (자동 재생되는 호머와 바트의 목소리) "싫으면 굳이 안 그래도 되고."

마이클 F. 굿맨, 홈볼트주립대학 교수

차례

스프링필드에 대한 성찰?

«심슨 가족»에 대한 책 한 권을 쓰려면 몇 명의 철학자가 필요할까? 자신 있게 말하건대 쓰는 데 20명, 엮는 데 3명이다. 하지만 «심슨 가족» 에피소드 한 편을 제작하는 데 150만 달러가 들고 8개월간 300명이 매달려야 한다는 점을 감안하면 이 정도는 준수한 편이다. 그런데 세상에, 얼마나 할 일이 없으면 텔레비전 쇼에 대한 글이나 쓰고 있단 말인가? 이 질문에 짧게 답하자면, 우리는 엄연히 할 일이 있는 사람들이다. 그럼에도 우리는 이 글들을 즐겁게 썼고, 여러분도 즐겁게 읽길 바란다.

　이 책의 아이디어가 싹튼 것은 몇 년 전이었다. 인기 코미디시트콤 «사인펠드»가 종영했을 때, 윌리엄 어윈의 머리에는 이 '아무것도 아닌 것에 관한 쇼show about nothing'에 대한 철학 에세이집을 써보자는 엉뚱한 아이디어가 떠올랐다. 그와 동료 철학자들은 이 쇼를 즐겨 보며 웃고 흥미로운 토론을 벌였으니 그 재미를 책의 형태로 공유해선 안 될 이유가 없었다. 오픈코트 출판사 사람들은 이 프로젝트를 추진할 만한 비전과 끈기와 유머감각의 소유자들이었고, 그렇게 어느덧 정신을 차리고 보니 어윈은 『사인펠드와 철학: 모든 것과 아무것도 아닌 것에 관한 책Seinfeld and Philosophy: A Book about Everything and Nothing』을 엮고 있었다. 이 책은 학자들뿐만 아니라 일반 대중 사이에서도 알찬 성공을 거두었다.

어윈과 친구들이 즐겨 보며 토론한 또 하나의 텔레비전 쇼는 «심슨 가족»이었다. 그들은 이 애니메이션의 아이러니와 불손함을 높이 평가했고, 이 시리즈가 «사인펠드»와 마찬가지로 풍성한 철학적 탐구와 토론을 이끌어낼 수 있는 비옥한 토양임을 깨달았다. 그래서 어윈은 «심슨 가족»을 다룬 이 두 번째 책을 엮어 내기로 하고, 『사인펠드와 철학』에 필자로 참여했던 마크 코너드와 이언 스코블에게 공동 편집을 제안했다. 오픈코트는 이 아이디어 또한 두 팔 벌려 환영했다. 지금 여러분이 이 책을 읽고 있다면, 철학이나 «심슨 가족»이나 혹은 둘 다에 대해 적어도 조금은 관심이 있을 것이다. 이 책의 기본 착상은 『사인펠드와 철학』과 동일하다. 이 쇼는 모종의 철학적 논의가 가능할 정도로 지성과 깊이를 갖추고 있으며, 또한 인기 프로그램으로서 일반 독자를 위한 다양한 철학적 주제를 탐색할 도구 역할을 할 수 있다는 것.

«심슨 가족»은 풍자로 가득 차 있다. 의문의 여지 없이 오늘날 텔레비전에서 가장 지적이고 교양 있는 코미디다(여러분도 알다시피 오늘날

심슨 가족이 사는 법

텔레비전의 평균 수준을 고려하면 의미 없는 소리지만, 그래도……). «심슨 가족»이 지적이고 교양 있다는 말이 이 쇼를 그저 한 멍청이네 가족을 그린 만화로 (게다가 그런 만화는 이미 많이 나왔다) 치부하는 이들에겐 터무니없는 소리로 들릴지 몰라도, 잘 뜯어보면 가벼운 웃음거리를 훌쩍 뛰어넘는 코미디의 수준이 드러난다. 겹겹의 풍자, 이중적 의미, 대중문화뿐만 아니라 고급문화도 인용하는 점, 시각적 개그, 패러디, 자기지시적 유머가 눈에 들어온다. 아이들이 보고 있는 어떤 만화에 대해 마지가 눈살을 찌푸리자 리사는 이렇게 대답한다. "이 만화가 어른용이라면 황금시간대에 방영했겠죠!" 리사의 말에도 불구하고 «심슨 가족»은 확실히 어른용이며, 그저 대중적인 만화라는 이유만으로 이 쇼를 무시하는 건 얄팍한 처사다.

«심슨 가족»의 작가인 맷 그레이닝은 대학에서 철학을 공부했지만, 이 책의 필자 중 그레이닝의 만화에 심오한 철학이 깔려 있다고 믿는 사람은 없다. 이 책은 '«심슨 가족»의 철학'이나 '철학으로서의 «심슨 가족»'이 아니라, 어디까지나 '«심슨 가족»과 철학'이다. 우리는 이 쇼를 만드는 그레이닝과 제작진이 의도한 의미를 전달하려는 게 아니다. 그보다는 우리가 «심슨 가족»에서 본 철학적 의미를 조명한다. 이 책의 에세이 중 일부는 필자 자신이 좋아하는, 그리고 철학의 한 측면을 말해준다고 보는 쇼에 대한 성찰이다. 대니얼 바웍은 괴팍한 수전노인 번스 사장을 들여다보며, 우리가 번스의 불행으로부터 행복의 본질에 대해 뭔가를 배울 수 있을지 가늠해본다. 등장인물 중 한 명을 이용하여 한 철학자의 사상을 탐색하는 에세이도 있다. 일례로 마크 코

너드는 전통적 도덕을 거부하는 니체의 사상이 바트의 못된 행동을 정당화할 수 있는가 하는 질문을 제기한다. 또는 이 쇼를 활용하여 비전문가(철학으로 먹고 살지는 않지만 철학적 성찰에 어느 정도 관심이 있는 지적인 사람)가 이해하기 쉬운 방식으로 철학적 주제를 전개하기도 한다. 일례로 제이슨 홀트는 위선이 언제나 비윤리적인가를 판단하기 위해 '스프링필드의 위선'을 탐색한다.

이 책은 철학을 누구나 이해할 수 있는 수준으로 끌어내리려는 시도가 아니다. 우리 목표는 하향평준화가 아니다. 오히려 반대로, 우리는 비전문가 독자들이 (텔레비전 쇼와 연관되지 않은) 다른 철학책들도 찾아 읽길 바란다. 또 우리 동료들도 이 에세이들을 읽고 지적 자극과 즐거움을 찾을 수 있길 바란다.

대중문화를 가지고 철학 에세이를 쓴다는 것이 타당한 일인가? 이런 질문에 대한 모범 답안은, 소포클레스와 셰익스피어도 그 당시에는 대중문화였지만 그들의 작품을 철학으로 고찰하는 게 유효한지에 대해서는 아무도 의문을 제기하지 않는다는 것이다. 하지만 《심슨 가족》에선 이런 논리가 통하지 않는다(뜨악!). 이런 대답은, 전에 없던 방식으로 인간 조건을 조명했다는 점에서 대단히 심오한 역사상 최고의 문학들과 《심슨 가족》을 우리가 동급으로 간주한다는 오해를 부를 수 있다. 그런 것은 아니다. 하지만 그럼에도 《심슨 가족》은 진지하게 주목하기에 딱 알맞은 정도의 깊이와 확실한 재미를 갖추었다. 게다가 이 쇼의 인기 덕분에, 우리는 학계 밖의 독자들에게 효과적으로 다가가기 위해 철학의 전통적 이슈를 조명하는 수단으로서 《심슨 가족》을 이용할 수 있다.

그리고 이따금 신성모독죄로 기소되어 처형되기는 하지만,* 철학자들도 사람임을 부디 잊지 말아주시길 바란다. 겁먹지 마시라.

---

* 소크라테스를 암시한다.

1부

《심슨 가족》사람들

1

호머와 아리스토텔레스

라자 할와니

인간은 무엇이 행복인지, 삶에서 무엇이 좋은 것인지를 보고도 보지 못한다. _아리스토텔레스, 『에우데모스 윤리학』, 1216a10

나는 당신처럼 틀에 박힌 삶은 살 수 없어. 난 다 경험해보고 싶어! 밑바닥 인생, 아찔한 상류층, 반들반들한 중산층! 그래, 몇몇 도덕군자는 내 거침없는 행보와 야생의 냄새에 눈살을 찌푸릴지도 모르지―흥, 쯧쯧 혀를 차고 수염을 쓰다듬으며 '저 호머 심슨을 어떻게 할까' 토론하는 '시 원로들'의 애완견 따위는 절대로 되지 않겠어! _호머 심슨, ‹리사의 경쟁 상대›

도덕적으로 평가했을 때 호머 심슨의 점수는 신통치 않다. 그의 행동보다 **성품**character에 집중했을 때 특히 더 그렇다(전자의 범주에서도 특별히 빛나는 건 아니지만). 하지만, 왠지는 몰라도 호머에게는 윤리적으로 존경할 만한 구석이 있다. 이는 다음과 같은 수수께끼를 제기한다. 호머 심슨이 도덕적으로 신통찮다면, 그는 어떤 면에서 존경할 만한 것일까? 이 점을 조사해보자.

아리스토텔레스의 성품 유형

아리스토텔레스는 네 가지 성품 유형의 논리적 범주를 우리에게 제시했다.[1] 초인적 성품과 짐승 같은 성품이라는 두 극단적 유형을 제외하면 우리는 덕, 자제력 있음, 자제력 없음, 악덕이라는 네 가지 성품을 띤다. 이 각각의 성품을 가장 잘 이해하기 위해 각각의 성품이 행동, 판단, 욕망으로 나타나는 방식이라는 면에서 서로를 비교해보도록 하자. 또한 한 상황을 예로 들어 각 성품이 이 상황에 어떻게 대응하는가를 보자.

누가—이 사람을 '리사'라고 하자—길을 걸어가다가, 돈이 두툼하게 든 지갑이 길에 떨어져 있는 것을 발견했다고 치자. 리사가 덕을 갖춘 사람이라면, 지갑을 적법한 기관에 갖다주어야 한다고 판단할 뿐만 아니라 흔쾌히 그렇게 할 것이다. 리사의 욕망은 그의 올바른 판단 및 행동과 합치한다. 이제 자제력을 갖춘 레니라는 사람을 생각해보자. 레니가 지갑을 발견한다면 그는 지갑에 손대지 않고 주인을 찾아주어야 한다는 올바른 판단을 내릴 수 있을 것이고, 이 판단을 행동으로 옮길 수도 있겠지만, 내심 그러기 싫은 욕망을 이겨내야만 할 것이다. 이는 자제력이 있는 사람들의 특징이다. 그들은 옳은 일을 하기 위해 자기 욕망과 싸워야 한다.

자제력이 없는 유형과 악덕한 유형의 경우는 그보다 나쁘다. 자제력이 없는 사람은 무엇을 할지에 대해 옳은 판단을 내릴 수 있지만 의지가 박약하다. 우리의 바트를 자제력 없는 인물로 가정할 때, 지갑을 발견한 그는 지갑을 갖는 게 나쁜 일임을 알면서도 욕망에 굴복하여 결국 올바른 행동을 하지 못할 것이다. 악덕한 사람에게는 자기 욕망과의 싸움도, 의지박약도 없다. 하지만 이는 악덕한 사람의 판단이 도덕적으로 그릇되며, 그의 욕망과 그의 판단이 서로 완전히 합치하기 때문이다. 넬슨이 악덕하다면, 그는 돈을 가져야겠다고 판단하고(돈을 챙긴 뒤 지갑은 던져 버리든지, 경찰서에 가져다주되 지갑의 내용물에 대해서는 거짓말을 할 것이다), 돈을 가지고 싶어하며, 실제로도 그렇게 행동할 것이다.

무엇이 덕 있는 성품을 구성하는지를 좀더 자세히 살펴보자. 덕 있는 사람은 덕을 지니고 덕을 발휘하는 사람이다. 나아가, 덕은 올바르게 행동하고 감정적으로도 올바르게 반응하는 경향을 그 소유자에게 부여하는 성품의 상태(혹은 특질)다. 이 점을 고려하면, 덕이라는 성품의 상태가 행동과 감정에 둘 다 연관된다고 아리스토텔레스가 주장한 이유를 알 수 있다(『윤리학』 2권, 특히 1106b15-35). 예를 들어 누가 자비심이라는 덕을 지녔다면 그는 올바른 상황에서 올바른 사람들에게 자비를 베푸는 경향이 있을 것이다. 그는 누가 요구한다고 해서 아무에게나 돈을 주지 않는다. 덕 있는 사람은 받는 쪽이 돈을 절실히 필요로 하며 그 돈을 올바르게 쓸 것임을 반드시 인지한다. 나아가, 덕 있는 사람은 상황에 맞는 감정적 반응을 보인다. 이는 우리 예시에서의 자비로운 사람이 돈을 흔쾌히 내주고, 준 것을 후회하지 않으며, 받는 쪽의 곤경에 마음이 움직여서 돈을 내준다는 뜻이다. 이에 반해 자제력 있는 사람은 자기 돈을 선뜻 내놓지 못하는데, 이는 그 돈이 꼭 필요해서 내줄 수 없는 처지이기 때문이 아니라, 그가 욕심이 많거나 미래에 필요한 돈을 과대평가하기 때문이다.

하지만 (앞에서의 설명에 따르면) 이성이 중대한 역할을 수행한다는 점에 주목해야 한다. 덕 있는 사람이 되기 위해 자신이 처한 상황에 대한 인지 능력을 갖추어야 한다면, 덕 있는 사람은 우둔하거나 순진해서는 안 된다. 그는 상황의 차이를 인지하고 그에 맞게 대응할 수 있는 비판적 추론 능력을 갖추어야 한다. 실제로 이는, 아리스토텔레스가 윤리학의 주제에서 엄격한 정확성을 기하기란 불가능하다고 강조한 이유 중 하나였다(『윤리학』, 1094b13-19). 아리스토텔레스는 실천적 지혜(프로네시스phronesis)의 역할을 강력히 요구했다. 누군가가 충동적으로 덕을 행한다면, 그는 '온전한' 덕이 아니라 잘해야 '자연적인' 덕을 지닌 것이며(『윤리학』, 1144b3-15), 자연적인 덕을 지니는 것은 (느슨하게 표현하면) 어쩌다 보니 우연히 옳은 쪽으로 기우는 것이다.[2]

이제 아리스토텔레스가 말하는 올바른 행동의 조건을 적용하면 비로소 우리가 하려는 이야기를 상술할 수 있을 것이다. 아리스토텔레스는 이렇게 말한다. "첫째로 [행위자는] 자신이 덕을 행하고 있음을 알아야 한다. 둘째로 그는 덕을 행해야 한다고 판단하되 덕행 자체가 판단의 이유가 되어야 한다. 셋째로, 이 덕행은 견고하고 변치 않는 성품에서 우러나온 것이어야 한다(『윤리학』, 1105a30-1105b)." 요약하면, 여기서 아리스토텔레스가 염두에 둔 것은 다음과 같다. 첫째로 덕행을 하는 행위자는 자신의 행동이 덕행임을 알아야 한다. 즉 '이러이러한 행동은 합당하다(혹은 관대하다, 혹은 정직하다)'라는 기술하에서 행동해야 한다. 두 번째 조건에는 한 가지가 아닌 두 가지 조건이 포함된 듯하다. 행위자는 자발적으로 행동해야 하며, 그 행동이 덕행이기 때문에 자발적으로 행동해야 한다. 따라서 '이 행동은 공정하다'라는 기술하에 행동한다 할지라도, 그 행동이 공정하기 때문에 행하지 않았다면 그의 행동은 덕행이 아니다. 세 번째 조건은 결정적으로 중요하며, 우리가 하려는 논의의 출발점이기도 하다. 즉 덕 있는 사람은 그 행동이 공정할 때, 그 행동이 공정하기 때문에 덕을 행할 뿐만 아니라, 그가 공정한 사람이기 때문에 덕을 행한다는 것이다. 그는 적절한 상황에서 도덕적으로 올바르게 행동하는 경향을 띤 유형의 사람이다. '견고하고 변함없는' 성품을 가졌다는 것은 (일부분) 이런 뜻이다.

호머의 성품: 뜨악! 뜨악! 두 배로 뜨악!

덕에 대한 아리스토텔레스의 설명에 비추어 보면 호머 심슨의 경우는 매우 암울해 보인다. (나는 뒤에 가서도 이 판단을 철회하지 않을 것이다. 그러니 이 주장을 재검토할 무슨 독창적인 구분법이 나올 것이라고 기대하지 말길 바란다.) 우선 우리 몸의 욕구를 (기본적으로 다소 논란이 되는 방식이기는 해도) 다스리는 능력을 다루는 절제(중용)의 덕을 생각해보자. 호머가 절제와 거리가 멀다는 걸 깨닫는 데 기민한 관찰은 필요하지 않다. 그는 자기 몸의 욕구에 관한 한 덕성을 갖추지 못했을 뿐만 아니라 매우 악덕하다. 특히 성생활보다는 음식과 술을 섭취하는 데 있어서 그렇다. 그의 욕망은 끊임없이 게걸스레 먹게끔 그를 압박하며, 그도 이 욕망에 순순히 굴복한다. 예를 들어 ‹호머의 적, 등장하다›에서[3] 그는 잠시 동료로 지낸 프랭크 그라임스—‘그라이미’—의 샌드위치 반쪽을 알뜰히 먹어치운다. 샌드위치 봉지에 그라임스의 것이라고 뚜렷이 적혀 있는데도 말이다. 그라임스가 이 사실을 지적한 뒤에도 호머는 두 입을 더 베어먹고서야 봉지에 도로 집어넣는다. 음식에 대한 호머의 욕망은 그를 흥미로운 레시피의 창조로 이끌기도 한다. 예를 들어 굽다 만 와플을 버터 덩어리에 통째로 둘둘 감아서, 당연하게도 이를 먹어치우는 장면을 보자(‹호머와 하나님›). 호머는 나쁜 식습관 때문에 심장 수술을 받아야 할 정도로 건강이 위태로워지지만(‹아빠의 심장 수술›) 그래도 굴하지 않는다. 음식을 먹은 즉시 명백한 신체적 고통을 겪어도 호머는 굴하지 않는다. 그는 ‘퀵이마트’에서 파는 상한 고기를 먹고 식중독에 걸려서 병원에 실려간다. 하지만 마트에 따지러 간 호머는, 점장인 아푸가 상한 새우 10파운드를 공짜로 주겠다고 제안하자 좋아하며 받아온다. 그는 새우에서 ‘괴상한’ 냄새가 난다고 하면서도 다 먹어치우고서 다시 병원에 실려간다(‹아푸의 위기›). 호머의 식탐은 그의 성품에서 너무나 큰 부분을 치지히여, 반쯤 잠든 상태에서도 음식을 먹을 정두다. ‹번스 사장의 곰돌이›에서 잠이 덜 깬 상태로 부엌에 들어온 호머는 냉장고 문을 열고는 “음…… 아메리칸 치즈 예순네 조각이군” 하고서 밤새도록 치즈를 까먹는다. 호머의 음주벽에 대해서는 따로 설명할

심슨 가족이 사는 법

필요가 없을 것이다. 그의 이름은 그의 음식 및 (더프) 맥주 사랑과 동의어가 되었다.

또한 호머는 습관적인 거짓말쟁이다. 그에게는 정직성이 결여되어 있다. ‹호머, 맥주를 끊다›에서 호머는 실제로는 더프 맥주 공장을 견학할 계획이면서도 출근할 거라고 말하며 그날 계획에 대해 가족에게 거짓말을 한다. 호머가 아내 마지에게 한 거짓말을 일부 나열하면, 그는 자기가 고등학교 졸업장이 없다는 사실을 숨기려고 거짓말을 했고(‹아빠의 졸업장›), 투자에 실패해서 손해를 본 것에 대해서도 거짓말을 했고(‹호머의 천적›), 자기가 산 권총을 없앴다고 거듭 거짓말을 했다(‹호머, 권총을 사다›). 또 한번은 아푸가 이미 마지와 결혼했다고 아푸의 어머니에게 거짓말을 하며, 마지에게 이 계략에 동참할 것을 종용하기도 했다(‹아푸의 결혼식›).

호머는 다른 사람의 욕구와 주장에도 둔감하다. 또 아량이나 정의감도 없는 것 같다. ‹우리는 이웃사촌›에서, 그는 네드 플랜더스가 빈털터리이고 돈이 절박하게 필요하다는 걸 알면서도 그의 가구를 터무니없는 헐값에 팔아치우라고 종용한다. ‹내 사랑, 바트›에서는 바트가 우드로라는 가명으로 비밀리에 펜팔 연애 중이던 크라버플 선생에게 "자기야, 차인 사람들의 마을에 온 것을 환영해. 마을 주민은 바로 너야"라고 쪽지를 써 보내서 그녀와 헤어지라고 바트에게 충고한다. (호머는 이 충고를 하기 전에 감성적인 연애편지는 자기 전문이라고 너스레를 떤다.) 아량을 베풀기도 싫어서, 한번은 바트에게 이렇게 말하기도 했다. "개 두 마리를 다 줘버렸다고? 내가 남한테 뭐 주는 거 싫어하는 거 알잖아(〈산타 도우미의 맞수〉)!” 그리고 배심원으로 선임된 호머는 프레디 큄비의 폭행 혐의에 유죄표를 주지 않기로 결심하는데, 큄비가 무죄라고 생각해서가 아니라 자기가 무죄표를 던지면 배심원 논의가 교착 상태에 빠져서 ‘스프링필드 팰리스 호텔’에 공짜로 묵을 수 있음을 알았기 때문이다(〈바트의 선택〉).

호머에게는 어울려다니는 짝패는 많지만 친구는 없다. 아리스토텔레스는 친구가 없으면 덕을 실천할 수 없고 온전하고 풍요로운 삶을 누릴 수도 없다는 믿음에서 우애의 중요성을 강조한다. 호머에게는 진정한 친구가 한 명도 없다. 잘해봐야 술친구(바니, 레니, 칼)가 있을 뿐 자신의 목표, 활동, 기쁨, 슬픔을 나눌 사람은 없다.[4] 사실 호머에게 술 마시는 일 이외의 목표와 활동이 있다고 주장하기에도 다소 문제가 있다.

호머의 결혼생활 기술과 양육 기술 또한 개선의 여지가 많다(아리스토텔레스는 배우자와 자녀도 우애의 범위에 포함시킨 것 같다. 『윤리학』 1158b12-24). 호머가 저지른 실수를 몇 가지 짚어보자. 그는 딸의 애정을 구하려고 무리해서 리사에게 조랑말을 사준다(〈사랑받는 아빠가 되기 위해〉). 또 바트가 자원봉사 단체를 통해 ‘형’을 얻은 데 골이 나서 자기도 (그는 ‘펩시’라고 부르는) 페피라는 아이의 ‘형’이 된다(〈바트, 형을 얻다〉). 그는 바트에게 벌을 주겠다며 그를 스트립클럽에 보내 일하게 한다(〈바트의 밤일〉). 리사가 아이스하키에 소질이 있음을 발견하고는 남매간의 경쟁심을 이렇게 부채질한다. “오는 금요일에는 리사네 팀이 바트네 팀과 경기할 거야. 너희 둘이 직접 맞붙는 거지. 남매지간이라고 봐주면 안 돼. 너희 둘이 부모의 사랑을 놓고 싸우는 모습을 보고

심슨 가족이 사는 법

싶구나(‹바트 대 리사›).” 그가 “요 쪼그만 게······!”라고 하면서(‹호머의 어머니›에서만은 “널 콴자해버리겠다······!”*라고 하면서) 수도 없이 바트의 목을 조른 사실 또한 잊어서는 안 되겠다. 끝으로, 그러나 중요하게도, 호머는 매기가 존재한다는 사실을 계속해서 잊는다.[5]

호머는 결혼생활 기술도 형편없다. 그는 마지가 하는 일에 무관심하거나 비협조적이며, 자신이 그렇다는 사실을 ‹마지라는 이름의 전차›에서 선언한 바 있다. 마지는 예술 공연과 전시에 가지 않으려는 호머에게 질려서 한번은 이웃에 사는 이혼 여성인 루스 파워스와의 교제를 구하기도 한다. 그들의 우정은 두 여성을 영화 ‹델마와 루이스› 스타일의 경찰 추격전으로 이끈다. 호머는 마지에게 사과하지만 그의 사과는 매우 자기 고백적이다. “저기, 마지, 더 좋은 남편이 되지 못해서 미안해. 그때 욕조에서 소스 만들려고 한 것 미안해, 당신 웨딩드레스로 차에 광낸 것도 미안해. 내가 잘못했어. 결혼하고 나서 지금까지 한 일 전부 다 미안해(‹도망자 마지›).” ‹행복한 결혼생활의 비결›에서 호머는 누구도 아닌 오직 자신만이 마지에게 줄 수 있는 것이 ‘완전하고도 철저한 의존’임을 새삼스레 깨닫는다. 그는 심지어 도와주려고 할 때조차 일을 엉망으로 만든다. 한번은 마지의 프레첼 사업을 돕겠다고 스프링필드의 마피아에게 도움을 청하러 갔다가, 마피아 보스 팻 토니와 그의 패거리를 상대해야 하는 처지에 마지를 몰아넣고 만다(‹엄마의 새 사업›). 게다가 호머가 도덕적 미덕을 갖추었을지도 모른다는

---

*　　콴자는 일부 아프리카계 미국인들의 명절이다. 바트가 할머니에게 명절 용돈을 한꺼번에 미리 달라고 하면서 콴자를 포함한 온갖 명절 이름을 주워섬기자 호머가 격분해서 한 말이다.

희망은, 그에게 도덕적 성품에 필요한 지적인 미덕―주로 실천적 지혜(프로네시스)라는 미덕―이 결여되었음을 인식하는 순간 산산이 부서지고 만다. 프로네시스는 이론적인 지식도 아니고(물론 호머에게는 이것도 없지만) 사실에 대한 지식도 아니다(물론 호머에게는 그것도 없지만). 실천적 지혜는 세상을 지적으로, 도덕적으로, 목표지향적으로 헤쳐나가는 능력이다. 몇 가지 사례만으로 충분할 것이다. 첫째로, 호머는 대단히 미심쩍은 몇몇 개똥철학을 신봉한다. 〈위기의 가족〉에서 그는 이렇게 말한다. "왜 이걸 몰랐지? 인생 문제의 해답은 술병 밑바닥이 아니라, 텔레비전 속에 있었어!" 그리고 한번은―술병이라는 주제와 관련하여―이런 유명한 건배사를 한다. "모든 인생 문제의 원인―이자 해법―인 알코올을 위하여(〈스프링필드의 금주법〉)!" 〈힘내요, 오토 아저씨〉에서는 바트에게 이렇게 말한다. "무슨 일을 하기가 힘들면 그건 할 가치가 없는 거야." 〈공인중개사 마지 심슨〉에서는 마지에게 "시도란 실패로 가는 첫걸음"이라고 말한다.

둘째로, 호머에게는 최소한의 추론 능력도 없는 듯하다. 그는 티미 오툴(바트가 꾸며낸 허구의 소년으로, 바트는 그가 우물 속에 빠졌다는 이야기를 지어낸다)이 우물에 빠져서 밖으로 나오지 못한다는 '사실'에 근거하여 티미가 진정한 영웅이라고 추론한다(〈바트 구출 작전 3×13〉). 또 지금 길거리에 어슬렁거리는 곰이 안 보인다는 사실만으로 퀴비 시장의 '곰 순찰대' 정책이 성공했다고 추론한다! 리사는 이것이 겉만 그럴싸한 추론이라고 지적하지만 호머는 리사의 말이 칭찬인 줄 안다(〈불법체류자, 아푸 아저씨〉). 호머는 케이블 TV 선을 훔쳐서 TV를 공짜로 보는 게 나쁜 일이라는 리사의 주장을 반박한답시고, 리사가 집에서 먹는 음식 값과 입는 옷값을 지불하지 않는다는 이유로 리사가 도둑이라고 '논증'하기도 했다(‹도둑질하지 말라›).

셋째로, 호머에게는 실용적 추론의 가장 중대한 측면이 결여되어 있다. 바로 중요하고 가치 있는 목표를 중심으로 삶을 조직하고, 이 목표를 책임 있고 도덕적인 방식으로 추구하는 능력이다. 그에게는 모노레일 운전사가 된다든지(‹엄마와 모노레일›) 댈러스카우보이스 미식축구 팀의 구단주가 된다든지(‹호머의 새 직장›) 하는 평생의 꿈이 많다. 하지만 꿈과 목표는 다르고, 호머에게는 후자가 없다. 즉 추구할 만한 가치를 띤 목표가 전혀 없다. 그는 번스의 발전소 7G 구역에서 일하는 무능한 안전관리인으로 머물며, 자기보다 먼저 승진하는 부하들을 멀뚱히 지켜보는 데 만족하는 듯 보인다. 실제로 그는 장애인이 되어 재택근무를 하기 위해 일부러 살을 찌우려 들기도 한다(‹뚱보가 된 호머›). 호머의 인생에 한 가지 목표가 있다면 그것은 먹고 마시고 게으르게 사는 무가치한 삶이다. 게다가 그가 얼마나 잘 속아넘어가는 인간인지를 생각하면(바트가 그를 몇 번이나 속여넘길 수 있었는지 헤아려보라), 최소한도의 추론 능력을 가진 인물임을 알 수 있다.

호머의 성품: 우후!의 순간들

하지만 호머도 이따금 존경스러운 행동을 하기 때문에 그에게 너무 가혹하게 굴어서는 안 될 것이다. 일례로 그는 매기가 존재한다는 사실을 계속 잊어버리지만, 역설적이게도 그의 사무실은 딸을 사랑하는 마음에서 손수 붙여놓은 매기의 사진으로 도배되어 있다(〈매기가 태어나기까지〉). 또 호머는 몇 차례의 기회가 있었음에도 불구하고 한 번도 의식적으로 바람을 피운 적이 없다(〈아빠, 돌아오세요〉 〈호머의 마지막 유혹〉).[6] 또 그는 마지에게 자주 애정을 표현하며 다정하게 대한다. 그는 '너절했던' 첫 번째 결혼을 만회하기 위해 (마지와 이혼한 뒤) 재결합했다(〈밀하우스 부모님, 이혼하다〉). 또 호머는 리사와 유대를 맺는 데 어느 정도 성공한다. 다음의 사례들을 생각해보자. 제버다이어 스프링필드는 스프링필드를 건설한 영웅으로 추앙받는 인물인데, 호머는 그의 기원을 둘러싼 거짓 역사를 폭로하려는 리사의 계획을 지지해주었다(〈스프링필드의 독립투사〉). 또 리사를 '리틀 미스 스프링필드 선발대회'에 내보내서 리사의 자신감을 북돋아주었다(〈리틀 미스 스프링필드〉). 에어컨 살 돈을 두 번이나 털어서 리사에게 색소폰을—두 번—사주는 희생을 감내했고(〈리사의 색소폰〉), '이시스의 보물들' 전시를 마침내 볼 수 있게끔 그녀를 스프링소니언 박물관에 몰래 들여보내기도 했다(〈리사, 미아가 되다〉).

호머는 때에 따라서 용기를 드러내기도 한다. 다음의 경우들을 생각해보자. 호머는 번스 사장이 너무 무리한 요구를 하거나(〈호머, 비서가 되다〉) 자기 이름을 기억하지 못했을 때(〈번스 사장 저격 사건 1〉) 맹렬히 대들었고, 조지 부시를 두들겨팼다(그가 이렇게 한 진짜 이유는 불분명하다. 부시와 마찬가지로 전직 공화당 대통령인 제럴드 포드와는 친구가 되었으므로 정치 성향 때문은 아니다. 〈새로 온 이웃사촌〉). 또 호머는 평소 자기가 싫어하는 사람들에게까지도 이따금 친절한 행동을 했다. 〈우리는 이웃사

심슨 가족이 사는 법

촌〉에서는 네드를 도와 그가 운영하는 왼손잡이 용품점의 매상을 올려주었고, 〈호머와 네드〉에서는 교회에서 네드 편을 들어주었으며("이 사람은 자기 몸에 달린 모든 뺨을 내놓았다고요"), 〈호머의 천적〉에서는 마지의 쌍둥이 언니들인 패티와 셀마가 직장에서의 흡연으로 해고되는 걸 막기 위해 담배를 피운 사람이 자기인 척했다.

이따금 호머는 지적 능력과 이론적인 통찰을 보여주기까지 한다. 전자의 예를 들면, 그는 스프링필드에 밀주를 반입하기 위해 정교한 계획을 짰고 유명한 '맥주 거물'이 되었다(〈스프링필드의 금주법〉). 또 '천사'의 화석을 가지고 돈을 벌 계책을 고안하기도 했다(〈리사와 천사 화석〉). 후자의 예로서, 호머는 (그의 추론에 따르면) 하나님은 어디에나 있기 때문에 교회에 나가지 않겠다고 결심함으로써 종교의 본질에 대해 보기 드문 통찰을 보여주었다. 심지어 정통적 관습에 반기를 들어 옳은 일을 한 인물로서 예수를 (비록 그의 이름은 기억하지 못했지만) 인용하기까지 했다(〈호머와 하나님〉). 또 드물게 자신의 한계를 인식한 듯한 순간을 보여준 적도 있다. 한번은 마지가 발전소에 나타나자 "나 보러 온 거 맞지?" 하고 물어서, 자기는 별 볼 일 없는 사람이므로 마지가 자기를 보러 온 건지 확인할 필요가 있다는 생각을 은연중에 드러냈다(〈마지와 자크〉). 또 그는 술집 종업원인 럴린 럼프킨이 정말로 자기한테 성적인 관심이 있는 건지 믿을 수가 없어서 그가 자기에게 던진 추파를 재차—삼차—확인하기까지 했다(〈아빠, 돌아오세요〉).

평가: 호머에 대한 심사

이 모든 걸 어떻게 생각해야 할까? 우리는 호머에게 정확히 어떤 윤리적 평가를 내릴 수 있을까? 호머는 악인은 아니다. 미덕의 본보기도 아니지만, 악의적인 사람도 확실히 아니다. 우리가 그에게 보일 수 있는 가장 가혹한 반응은 연민이다. 여기에는 적어도 두 가지 이유가 있다. 첫 번째 이유는 호머의 성장과정에 미흡한 부분이 많았다는 것이다. 우선 그는 거의 스프링필드에서만 성장했는데, 이 소도시의 주민들은—리사라는 보기 드문 예외적 인물만 제외하고—성품에 심각한 결함이 있다. 우둔하거나, 악의적이거나, 그저 무능하고 세상 물정에 어둡다. (스프링필드 주민의 또 다른 예외 사례로 좋은 후보인 마지조차도 인습에 크게 얽매여 있고 많은 경우 비판 능력이 부족하다.[7]) 심지어 (큅비 시장이 도주한 뒤) 멘사 스프링필드 지부 회원들이 도시를 관리했을 때도 그들이 제안한 규칙은 불공정하고 제약이 심한 데다 너무 이상주의적이었다. 말할 필요도 없겠지만 그 뒤에 온 것은 혼란이었다(<꼬마 시장 리사>).[8]

이런 환경에서 성장하는 것은 사람의 미래 성격 형성과 지적 능력 발달에 유해할 수 있다. 나아가, 건강한 환경에서 자라나는 것은 아리스토텔레스의 『정치학』 기획의 토대를 이루는 주된 주장 중 하나다. "우리 목적은, 자기 삶의 이상을 가장 잘 실현할 수 있는 이들에게 어떤 형태의 정치 공동체가 최선인지를 생각해보는 것이다(1260b25)." 실제로 아리스토텔레스의 『윤리학』 또한, 최상의 윤리적 성품이 무엇인지를 생각해서 그런 성품을 배양하는 정치 공동체를 설계해야 하는 정치인들을 대상으로 쓰였다. 이것이 맞다면, 우리가 호머에게 연민을

심슨 가족이 사는 법

느끼는 한 가지 이유는 그가 성장 환경의 이러한 측면(주로 스프링필드) 을 스스로 선택할 수 없었기 때문이다.

게다가 호머가 성장한 가정환경도 열악했다. 호머의 어머니는 어릴 때 그를 떠나버렸고, 아버지도 그가 가치 있는 무언가가 되게끔 격려해주지 않았다. 호머에게 무슨 열망이 생길 때면 아버지는 그것을 짓밟아버렸다(‹호머의 어머니› 및 ‹바트와 미식축구›). 게다가 호머가 확실히 통제할 수 없는 한 가지 자질인 심슨 집안의 유전자 때문에, 이 집안 사람들은 나이가 들수록 점점 더 멍청해진다. 그런데 이런 유전자 "결함은 Y 염색체 위에만 있고" X 염색체에는 없기 때문에, 리사를 비롯한 심슨 집안의 여자들은 똑똑하고 성공했다(‹심슨 유전자›). 그렇다면 호머가 자신을 향상시키기 위해 할 수 있는 일은 거의 없는 셈이다. 우리가 경멸이나 혐오보다는 연민의 눈으로 호머를 바라보는 경향이 있는 건 이런 요소들 때문이다.

호머에게 덕성이 없어도 그의 성품에 대한 우리의 판단이 가혹하지 않은 두 번째 이유는, 그가 대체로 악의적인 사람이 아니기 때문이다. 그는 이기적이고 식탐이 강하고 욕심이 많고 매우 우둔할지 모르지만, 남을 시기하며 적의를 품는 부류는 아니다. 종종 그가 특정인에게 해를 끼치려는 의도로 행동하는 건 사실이지만, 어쩐지 그 사람들은 그렇게 대할 만하다는 느낌이 든다. 예를 들어 셀마와 패티가 호머를 경멸하는 태도를 생각하면, 호머가 그들에게 퍼붓는 조롱도 그럴 만하게 느껴진다. 호머는 번스 사장도 (두려워하면서) 싫어한다. 번스로 말하자면, 그는 자기 목표를 손에 넣기 위해서라면 시체더미도 밟고 지나갈 만큼 탐욕스럽고 사악하고 무자비한 자본가의 표본이다.[9] 끝으로 호머는 플랜더스에 대해 무관심과 경멸을 오가는 무례한 태도로 대하는데, 플랜더스는 고압적이고 고지식한 잔소리쟁이다.[10] 그렇다고 해서 호머가 플랜더스를 대하는 방식이 정당화된다는 건 아니고, 어디까지나 이해할 만하다는 것이다. 이런 예외 사례를 감안하면 호머는 대체로 악한 사람이 아니며 타인을 악의적으로 대하지도 않는다. 호머가 윤리적 성품이라는 면에서 크게 부족한데도 우리가 그에게 부정적으로 반응하지 않는 건 이 때문이다.

따라서 우리는 호머가 악덕의 지배를 받는 악한 사람이 아니라는 취지의 제한적 판단을 내릴 수 있다. 내가 '제한적'이라고 쓴 것은 이 판단에 한 가지 예외가 있기 때문이다. 음식과 술에 대한 신체적 욕구에 관한 한 호머는 악덕하다. 호머는 적당히 먹고 마시는 데서 즐거움을 얻지 못하므로 이 영역에서 덕을 갖춘 사람으로 볼 수 없다. 또 그에게는 과식과 과음을 삼가야 한다는 생각 자체가 거의 없으므로, 자제력 있는 유형으로도 자제력 없는 유형으로도 볼 수 없다. 게다가 그는 (당장 건강을 우려해야 할 경우가 아니면) 교회와 같은 부적절한 장소에서마저도 음식과 술에 탐닉하는 걸 잘못으로 여기는 것 같지 않다. 그는 마지에게 이렇게 말한 바 있다. "우리가 교회에서 음식을 먹지 않길 바라셨다면 하나님이 탐식을 죄로 지정하셨을 거야〈산으로 간 호머〉". 이 점을 감안할 때, 우리는 호머가 음식과 술을 향한 육체적 탐욕의 영역에서 악덕을 드러낸다고 안전하게 결론 내릴 수 있다.

풍부한 증거와 사례를 고려할 때 우리는 다음과 같은 판단을 내릴

심슨 가족이 사는 법

수 있다. 호머는 덕 있는 사람이 아니다. 이 결론을 뒷받침하는 많은 요소 중에서 가장 두드러진 것은, 호머가 덕 있는 사람의 특징인 성품의 안정성을 갖추지 못했다는 점이다. 우리는 그가 심지어 자기 가족한테도 올바른 일을 하리라고 믿을 수 없다. 게다가, 호머가 악덕하지 않다는 판단과 달리, 호머가 덕성을 갖추지 못했다는 건 제한적인 판단이 아니다. 호머가 이따금 올바른 행동을 하긴 해도 그러는 동기는 대개가 비뚤어졌거나 잘해야 모호하다(그의 용기 있는 행동들을 주된 예로 들수 있다). 또 가족과 관련하여 호머가 때때로 좋은 아빠나 좋은 남편이할 법한 일을 하기는 하지만, 그 반대를 가리키는 사례가 너무나 많이 있다. 호머는 덕 있는 사람이 되는 데 필요한 일종의 안정된 성품을 갖추지 못했다.

또 호머가 특히 가족과 관련하여 올바른 일을 했던 많은 경우에, 그런 올바른 일을 하기 위해 자기 욕망과 싸워야 했다는 사실을 기억해야 한다. 호머는 리사에게 색소폰을 사줄 때마다 에어컨을 사고픈 욕망과 싸워야 했다(〈리사의 색소폰〉). 때때로 그는 무엇을 해야 옳은지를 알면서도 그릇된 행동을 택함으로써 고대 그리스인들이 말한 '아크라시아akrasia', 즉 '자제력 결핍'을 드러내곤 한다. 일례로 〈결혼의 위기〉에서 '메기 호수'로 부부 피정을 떠난 그는 마지와 둘의 결혼생활에 주의를 집중해야 한다는 걸 알면서도 메기 낚시를 하러 가버린다.

호머는 덕성을 갖춘 사람이 아니다. 음식과 술에 대한 욕구에 있어서는 악덕을 드러내며, 삶의 다른 영역에서는 절제와 무절제 사이를 오간다. 물론 이는 아리스토텔레스의 성품 유형 분류가 지나치게 깔

끔하거나 비현실적이거나 단순하기 때문이 아니다. 아리스토텔레스의 분류는 실제 존재하는 사람들의 유형을 기술한 분류가 아닌 논리적인 분류이기 때문이다. 호머는 그때그때의 삶의 영역에 따라 다른 성품 유형들의 예를 보여준다.

결론: 호머가 되는 것의 중요성

이 글의 서두에서 나는 호머 심슨에게 윤리적으로 존경할 만한 구석이 있다고 주장했다. 하지만 이 주장에는 한 가지 의문이 제기된다. 호머가 덕성을 갖추지 못했다면 이 말이 어떻게 참이 될 수 있겠는가? 덕이 윤리적으로 존경할 만한 성품의 본보기이고 호머가 이 기준에 한참 못 미친다면, 그가 윤리적으로 존경할 만하다는 주장은 명백한 거짓으로 보인다. 나아가 우리가 호머를 악덕한 인간으로 여기지 않고 그의 성품을 형성한 배경이―적어도 대부분은―그가 어쩔 수 없었던 부분이라 해도, 이런 요소들은 그를 윤리적으로 존경할 만한 사람으로 만들어주기에 충분치 않다. 이 마지막 주장이 최소한의 신빙성을 갖추려면 다른 무엇이 작용해야만 한다. 또한 호머가 때때로 옳은 일을 한다는 사실은 여기서 말하는 '다른 무엇'이 될 수 없다. 여기서의 주장은 그라는 사람과 그의 성품에 대한 것이지, 그의 몇몇 행동에 대한 것이 아니기 때문이다.

〈엄마의 새 옷〉에서, 마지는 최근 자신이 낀 사회 상류층 모임에 자기 가족을 무리하게 끼워 맞추려고 한 게 잘못이었음을 깨닫는다. 마지는 자기 식구들을 있는 그대로의 모습으로 받아들이기로 결심하고 자기가 좋아하는 식구들의 장점을 열거한다(하지만 바트의 장점은 생각해내지 못한다). 여기서 마지가 언급하는 호머의 자질은 그의 '거침없는 인간미'다. 충분히 넓게 이해하면 그가 이런 자질을 지녔다는 건 사실일 뿐만 아니라, 그가 어떤 면에서 윤리적으로 존중할 만한가를 설명하는 데 큰 도움이 된다.

과연 호머는 트림을 하거나 방귀를 뀌거나 엉덩이를 긁거나 정신을 잃을 정도로 먹고 마시는 등 정도는 다를지언정 우리 상당수가 피하는 행동을 공공장소에서 서슴없이 한다는 점에서 인간미가 있지만, 호머의 인간미라는 자질에는 이런 특성만 포함되는 것이 아니다. 이게 전부라면 호머는 그저 천박한 인간에 불과할 것이다. 요는 호머가 삶의 가장 기본적인 요소들을 사랑하고 즐기며, 동시에 남들이 뭐라고 여기든 별로 신경 쓰지 않는다는 데 있다. 대체로 호머는 에티켓이나 남들이 자기를 어떻게 생각하는지에 대해 신경 쓰지 않는다. 그는 삶을 자기식대로 최대한 즐기는 데 집중한다. 삶에 대한 이런 열정은 계산된 것도 아니고 딱히 의식적인 것도 아니다. 하지만 이는 그의 행동, 태도, 악의 없음, 천진한(어쩌면 유치한) 행동에 드러나며, 이 글에서 인용한 거의 모든 사례에서 찾아볼 수 있다. 여기에 호머가 공장에서 무자비한 자본가의 압제하에 일하며 쪼들리는 '중상하류층upper-lower-middle class'* 시민이라는 사실을 덧붙이면, 또 호머가 스프링필드—이 소도시에서의 삶이 과연 사랑할 만한 것인가에는 의문의 여지가 상당하다—에서 산다는 사실을 덧붙이면, 우리는 꽤 존경할 만한 사람을

---

*   〈경찰이 된 엄마〉에서 호머가 자기 가족을 가리켜 한 말이다.

마주하게 된다.

호머를 존중할 만한 인물로 만들어주는 이러한 자질—〈네드의 새 인생〉에서) 네드 플랜더스가 이것을 호머의 '삶을 향한 도취적 욕정'이라고 일컬은 것을 좇아 '삶에 대한 사랑'이라고 부르기로 하자—은 그자체로는 덕이 아니다. 이것이 아리스토텔레스가 제시한 목록에 등장하지 않아서가 아니라, 잘 알다시피 이런 자질은 적절히 고삐를 죄지않으면 (호머의 사례에서처럼) 당사자와 타인을 둘 다 위험에 빠뜨릴 수있기 때문이다. 야심과 마찬가지로, 삶에 대한 사랑은 긍정적이고 존경할 만한 자질이다. 이는 또한 윤리적인 자질이기도 하다. 적절히 지닌다면 삶을 개선해준다. 우선 삶을 더 즐겁게 만들어주며, 주변에 사람들을 끌어 모은다. 그건 이런 자질이 모종의 전염성을 띠기 때문이기도 하지만, 단순히 이런 사람 옆에 있는 것이 즐겁기 때문이기도 하다. 당사자의 행복과 번영에 기여하는 자질을 윤리적인 자질로 해석하는 것이 타당하다면, 또 이 자질이 실천적 이성에 의해 활용되고 규제된다면, 삶에 대한 사랑이라는 자질은 이 조건에 부합한다. 한데 호머의 경우, 이 자질은 이성의 규제를 받지 않으며 이 자질을 위험하게 만드는 다른 특성들과 결합되어 있다. 하지만 그럼에도 우리는 호머가이런 자질을 지녔다는 점에서, 게다가 온갖 악조건에도 불구하고 이런자질을 지녔다는 점에서 호머를 존경한다.[11]

게다가 이 자질 덕분에 (특히 그 고삐가 풀려 있기 때문에) 호머는 자신의 욕망과 욕구에 노골적으로—지나칠 정도로—솔직해진다. 남들이속으로는 계략을 꾸미고 공모하면서도 겉으로는 사회에 순응하는 척

심슨 가족이 사는 법

한다면, 호머는 자기 본모습과 욕구와 남들에 대한 생각을 개방적이고 솔직하고 직설적으로 드러낸다. 그는 자기 한계를 알고 (그만의 흐리멍덩한 방식으로) 자기 가족을 사랑한다. 그는 거침없는 유형의 인간이다.

하지만 부디 오해하지 말길 바란다. 내 주장은 호머가 그 자체로 존경할 만한 사람이라는 것이 아니라, 그가 존경할 만한 특성을 지녔다는 것이다. 물론 후자의 주장으로부터 전자의 주장으로 직행하고픈 유혹이 존재한다. 우선 비록 호머가 부덕하긴 해도 악의는 없으며, 육체적 욕구의 측면을 제외하면 악덕하지도 않다는 점에서 그렇다. 다음으로, 호머가 경제적·금전적 수단이 변변찮고 스프링필드 같은(좋은 삶을 영위하기에 부적합한) 도시에서 성장했음에도 불구하고 삶을 사랑한다는 사실을 감안하면, 이런 어려운 상황에서도 삶에 대한 사랑을 유지하는 그를 존경할 만하다고 생각하게 된다. 하지만 이런 유혹에 저항해야 하는 세 가지 이유가 있다.

첫째로, 앞에서도 강조했지만 호머의 경우 삶에 대한 사랑이라는 자질은 이성에 의해 규제되지 않기 때문에 도덕적 위험성을 띤다. 둘째로, 삶을 즐기는 것은 풍요로운 삶을 사는 것과 같지 않다. 진정으로 삶을 온전히 즐기면서도 풍요로운 삶을 살지는 못할 수도 있다. 한평생 풀잎 개수만 세거나 병뚜껑이나 모으면서 행복하게 살지만 그보다 가치 있는 목표를 추구할 능력이라곤 없는 사람을 생각해보라. 그 사람이 아무리 행복하고 자기 삶을 즐긴다 해도 우리는 그가 훌륭한 삶을 산다고 말하지 않을 것이다. 앞에서 언급한 호머의 성품을 보여주는 사례들을 감안하면, 호머는 확실히 지금보다 더 나은 삶을 영위할 능력이 있다. 셋째는 논리적인 이유다. 즉 존경할 만한 특성을 지녔다고 해서 그 소유자가 존경할 만한 인물이 되는 것은 아니다. 위험에 직면했을 때 두려움을 잘 극복하는 특성을 지닌 악당이 많고 그런 특성 자체는 존경할 만하지만, 보통 우리는 악당을 존경할 만한 인물로 여기지 않는다. 때때로 우리가 어떤 무자비한 인물을 놓고 "그래도 그 인간이 집념은 있어" 하는 식으로 말하는 건 그 때문이다. 즉 집념을 존경할 만한 특성으로 인정하는 동시에, 그렇다고 그가 존경할 만한 사람이 되는 건 아님을 인정하는 것이다.

게다가, 잠깐만 생각해봐도 우리는 사실 호머가 그 자체로 존경할 만한 인물이 못 됨을 알 수 있다. 그는 덕성이 없으며, 이 사실 하나만으로도 그를 존경할 만한 인물로 판단하려는 진지한 시도를 훼손하기에 충분하다. 하지만 덕성을 못 갖춘 사람들도, 이를테면 세상에 예술적인 걸작을 남김으로써 그의 부덕을 보완한 경우에는 이따금 존경스러운 인물로 일컬어지곤 한다. 이 점에서 고전적인 사례는 화가인 고갱이다. 그는 타히티로 가서 그림을 그리기 위해 자기 가족의 생계를 무책임하게 내팽개쳤다. 하지만 호머에게는 이렇게 정상참작을 할 만한 요소가 적용되지 않는다. 그가 '존경스럽다'라는 수식어에 값하기 위해 세상에 무슨 **불후**의 기여를 해서 자신의 부덕을 보완했는가?

하지만 그럼에도 호머의 삶에 대한 사랑은 매우 존경스러운 특성이며, 많은 사람이 호머에게서 저속한 익살과 부도덕만을 보고픈 유혹을 느끼기 때문에 이 결론은 사소하지 않다. 게다가 호머의 삶에 대한 사랑은 특히 우리 시대—정치적 공정성, 공손의 과잉, 남을 판단하려

심슨 가족이 사는 법

는 의지의 결여, 신체적 건강에 대한 과도한 집착, 삶의 즐거움에 대한 비관주의가 거의 최고조에 이른 시대—에 돋보이는 중요한 자질이다. 이 시대에—차에 '쌩쌩한 싱글Single 'n' Sassy'이라는 범퍼 스티커를 붙이고 다니는—호머 심슨은 이런 '진실들'을 무시하는 인물로서 빛난다. 그는 정치적으로 불공정하고, 거리낌 없이 남들을 판단하며, 확실히 자기 건강에 집착하지 않는 듯 보인다. 이런 자질은 호머를 존경스러운 인물로 만들어주지는 않을지 몰라도 존경스러운 면을 갖도록 만들어주며, 더 중요하게는 우리로 하여금 그와 이 세상의 호머 심슨들을 갈망하게끔 만든다.[12]

2

리사와 우리 시대의 반지성주의

이언 J. 스코블

미국사회는 지식인이라는 개념과 대체로 애증의 관계를 맺어왔다. 한 편으로는 교수나 과학자에 대한 존경심이 존재하지만, 이와 동시에 '상아탑'이나 '책상물림'에 대한 크나큰 적개심, 지적이거나 교양 있는 사람들에 대한 방어 본능도 존재한다. 건국 시조들의 공화주의적 이상은 계몽된 시민을 전제로 하지만, 오늘날에는 정치 문제에 대해 약간이라도 세련된 분석이 나오면 그마저 '엘리트주의'로 매도된다. 모두가 역사학자를 존경하지만, 역사학자의 견해는 '육체노동자'의 견해보다 '더 유효하지 않다'는 이유로 무시되곤 한다. 포퓰리스트 논객과 정치가들은 전문가에 대한 이런 적개심을 자주 활용하면서도 다른 한편으로는 자기 편의에 따라 전문가에게 의존한다. 상대당 후보를 "아이비리그 출신 엘리트주의자"라고 공격하는 후보자 자신이 실은 비슷한

심슨 가족이 사는 법

교육 배경을 지녔거나 그런 자문단에 의존하는 경우가 그 예다.

비슷한 식으로, 병원들도 생명윤리 전문가의 자문을 구하는가 하면 그들이 너무 추상적이어서 의료계 현실과 동떨어져 있다는 이유로 생명윤리 전문가의 조언을 거부하기도 한다. 실제로 전문가 인용이 자기 입장을 뒷받침할 때는 대부분의 사람이 이를 반기지만, 전문가들이 자신의 견해를 뒷받침해주지 않을 때는 포퓰리즘 정서가 일어나는 것 같다. 예를 들어 나와 견해가 일치하는 전문가의 말을 인용함으로써 내 주장의 신빙성을 높이면서도, 전문가의 견해가 나와 다르면 '저 사람이 뭘 알아?'라거나 '나도 의견을 가질 자격이 있어' 하는 식으로 반응하는 것이다. 기묘한 일이지만, 우리는 지식인들 사이에서도 반지성주의를 목격한다. 일례로 오늘날의 많은 대학에서는 학생들 사이에서건 교수들 사이에서건 고전과 인문학 전반의 역할이 현저히 축소되었다. 전문직 예비교육 프로그램을 도입하고 현실과의 '관련성relevance'을 강조하는 게 뚜렷한 추세다. 반면 전통적 인문학 수업은 대학교육에 진정으로 필요한 요소가 아닌 사치나 도구로 취급된다. 인문학 수업은 기껏해야 글쓰기나 비판적 사고 같은 '전용성 기술transferable skills'을 개발하기 위한 도구로 여겨진다.

지식인에 대한 인식은 주기적으로 오르락내리락하는 것 같다. 미국이 우주 탐험 같은 영역에서 소련과 경쟁했던 1950년대와 1960년대 초에는 과학자에 대한 존경심이 엄청났다. 오늘날에는 추세가 뒤바뀌어 모든 견해가 동등하게 유효하다는 것이 현재의 시대정신인 듯하다. 하지만 이와 동시에, 여전히 사람들은 소위 전문가들이 하는 말에 관심을 기울인다. TV 토크쇼나 신문의 독자의견란을 대충만 훑어봐도 이런 양가성이 드러난다. 토크쇼에 전문가를 출연시키는 것은 아마 대중들이 그 사람의 분석이나 견해에 관심이 있기 때문일 것이다. 하지만 전문가의 견해에 동의하지 않는 패널리스트나 시청자들은 자신의 견해와 관점도 똑같은 가치를 지닌다고 주장할 것이다. 신문은 전문가들의 오피니언 칼럼을 연재한다. 그들의 상황 분석은 일반인의 분석보다 더 나은 정보를 바탕으로 한 것이겠지만, 여기에 동의하지 않는 독자들의 편지는 "어차피 완벽하게 아는 사람은 아무도 없다"라거나 "이건 어디까지나 견해의 문제이니 내 견해도 중요하다"라는 가정에 기반하고 있다. 후자의 논리는 특히 음험하다. 정말로 만사가 단지 견해의 문제라면 내 의견도 전문가의 의견과 똑같이 타당하며, 따라서 전문성 같은 것은 없다는 결론으로 이어진다.

따라서 미국사회는 지식인과 관련하여 갈등을 겪고 있다고 말할 수 있다. 지식인에 대한 존경심과 적개심이 사실상 공존하고 있는 것이다. 이는 곤혹스러운 사회문제이자 대단히 중요한 사안이기도 하다. 지금 우리는 전문성이라는 개념뿐만 아니라 합리성의 모든 기준이 도전에 직면하는 새로운 '암흑시대'의 문턱에 다다른 듯 보인다. 이는 확실히 중대한 사회적 결과를 초래한다. 이 주제를 탐색할 도구로서 일견 멍청함을 찬양하는 듯 보이는 텔레비전 쇼를 택한 건 놀라운 일인지도 모른다. 하지만 실제로 전문성과 합리성에 대한 미국인의 양가감정은 분명 «심슨 가족»이 기막히게 묘사한 수많은 사회상 가운데 하나다.[1]

심슨 가족이 사는 법

《심슨 가족》의 호머는 반지성적 얼간이의 고전적 사례이며, 호머가 어울리는 대부분의 사람과 그의 아들도 마찬가지다. 하지만 호머의 딸인 리사는 지성친화적일 뿐만 아니라 자기 나이에 비해 훨씬 더 똑똑하다. 그는 대단히 지적이고 교양이 있으며 주변 사람들보다 생각이 깊다. 당연하게도 리사는 학교에서는 다른 아이들에게 놀림받고 어른들에게는 대체로 무시당한다. 그런가 하면 리사가 가장 좋아하는 텔레비전 쇼는 분별없고 폭력적인 만화영화로, 오빠가 좋아하는 텔레비전 쇼와 같다. 나는 이 쇼에서 리사를 다루는 방식이 미국사회와 지식인의 애증관계를 잘 포착하고 있다고 주장한다.[2] 이 쇼에서 리사를 다루는 방식을 살펴보기 전에 이 문제를 좀더 면밀히 들여다보도록 하자.

거짓 권위와 진짜 전문성

'권위에 대한 호소'가 오류라는 것은 논리학 입문 수업의 핵심이지만, 사람들은 보통 권위에 호소하여 정당한 몫 이상을 얻어낸다. 엄밀한 논리적 관점에서 볼 때, 누구누구가 그렇게 말했다는 이유로 어떤 명제가 참이라고 주장하는 것은 언제나 잘못이다. 하지만 권위에 대한 호소는 그 명제가 참이라는 증거로 이용되기보다는, 우리가 그 명제를 믿을 만한 타당한 이유가 있음을 보여주는 데 이용될 때가 더 많다. 연관성에 대한 모든 오류가 그렇듯이, 대개의 경우 권위에 대한 호소는 현안과 무관하게 부적합한 방식으로 권위를 끌어들인다는 것이 문제다. 예를 들어 내가 어떤 피자나 음료를 살 것인가 같은 주관적인 문제에 다른 사람의 의견을 끌어들이는 것은 부적합하다. 나와 그 사람의 취향이 다르기 때문이다.[3] 한편 어떤 사람이 특정 분야에서 권위가 있으므로 그 사람의 전문성이 다른 모든 분야에서 통용된다고 가정하는 오류도 있다. 연예인이 자기 분야와 무관한 상품을 홍보하는 광고에서 이런 오류를 흔히 볼 수 있다. 예를 들어 트로이 매클루어가 출연하는 더프 맥주 광고는 권위에 대한 유효한 호소로서 성립하지 않을 것이다. 배우라고 해서 자동으로 맥주 전문가가 되는 것은 아니기 때문이다. (그리고 경험과 전문성은 같지 않다. 바니는 항상 맥주를 마시지만 맥주 전문가라고는 할 수 없다.) 또는 어떤 문제가 전문가에게 호소해서 해결될 성질이 아니기 때문에—주관적인 문제여서가 아니라 알 수 없는 문제이기 때문에—오류가 되는 경우도 있다. 과학 발전의 미래 같은 문제를 예로 들 수 있다. 1932년 아인슈타인이 "[핵]에너지를 얻을 수 있게 되리라는 조짐이 전혀 없다"고 주장한 것이 그 고전적인 예다.[4]

하지만 권위에의 호소에 대한 이 모든 회의론을 쌓아올린 연후에 우리가 기억해야 할 것이 있다. 바로 일부 사람들은 특정 문제에 대해 정말로 남보다 많이 알며, 특정 주제에 대해 권위자가 뭔가를 말해줄 때 많은 경우 그것은 정말로 뭔가를 믿을 타당한 이유가 된다는 점이다. 일례로 나는 마라톤 전투에 대한 일차적 지식이 없기 때문에 다른 사람이 알려주는 내용에 의존해야 하며, 이럴 때 내가 찾아가야 할 사람은 고전역사학자이지 물리학자가 아닐 것이다.[5]

사람들은 특히 도덕적이거나 사회적인 이상에 전문가의 지혜를 적용하는 일에 분개하는 경우가 많다. 그들은 이렇게 주장할 것이다. 그래, 그리스-페르시아 전쟁에 대한 전문가가 있다 치자. 하지만 그렇다고 해서 그가 오늘날 세계 정치에 대한 우리의 논의에 영향을 끼칠 수 있는 건 아니다.[6] 당신이 아리스토텔레스 도덕론의 전문가일지는 모르지만, 그렇다고 해서 나한테 어떻게 살아야 한다고 왈가왈부할 수 있는 건 아니다. 전문가에 대한 이런 식의 저항은 일부분 민주주의 체제의 본질에서 유래한다. 이 문제는 새로운 것이 아니며 플라톤 같은 고대 철학자들도 인지했던 바다. 민주정에서는 모두가 자기 목소리를 내기 때문에, 사람들은 모든 목소리가 동등한 가치를 띤다는 결론을 내릴 수 있다. 민주정은 자신이 몰아냈거나 저항하는 귀족정 혹은 과두정과의 대비를 통해 자신을 정당화하는 경향이 있다. 저 엘리트 사회에서는 일부 사람들이 남보다 더 많이 안다거나 실제로 더 나은 인간이라고 가정하지만, 우리 민주주의자들은 그렇게 어리석지 않으며 모두가 평등하다는 것이다. 하지만 당연하게도 정치적 평등은 아무도 남보다 더 많은 지식을 가질 수 없다는 말이 아니며, 배관이나 자동차 수리 같은 기술을 놓고 이렇게 생각하는 사람은 거의 없다. 그러나 어떻게 살 것인가, 무엇이 정의인가에 대해 남보다 더 많이 아는 사람은 없다(고들 말한다). 그래서 일종의 상대주의가 발전한다. 정의에 대한 관념이 정말로 아무개만도 못한 지배 엘리트에 대한 거부감으로부터, 옳고 그름의 객관적 기준이 있다는 관념 자체에 대한 거부로 옮아가는 것이다. 내가 옳다고 느꼈다면 옳은 것이다. 오늘날에는 심지어 학계에도 객관성과 전문성의 개념에 의문을 제기하는 흐름이 존재한다. 진정한 역사란 없으며 역사에 대한 서로 다른 해석만이 존재한다는 것이다.[7] 문헌에 대해서도 올바른 해석이란 없으며 서로 다른 해석만이

존재한다.[8] 심지어 자연과학에도 가치판단이 실려 있으며 객관적이지 않다고 말하는 이들도 있다.[9]

이처럼 전문성이라는 개념을 잠식하는 풍토에 기여하는 온갖 요소가 존재하지만, 동시에 이를 상쇄하는 흐름 또한 존재한다. 전문성 따위는 없고 모든 견해가 똑같이 유효하다면, 어째서 사랑과 천사에 대한 전문가들이 토크쇼와 베스트셀러 순위를 차지하고 있는가? 애초에 왜 그런 쇼를 보거나 책을 읽는가? 왜 아이들을 학교에 보내는가? 확실히 사람들은 전문성이라는 개념을 어느 정도는 여전히 신뢰하며, 많은 경우 전문가의 지침을 갈구한다. 실제로 사람들은 무엇을 해야 할지를 어느 정도 지시받고 싶어하는 경향이 있는 것 같다. 종교를 비판하는 사람들은 종교의 영향력이 이런 심리적 욕구에 기인한다고 보지만, 정치 영역만 보아도 그 증거는 넘쳐난다. 사람들은 정치인에게서 '리더십'을 구한다. 우리의 실업 문제를 해결할 방법을 아는 사람이 어디 없느냐는 둥, 이 사람은 어떻게 하면 범죄를 줄이고 빈곤을 종식시키고 우리 아이들을 더 잘 키울지를 알기 때문에 더 훌륭한 대통령이 될 것이라는 둥. 하지만 이 맥락에서 매우 뚜렷한 양가성이 드러난다. 만일 스미스 후보가 '일이 되게끔 하는' 전문성과 능력을 자기 호소력의 기반으로 삼는다면, 존스 후보는 스미스가 엘리트에 '백면서생'이라며 공격할 가능성이 크다. 또한 우리는 정치적 문제에 대한 연예인의 발언이—마치 재능 있는 뮤지션이나 배우가 되면 그의 정치적 견해에 더 큰 무게가 실린다는 듯이—진지하게 받아들여지는 한편, 정치에 대한 전문가라는 개념은 조롱받는 역설적 상황도 본다. 미국인들

심슨 가족이 사는 법

은 누구의 견해에 더 익숙할까, 앨릭 볼드윈과 찰턴 헤스턴일까, 아니면 존 롤스와 로버트 노직일까?

정치적 전문성 외에, 사람들은 기술적 전문성에 대해서는 이를 동경하며 가장 덜 양가적인 태도를 보인다. 대부분의 사람은 자신이 배관, 자동차 수리, 외과수술에 무능함을 즉각 인정하고 이 일들을 기꺼이 전문가에게 맡긴다. 다만 외과의사에 대해서는 양가감정이 표출되는 경우가 있는데, 주로 사람들이 대체의학이나 영적 치유를 옹호할 때 그렇다—의사들이 뭘 알아? 이런 경향은, 모든 과학은 가치판단을 내포하며 객관적이지 않다고 주장하는 오늘날 학계의 유행으로부터 흘러나온 것이다. 하지만 '대체 배관'이나 '영적 자동차 수리'를 옹호하는 사람은 없으며 배관공과 자동차 수리공의 전문성은 훨씬 더 널리 인정받는다. 또한 DIY의 유행은 스스로 그런 종류의 기술자가 되는 것에 더 가깝지, 다른 사람이 기술자임을 부인하는 것이 아니기 때문에 반례가 될 수 없다. 배관공과 기계공은 자기 분야를 벗어난 영역에서 전문가의 위치에 놓이는 일이 윤리학자보다 드물기 때문에 회의적인 시선을 받는 데도 덜 예민하다.[10]

우리는 리사를 존경할까, 아니면 비웃을까?

따라서 미국의 반지성주의는 곳곳에 스며들어 있긴 하지만 사회 전체를 에워싸고 있는 건 아니다. 《심슨 가족》은 현대사회의 다른 많은 측면과 마찬가지로 이 주제 역시 풍자 소재로 자주 활용한다. 심슨 집안에서 정말 지식인이라 할 만한 사람은 오로지 리사뿐이다. 하지만 리사를 그렇게 묘사한 것이 명백한 칭찬인가 하면 그렇지는 않다. 한결같이 무식한 아빠와는 대조적으로, 예를 들어 리사가 정치적 부패를 폭로하거나[11] 호머가 부업을 두 개씩 뛰지 않아도 되게끔 조랑말을 갖는 꿈을 포기할 때,[12] 그는 문제에 대해 올바른 해답을 내놓거나 상황을 좀더 통찰력 있게 분석하는 모습으로 자주 그려진다. 리사가 제버다이어 스프링필드의 신화 뒤에 숨은 진실을 발견했을 때 많은 사람이 미심쩍어 하지만 호머는 이렇게 말한다. "이런 종류의 일에서는 항상 네가 옳아."[13] 〈아빠의 심장수술〉에서 리사는 돌팔이 의사 닉 박사에게 실제로 심장수술을 하는 법을 불러주어 아빠의 생명을 구한다. 하지만 어떤 때는 리사의 지성 자체가 '지나치게' 똑똑하거나 설교하려 드는 성향처럼 묘사되면서 농담거리가 되기도 한다. 예를 들어 리사의 지조 있는 채식주의는 알고 보니 교조적이고 일관성이 없었다.[14] 또 리사는 바트 몰래 그를 과학 실험에 이용하기도 하는데,[15] 이는 악명 높은 터스키기 실험*처럼 최악의 오만이 발휘된 실례들을 연상시킨다.[16] 리사는 자기도 미식축구 팀에 끼워달라고 요구하지만, 경기를 뛰기보다는 자기주장을 선언하는 데 더 관심이 있었던 것으로 밝혀진다.[17] 그러니까 리사의 지성은 가치 있는 것으로 제시될 때도 있지만, 짐짓 정의로운 척하거나 잘난 척하는 사례로 제시될 때도 있다.

지식인에 대한 흔한 포퓰리즘적 비판 중 하나는 "네가 잘나 봤자 우리보다 나을 거 없어"다. 이 공격의 요점은 현자라고 하는 사람이 '실은' 평범한 인간임을 드러낼 수 있다면 우리가 그의 견해에 감명받을

---

* 　1932년부터 1972년까지 미국 정부가 가난한 흑인들을 상대로 자행한 매독 생체실험.

필요도 없다는 것이다. 그렇게 해서 나오는 것이 "이봐, 저 사람도 바지 입을 때 우리처럼 다리 한 짝씩 넣는다고" 같은 표현이다. 전제와 결론이 연결되지 않는 이 불합리한 추론의 함의는 이렇다. "그도 너와 나처럼 그저 평범한 사람에 불과한데, 어째서 그가 가지고 있다는 전문성에 우리가 경탄해야 하는가?" 리사의 사례들은 그가 뭇 아이들과 똑같은 약점을 많이 가지고 있음을 보여준다. 그는 폭력적이고 덜떨어진 만화영화 «이치와 스크래치»를 지적이지 못한 오빠와 함께 넋 놓고 본다. 그는 10대 아이돌 코리를 숭배한다. 그는 스프링필드의 바비 인형격인 말리부 스테이시를 가지고 논다. 우리에겐 리사가 여러 면에서 '딱히 더 나을 것 없음'을 확인할 기회가 충분히 많고, 이는 우리가 리사의 신랄한 말을 심각하게 받아들이지 않아도 되게끔 숨통을 틔워준다. 물론 리사가 어린 소녀인 건 사실이고 이는 어린 소녀의 전형적인 행동에 불과하다고 주장할 수도 있지만, 너무나 많은 사례에서 리사는 그냥 신동인 정도가 아니라 초자연적으로 현명한 인물처럼 묘사되므로 «이치와 스크래치»나 코리를 좋아하는 성향은 더욱 두드러져 보이며 더 큰 의미를 띤다. 리사는 논리와 현명함의 화신처럼 묘사되지만 그러면서 다른 한편으로는 코리를 숭배하기 때문에 "우리보다 나을 게 없다". ‹리사와 천사 화석›에서, '천사의 화석'(이것은 가짜였다)이 발견됐다고 도시 전체가 믿어 의심치 않을 때도 리사는 유일하게 이성적으로 대응하지만, 그 화석이 말을 하는 듯 보이자 리사도 다른 사람들처럼 겁에 질린다.

리사와 말리부 스테이시 인형의 관계는 실제로 한 에피소드의 중심

무대를 차지하며,[18] 심지어 여기에도 합리주의에 대한 사회의 양가감정이 부각되어 있다. 리사는 말리부 스테이시 인형이 어린 소녀들에게 긍정적인 롤모델을 제공하지 않는다는 생각을 점차 하게 되고, 소녀들의 성취와 배움을 북돋는 다른 인형을 개발해달라고 요구한다(그리고 실제로 개발에 공헌한다). 하지만 말리부 스테이시의 제조사는 이에 대항하여 새 말리부 스테이시 인형을 내놓고 완구 시장에서 성공을 거둔다. 리사의 반박이 합리적임에도 불구하고 '덜 지적인' 인형이 리사의 인형보다 훨씬 더 인기가 많다는 사실은, 합리적인 생각이 '재미'와 '대세'에 눌려 뒷전으로 밀릴 수 있음을 보여준다. 물론 이런 논쟁은 현실세계에서도 흔히 벌어진다. 바비 인형은 말리부 스테이시에 대한 리사의 비판과 유사한 비판을 끊임없이 받으면서도 여전히 엄청난 인기를 누리고 있으며, 장난감에 대한 지적인 비평은 '현실과 동떨어졌다'거나 엘리트주의적이라는 이유로 무시되곤 한다.[19]

철인왕? 뜨악!

«심슨 가족»이 지식인에 대한 미국인의 양가감정을 좀더 구체적으로 반영한 사례는 ‹꼬마 시장 리사› 에피소드에서 찾아볼 수 있다.[20] 이 에피소드에서 리사는 프링크 교수, 히버트 박사, 그리고 '코믹북 가이' (만화가게 주인)가 이미 회원으로 있는 멘사 지부에 가입한다. 그들은 여차저차해서 결국 스프링필드 시의 운영을 책임지게 된다. 리사는 지식인이 지배하는 진정한 합리적 유토피아에 열광하지만, 그들은 (물론 멍청이 돌격대의 선봉에 선 호머를 포함한) 이 도시의 일반 시민을 소외시키

는 정책을 수두룩하게 추진한다. 이런 사건 전개는 현인의 통치를 알아모시기에는 너무 멍청한 범인들을 풍자한 것으로 보이기 쉽지만, 사실 그 이상의 것을 풍자하고 있다. 현인의 통치라는 관념 자체도 여기서는 공격 대상이다. 멘사 회원들은 (좀더 합리적인 교통 흐름 통제 등) 타당하고 훌륭한 아이디어도 제안하지만 (검열이나, «스타트렉»에서 착안한 번식 주기 등) 우스꽝스러운 아이디어도 내놓으며 하찮은 일로 서로 옥신각신하기도 한다. 멘사 회원들은 특히 큄비 시장의 부패한 체제나 호머로 대표되는 바보들의 독재에 비해 가치 있는 것을 제안하고 리사도 좋은 의도를 지녔지만, 이 에피소드가 순전히 지식인 친화적이라고는 볼 수 없다. 엘리트에 의한 유토피아 계획은 불안정하고 필연적으로 인기가 없으며 때때로 어리석다는 것이 이 에피소드의 테마 중 하나이기 때문이다. 폴 캔터의 주장대로, "유토피아 에피소드는 «심슨 가족»의 특징인 지성주의와 반지성주의의 기묘한 혼합을 구현하고 있다. 이 쇼는 스프링필드에 도전하는 리사의 모습을 통해 미국 소도시의 문화적 한계를 조명하지만, 동시에 일반인에 대한 지식인의 경멸이 도를 넘어 이론 및 상식과의 접점을 상실할 수 있음을 일깨우기도 한다".[21]

실제로 엘리트에 의한 유토피아 계획이 착상부터 잘못되거나, 공공선으로 위장한 권력 장악 기도가 되는 경향이 있는 건 사실이다. 하지만 호머로 대표되는 우매한 대중이나 큄비의 과두제만이 그 대안일까? 미국 헌법을 기초한 이들은 민주적 원칙(하원)과 비민주적 엘리트 지배(상원, 대법원, 권리장전)의 이점을 결합하길 희망했다. 이는 엇갈린 결과를 낳았지만, 여느 대안들과는 달리 어느 정도 성공적이었던 것 같다. 지식인에 대한 우리 사회의 양가감정이 전부 이 헌법적 긴장에서 유래한 것일까? 물론 아니다. 그것도 원인의 일부이지만, 이 양가감정은 더 깊은 심리적 갈등의 발현일 가능성이 높다. 우리는 권위적인 지도를 원하는 동시에 자율성도 원한다. 자기가 멍청해진 듯한 느낌은 싫지만, 뭔가를 배워야 함을 솔직하게 인정할 때도 있다. 우리는 권위가 자기한테 편리할 때는 그것을 존중하지만 그렇지 않을 때는 상대주의를 수용한다. 물론 여기서의 '우리'는 일반화다. 이런 갈등을 남보다 덜 (혹은 드문 경우지만 전혀 안) 드러내는 사람들도 있다. 그럼에도 불구하고 이는 일반적인 사회상을 적절히 묘사하는 것 같다. 우리 시대의 가장 심오한 풍자를 선보이는 텔레비전 쇼인 《심슨 가족》이 이를 묘사하고 예시하는 것은 놀랄 일이 아니다.

지식인에 대한 미국 사회의 양가감정이 정말로 뿌리 깊은 심리적 현상이라면 이것이 조만간에 사라질 것 같지는 않다. 하지만 반지성주의를 조장하거나 고취하는 일은 누구에게도 도움이 되지 않는다. 프링크 교수와 코믹북 가이의 폭정으로부터 공화국을 구하고 싶은 이들이라면, 지적 발전이라는 이상을 싸잡아 공격하지 않으면서 그것을 논박하는 방법을 찾아낼 필요가 있다. 평범한 시민을 옹호하는 사람이라면 배운 사람들의 공로를 깎아내리는 식으로 그렇게 해서는 안 된다. 그런 접근 방식은 리사가 똑똑하다고 비난함으로써 호머가 멍청한 인간으로 살아갈 권리를 옹호하는 것이나 마찬가지다.[22] 그건 국가나 개인의 발전에 건실한 생각이 아니다.[23]

심슨 가족이 사는 법

3

왜 매기가 중요한가
: 침묵의 소리, 동양과 서양

에릭 브론슨

매기 심슨을 의심한 사람은 아무도 없었다. 게다가 왜 굳이 그래야 하는가? 증거는 아첨꾼이자 숭배자인 스미더스 같은 이들을 가리키고 있었다. 그는 여느 사람이라면 못 견딜 만큼 무수한 멸시를 감내했다. 아니, 우둔한 안전관리인 호머 심슨이 범인일 가능성이 더 컸다. 그는 한번은 분에 못 이겨 사장을 사무실 창밖으로 던져버린 적도 있었다. 실은 그 누구라도 될 수 있었다.

악랄한 번스 사장이 그의 가장 흉악한 계략을 부화시켰을 때, 이 사악한 핵발전소 창립자가 무고한 소도시 스프링필드에 비치는 햇빛을 차단할 수단을 마침내 고안해냈을 때, 모두가 그에게 총을 쏠 타당한 동기를 지니고 있었다. 그래서 번스 사장이 중태에 빠져 병원 침대에 누워 있다는 소문이 돌자, 스프링필드의 모든 이가 과연 누구의 소행인지를(혹은 사정에 따라서 누구에게 축하해야 할지를) 알고 싶어했던 것이다. 어른들은 모두 찔리는 듯한 눈빛과 미심쩍은 알리바이를 가지고 있었고, 학교의 아이들은 곧 서로에게 손가락질을 했다. 결국 번스 사장 스스로가 정확한 전모를 진술할 수 있을 정도로 회복되었다. 그 노인이 '술독에 빠져' 있을 때 직사 거리에서 방아쇠를 당겨 그를 죽일 뻔한 장본인은 어린 매기 심슨이었다(〈번스 사장 저격 사건 2〉).

매기 심슨이 번스 사장을 쏘았다. 너무 어려서 아직 걷지도 못하는 갓난아기가, 수전노의 손아귀로 떨어지려는 막대사탕을 지켜냈다. 이는 자기방어였을까? 어쩌면 우연이었을까? 어쨌든 총은 번스 사장의 것이었고 이것이 매기의 손에 들어간 건 그의 부주의 때문이었다. 하지만 이 2부작 에피소드는 질문하는 듯한 뉘앙스로 끝을 맺는다. 이 어리고 순진해 보이는 아기의 진짜 의도는 무엇이었을까? 아기가 이런 범죄를 알고서 저지를 수 있었을까? 그 답(혹은 답의 부재)은 별로 편안하지 않다. 카메라가 매기의 입을, 일체의 발화나 설명을 차단하는 공갈젖꼭지를 클로즈업한 채로 크레딧이 올라가기 시작한다. 아기는 말하려고 애쓰지만 말할 수 없다. 왜 매기가 스프링필드에서 가장 힘 있는 인물을 쏘았는지, 우리는 영영 모를 것만 같다. 우리는 원하는 답을 절대 얻을 수 없을 것이다. 물론 매기의 옹알이가 우리에게 필요한 답의 전부라면 얘기는 다르지만 말이다.

매기는 백치인가?

예로부터 서양세계는 말에 특별히 매료되어왔다. 〈오프라〉와 〈제리 스

심슨 가족이 사는 법

프링어 쇼〉 같은 토크쇼들의 엄청난 성공은, 사람들이 자신에 대해 말하는 걸 우리가 얼마나 듣고 싶어하는지를 증명하는 (가장 대단하진 않지만) 가장 최근의 현상이다. 말이 많은 것을 노출할수록 우리가 폭소나 야유로 인정을 표시할 확률도 높아진다. 발화된 말에는 우리를 곧 행동으로 이끌 수 있는 어떤 힘이 실려 있다. 19세기 영국 시인 에밀리 디킨슨은 이렇게 썼다.

말이 말하여졌을 때
그 말은 죽는다고
누군가는 말한다.

나는 말한다, 그건
그날부터 비로소
살기 시작한다고.[1]

말이 발화되어 공적 영역에 풀려났을 때, 그것은 새로운 의미를 띠고 완전히 새로운 생각의 발자취를 열 수 있다.

왜 우리는 말을 이처럼 진지하게 받아들일까? 그리스 철학자 소크라테스로부터 시작해, 서양철학에는 논의와 주장을 더 높은 진리를 획득하는 수단으로 강조하는 경향이 있어왔다. 소크라테스에게는 그 시대의 불합리하고 근거 없는 주장을 논박하는 것만으로 충분치 않았다. 말은 이성의 빛이 가장 강렬히 빛나게끔 주의 깊게 선택되고 적절히 발화되어야 했다. 소크라테스는 듣는 이의 영혼을 변모시키는 철학의 능력을 자주 음악에 비유했다. 플라톤의 『향연』에서 소크라테스가 에로틱한 사랑에 대한 유창한 논변을 막 끝냈을 때, 연회장에 들이닥친 고대 그리스의 유명한 전사 알키비아데스는 이렇게 말한다. "당신은 피리 연주자가 아니십니까? 사실 당신은 마르시아스[2]보다 더 놀랍습니다……. 당신이 그와 다른 점은, 그와 같은 일을 하지만 악기 없이 다만 말로써 그 일을 한다는 것입니다."[3] 말은 음악과 비슷하다. 정선된 말에 실린 논리 정연한 사고는 감동적인 교향곡이나 강렬한 북소리처럼 우리의 깊숙한 곳을 건드릴 수 있다.

매기 심슨은 언어를 갖지 않았고 말을 하지 않는다. 우주에서 인간성이 갖는 위치에 관심이 있었던 20세기의 철학자들은 말과 사고의 관계로 되돌아갔다. 말이 아닌 다른 무엇으로 우리가 사고하겠는가? 루트비히 비트겐슈타인은 이렇게 말한다. "내 언어의 한계는 내 세계의 한계를 의미한다(『논리-철학 논고』, 5.6)." 우리 중 운 좋게도 자유롭게 말할 수 있는 이들의 내면에서 말은 사고와 단단히 연결되어 있다. 아침으로 뭘 먹을까? 오늘 수업에 들어가야 하나? 왜 저 사람은 저렇게 찌질한 짓을 할까? 이런 질문들이 끊임없이 제기되고, 논의되고, 숙고된다. 우리는 이런 내면의 토론을 통해 결론에 도달한다. 끝으로 이 결론에 의거하여 행동할 준비를 갖춘다. 우리이 사고 과정 전체는 이런 끝없는 말들의 흐름과 긴밀히 연결되어 있다.

그럼 말이 없어진다면 어떻게 될까? 가장 사소한 결정이라도 내릴 수 있는 그 어떤 도구가 우리에게 있을까? 언어가 먼저일까, 사고가

심슨 가족이 사는 법

먼저일까? ‹발명왕 허브 삼촌›에서 대니 드비토가 연기한 호머의 형은 아기 말 통역기를 발명한다. 이는 매기가 생각을 언어로 표현할 능력은 없어도 일상적인 생각을 할 수 있다는 발상이다. 물론 매기의 생각은 (이를테면 개 사료를 먹고 싶다는 등) 그리 심오하지 않지만, 이 통역기 덕분에 호머의 형은 다시 부자가 된다. 또한 그래야 마땅하다. 이런 기계가 발명되어 언어의 기원이나 사고과정과 언어의 관계에 대한 수많은 철학적 질문을 해결하려면 아직 요원하기 때문이다.

『말Les Mots』은 20세기 프랑스 실존주의 철학자 장폴 사르트르의 자서전 제목이기도 하다. 사르트르에 따르면, 인간의 삶은 타인과의 상호작용에 의해 규정되며 이런 상호작용은 주로 말을 통해 확립된다. 그러므로 사르트르를 비롯한 모든 인간을 이해하려면 그 말을 뜯어보아야 한다. 프랑스 소설가 귀스타브 플로베르의 삶과 시대를 총 다섯 권, 장장 3000여 쪽에 걸쳐 연구한 『집안의 천치L'Idiot de la famille』에서, 사르트르는 말이 박탈되었을 때 무슨 일이 일어나는지를 우리에게 보여준다. 이 평전은 사르트르의 마지막 철학 저서였고, 그는 믿을 수 없을 만큼 방대한 분량을 집필했음에도 결국 이 책을 완성하지 못했다. 이 마지막 저작에서 사르트르는 저자의 평생에 걸친 작품을 그의 유년기 성장과정에 비추어 검토함으로써 자신의 존재론적 심리학을 실천한다. 사르트르에 의하면 플로베르의 성장과정은 말 없음과 천치로 특징지을 수 있었다. 플로베르의 유년기 발달의 특징은 그가 말이 늦었다는 것이다. 게다가 그는 언어장애 때문에 정신적 유아기를 극복하는 데 어려움을 겪었다. 사르트르는 플로베르에 대해 이렇게 쓴다. "그는 손가락을 입에 넣은 채 거의 천치 같은 모습으로 몇 시간씩 가만히 앉아 있곤 했다. 말을 걸면 불쾌하게 반응하는 이 조용한 아이는 말할 필요를 남들보다 덜 느낀다—말도, 말을 활용하고픈 욕구도 그에게는 찾아오지 않는다."[4] 사르트르의 주장에 따르면 말은 인간이 최초로 인간사회에 통합되는 방식이다. 플로베르는 언어장애로 인해 이미 여섯 살 때부터 고립의 바다를 표류했고, 유치한 감정과 두려움을 명료히 표현할 수 없었다. 사르트르의 주장은 플로베르가 천치였다는 게 아니다. 우리는 그가 훗날 『보바리 부인』 같은 불후의 고전을 써냈다는 사실을 알고 있다. 사르트르의 주장은 문필가로서 그의 삶이 유년기의 결핍을 극복하려는 필사적 시도였다는 것이다.

사르트르에 따르면, 자아존중감은 일부분 타인들의 말을 통해 우리 안에 스며든다. 당연한 일이지만 가장 가까운 사람들이 여기서 더 큰 발언권을 가진다. 아이들 대부분이 그렇듯이, 플로베르와 세상을 이어준 최초의 연결 고리는 그의 부모였다. 표면적으로 이는 애정 어린 관계였지만, 아이는 그 이상을 필요로 한다고 사르트르는 말한다. 성장기 아이는 자기 존재의 정당함과 중요함을 알 필요가 있다. 아이의 프로젝트가 아무리 사소하더라도 그것은 애정 어린 언어로 보살핌과 비판과 검토와 인정을 받아야 한다. 이런 식으로 아이는 붙들 수 있는 난간을 갖게 되며 자신이 우주에서 혼자가 아님을 알게 된다. 사르트르는 이렇게 쓴다. "아이는 살아가라는 명령을 받으며, 부모는 이 명령을 내리는 권위자다. 이것은 추측이 아닌 진리다."[5] 부모가 이 명령을 전달할 수 있는 한 가지 방법은 끊임없이 아이와 소통하며 그 소통을 애

심슨 가족이 사는 법

정 어린 말과 보살핌의 행동으로 강화하는 것이다. 플로베르는 이런 부모의 가치 부여 과정을 경험하지 못한 듯 보인다. 이런 주목을 받지 못한 미래의 소설가는 쉽게 좌절하고 내면으로 침잠하여, 그 나이 또래의 더 행복한 아이들보다 오랜 기간 침묵을 지켰다.

허구의 스프링필드는 (〈교환학생 바트〉에서 바트가 끔찍한 유학생활을 통해 깨달은 대로) 프랑스의 시골과 전혀 다르지만, 매기의 성장 환경은 플로베르의 그것과 얼마간 유사성을 띤다. 사르트르는 플로베르의 어머니가 자식의 신체는 돌보았지만 그의 내밀한 욕구에 귀 기울이는 데는 시간을 할애하지 않았다고 말한다. 마담 플로베르는 "훌륭한 어머니였지만 다정한 어머니는 아니었다. 정확하고 능숙하고 근면했다. 그게 전부였다"고 묘사된다.[6] 매기가 엄마에게 받는 사랑은 어떠할까? 그 답은 불분명하다. 마지 심슨은 확실히 막내딸을 깊이 사랑하는 것처럼 보이지만 그의 사랑은 마담 플로베르처럼 실용적이며, 먹이고 씻기고 입히고 재우는 선에서 그친다. 엄마인 마지가 자녀들에게 쏟는 정성은 진공청소기를 다루는 정성과 구별되지 않는 듯 보일 때도 있다. 매주 이 쇼가 방영될 때 나오는 오프닝 신을 보면, 계산대 직원은 매기를 쇼핑카트에서 꺼내 다른 물건들과 함께 계산해버린다. 순간 매기를 잃어버린 줄 알았던 마지는 막내딸이 쇼핑백에 포장되어 나오는 걸 발견하고 안심한다. 마치 식료품과 아이를 집까지 안전하게 운반하는 것으로 엄마로서의 임무를 적절히 완수했다는 듯이 말이다.

물론 매기가 자존감이 낮은 사람으로 성장한다 해도 그것이 마지의 탓만은 아닐 것이다. 호머도 확실히 자상한 아빠의 본보기는 아니다. "'올해의 아버지'로 뽑히는 것보다 맥주 마시는 게 더 좋아"라고 노래하는 사람에게 대단한 친밀함을 기대할 수는 없는 노릇이다(‹현명한 새 보모›). 물론 번스 사장이 오래전에 잃어버린 아들인 래리(‹번스 사장의 아들›에서 로드니 데인저필드가 목소리 연기를 했다)를 받아들이라고 그를 설득하는 사람이 호머인 건 사실이다. 호머는 "애들이 불쾌하고 냄새 나긴 해도 걔들이 언제나 의지할 수 있는 게 하나 있다면 그건 아빠의 사랑"이라고 주장한다. 또 호머가 결국에 가서는 매기의 존재를 받아들이고 자기 사무실을 매기의 아기 때 사진으로 도배하는 것도 사실이지만(‹매기가 태어나기까지›), '사르트르의 좋은 부모 가이드'의 요구 조건을 충족하려면 이런 일시적 감정 폭발로는 어림도 없다.

심슨 부부가 강직한 이웃인 네드 플랜더스에게 자녀들의 양육권을 빼앗기는 ‹심슨 가족의 위기›에서, 정성 어린 관심을 받으며 활짝 피어나기 시작하는 아이가 바로 매기인 것은 의미심장하다.[7] 조용하던 매기는 지속적인 돌봄과 새로운 관심에 둘러싸이자 갑자기 말을 하고 싶어하고, 네드 플랜더스의 차 안에서 "대딜리두들리"라는 말을 내뱉어 모두를 깜짝 놀라게 한다. 에피소드의 앞부분에서 매기의 언니 오빠는, 아동복지과 사람들이 매기를 부모 집에서 데리고 나온 후 매기가 보여준 긍정적 변화에 대해 언급한다.

바트: 매기가 저렇게 웃는 건 처음 봐.
리사: 아빠가 매기를 저렇게 열심히 돌본 게 언제가 마지막이었지?
바트: 매기가 동전을 삼켰을 때 종일 붙어 있었잖아.

이 에피소드는 사르트르가 말한 바의 요점을 실연해 보인다. 사람은 가족의 사랑과 관심을 통해 말로써 자신을 표현하기 시작한다는 것이다. 이런 이른 관심이 없으면 아이는 침묵으로 빠져든다. 말이 없으면 자신의 자부심에 대한 관념이 제한될 가능성이 높다. 이런 아이들은 열등하다고 여겨질 수도 그러지 않을 수도 있지만, 번스 사장이 비싼 대가를 치르고 터득했듯 자기 막대사탕을 뺏으려 드는 어른들을 달가워하지는 않을 것이다.

매기는 깨우쳤는가?

매기는 말은 하지 않지만, 사르트르의 플로베르와는 달리 적어도 사고 과정을 내비치는 듯하다. 그는 〈강도가 들었어요〉에서 바트와 리사가 '베이비시터 강도'를 물리칠 수 있게끔 도와주며, 악몽 같은 〈할로윈 스페셜〉 중 한 편에서 괴물이 된 학교관리인 윌리가 복수하러 달려들 때도 와서 언니 오빠를 구해준다(〈공포의 할로윈 VI〉). 심지어 매기는 장난감 실로폰으로 차이콥스키의 「사탕 요정의 춤」을 무심히 연주하면서 언뜻 천재성을 내비치기까지 한다(〈마지라는 이름의 전차〉). 하지만 매기는 우리에게 말을 할 수 없기 때문에, 설령 그의 머릿속에 뭔가 있다 해도 그 속에서 실제로 무슨 일이 일어나는지는 보는 이들에게 미스터리다.

서양은 잠시 밀쳐놓도록 하자. 고대 중국의 철학자들은 말에 대해 우리처럼 열광하지 않았다. 중국의 위대한 철학자 공자는 "많이 듣되 침묵을 지키라"[8]고 말한다. 『도덕경』은 좀더 단호하게 다음과 같이 주장한다.

아는 사람은 말하지 않고
말하는 사람은 알지 못한다.[9]

동양 전통 전반에 걸쳐, 말은 영원한 침묵에 싸인 삶의 신비를 가리키는 표지판 정도로만 이용되어왔다. 서양의 성서와 달리 예로부터 동양의 여러 경전은 우리 세계가 침묵이라는 기반에서 비롯되었다고 주장했다. 일례로 『바가바드기타』에서 세계의 창조주는 수수께끼와 신비에 싸여 있다. 인간은 창조주에 대해 지적으로 말을 할 수도, 이해할 수도 없다.

드물게 그것을
보는 사람이 있고,
드물게 그것을
말하는 사람이 있고,
드물게 그것을
듣는 사람이 있으나
들었다 해도 그것을
참으로 아는 자는 없다.[10]

동양철학만큼 침묵에 깊이 뿌리박지는 않았지만, 서양 종교도 전능한 존재에 대한 나름의 신비적 해석을 지니고 있다.

따라서 깨우친다는 것은 우리의 기원으로 되돌아가는 것, 세속적 집착을 끊고 세계의 무한한 고요로 되돌아가는 것이다. 힌두교에서 (그리고 훗날 불교 종파들이 발전시킨) 산스크리트어 '니르바나'는 많은 경우에 '식힘', 즉 열정으로부터 거리를 둔다는 의미를 띤다. 말에 너무나 집착하게 된 우리는 삶의 뒷면에 깃든 장대함과 신비에 대해 쉽게 떠들어댄다. 동양의 여러 사상에 따르면 세속적 불행의 원인은 너무 많은 생각과 너무 많은 말이다. 『바가바드기타』는 "[행자는] 마음을 자아에 집중하고 아무것도 생각하지 말아야 한다"[11]고 일깨운다. 그렇다고 우리가 생각을 완전히 포기해야 된다는 말은 아니지만(그렇다면 그렇게 많은 철학책도 필요 없을 것이다), 불교에서는 특히 관념에 집착하는 생각과 자연스러운 생각을 구분한다. 말은 유용하며 나아가 지식 전달에 필요하다. 특히 선불교에서는 스승으로부터 제자로의 지식 전달을 돕기 위해 말을 이용한다. 하지만 힌두교와 불교 모두 오용된 말의 어두운 측면을 이해한다. 말은 더 많은 말을 낳고 이는 더 많은 긴장과 불안으로 이어질 수 있다. 동양의 깨우침은 흔히 자연세계와의 신비적 연결을 수반하며, 이런 변모가 말로 귀결되는 일은 드물다.

많은 동양사상에 따르면, 말의 수렁에 빠지지 않고 자연스럽게 행동하는 것은 깨침의 길을 내딛는 데 있어 꼭 필요하다. 서양에서는 행동은 없이 말만 있는 삶을 영위하려는 유혹이 크다. 바르트는 일본에 가서 일시적으로 마음을 열었고(〈일본 탐험〉), 리사는 세 살 때 타지마할 퍼즐을 맞출 수 있었지만(〈리사의 색소폰〉), 누구도 진지하게 깨우쳤다고는 말할 수 없다. 언니 오빠와 달리 매기는 말에 정신을 팔기에는 너무나 어리며, 더 효과적으로 자연스럽게 행동할 수 있다. 하지만 이런 사고방식을 따라가면 모든 아기를 깨우친 존재로 간주할 수 있을 것이다. 우리는 미개발된 사고와 엄정하게 개발된 무념을 주의 깊게 구분해야 한다. 인도의 역사학자 사르베팔리 라다크리슈난이 지적한 대로, "어리석거나 무지한 사람이 침묵을 지킨다고 해서 현자가 되지는 않는다."[12] 선불교 사상에서는 아주 오랜 시간의 사고 수련과 명상을 거친 후에야 천진한 순수의 황홀경에 도달할 수 있다.

위검 경찰서장은 스프링필드 주민들에게, 매기가 너무 어리기 때문에 번스 사장을 쏜 죄로 매기를 기소할 배심원은 (텍사스주를 제외하면) 없을 것이라고 자신 있게 말한다. 매기는 세속적 집착을 적절히 끊어내기에도 거의 모든 면에서 너무 어리다. 하지만 스프링필드 주민들이 한 가지 중요한 교훈을 배운 건 사실이다. 말 없는 아기도 중대한 행동을 수행할 능력이 없지만은 않다는 것이다. 매기는 번스 사장을 거의 죽일 뻔했을 뿐만 아니라, 말이라는 부담을 지지 않고도 무수한 상황에서 사람들을 위기로부터 구해냈다. 때때로 침묵은 복잡한 사고와 심오한 직관의 신호다(매기의 경우에는 그런 것 같지 않지만). 우리 모두가 좀 더 일상적으로 침묵을 실천한다면 삶은 얼마간 더 수월해질지도 모르며, 확실히 방과후 교실에 남거나 칠판에 반성문을 수십 번씩 쓰거나 스키너 교장의 사무실에 앉아서 벌을 받는 일은 줄어들 것이다.

심슨 가족이 사는 법

매기는 우리에게 무엇을 가르쳐줄 수 있을까?

서양철학에서도 침묵을 옹호한 이들이 있다. 초기 유대교 신비주의자들로부터 이 시대의 비트겐슈타인 철학에 이르기까지, 언제 침묵을 지키는 것이 최선인지를 놓고 불안한 긴장이 빚어져왔다. 20세기 말에 미국에서는 무수한 모순된 메시지가 홍수를 이루었다. "나서서 네 소신을 떳떳이 밝혀라," 그러나 "침묵은 금이다". "아는 것은 힘이다", 그러나 "무소식이 희소식이다". "너 자신을 표현해라," 그러나 "말은 쉽다". 이런 말들이 우리 귀에 쏟아져 들어왔다. 언제 입을 다물어야 하느냐는 질문을 놓고 우리가 이렇게 우왕좌왕했던 시기는 드물었다.

이미 한 세기 전에도 서유럽의 비옥한 지적 토양에는 고대 동양철학이 스며들어 있었다. 쇼펜하우어와 니체 같은 중요한 독일 철학자들은 동방에 관심이 많았고, 그들의 저작에서는 동양적 암시를 더러 찾아볼 수 있다. 이 전통을 따라 1930년 독일 철학자 마르틴 하이데거는 서양에서 동양철학을 새롭게 유행시켰다. 하이데거는 분명히 서양 전통의 연장선상에 있었지만, 침묵에 대한 그의 강조는 두드러지게 동양적인 향취를 띤다. 하이데거의 주장에 따르면 본래적 실존으로서 살기를 바라는 인간에게 침묵은 필수이며, 반면에 잡담은 비본래적 실존의 뚜렷한 신호다. 하이데거는 '실존'이라는 좀더 심각한 문제에 대해서만 말하고 나머지에 대해서는 침묵을 지킴으로써 동양과 서양 사이에 다리를 놓고자 했다.

하이데거는 언제 말하고 언제 침묵해야 할지를 아는 위대한 사상가로서 전 세계인에게 칭송받았다. 하지만 1930년대의 독일에는 존재론보다 더 긴급한 현안이 있었다. 아돌프 히틀러가 권좌에 오르면서 제2차 세계대전이 피치 못할 현실로 다가온 것이다. 몇몇 주목할 만한 예외를 제외하면, 하이데거는 자신의 철학에 충실하게 침묵을 지켰고 국가사회주의와 제3제국에 대한 이전의 지지를 철회하지 않았다. 나치가 이웃나라들에 대한 전쟁을 선포했을 때 하이데거는 발언하기를 거부했다. 또 그의 유대인 제자와 동료들에 의해 공개적으로 대학에서 추방되었을 때도 하이데거는 아무 말도 하지 않았다.[13]

역사는 하이데거의 침묵을 심판할 것이고 우리도 그래야 한다. 제2차 세계대전 이후, 우리는 말이 오해와 갈등을 초래할 수 있지만 침묵은 훨씬 더 나쁜 것을 승인할 수 있음을 배웠다. 노벨상 수상자인 엘리 위젤은 사랑의 반대는 증오가 아닌 침묵이라고 말하곤 한다. 우리는 언제 동양의 침묵을 선호하고 언제 서양의 말에 의존할지를 판단하는 데 여전히 무능한 상태인 듯하다.

〈리사의 결혼식〉에서 리사는 카니발 점쟁이의 도움으로 자신의 미래를 엿본다. 리사는 자신이 꿈꾸던 남자와의 결혼을 앞두고 있다. 그리고 결혼식에서 아름다운 목소리를 지닌 10대로 성장한 매기가 막 축가를 부르려고 헛기침을 하는 순간, 리사는 결혼식을 취소하고 매기는 상징적으로 입을 다문다. 그의 목소리는 가족의 소동에 휘말려 다시금 묻혀버린다.

관료주의와 정보 과잉이 심해지는 세계에서 우리의 목소리 또한 묻혀버릴 위험에 처해 있다. 모두의 목소리가 들릴 수 있게끔 서로의 기획을 비판적으로 존중하는 법을 모색하는 것은 현대세계에서 동서양

심슨 가족이 사는 법

이 함께 직면한 큰 도전이다. 우리는 관용을 넘어서 타인의 목소리를 들을 준비를 갖추어야 한다. 그러지 않는다면 매기 심슨처럼 사회에서 소외감을 느끼고 좀더 파괴적인 소통 수단에 의존하는 사람들이 많아질 것이다. 그리고 현실세계의 우리는 만화에서처럼 항상 그렇게 재빨리 회복되지 않는다.[14]

4

마지와 훌륭한 인간의 기준

제럴드 J. 어리언, 조지프 A. 제커디

부패한 시장 '다이아몬드' 조 큄비와 구제불능의 상습 흉악범 스네이크부터 러브조이 목사와 네드 플랜더스 같은 독실한 인물에 이르기까지, 스프링필드의 도덕적 극단성을 제약하는 요소는 이 도시를 걸어다니는 사람들의 숫자뿐이다. 바트는 자기가 옳고 그름의 차이를 모른다는 걸 인정하고 악마와 서로 친근하게 이름을 부르며 거래하는 사이다. 호머는 이기적이고 충동적인 계획에 줄줄이 뛰어들며, 심지어 주일날 교회를 빠지고 미식축구를 보는 일의 가치를 하느님에게 납득시키려 들기까지 힌디. 한편 플랜더스는 도덕과 윤리에 대한 것부터 패션과 아침식사 시리얼에 이르기까지 자신이 직면하는 모든 딜레마를 종교적 권위와 성서에 의지하여 해결한다.

이런 윤리적 극단의 소용돌이 속에서 마지는 놀랄 만큼 안정된 도

심슨 가족이 사는 법

덕성의 시금석으로 견고히 서 있다. 도덕적 딜레마에 직면했을 때 마지는 이성을 자기 행동의 지침으로 삼아, 정신 나간 극단 사이에서 사려 깊고 존경스러운 균형을 유지한다. 마지와 플랜더스가 다른 점은, 플랜더스는 그렇게 하는 게 실제로 자기한테 옳은지 여부와 상관없이 종교가 명하는 대로 따른다는 데 있다. 마지도 신앙심이 있지만 그가 품위 있고 합리적인 사람이 할 만한 일만을 하게끔 이끌어주는 건 그의 잘 발달된 양심이며 심지어 그것이 종교적 권위의 지침과 충돌할 때도 있다. 이런 관찰은 마지의 근본적인 도덕철학이 고대 그리스의 위대한 철학자 아리스토텔레스의 그것과 많은 면에서 상통함을 암시한다. 그러므로 이 에세이에서 우리는 스프링필드에서 펼쳐지는 마지의 삶에 대한 논의를 통해 아리스토텔레스의 덕 윤리를 보여주고자 한다.

그렇긴 해도 마지가 아리스토텔레스의 도덕철학을 모든 경우에 주의 깊고 일관성 있게 적용하는 모범적 아리스토텔레스주의자라고 주장하는 건 아니다. 사실 마지는 (아리스토텔레스의 관점에서) 특별히 유덕하지 않은 말과 행동을 많이 한다.[1] 하지만 마지의 도덕적 성품에 대한 우리의 검토는 단지 고립된 행위들이 아니라 그의 행동에서 뽑은 더 광범위한 표본을 대상으로 해야 한다. 따라서, 바니 검블이 ‹술이여 안녕›에서 이따금 책임감 있는 모습을 보였고 ‹스프링필드 영화제›에서 예술작품을 만들어냈으며 ‹우주비행사 호머›에서 우주비행사 훈련을 받기도 했지만 알코올의존증 환자임에는 변함이 없는 것처럼, 마지의 전반적 행동 패턴 또한 아리스토텔레스 도덕철학의 특별히 생생한 입

문서 구실을 할 수 있다.[2]

덕과 성품

일반적으로 실용주의와 칸트의 의무론을 비롯한 근대 도덕철학들이 행동을 올바른 행동으로 만들어주는 자질을 탐색하는 반면, 고대 그리스인들은 사람을 선한 사람으로 만들어주는 성품의 특질에 더 집중하는 경향이 있었다.[3] 아리스토텔레스의 『니코마코스 윤리학』은 이 전통에서 가장 중요한 공헌 중 하나다. 이 책에서 아리스토텔레스는 유덕한 성격 특질의 긴 목록을 작성했을 뿐만 아니라, 각각의 덕을 두 극단 사이의 중용으로서 체계적으로 설명했다. 게다가 그는 유덕한 삶을 정당화하려 시도하며 나아가 자신의 삶을 더 유덕하게 만드는 데 관심 있는 이들에게 제안을 하기까지 한다.

고대 그리스 덕 윤리의 독특한 초점을 고려할 때 아리스토텔레스의 덕은 사람을 선한 사람으로 만들어주는 성품 특질이라고 이해할 수 있다. 이런 성품 특질에는 특정한 덕성을 띤 방식으로 행동하는 경향뿐만 아니라, 특정한 덕성을 띤 느낌과 감정을 경험하는 기질도 포함된다. 『니코마코스 윤리학』에서 아리스토텔레스가 열거한 많은 덕 중에는 다음과 같은 것이 있다. 1. 용기 2. 절제 3. 통 큼(특히 대규모의 지출과 관련하여) 4. 자신의 가치에 대한 적절한 자부심 5. 온유함 6. 우애 7. 진실성 8. 재치 9. 수치심.[4] 물론 이것이 목록의 전부는 아니며 아리스토텔레스 이후의 철학자들도 여기에 다른 덕들을 추가했지만, 이것으로도 아리스토텔레스가 좋은 성품에 필요하다고 생각한 성격 특질의 종류를 잠정적으로 파악하기에는 부족함이 없다.

마지에게서 우리는 아리스토텔레스가 제시한 유덕한 성격 특질의 탁월한 예를 찾아볼 수 있다. 첫째로 그는 확실히 용감한 여성이다. ‹경찰이 된 엄마›에서는 자기 집 차고에서 거래 중인 짝퉁 청바지 밀매 조직을 급습하고 ‹호머, 사이비 종교에 빠지다›에서는 사이비 종교 단체에서 탈출하고 ‹무서운 이야기›에서는 귀신 들린 집에 맞서는 등, 마지에게 용기가 딸릴 때란 거의 없다. 또 그는 절약이 몸에 배어 세이프웨이 창고 할인 매장과 오그던빌 아웃렛 매장에서 옷 쇼핑을 한다(‹엄마의 새 옷›). 끝으로, 심슨 가족이 합의금으로 받을 수도 있었던 수백만 달러를 포기한 건 마지의 굳센 진실성 때문이다(‹바트, 차에 치이다›).

아리스토텔레스는 덕을 열거하면서, 각각의 덕을 지나침과 모자람이라는 두 악덕한 극단 사이의 중간 또는 균형으로 설명했다.[5] 일례로 유덕한 용기는 호머의 앞뒤 재지 않는 무모함과 그의 악덕한 비겁함 사이 어딘가에 있다. 마찬가지로 유덕하게 자제하는 사람은 바니의 방종도, 플랜더스의 육체적 쾌락에 대한 무관심도 아닌 그 둘 사이의 무언가를 지녔다. 통 큰 미덕을 지닌 사람은 무분별하게 베풀지도 않고 (그래서 호머가 가끔 그러는 것처럼 흥청망청 퍼주지 않고), 번스 사장이 대체로 그러는 것처럼 인색하게 굴지도 않는다. 따라서 아리스토텔레스의 목록에 있는 모든 미덕은 이에 상응하는 두 악덕한 극단과의 비교를 통해 정의할 수 있다.[6]

마찬가지로 범죄를 막기 위한 마지의 빈틈없는 경계나(‹경찰이 된 엄마›) ‘무브먼트교’에서의 위험한 탈출은(‹호머, 사이비 종교에 빠지다›) 마지가 진정으로 용감하지만 무모하지는 않음을 보여준다. 그는 입을 쩍 벌린 악어 떼를 딛고 제임스 본드처럼 강을 뛰어 건널 수도 있지만, 센트럴파크의 이륜마차에서 그 옆을 나란히 질주하는 호머의 자가용으로 점프하지는 않는다(‹심슨 가족, 뉴욕에 가다›). 상황이 요구할 때는 누구보다도 용감해지지만, 닥치는 모든 전투에 싸움으로 대응하지는 않는다. 완력으로 안 된다는 걸 알 때는 다정하게 손을 쓰다듬는 등의 주의 분산 전술을 활용한다(‹피의 원한›). 또 수동적 저항의 가치도 인정하여, 호머가 훔친 케이블 TV로 ‘왓슨 대 테이텀 II’ 격투기 상영회를 열었을 때 리사가 이를 보이콧하자 리사를 격려하기도 한다(‹도둑질하지 말라›). 끝으로 한물간 코미디언 크러스티가 상업주의와 싸우는 신랄한 코미디언으로 변신하는 에피소드에서, 크러스티가 저마다 가진 현금을 태워버리라고 선동하자 호머는 마지에게 지갑에 있는 돈을 다 꺼내달라고 재촉한다. 마지는 호머와 무익하고 승산 없는 말싸움을 벌이는 대신 리사에게 돈을 슬쩍 건네며 얼른 집에 가서 뒤뜰에 묻으라고 시킨다(‹크러스티의 마지막 유혹›).

절제에 관해 말하자면 마지는 방종하기보다 검소한 경향을 보인다. 툭하면 실직하고 유치장에 갇히고 4차원으로 빠져버리는 남편을 둔 아내로서 마지의 경제적 여력은 빠듯한 편이다. 그는 할인 상품이 있을 만한 곳에서만 쇼핑하고, ‹심슨 가족, 뉴욕에 가다›에서는 “내가 이미 구두 한 켤레를 가지고 있지만 않았어도”라고 살짝 한탄하면서도 불필요한 새 구두에 가족의 현금을 낭비하지 않으려 한다. 또 심슨 가족이 번스 사장의 저택을 봐주게 되었을 때 사장이 소유한 영지의 사치스러움에 경악하며, 매일 아침 어질러진 침대를 태워버린 뒤 벽에서 새 침대를 꺼내주는 기계를 보고 "좀 낭비가 심한 것 같다"고 지적하기도 한다(‹억만장자가 된 호머›). 그렇다고 고양이 오줌 냄새를 풍기는 싸구려 요트에서 예전에 남자였던 미녀들을 불러 파티를 여는 식으로 현금을 아끼는 '슈퍼 절약왕' 척 가라비디언(‹일본 탐험›)처럼 구두쇠도 아니다. 가라비디언은 마지가—특히 33센트 스토어에서 구입한 상한 음식 때문에 호머가 경련으로 바닥을 구른(그러면서도 더 먹으려고 든) 뒤에는 더더욱—거부하는 악덕한 인색함을 정확히 대변하는 인물이다.

심슨 가족의 널뛰는 가계소득을 감안하면 마지가 가족의 돈을 자선기관에 기부하기를 주저하는 것도 놀랄 일은 아닐 것이다. 심지어 ‹바트의 우상›에서는 리사가 상속받은 100달러를 공영방송국에 기부하는 것을 '낭비'라며 불허하기까지 한다. 하지만 아리스토텔레스가 썼듯이 "가진 재산이 적은 사람은 [남보다] 적게 주어도 더 후할 수 있"으며, 마지는 가족의 불규칙한 재정 상황이 허락하는 선에서는 후하다고 볼 수 있다.[7] 가령 마지는 호머가 항상 교회 헌금 접시에 충분한 돈을 넣는지 확인하며, 주일 헌금 대신 '셰이크앤베이크'* 30센트 할인 쿠폰을 넣으려고 하는 호머를 꾸짖는다(‹바트의 여자친구›). 또한 금전적 기부에는 다소 인색할지언정 자신의 시간과 재능과 그 밖의 자원을 형편이 어려운 이들에게 자비롭게 베풀 줄 안다. 마지는 할아버지와 버스 운전사 오토에게 숙식을 제공해주었고, 유출된 기름으로 뒤덮인 바위를 리사와 함께 닦았으며(‹바트의 밤›), 스프링필드 동네 교회

---

* 치킨 튀김가루 브랜드.

에서 전화 상담 자원봉사를 했고(‹상담원이 된 엄마›), 가난한 이웃을 위한 음식 기부운동에 참여했다(‹영웅이 된 호머›).

마지는 자녀 양육과 가정 운영을 비롯한 모든 일에서, 심지어 ‹엄마는 화가›에서 번스의 생식기 크기를 놀릴 때에도 타고난 중용을 발휘한다. 그는 모드 플랜더스나 애그니스 스키너처럼 고루하지도 않고, 먼츠 부인이나 이혼 직후의 루앤 밴하우튼처럼 방종하지도 않다. 심지어 ‹올드미스, 우리 이모›에서는 호머에게 돼지고기 섭취를 1주일에 6인분으로 제한하라고 충고하면서 중용을 설교하기까지 한다. 그러므로 진정한 덕을 갖춘 삶이라면 합리적 중용을 추구하는 것이 중요하다는 아리스토텔레스의 말에 걸맞게, 마지의 행동은 악덕한 극단 사이에서의 도덕적 균형을 지향한다.

덕 있는 삶을 정당화하기

덕은 좀처럼 달성하기 힘든 자질일 수 있지만, 아리스토텔레스는 덕을 찾는 이에게 상당한 보상이 주어진다고 믿는다. 이는 덕이 성공한 삶의 본질적인 요소이기 때문이다. 그가 『니코마코스 윤리학』의 서두에서 주장한 대로, 인간 삶의 궁극적인 목적은 행복이다. 물론 우리는 그 외에도 다른 많은 것(명성, 돈, 돼지갈비 등)을 갈망하지만, 우리가 이런 걸 갈망하는 이유는 그것이 궁극적으로 우리를 행복하게 해주리라고 믿기 때문이다. 물론 이 점에서 우리가 틀릴 때도 있지만, 요는 "그 무엇보다도 무조건적으로 궁극적인 것은 행복인 것 같다. 우리는 항상 [행복을 택하며] 행복 그 자체 때문에 행복을 택하지 다른 무엇 때문에

　심슨 가족이 사는 법

행복을 택하지는 않기 때문이다".[8]

　여기서 아리스토텔레스의 행복(그리스어 원어로는 '에우다이모니아 eudaimonia') 개념을 쾌락(그러니까…… 음…… 쾌락)과 구분하는 것이 중요하다. 아리스토텔레스는 호머가 삶의 그토록 많은 부분을 할애해가며 좇는 일종의 단순한 육체적 만족이 인간 삶의 목표라고 말하려는 것이 아니기 때문이다. 여기서 아리스토텔레스가 염두에 둔 것은 좀더 장기적인 행복 내지는 전반적인 번성이다. 테런스 어윈은 '잘 행하는 것doing well'을 '에우다이모니아'의 좀더 나은 번역어로 제시한다.[9] 아리스토텔레스는 이런 종류의 행복을 인간 삶의 궁극적 목표로 확립하면서, 덕이 바람직한 것은 덕을 지닌 사람의 장기적 행복을 증진하기 때문이라고 주장한다. 유덕하게 산다고 해서 모든 일이 다 잘된다는 보장은 없지만, 자부심, 우애, 진실성 같은 특질이 성공 기회를 높여주는 건 사실이다. 그러므로 우리가 유덕한 삶을 정당화할 수 있는 이유는 덕이 유덕한 사람들의 복지를 높여주기 때문이다.

　많은 사람이 아리스토텔레스가 덕을 정당화한 것을 우리의 이기적 동기에 대한 자기중심적 호소로 오해했다.[10] 하지만 아리스토텔레스는 우리가 매우 사회적인 생물 종이며 우리의 장기적 행복이 가족과 친구에 의해 크게 좌우됨을 이해했다. 다른 사람들의 기여가 없으면 우리는 에우다이모니아를 성취할 수 없으며, 아주 많은 미덕(예를 들어 통 큼, 우애, 진실성)이 우리에게 귀중한 이유는 이것들이 (성공적인 삶에 필수인) 가족과 친구와의 강한 유대를 키우는 데 도움을 주기 때문이다.

　누구나 마찬가지지만, 마지 자신의 행복 또한 그 좋은 예를 보여준다. 언니인 패티와 셀마 외에는 친한 친구가 없고, 정규적인 직업이나 마음을 사로잡을 취미도 없는 마지의 주의는 바트, 리사, 매기, 호머에게서 거의 벗어나지 않는다. 확실히 마지에게 가장 중요한 것은 배우자와 자녀들의 안녕이며, 그것은 실로 마지가 그 자체로서 중시하는 가치다. 마지의 말을 빌리면, "내가 중독된 게 있다면 그건 아들딸에 대한 사랑Love for my Son and Daughters뿐이에요. 그래요, 내게 필요한 건 약간의 LSD*뿐이라고요(«심슨 가족의 위기»)." 따라서 마지는 가족의 행복을 통해 자신의 에우다이모니아를 성취한다. 빨래를 하고, 미트로프를 사람 모양으로 빚어서 굽고(«리사, 워싱턴에 가다»), 집에서 제작한 자동차에 안전벨트를 뜨개질해서 다는 등의(«심슨 가족, 뉴욕에 가다») 단순한 살림 과제도 그에게는 달갑잖은 집안일이 아니다. 오히려 이런 일들은 마지가 그토록 아끼는 가족의 좋음에 기여하기 때문에 그에게 행복을 준다.[11] 실제로, 호머가 '글로벡스코퍼레이션'에 취직하면서 가족이 새로 이사 간 집에서 대부분의 집안일을 전자동으로 대신 해주자 마지는 목표 의식을 거의 상실할 뻔한다(«호머의 새 직장»). 가족의 좋음에 어떻게 기여할지 더 이상 알 수 없게 된 마지는 우울증에 빠져 습관적으로 음주를 한다(그래봤자 데이비드 크로즈비의 개입이 필요 없는, 가벼운 수준이었지만**). 이처럼 마지는 아리스토텔레스의 덕에 부합하는 삶

---

*   LSD는 리세르그산 디에틸아마이드Lysergic Acid Diethylamide의 준말로 맥각균에서 합성한 무색 무취의 환각제를 이르기도 한다.

**   데이비드 크로즈비는 포크록 밴드 '크로즈비, 스틸스, 내시 & 영'의 멤버로 유명한 가수 겸 작곡가인데 약물 중독으로 수감과 재활 치료를 거듭했다. «엄마의 빈자리»에서 그는 변호사 라이어닐 허츠의 알코올의존증 자조모임 동기로 출연한다. 허츠는 절도죄로 기소된 마지를 변호하는데, 마지가 훔쳤다는 술병을 손에 든 순간 갑자기 다시 술 생각이 간절해지자 그길로 뛰쳐나가 크로즈비에게 전화해 도움을 청한다.

               심슨 가족이 사는 법

을 삶으로써 그의 삶에 깊고 크나큰 행복을 가져다주는 강한 사회적 관계를 함양한다.

덕을 함양하기

에우다이모니아의 증진에서 덕이 수행하는 중요한 역할을 생각하면, 삶을 좀더 유덕하게, 그리하여 좀더 성공적으로 만들기 위해 무엇을 할 수 있는지 궁금해진다. 아리스토텔레스에 따르면, "품성의 덕 중 그 어떠한 것도 우리 안에서 저절로 생겨나지 않는다".[12] 대신에 우리는 습관을 통해 덕을 획득하는 타고난 능력이 있다고 그는 말한다. "우리는 올바른 행위를 함으로써 올바르게 되고, 자제력 있는 행동을 함으로써 자제력이 생기며, 용감한 행동을 함으로써 용감해진다."[13]

> 우리는 쾌락을 멀리함으로써 자제력이 생기며, 자제력이 있을 때 쾌락을 가장 잘 멀리할 수 있다. 용기도 마찬가지다. 우리는 두려운 것을 무시하고 그것에 굳건히 맞서는 습관을 들임으로써 용감해지며, 용감해질 때 가장 굳건해질 수 있다(NE 1104a25-b5).

그러므로 덕 있는 사람들은 우리의 도덕적 발달에 중요한 본보기 역할을 할 수 있다. 우리는 덕 있는 사람들 자신이 할 법한 행동을 택함으로써 우리 자신을 더 유덕하게 만들 수 있다. 그리고 궁극적으로는, 유덕함의 가치를 알기 때문에 유덕하게 행동하는 이들이 지닌 유덕하고 올바른 동기까지도 터득하여 느낄 수 있게 된다.

마지는 자신의 본보기가 자녀들의 도덕적 발달에 얼마나 중요한지도 인식한다. 마지의 영향을 가장 강하게 받는 자녀는 리사이며, 마지는 딸이 옳고 그름에 대한 감각을 키울 수 있게끔 북돋는 데 모든 기회를 활용한다. 〈도둑질하지 말라〉에서 호머가 지역 케이블 TV 회사의 서비스를 훔쳐보는 것에 대해 리사가 항의하자, 마지는 "누굴 사랑할 때는 그 사람이 결국에 가서는 옳은 일을 하리라고 믿어야 해"라는 충고와 함께 레모네이드를 건네며 리사를 격려한다. 〈번스 사장, 파산하다〉에서 리사가 본의 아니게 아이디어를 제공한 번스 사장의 동물 재활용 공장이 수백만 달러의 비윤리적인 수익을 거두어 리사가 도덕적 딜레마에 직면했을 때, 마지는 "리사, 네 양심이 시키는 대로 하렴"이라고 말하며 리사가 자기 양심의 소리에 귀 기울이게끔 격려한다. 마지가 리사에게 끼치는 도덕적 영향력은 앞에서 언급한 모의 술집에서 둘이 주고받는 대화에 감동적으로 표현되어 있다.

> 마지: 리사, 이게 내가 가진 돈 전부란다. 이걸 가져가서 뒤뜰에 묻으렴.
> 리사: 사랑해요, 엄마.
> _〈크러스티의 마지막 유혹〉

미지의 영향력은 바트의 비교적 느리고 흐리멍덩한 도덕적 발달에도 효과를 발휘한다. 일례로 바트가 폭행죄로 기소된 프레디 큄비의 재판에서 증언하고 학교에 무단결석한 벌을 받느냐의 문제를 놓고 갈등할 때, 마지는 바트에게 "네 머릿속의 목소리를 듣지 말고 네 마음에

심슨 가족이 사는 법

귀 기울이렴" 하고 충고한다(‹바트의 선택›).[14] 아리스토텔레스처럼, 마지도 덕의 진가를 아직 온전히 알지 못하는 이들로 하여금 덕을 함양하게 하기 위해 무엇을 해야 할지를 알고 있다.

신명론에 반대하는 마지

윤리적 문제는 종교를 참조해야만 해결할 수 있다고 믿는 사람이 많다. 그래서 우리는 흔히 목사, 신부, 랍비, 기타 종교 지도자에게 의지한다. 마치 그들이 윤리적 문제를 해결할 특별한 능력을 지닌 도덕적 전문가이기라도 한 것처럼 말이다. 여러 기관과 정부의 윤리 심의 위원회에도 흔히 주요 종교 대표들이 참여하곤 한다. 나아가 공립학교에 기도 시간을 둔다든지, 십계명을 공개적인 장소에 게시한다든지, 과학 수업에서 종교적 창조론을 가르치는 일이 약물남용과 학교폭력 같은 사회문제 일소에 도움이 된다고 주장하는 이도 많다.

스프링필드에서 네드 플랜더스는 종교가 윤리에 미치는 영향력을 이해하는 (유일한 방식은 아니지만) 한 가지 방식을 예로 보여준다.[15] 네드는 철학자들이 일컫는 신명론자로 보인다. 그의 생각에 따르면 도덕이란 하나님이 내린 신명神命의 단순한 기능이기 때문이다. 그에게 "도덕적으로 올바른 것"이란 단순히 "하나님이 명하신 것"이고, "도덕적으로 그릇된 것"이란 단순히 "하나님이 금하신 것"이다.[16] 그래서 네드는 자신이 직면한 도덕적 딜레마를 해결하기 위해 러브조이 목사에게 조언을 구하거나 하나님에게 직접 기도한다. 가령 네드는 아들인 로드와 토드가 야유회에서 '깃발 뺏기 게임'을 같이 하자고 조르자 안

식일에 게임을 해도 되는지 우선 목사님한테 물어보자고 제안한다. 러브조이 목사는 "아, 그놈의 게임 그냥 하세요, 네드"라고 심드렁하게 대답한다(‹산으로 간 호머›). 또 네드는 새로 위탁 자녀가 된 바트, 리사, 매기에게 세례를 주어야 할지를 결정하기 위해, 자기 집 지하실에서 기차 모형을 가지고 놀고 있는 러브조이 목사에게 비상 전화를 걸기도 한다(‹심슨 가족의 위기›).[17] (이 통화에서 러브조이는 이렇게 대꾸한다. "네드, 혹시 다른 종교를 가져볼 생각은 없어요? 어차피 메이저 종교는 다 거기서 거기예요.") 그리고 ‹네드와 허리케인›에서 허리케인이 스프링필드의 다른 집들은 멀쩡히 놔두고 자기 집만 파괴하자, 네드는 "전 모든 걸 성경 말씀대로 했습니다. 다른 말씀과 모순되는 말씀까지도요!"라고 고백하며 하나님한테서 대답을 얻어내려 한다. 그러니까 네드는 스스로의 생각보다는 적절한 신의 명령을 참조하여 도덕적인 문제에 대한 해결책을 찾아낼 수 있다고 믿는다. 그의 신앙은 완벽한 만큼이나 맹목적이며, 그는 자신의 윤리적 딜레마를 사실상 사전에 해결해놓은 상태로 도덕적 자동주행장치에 의존하여 삶을 표류한다. 이런 맥락에서, 마지의 신앙이 그의 도덕적 의사결정에 끼치는 영향은 비교적 낮다. 마지가 하나님을 믿는 건 확실하다. ‹바트 심슨 혜성›과 ‹리사와 천사화석›에서 마지는 스프링필드의 임박한 파괴를 막아달라고 하나님께 기도하며, 호머가 교회를 저버렸을 때는 "내 남자와 내 하나님 중 하나를 택하게 만들지 마, 왜냐면 당신은 여기서 이길 수 없으니까"라고 경고한다(‹호머와 하나님›). 심지어는 ‹결혼의 위기›와 ‹행복한 결혼생활의 비결›에서 두 번이나 러브조이 목사에게 결혼생활에 대해 도움을 청

심슨 가족이 사는 법

하기까지 한다. 그럼에도 마지는 신앙보다는 자신의 잘 발달된 양심을 기준으로 일상의 도덕적 의사결정을 내리며, 플랜더스라면 절대 하지 못할 방식으로 공식 교회의 도덕적 판단을 거부하는 데도 거리낌이 없다. 예를 들어 마지는 러브조이 목사 부부와 플랜더스 가족 편에 서서 미켈란젤로의 '다비드' 누드 조각상 전시에 항의하는 대신, 켄트 브록먼의 《스마트라인》 뉴스쇼에 출연하여 이 걸작을 옹호한다(〈이치와 스크래치와 마지〉). 헬렌 러브조이가 하는 일이란 "제발 누가 우리 아이들을 좀 생각해보세요!"라는 판에 박힌 문구를 외치는 것뿐인데 비해, 누드가 무조건 악하거나 비도덕적이라고 보지 않는 마지는 이런 조건반사적인 항의를 주도하기는커녕 지지마저 거부한다. 마지는 현실과 동떨어진 목사의 목회 상담에도 비판적이며, 자신만의 상담 서비스로 스프링필드 주민들에게 열광적인 반응을 얻는다.

모: 저는 살려는 의지를 잃었어요.

마지: 오 웃기지 말아요, 모. 당신은 살아야 할 이유가 아주 많아요.

모: 정말요? 러브조이 목사님은 그런 말씀 안 하셨는데. 와, 당신은 훌륭해요. 고마워요.

_〈상담원이 된 엄마〉

이처럼 마지의 윤리 기준은 스프링필드에서 가장 저명한 종교적 권위자들의 가르침으로부터 독립되어 있다.

많은 도덕철학자는 (심지어 종교적 도덕철학자들도) 신명론에 대한 마지의 의구심을 공유한다.[18] 고대 그리스의 위대한 철학자이자 아테네의 아카데미에서 아리스토텔레스의 스승이었던 플라톤은 이 전통에 특히 큰 영향력을 끼쳤다. 그의 고전적인 대화록 『에우튀프론 Euthyphro』에서, 플라톤은 만일 신명론이 옳다면 도덕은 지극히 자의적인 것이 된다고 지적한다.[19] 그렇다면 신은 우리에게 무엇이든지 명할 수 있으며, 신이 명했다는 사실만으로 그것은 도덕적으로 옳은 일이 된다. 하지만 단지 신의 명령이라는 이유만으로 대량 살인이나 강간마저 용인할 수 있는 행동이 된다는 건 터무니없으므로 신명론은 결함이 있다는 것이다. 도덕철학은 신의 명령이 어떤 행동을 옳은 행동으로 만들어준다는 견해로부터 시작되는 게 아니라, 어떤 자질이 그 행동을 옳은 행동으로─따라서 (아마도) 신의 사랑을 받을 가치가 있는 행동으로─만들어주느냐는 질문에서부터 시작된다. 결국 플라톤의 비판 덕에 많은 도덕철학자가 이런 윤리적 질문을 더 깊이 탐구하게 되었고, 이 사상가들이 옳다면 우리는 도덕성을 종교로부터 독립시켜 탐구하고 이해할 수 있다.

결론: "내가 하는 대로만 따라하면 돼"

마지는 아리스토텔레스주의자의 본보기일까? 그렇지는 않다. 《심슨 가족》의 다른 등장인물과 마찬가지로 마지도 완벽하게 정의되지 않으며, 항상 호머나 바트의 개그를 받쳐줄 뭔가를 행하거나 말할 태세를 갖추고 있고 때로는 그것이 캐릭터와 완전히 어긋나기도 한다. 사실 《심슨 가족》의 모든 인물 묘사는 이 쇼의 성격 자체에서 기인한 모순으로 점철되어 있으며, ‹아빠의 볼링 팀›에서 번스 사장의 말마따나 "미처 예측하지 못한 심경의 변화를 겪"는다. 그럼에도 마지는 대개 행복하고 도덕적인 삶을 만들기 위한 아리스토텔레스의 처방을 따르며 여기서 크게 성공한다. (도덕적인 결정이건 아니건) 마지가 결정을 내릴 때 고려하는 좋음은 자기 가족의 좋음, 따라서 그 자신의 좋음이다. 그가 이런 결정을 내리는 것은 보답을 기대해서가 아니라 그들 자체가 본질적으로 보답을 주기 때문이다. 그들에게 좋은 것은 그에게도 좋다. 마지에게서 우리는 아리스토텔레스의 도덕적 미덕이 아카데미의 추상적인 상아탑에만이 아니라 현실의 평범한 만화세계에도 성공적으로 적용될 수 있음을 본다. 마지의 용기, 진실성, 자제력, 그 밖의 미덕은 부인할 수 없으며, 그 결과로 그가 행복하다는 것 또한 부인할 수 없다. 마지가 용기와 진실성과 자제력을 누리는 건 그가 이런 자질에 힘입어 자기 가족을 도울 수 있기 때문이다. 마지의 행복은 그의 아리스토텔레스적인 유덕한 삶을 정당화하며, 사람들(혹은 만화에 나오는 사람들)이 자신의 종교적 신념에 상관없이 도덕적인 삶을 살 수 있음을 입증한다.

오늘날의 많고 많은 사람처럼, 마지도 기독교가 가미된 아리스토텔레스주의자로 묘사하는 편이 가장 적절할 것이다. 이런 사람들은 세상의 평화와 사람들을 향한 선의를 강조하는 근본 메시지를 선호하면서도 성서의 경직된 도덕률, 위생 지침, 음식 규제는 상당 부분 무시한다. 마지 같은 사람들은 플랜더스처럼 "의도는 좋지만 현실생활에는 맞지 않는 규칙을 모조리" 따르는 대신, 사형을 지지하고 인공임신중단에 찬성하면서도 자신의 윤리적 판단이 단순한 맹목적 신앙이 아닌 이성과 양심에 기반했음을 알기에 주일날 교회에 나와 편안히 앉아있을 수 있다. 실로 마지는 훌륭한 기독교인이 되기보다는 훌륭한 인간이 되는 데 훨씬 더 큰 관심을 쏟는다.

5

바트는 이렇게 말했다
: 니체와 나쁨의 미덕에 관하여

마크 T. 코너드

지금은 현존재의 희극이 아직 스스로를 '의식하는 데 이르지' 못했다. 지금 우리는 아직 비극의 시대에, 도덕과 종교의 시대에 살고 있다.[1]_니체

제시카 러브조이: 너 나쁜 아이구나, 바트 심슨.

바트: 아냐, 아냐! 난 진짜로—

제시카 러브조이: 아냐, 너는 나쁜 아이야…… 그래서 좋아.

바트: 그래, 자기. 난 뼛속까지 나쁜 놈이지.[2]

착한 여자애들과 못된 남자애들

여러분도 잘 알다시피, 그는 제버다이어 스프링필드 동상의 머리를 잘랐다. 가족의 크리스마스트리를 불태웠다. 마트에서 '해골 폭풍' 게임

CD를 훔쳤다. IQ 테스트를 커닝해서 영재학교에 들어갔다. 우물에 소년이 빠졌다고 마을 사람들을 속였다. 그 외에도 끝이 없다. 바트 심슨은 어쩌다 보니 항상 말썽에 휘말리는 귀여운 꼬마 개구쟁이가 아니다. 마음만은 순수한 반항아도 아니다. 그는 시건방진 말만 내뱉는 비행 소년, 새파란 바지를 입은 악동, 훼방꾼, (만약 여러분이 그런 것을 믿는다면) 사탄의 졸개다.

여러분이 보기에 덕스러운 인물은 아마 리사일 것이다. 그는 똑똑하고 유능하고 매우 논리적이고 이성적이고 민감하다. 그는 원칙주의자다. 불의를 보면 싸운다. 동물의 권리를 믿기 때문에 채식주의자다. 탐욕스러운 번스 사장의 월권에 당당히 맞선다. 친구와 가족과 불운한 모든 이에 대한 사랑과 측은지심이 있다. 리사는 우리가 기꺼이 사랑하고픈 소녀다. 아마 여러분은 리사야말로 이 쇼에서 존경할 만한 유일한 인물이라고 말할 것이다.

그럼 이제 또 다른 악동, 철학계의 악동에 대한 이야기를 해보겠다 (뭐라고? 여러분은 철학계에 악동이 **없다**고 생각했는가?). 그의 이름은 프리드리히 니체, 그는—철학적으로—더없이 못된 사람이었다. 또 시건방진 말만 내뱉는 철학적 비행 소년이기도 했다. 그는 권위에 대들었고, 훼방꾼이었다. 그리고 사탄의 졸개라?—말도 마시라, 그는 『안티크리스트』라는 제목의 책까지 썼다! 그는 모든 것을, 사람들이 사랑하고 아끼는 모든 이상을 혐오하는 듯 보였다. 나아가 그들이 아끼는 이상이 그들이 혐오하는 것과 상호 연관되어 있음을 교묘히 드러냄으로써 그 이상을 허물어버리곤 했다. 그는 종교를 비난했고 연민을 비웃었다.

그는 소크라테스를 일컬어 스스로를 진지하게 취급하는 어릿광대라고 불렀다. 그는 칸트를 데카당이라고, 데카르트를 얄팍하다고, 존 스튜어트 밀을 얼간이라고 조롱했다! 또 『차라투스트라는 이렇게 말했다』에서, 여자들에게 갈 때는 "회초리를 잊지 말라!"고 쓴 것으로도 악명 높다.[3]

이처럼 니체는 전통적인 이상, 이른바 '선인', 연민과 종교적인 덕을 갖춘 인간을 부정하고 심지어 비웃었지만, 다른 한편으로는 그만의 고유한 이상 비슷한 것을 빚어냈다. 바로 전통적 도덕과 미덕을 거부하는 인간, 세계의 혼돈을 포용하고 자신의 성격에 스타일을 부여하는 인간이다.

우리는 니체의 관점에 의거하여 그릇된 성품을 존경할 수 있을까? 리사 심슨은 니체가 세계에 대한 비방과 삶에 대한 피로, 데카당스, 노예의 도덕, 원한이라고 부르는 것의 일부일까? 악동이 되는 게 확실히 재밌는 일이기는 한데, 혹시 여기에는 건전한 무엇, 삶을 긍정하는 무엇, 철학적으로 중요한 무엇 또한 들어 있지 않을까? 결국 바트 심슨은 니체의 이상이 될 수 있을까?

희극의 탄생: 가상 대 실재

위의 질문에 대답하려면, 우리는 왜 니체가 철학의 악동이었고 왜 그가 (이른바) 행동의 미덕을 격찬했는지를 이해해야 한다.

니체의 초기 저작에는 철학자 아르투르 쇼펜하우어의 영향이 짙게 드리워져 있다. 쇼펜하우어는 재미라고는 한 톨도 없는 사람이었다.

일례로 전설에 따르면, 그는 한 나이 든 부인을 계단 밑으로 던져버린 적도 있었다고 한다. 쇼펜하우어는 가상*과 실재에 대한 그 나름의 구분을 견지했다. 그는 우리가 사물, 사람, 나무, 개, 물컹거리는 것 등으로서 경험하는 세계가 (그의 용어를 빌면) 표상이라고 믿었다. 이런 가상의 밑이나 뒤에 세계의 진정한 본질이 있는데, 그는 이 본질을 의지라고 불렀다. 이 의지는 맹목적이고 부단한 추동력으로, 이를테면 우리 안에서 성 충동이나 더프 맥주를 갈구하는 본능의 형태로 찾아볼 수 있는 힘이나 의지와 동일한 것이다. 이 의지는 끝없는 충동이므로 욕망은 채워져도 거듭 생겨난다. 더프 맥주 한 (또는 열) 캔을 마시고 취하면 일시적으로 욕망이 충족된다. 하지만 이튿날이면 욕망은 새로 생겨난다. 쇼펜하우어는 욕망하는 것과 욕망이 좌절되는 것이 바로 고통이라고 믿었다. 그리고 이 욕망에는 궁극적인 끝이 없으므로 궁극적인 만족 또한 없으며, 따라서 삶은 영구한 고통이라고 믿었다.

첫 번째 저서인 『비극의 탄생』에서 니체는 가상과 실재, 의지와 표상을 구분하는 쇼펜하우어의 이원론적 관점을 뚜렷이 채택하지만, 흥미롭게도 '의지'라는 말을 의인화하여 의식적인 행위자처럼 취급하며 '근원적인 일자—者'[4]라고 일컫는다. 예술과 미에 대한 연구를 가리키는 '미학aesthetics'이라는 말은 감각적 자질 또는 사물의 외양을 가리키는 그리스어 '아이스테티코스aisthetikos'에서 파생되었다. 표상으로서의 세계, 우리가 일상에서 경험하는 세계는 외양이므로, 책에서 니체는 이 세계가 사물의 핵심에 자리한 의인화된 근원적 일자의 예술적 창조물

*   Schein, '외양'이라는 뜻도 있다.

심슨 가족이 사는 법

인 것처럼 이야기한다. "어쩌면 이 진정한 창조자에게는 우리가 영상이자 예술적 투영에 지나지 않으며, 예술작품으로서 의미를 띨 때 우리는 최고의 품위를 지닌다고 가정할 수도 있을 것이다—실존과 세계는 오로지 미적 현상으로서만 영원히 정당화되기 때문이다."[5] 여기서 '진정한 창조자'는 물론 근원적 일자이지만—의인화를 계속하자면—어째서 그것은 우리와 나머지 세계를 투영하며, 어째서 예술을 하는 것일까? 니체는 이렇게 말한다.

> 진정으로 존재하는 자, 근원적인 일자는 영원히 고통받는 자이자 모순에 가득 찬 자로서 자신의 지속적인 구원을 위해 매혹적인 환영과 즐거운 가상을 필요로 한다. 그리고 이 가상 속에 갇혀 있으며 이 가상으로 이루어져 있는 우리는, 이 가상을 실은 존재하지 않는 것—즉 시간과 공간과 인과율 속에서의 영구적인 생성—으로, 다른 말로 하면 경험적 실재로 여겨야만 한다.[6]

우리가 아는 세계, 일상적인 세계, 표상으로서의 세계는 단지 가상에 불과하며, '실은 존재하지 않는 것'이다. 그리고 그 핵심에 자리 잡은 실재—부단하고, 맹목적이고, 강력하고, 궁극적으로 목적이 없고, 따라서 충족되지 못하며 고통받는 의지—는 너무나 끔찍하기에 그 중심을 들여다보는 일, 존재의 진짜 본질을 이해하는 일은 진이 빠지는 일이다. 설상가상으로, 인간의 저주는 그가 자신의 상황을 인식하며 (인식할 수 있으며) 세계의 본질을 깨닫고 그것을 바로잡기를 원한다는 것이다. 니체는 이렇게 말한다. "일단 진리를 보고 그것을 인식하게 된 인간은 이제 어디서나 존재의 공포와 부조리를 보게 된다."[7]

니체에 따르면, 예술이, 오로지 예술만이 우리의 유일한 은총이다.

여기서, 그의 의지가 처한 위험이 최고조에 달했을 때, 예술이 구원의 마술사이자 치유자로서 다가온다. 오직 예술만이 실존의 공포와 부조리에 대한 이런 구역질나는 생각들을 더불어 살 수 있는 관념으로 변화시킬 수 있다. 이 관념들은 공포스러운 것을 예술적으로 길들인다는 면에서 숭고한 것이고, 부조리의 구토로부터 예술적으로 해방시킨다는 면에서 희극적인 것이다.[8]

사물의 무의미하고 혼돈스러운 본질을 파악한 우리와 근원적 일자는 둘 다 비슷하게, 우리의 '지속적인 구원'을 위해—단지 생존하기 위해—'매혹적인 환영'과 '즐거운 가상'을 필요로 한다.

『비극의 탄생』은 고대 그리스인들이 존재의 공포와 부조리를 다룬 방식에 대한 책이다. 예술, 특히 아티카 비극*을 통해 그들은 공포스러운 진리를 극복하고 구원을 찾을 수 있었다. 니체에 따르면 이는 혼돈스럽고 무의미한 존재와 대면하는 건전하고 정직한 방법이다. 하지만 불건전하고 부정직한 방법도 있다. 무의미함, 부조리, 혼돈, 공포를 부정하고 그로부터 등을 돌리며, 자신과 타인을 상대로 실재의 본질에

---

* 고대 그리스 시대에 아테네를 포함하는 아티카 지방의 시인들이 쓴 비극. 니체는 아티카 비극이 아폴론적인 힘과 디오니소스적인 힘을 조화시켰다고 말한다.

심슨 가족이 사는 법

대해 거짓말을 하는 것이다. 니체에 따르면, 고대 그리스에서 이런 불건전과 부정직을 구현한 인물이 바로 소크라테스였다. 그는 이렇게 말한다.

소크라테스라는 인물을 통해 처음 세상에 나타난 의미심장한 **망상** 하나가 있다. 그것은 사유로 인과의 실마리를 따라 존재의 가장 깊은 심연을 뚫고 들어갈 수 있으며, 사유로 존재를 인식할 수 있을 뿐만 아니라 심지어 그것을 **수정**할 수 있다는 확고한 믿음이다.[9]

소크라테스는 세계의 진정한 특성을 인식하고 혼돈에 대처하는 법을 배우는 대신, 사유로 세계를 파악하고 이해할 수 있을 뿐만 아니라 세계를 뜯어고칠 수 있다고 믿었다. 계속해서 니체는 이렇게 말한다.

소크라테스는 이론적 낙천주의자의 원형이다. 이론적 낙천주의자는 사물의 본성을 규명할 수 있다는 신념을 가지고, 지식과 인식에 만병통치약의 힘을 부여하며, 오류를 악덕 그 자체로 생각하는 사람이다.[10]

우리 모두는 소크라테스를 최고의 이성적 인간으로 알고 있다. 이성은 세계에 대한 우리의 이해를 인도할 뿐만 아니라 좋은 삶을 살기 위한 열쇠이며 악덕은 무지에 불과하다고 소크라테스는 우리에게 말한다. 하지만 이는 크나큰 착각이자 퇴보와 나약함의 징후라는 것이 니체가 첫 책에서 보여준 견해다. 이는 우리가 실재를 직면하기에 너무 나약하기 때문에 스스로에게 하는 거짓말이라는 것이다.

우리의 세계가 확실히 혼돈스럽고 무의미하고 부조리하다면, «심슨 가족»의 우주는 더더욱 그렇다. 우리가 본 정신 나간 에피소드들을 줄줄이 떠올려보자. 호머 아버지의 양로원 친구인 재스퍼는 금요일 알약을 수요일 것으로 착각하고 삼키는 즉시 늑대인간 비슷한 괴물로 변한다. 번스 사장은 72세인 동시에 104세다. 매기는 어떻게 했는지는 몰라도 번스 사장을 총으로 쏜다. 셀마 이모는 끊임없이 남편을 갈아치운다. 마지와 위검 경찰서장은 똑같이 머리색이 파랗다. 그리고 아무도 나이를 먹지 않는다.

여기서 내가 말하려는 건, 나라 없는 도시인 스프링필드에서는 리사가 소크라테스, 즉 이론적 낙천주의자 구실을 한다는 것이다. 리사는 자신을 둘러싼 혼돈스럽고 부조리한 세계와 충돌하면서도, 이성이 세계를 이해할 뿐만 아니라 세계를 뜯어고치는 데 도움이 된다고 고집스럽게 믿는다. 그는 동물의 권리를 지키기 위해 앞장선다. 번스 사장의 탐욕과 호머의 무식을 치료하려 한다. 또 바트에게 덕성을 가르쳐서 그의 성품을 고치려 든다. 말도 할 줄 모르는 매기에게 플래시카드로 'credenza'* 같은 단어를 가르치려 한다. 리사는 부조리와 무의미, 악덕과 무지의 심연에 덮인 암흑의 구름을 자신의 날카로운 지성과 이성으로 뚫고 들어가기 위해 매주 분투한다. 그러나 안타깝게도 사실상 아무것도 바뀌지 않는다. 번스 사장은 여전히 탐욕스럽고, 호머는 여전히 무식하고, 바트는 여전히 악덕하고, 스프링필드는 대체

* 르네상스 시대의 식기 진열장.

심슨 가족이 사는 법

로 부조리하다. 그 결과로, 니체의 관점에서 볼 때 상황은 리사에게 불리해진 듯하다. 우리가 존경하고 칭찬하는 리사의 온갖 특성과 미덕은 사실 소크라테스적 질병, 과도한 이성주의의 나약함, 실재로부터 도피하여 망상과 자기기만에 빠지는 경향의 징후일지도 모른다.

하지만 정말 그렇다 할지라도—우리가 리사를 이런 식으로 보는 게 옳다고 할지라도, 반항아에 훼방꾼이고 방귀쟁이인 데다 주일학교 교사와 베이비시터의 악몽인 바트를 우리가 존경해야 한다는 뜻이 되는 건 아니다.

예술로서의 – 아니 최소한 만화영화로서의 – 삶

『비극의 탄생』을 발표하고 얼마 안 되어, 니체는 일체의 이원론을 폐기했다. 표상과 의지, 가상과 실재의 분리를 거부했다. 이러한 후기의 관점에서, 니체는 오로지 하나의 혼돈스러운 흐름flux만이 존재하며 흐름이 유일한 실재라고 주장한다. "'이' 세계를 '가상'이라고 일컫게 만드는 근거들이 바로 이 세계의 실재성을 가리키는 근거가 된다." 니체의 말은, 이 세계가 생성하고 흐른다는 사실이 곧 이 세계가 실재임을 의미한다는 것이다. "이와 다른 종류의 실재성은 절대로 입증될 수 없다."11

그렇다면 우리는 어째서 경험 저편, '이' 세계의 저편에 무언가가 있다고 믿었을까? 왜 애초에 가상과 실재 사이의 구분이 존재한다고 생각했을까? 니체의 말에 따르면 그 주된 이유 중 하나는 언어의 구조 때문이다. 우리는 활동과 행위가 행해지는 것을 본다(즉 우리를 둘러싼 혼돈스러운 세계 안에서 현상을 경험한다). 그리고 우리가 이런 활동이나 현상을 이해하고 파악할 수 있는 유일한 방법은, 이런 활동이나 현상들 뒤에 그것들의 원인이 되는 어떤 안정된 주체를 (언어라는 수단을 통해) 투영하는 것이다('내가' 달린다. '네가' 고함친다. '넬슨이' 주먹질을 한다). 사고와 언어로는 흐르는 세계를 묘사하거나 표상할 수 없기 때문에, 속성을 지닌 안정된 무엇, 활동의 원인인 안정된 주체가 있는 것처럼 발화해야만 한다. 이런 사고와 언어의 한계는 다시 세계에 투영된다. 우리는 통일성, 실체, 정체성, 영속성(다시 말해서 존재)을 실제로 믿게 된다. 니체는 이렇게 말한다.

> 사람들은 번개를 그 섬광에서 분리하여, 섬광을 번개라는 주체의 활동이자 작용으로 취급한다. (…) 하지만 그러한 기체基體*는 존재하지 않는다. 활동, 작용, 생성 뒤에는 어떠한 '존재'도 없다. '활동하는 자'는 활동에 덧붙인 단순한 허구이고, 활동이 전부다. 번개가 번쩍일 때 사람들은 머릿속에서 활동을 중복시킨다. 그래서 활동의 활동이 된다. 같은 사건을 첫 번째 것은 원인이라고 보고 두 번째 것은 결과라고 보는 것이다.12

우리는 "번개가 번쩍인다"라고 말하지만, 여기에 실제로 번개와 번쩍임이라는 두 가지 깃이 존재할까? 물론 아니다. 하지만 이것이 사물을 파악하고 표현하는 유일한 방법인 듯하다. 경험한 것을 표현하려면 주어인 '번개'와 동사인 '번쩍이다'를 사용해야만 한다. 하지만 그러면

---

*   바탕에 놓이는 것.

서 우리는 그만 깜빡 속아 활동의 배후에 그 활동의 실제 원인이 되는 어떤 안정된 것이 존재한다고 믿게 된다. 이는 언어에 주부와 술부의 구분이 각인되어 있어서, 그것이 실재의 구조를 그대로 반영한다고 믿게 되기 때문이다. 하지만 그건 착각이다. 우리는 "호머가 먹는다" "호머가 마신다" "호머가 트림한다"라고 말하지만, 실제로 먹기 마시기 트림하기 너머에 존재하는 '호머'라는 것은 없다. 활동의 배후에는 아무것도 존재하지 않는다. 호머는 그의 활동의 총합일 뿐, 그 이상은 없다.

니체의 말에 따르면 언어 속에 화석화된 활동하는 자와 활동 사이의 구분은 가상과 실재가 분리되는 시발점이며, 이는 플라톤의 형상/개별자 이원론, 쇼펜하우어의 의지/표상 구분, 기독교의 천상과 지상, 신과 인간의 분리 등으로 변형된다. 니체는 "우리가 문법을 여전히 믿고 있기 때문에 신을 떨쳐버리지 못하는 것 아닌가 염려된다"라고 말한다.[13]

니체가 전통적인 '선'과 '악'을 반전시킨 이야기로 들어가기 전에 한 가지 지적하고 싶은 것이 있다. 물론 니체가 살아있을 때는 아직 텔레비전이 발명되지 않았지만, «심슨 가족»과 같은 만화영화들은 '활동하는 자'가 '활동' 뒤에 투영된 허구라는 니체의 통찰을 어쩌면 완벽히 구현(혹은 은유)한 산물이다. 다시 말해서 «심슨 가족» 같은 쇼에는 행동의 배후에 실제로 아무것도 존재하지 않는다. 눈에 보이는 것이 우리가 얻을 수 있는 전부다. 호머, 바트, 리사, 마지, 매기는 실제로 그들 행동의 총합에 지나지 않는다. 이런 행동의 원인이 되는, 현상 뒤의 실체나 자아나 존재가 없다. 물론 카툰은 순수히 현상적인 것, 순수한 가상이다. 심지어 스크린이나 무대 위에서 캐릭터를 연기하며 가면을 벗고 캐릭터 밖으로 걸어 나올 수 있는 배우조차 없다. 매주 저지르는 비행을 빼면 바트에게 무엇이 남는가? 없다. 다른 무엇이 있을 수 없다. 바트는 그가 행하는 일의 순수한 총합이다. 니체의 통찰은 비단 만화영화에만 적용되지 않는다. 세계가, 실재가 구성되는 방식이 이러하다. 세계는 혼돈스럽고 무의미한 생성의 흐름이며, 실제가 되는 것, 세계의 일부가 되는 것, 흐름의 일부가 되는 것은 곧 가상이 되는 것이다. 가상은 실재를 은폐하지 않는다. 가상이 곧 실재다. 아니, 그보다 더 낫게, 이제 우리는 가상과 실재의 개념을 완전히 처분해버릴 수 있다. 우리가 진정으로 말할 수 있는 것이라곤, 흐름이 존재한다는 것뿐이다.

니체의 이상

다시 말하자면, 초기 저작에서 니체는 세계가 가상과 실재, 의지와 표상으로 분리된다고 보았지만, 곧 혼돈을 가리고 있는 무엇은 없으며 행위 뒤에는 아무런 존재도 없다고 주장함으로써 이 관점을 부인하게 된다. 여기에 그의 입장 변화가 낳은 정말로 흥미로운 결과가 있다. 우리가 단지 근원적 의지에서 파생된 현상, 예술적 투영, 진정한 예술가이자 관객인 근원적 일자를 위한 예술작품에 불과하다는 초기의 관점과 반대로, 이제 우리는 의지인 동시에 현상이 된다. 아니, 이 두 가지는 같은 것이 된다. 따라서 우리 자신은 예술가이자 관객인 동시에 예술작품이 된다. "현존재는 미적 현상으로 나타날 때 우리에게 견딜 만

심슨 가족이 사는 법

한 것이 되며, 예술은 우리에게 눈과 손, 그리고 무엇보다도 양심을 제공함으로써 우리 스스로가 그러한 미적 현상으로 **변화할 수** 있게 해준다."14 니체는 예술과 삶의 구분을 없앴다. 그 결과 현존재는 미적 현상으로서, 예술적 노력으로서 정당화되거나 구원받으므로, 니체는 세계의 정당화에 대한 이야기에서 개인적 정당화에 대한 이야기로 옮겨간다. 의지의 표현으로서, 의지의 발현으로서 우리는 예술가와 예술작품의 결합이 된다. 따라서 우리는 스스로를 창조함으로써, 이런 의지의 표현을 통해, 행동을 통해 자신을 정당화하고 삶에 의미를 부여한다.

하지만 자신의 삶을 예술작품으로 만든다는 것은 무슨 뜻일까? 니체에게 있어 가상 뒤에 숨은 실재를 폐기한다는 것은 곧 안정되고 지속적인 자아나 주체의 관념을 폐기한다는 뜻이기도 함을 상기하자. "'주체'는 주어진 것이 아니라 있는 것 배후에 추가되고 날조되고 투영된 것이다."15 그러므로 여기서 니체가 추구하는 목표의 일부는, 다양한 충동, 본능, 의지, 행동 등을 가지고 스스로의 자아를 구성하는 것이다. 알렉산더 네하마스는 영향력 있는 저서 『니체: 문학으로서 삶』에서 이렇게 말한다. "자아에 정체성을 부여하는 통일성은 주어진 것이 아니라 성취되어야 하며, 출발점이 아니라 목표다."16 니체는 『즐거운 학문』에서 스스로에게 '스타일을 부여'하는 것에 대해 이야기하며 이 같은 이상 혹은 기획을 암시한다.

필요한 것이 한 가지 있다. 자신의 성격에 '스타일을 부여'하는 것. 이는 위대하고 희귀한 예술이다! 이것을 실행하는 사람은 자신의 본성이 지닌 힘과 약점을 두루 살핀 뒤 그것을 예술적 계획으로 옮겨, 마침내 그 모든 요소가 예술과 이성으로 보이고 약점조차 눈이 즐거워지게끔 만든다……. 그래서 결국 작품이 완성되었을 때, 단일한 취향의 제약이 크고 작은 모든 것을 얼마나 많이 지배하고 형성하는가가 명백히 드러난다. 단일한 취향이기만 하다면, 흔히들 생각하는 것처럼 그것이 좋은 취향인가 나쁜 취향인가는 중요치 않다![17]

자아는 안정되거나 주어진 것이 아니라 "개념적 종합에 불과"[18]하므로 이는 다른 모든 것과 마찬가지로 흐름의 일부이며, 니체의 목표는 일종의 계획이나 체계에 따라 이 종합을 수행하는 것, 스스로의 정체성을 구성하는 것, 스스로를 창조하는 것, 따라서 스스로의 성격에 '스타일'을 부여하는 것이 된다.

이러한 니체의 이상은 위버멘슈Übermensch, 혹은 초인이라는 인물 상에서 정점에 이른다. 그는 자신의 삶으로 예술작품을 만드는 이 매우 어려운 기획을 성취한 사람, 스스로를 창조한 존재다. 네하마스는 이렇게 말한다. "『차라투스트라는 이렇게 말했다』는 스스로의 자아를 창조한다는 관념, 혹은 결국 이와 같은 의미인 위버멘슈라는 관념을 중심으로 구성되어 있다."[19] 또 리처드 샤흐트는 이렇게 말한다. "'초인'은 예술의 경시에 오른 인간 삶의 상징으로 해석되어야 한다."[20]

물론 악동이 되는 건 재미있지만, 어쩌면 그것 말고도……

위에서 나는 '소크라테스적 낙천주의', 즉 우주가 이해 가능하고 의미

심슨 가족이 사는 법

를 띤다는 믿음에 대해 논의했다. 그리고 어떻게 이런 낙천주의가 존재의 흐름의 혼돈스러운 무의미를 수용하고 받아들이기를 회피하는 수단이 되는지에 대해서도 논의했다. 니체는 (그의 주장에 따르면) 실재를 부정하는 이들, 삶을 있는 그대로 긍정할 만큼 강하지 못한 이들에 대한 비판을 평생 멈추지 않았다. 여기에는 전통적 철학자 대부분과 사실상 모든 종교가 포함되었다. 니체에 따르면 그들의 공통적 경향은 지금 여기에 대한, 즉 흐름에 대한 부인으로서 허구적인 피안, 초월적인 무엇을 상정하여 스스로를 위안하려 한다는 것이다. 일례로 플라톤은 일시적이고 불안정한 개별자들로 이루어진 이 세계 너머에 영원하고 변치 않는 형상의 영역이 있다고 믿는다. 기독교인들은 신과 천국과 영혼을 인간과 지상과 육체의 반대편에 선 '다른 무엇'으로 상정한다. 다시 말하면 이렇다. 이 세계는 혼돈스럽고 무의미하며 따라서 견딜 수 없다. 그러니까 나는 그와 반대되는 무엇, 일시적이지 않고 영원한 무엇, 혼돈스럽지 않고 안정된 무엇, 무의미하지 않고 의미 있는 무엇이 있다고 믿어야겠다. 그래야 기분이 좋아질 테니까.

이것도 나쁘지 않은 방법이지만, 니체에 따르면 몇 가지 대단히 심각한 결과를 초래한다는 문제가 있다. 첫째로, 무한한 가치를 띤 세계를 상정하면 지금 여기에 있는 현실은 가능한 일체의 가치를 박탈당하고 만다. 있는 그대로의 세계가 본질적으로 무의미하다고 해서 모든 게 무가치해지는 건 아니다. 가치는 인간에 의해, 우리가 삶을 영위하는 방식을 통해, 우리가 다른 사물이나 타인과 맺는 관계를 통해 만들어지는 것이다. 삶과 세계가 가치를 지니는 건 우리가 거기에 가치를 부여하기 때문이다. 하지만 우리가 무한한 가치를 띤 피안, 영원하고 변치 않는 무엇을 창조해내고 그것을 믿는다면, 천국과 불멸하는 영혼에 비해 지상과 육체에 무슨 가치가 있겠는가?

플라톤의 영원한 형상에 비하면 이 세계의 개별자들이 무슨 가치가 있겠는가? 당연히 없다! 이 세계와 이 삶의 모든 가치는 존재하지 않는 피안으로 옮겨가버리고, 우리는 무가치한 세계에 남겨지고 만다.

둘째로, 이런 식의 생각은 개인적인 위안에만 그치지 않는다. 전통적으로 피안을 믿는 이들은 남들에게도, 아니 실제로 대개의 경우 온 세계에 이 믿음을 강요하고자 했다. 『도덕의 계보』의 첫 번째 논문인 「'선과 악' '좋음과 나쁨'」에서 니체는 도덕적 가치 평가가 어떻게 처음 생겨나게 됐는가에 대한 이야기를 들려준다. 니체의 말에 따르면 '좋음'이라는 판단은, 강하고 건강하고 능동적이고 고귀한 사람들이 자신과 그 비슷한 모든 걸 '좋은 것'이라고 지칭했을 때 처음 생겨났다.

> 그것*은 '좋은 인간들' 자신으로부터 발생했다. 즉 천하고 상스럽고 비속하고 평범한 모든 사람과 대비하여 자신과 자신의 행위를 좋은 것으로, 제1급으로 여기고 평가하는 고귀하고 강하고 드높고 고매한 사람들로부터 나온 것이다.[21]

강하고 고귀한 이들이, 자신과 그 비슷한 모든 것에 대한 긍정으로서 자기와 자기 부류를 가리키기 위해 '좋음'이라는 말을 만들어낸 것

---

*   '좋음'이라는 판단.

심슨 가족이 사는 법

이다. 이와 대비하여 사후적으로 그들은 자신과 닮지 않은 모든 것, 약하고 병들고 천한 모든 것을 '나쁨'으로 규정했다. 주지하건대 이는 무슨 비난의 뜻이 아니었다. 이 말들에는 아직 어떤 도덕적 의미가 함축되어 있지 않았다. 고귀한 이들에게는 이래서는 안 된다거나 현상태를 바꾼다는 생각 자체가 없었고, 나쁜 사람이 나쁜 건 그의 책임이라는 생각도 없었다. 이런 유형의 가치 평가는 단순히 자신들을 구분하고 자신들과 닮지 않은 부류를 규정하는 하나의 방법이었을 뿐이다.

니체는 이런 유형의 가치 평가를 '주인 도덕'이라고 지칭하며, 이 최초의 '주인들' 혹은 '귀족들'을 가차없이 묘사한다. 실로 그들은 강하고 건강하고 능동적이었지만, 또한 교양이 없고 자기성찰이 결여되어 있고 폭력적이기도 했다. 그들은 원하는 것을 획득하고 빼앗고 강간하고 약탈했다. 그들은 순전히 그래도 되었기 때문에, 그래도 될 만큼 강했기 때문에 그런 짓을 했다. 《심슨 가족》의 불량배 넬슨과 그 패거리들을 생각해보자. 그들은 아이들을 때리고 점심 값을 빼앗고 컵케이크를 훔치면서도 처벌을 받지 않는 듯 보인다. 왜냐하면 그래도 되기 때문이다. 그들을 막을 정도로 힘센 사람이 없기 때문이다.

귀족들이 규정한 '나쁜' 사람, 즉 약하고 병들고 천하고 굼뜬 이들이 두들겨맞고 컵케이크를 뺏기는 걸 좋아하지 않았음은 물론이다. 하지만 그들로서는 할 수 있는 게 없었다. 그들은 맞서서 자신을 지킬 만큼 강하지 못했다. 결과적으로 그들 내면에는 귀족들을 향한 깊은 증오와 응어리진 원한이 쌓였다. 이 응어리진 분노가 바로 '노예 도덕'의 기원이다.

도덕에서의 노예 반란은 원한ressentiment 자체가 창조적이 되고 가치를 낳게 될 때 시작된다. 이 원한은 실제로 행위를 통해 반응할 길이 차단되어 있고 오로지 상상의 복수로만 보상받을 수 있는 사람들의 원한이다. 귀족의 모든 도덕이 그들 자신을 의기양양하게 긍정하는 데서 생겨나는 것이라면, 노예 도덕은 처음부터 그들 '밖에 있는 것', 그들과 '다른 것' '자신이 아닌 것'을 부정한다. 그리고 이러한 부정이야말로 노예 도덕의 창조적인 행위다. 가치를 설정하는 시선의 이러한 전도—그러려면 시선이 자기 자신을 돌아보는 대신 바깥을 향해야 한다—는 실로 원한의 본질에 속한다. 노예 도덕이 존재하려면 먼저 적대적인 외부 세계가 항상 필요하다. 생리적으로 말하자면, 노예 도덕이 애초에 작용하기 위해서는 외부 자극이 필요하다—노예 도덕의 작용은 근본적으로 반작용이다.[22]

약하고 병든 데 대한 원한, 학대받으면서 아무것도 못하는 데 대한 원한이 쌓인 '노예'는 반응한다. 그는 다른 것들, 귀족들, 자기가 되고 싶은 것들을 소리 높여 부정한다. 그는 귀족들을 '악'으로 규정하고, 사후적으로 자신을 '선'으로 규정한다.

니체는 이 사람들이 실제로 말 그대로 노예였다고 말하는 것이 아니다. 그는 약하고 병든 유형의 사람들, 원한에서 도덕이 샘솟는 사람들을 가리키는 용어를 쓰고 있다. 이 약자들, '노예'들은 무엇보다도 자신이 강해지기를, 건강해지기를, 능동적이 되기를, 획득하고 정복하고 지배하기를 원한다. 그들은 귀족처럼 되고 싶어한다. 하지만 그럴 수 없기 때문에 강하고 건강한 이들에게 복수를 가한다. 니체의 말에

심슨 가족이 사는 법

따르면, 우선 노예의 약함은 '공로'로 둔갑한다. "보복하지 못하는 그의 무기력은 '선한 마음'으로, 안절부절못하고 굽실거리는 태도는 '겸손'으로, 자신이 증오하는 자에 대한 복종은 '순종'으로 [바뀐다]."[23] 강하고 건강하고 능동적인 사람이 되지 못하는 그의 무능은 미덕이자 바람직한 것으로 해석되며, 물론 '주인'의 우세한 힘과 활력은 이와 달리 비난받아 마땅한 것으로 재정의된다. 이렇게 약자는 교활하고 음흉한 방식으로, 자신의 천국을 자신이 지배하는 왕국으로 고안해낸다. 이 왕국에서는 강자들이 힘을 가졌다는 이유로 처벌받는다. "약자들─그들 역시 언젠가는 강자가 되고자 한다. 의심할 여지없이 언젠가는 그들의 '왕국' 역시 도래할 것이다. (…) 물론 그들은 그것을 '신의 왕국'이라고 부른다."[24] 온순한 이들이 이 땅을 물려받을 것이며, '악'은 영원한 벌을 받을 것이다. 니체는 이렇게 말한다. "무리 짓는 동물들이 가장 순수한 덕의 광영으로 빛날 때, 예외적인 인간은 악으로 폄하될 수밖에 없다."[25]

노예 도덕이 승리를 거두었음은 물론이다. 약자들은 약함, 순종, 연민 등이 미덕이고 힘, 능동, 활력 등은 악덕이라고 우둔한 귀족들을 설득시킬 수 있었다. 니체에 따르면 이는 상상할 수 없을 정도로 크나큰 재앙이었다. 힘, 건강, 활력, 그리고 세계의 혼돈을 받아들일 뿐만 아니라 그것을 포용하여 아름다운 것으로 빚어내는 능력─이것들은 자기 삶과 이 세계에 의미와 가치를 부여할 줄 아는 사람이 실제로 그것을 실천하는 데 반드시 필요한 자질이고 특성이다. 그런데 이런 자질들은 불쾌한 것으로 중상되고 매도되었으며, 지상과 이 삶은 평가절하되었다. 그 결과로 우리는 무가치하고 평가절하된 현존재와 더불어 남겨졌으며, 여기에 새로운 의미와 생명력과 가치를 부여하지 못할 만큼 무기력해졌다.

바로 이것이 니체의 '악동' 페르소나의 뿌리이자, 그가 전통과 도덕에 반항한 이유다. 또 나약한 우리 대다수가 가장 중요하게 여기는 대부분의 것들이 실은 삶을 부정하고 중상하는 위험한 것이라고 주장하며 그가 가차 없이 이를 매도한 이유이기도 하다. 그래서 그는 우리에게 '선악의 저편'으로 가라고, '노예의 도덕'을 넘어서라고, 이 세계와 이 삶의 가치를 다른 곳으로 옮겨놓지 말라고, 현존재와 우리 삶의 혼돈을 껴안을 힘과 용기를 갖추고 그로부터 의미 있는 무엇을 빚어내라고 충고한다.

바트는 초인인가?

좋다. 니체는 철학계의 악동이고, 바트는 스프링필드의 악동이다. 확실히 바트는 권위에 반항하며 전통적 도덕을 부정했다(혹은, 실제로 받아들인 적이 없다). 예를 들어 바트는 〈지옥의 물고기 소대〉에서 보물을 찾으러 가는 번스 사장에게 자기도 데려가달라고 조르면서 이렇게 말한다. "보물 찾는 데 저도 따라가면 안 돼요? 저는 많이 먹지도 않고 옳고 그름을 따지지도 않는다고요."[26] 하지만 니체가 과연 바트를 인정했을까? 바트는 어떤 면에서 니체적 (反)이상의 본보기가 될 수 있을까? 안타깝게도 대답은, 전혀 아니다.

첫째로—많은 사람이 착각하는 부분인데—니체는 세계를 중상하

　　　　　　　　　　　　심슨 가족이 사는 법

고 삶을 부인한다며 '노예 도덕'을 비판하지만, 그렇다고 해서 그가 주인 도덕을 옹호하는 건 전혀 아니다. 주인들은 폭력적이고 지각없고 야수 같은 자들이었다. 니체는 그들을 이상으로 떠받들지 않으며, 우리가 그들처럼 되어야 한다거나 그러면 일이 바로잡힐 것이라고 말하지도 않는다. 우리에게 남을 괴롭히고 남의 점심값을 가로채고 컵케이크를 뺏어먹으라고 권하지도 않는다. 따라서 바트가 주인 도덕의 윤리에 충실하다 할지라도―그런 특성은 바트보다는 넬슨과 짐보에게 더 잘 어울리는 것 같지만―니체적 이상의 본보기가 되는 건 아니다.

오히려 니체의 이상은 예술가, 자신을 극복하고 자신을 창조하는 개인, 새로운 가치를 빚어내는 사람, 자기 삶을 가지고 예술작품을 만드는 사람에 더 가깝다. 바트를 이런 식으로 묘사하기란 어려운 노릇이다. 이따금 그는 이 세계와 자기 경험의 혼돈을 정말로 인식하는 것처럼 보이기도 한다. 일례로, 신작 영화 ‹방사능맨›의 '낙진 소년' 역을 맡고 싶어하는 바트는 이렇게 말한다. "내가 이 배역을 따내면, 바트라는 이름의 이 웃기는 짬뽕funny little muddle과 마침내 화해할 수 있을 거라고요."[27] 그는 자기 삶이 혼돈이며 자신이 아직 뚜렷한 형태를 갖추지 못한 '웃기는 짬뽕'임을 깨닫는다. 그리고 그의 성격에는 실제로 어떤 일관된 스타일이 있는 것처럼 보이기도 한다. 하지만 그가 자신을 정의하는 방식은 주로 반작용적이며, 물론 이는 니체가 절대 용납하지 않았을 방식이다. 내 말은 바트가 자기 재능과 능력을 의기양양하게 긍정하거나 자기 자아의 이질적 요소들을 위대하고 창조적인 방식으로 엮어냄으로써 자신을 정의하고 자기 정체성을 만들어나가는 게 아니라, 권위에 반항함으로써 자신을 정의한다는 뜻이다. 예를 들어보자. 바트가 '물건 가져와서 발표하기' 시간에 데려간 애완견 '산타 도우미'가 사고를 치는 바람에 공교롭게도 스키너 교장이 해고되고 만다. 스키너 대신 임시 교장이 된 네드 플랜더스는 학교에서 벌을 없애고, 모든 학생에게 자율권을 주고, 교장실에 불려온 모든 학생에게 피넛버터컵과 초콜릿 음료를 나누어준다. 그 후 바트와 스키너는 기이하게도 친구가 되고, 스키너가 군에 재입대하며 떠나버리자 바트는 자기가 (플랜더스의 아주 느슨한 통솔과는 반대인) 스키너의 권위적 통솔을 그리워한다는 사실을 깨닫는다. 리사는 그 이유를 이렇게 설명해준다.

> 바트: 이상해, 리사. 스키너가 친구로서도 그립지만 적으로서 더 그리워.
> 리사: 내 생각에 오빠한테는 스키너가 필요해. 누구에게나 숙적은 필요하거든. 셜록 홈스에게는 모리아티 박사, '마운틴듀' 음료에는 '멜로옐로' 음료, 심지어 매기에게도 그 일자눈썹 아기가 있잖아.[28]

모두에게 강적이 필요할지는 몰라도, 홈스는 자신만의 독특한 성격을 갖추었고 그의 가공할 능력을 시험하는 데에만 모리아티 박사를 이용했다. 사실 바트는 자신만의 고유한 성격으로서가 아니라, 권위와 정반대로 가는 무엇, 권위가 아닌 무엇으로서 자신을 창조하거나 정의하는 듯 보인다.

매우 의미심장한 어느 에피소드에서는, 우리 모두가 바트처럼 행동하며 '내키는 대로 살아야 한다'는 자기계발 전도사 브래드 굿맨의 강

심슨 가족이 사는 법

연에 그만 스프링필드 전체가 감화되고 만다. 뉴스 앵커인 켄트 브록먼은 텔레비전 생방송에서 욕설을 하고 입안 가득 생크림을 짜넣는다. 러브조이 목사는 예배 시간에 신도들 앞에서 교회 오르간으로 영화 〈스팅〉 주제곡을 (매우 서툴게) 연주한다. 패티 이모와 셀마 이모는 옷을 벗고 말을 탄 채 길거리를 누빈다. 모두가 자기를 따라하는 걸 본 바트는 동생에게 이렇게 선언한다. "봤지? 나는 이제 신이라고."

하지만 바트는 모두가 자기 본을 따르는 게 햄이랑 감사패만 받고 끝나는 일이 아니라는 걸 곧 깨닫는다. 수업 시간에 그는 크라버플 선생님의 질문에 모처럼 손을 들고 대답하려 하지만, 다른 아이들은 모두 낄낄대며 장난만 친다. 바트는 "나만의 전매특허인 육교에서 지나가는 차에 침 뱉기"를 해보려 하지만, 막상 육교에 가보니 이미 수십 명이 서서 가래침을 카악 내뱉고 있다. 바트는 왠지 모르게 불만스럽다. 이에 대한 답을 제시해주는 사람은 여기서도 바로 리사다.

바트: 리사, 마을 사람들이 다 날 따라하는데 왜 기분이 나쁠까?

리사: 그건 간단해. 오빠 스스로를 반항아로 정의하니까, 억압적인 환경이 부재하면 오빠의 사회적 본질도 박탈되는 거지.

바트: 어 그래…….

리사: 그 자기계발 전도사가 우리 마을에 온 이후로 오빠는 자신의 정체성을 잃었어. 효과 빠른 진통제, 1시간 완성 즉석 사진, 인스턴트 오트밀 사회의 균열 속으로 추락해버린 거야.

바트: 그럼 어떻게 해야 돼?

리사: 글쎄, 이 기회에 새롭고 바람직한 정체성을 발달시켜보는 거야. 예를 들면…… 마음씨 좋은 발매트는 어때?

바트: 그거 좋겠네. 어떻게 하는 건지만 알려줘.[29]

바트의 모든 정체성은 권위에 대한 반항과 거역을 중심으로 이루어져 있다. 그래서 권위가 사라지면 바트는 자기 정체성을 잃는다. 더는 자기가 누군지도 뭔지도 모르게 된다. 흥미롭게도 리사는 바트에게 마음씨 좋은 발매트라는 새로운 정체성을 만들어보라는 현명한 제안을 한다. 짐작건대 (호머 같은) 사람들이 밟고 다니는, 네드 플랜더스 같은 모범생을 의미할 것이다. 이런 일을 어떻게 시작해야 할지 모르는 바트는 리사가 자기에게 뭘 해야 할지 알려주길 바란다. 다시 말하자면 니체의 이상은 자기를 극복하고 자기를 창조하며 능동적으로 자기 성격에 스타일을 부여하고 새로운 가치를 만들어내는 존재인데, 이런 이상과 거리가 먼 바트는 여전히 반작용적으로, 타인에 대한 반응으로서, 타인의 개입을 통해(그에게 뭘 할지 지시해주는 리사를 통해, 그리고 아마도 그를 밟고 지나갈 나머지 사람들을 통해) 자기 정체성을 세우려 하고 있다. '억압적 환경'에서 바트는 반권위적이고, 부모와 교사들이 하지말라는 일을 모조리 행하며, 그것이 그의 전부다. 이런 환경이 부재할 때 바트는 어찔 줄 몰라 하며 자신을 규정하고 창조하는 데 도움을 줄 타인에게 매달린다.

사실 바트는 니체 이후의 세계에서 우리가 딛고 선 위태로운 자리를 대변하는지도 모른다. 니체에 따르면 우리는 신, 천국, 영혼, 도덕

심슨 가족이 사는 법

적 세계 질서 등의 모든 형이상학적 위안을 뒤로하고 '선악의 저편'으로 넘어가야 한다. 하지만 우리는 다른 세계, 피안을 저버리면서 허무주의로 빠져들 위험이 크다. "가장 극단적인 형태의 허무주의는 진짜 세계라는 것이 그야말로 부재하기 때문에 모든 믿음, 무엇이 진짜라는 일체의 생각 자체가 필연적으로 거짓이라는 관점일 것이다."[30] 계속해서 니체는 이렇게 말한다. "한 해석이 붕괴했다. 그러나 그것이 유일한 해석으로 여겨졌기 때문에 이제 현존재에 의미가 없는 것처럼, 마치 모든 게 헛된 것처럼 보인다."[31] 다시 말해, 일단 우리가 어떤 영원하고 완벽한 피안에 대한 관념을 포기하여 세계라는 혼돈스러운 흐름만이 우리 곁에 남게 되면, 무차별적 허무주의, 지적·도덕적 무법 상태로 빠져들 위험이 있다. 니체도 그럴 가능성을 두려워했지만 실제로 직면하지는 않았다. 니체가 살아 있던 시대의 서구세계는 여전히 대단히 종교적이고 억압적인 도덕의 공간이었다. 그래서 그가 한 방식대로 행하는 것, 즉 전통에 반항하고 교회를 비난하는 것이 충분히 의미 있는 일이었고, 실제로 대단한 용기와 선견지명에서 우러난 행동이었다. 니체가 가장 바라지 않았던 것은 또 다른 종교, 영원하고 절대적인 또 다른 체계를 만들어내는 일이었다. 그래서 일단 행동하고 난 후에 그가 할 수 있었던 일이라곤, 독자에게 삶에 의미를 부여하고 혼돈을 포용하면서 삶을 예술작품으로 만들라고 충고하는 게 전부였다.

하지만 허무주의의 컴컴한 장막이 우리 위에 드리운 지금 (혹시 여러분은 인식하지 못했을지 몰라도 이는 엄연한 사실이다) 우리가 해야 할 일은 무엇일까? 계속해서 행동하는 일, 즉 낡은 우상을 끊임없이 공격하

고 파괴함으로써 새로운 길, 새로운 가치를 만들어내려는 일과, 허무
주의에 매몰되어 아무것도 진지하게 받아들이지 않는 일, 절대적 가치
는 없으며 아무것도 진정한 가치를 띠지 않는다고 믿으며 지적·도덕
적 무법 상태로 빠져드는 일 사이의 경계는 가늘고 흐릿하다. 바트, 새
파란 바지를 입은 이 소년은 실은 이런 허무주의적 위험을 대변하는
지도 모른다. 그는 덕을 (거의) 갖추지 못했고, 창조적 정신도 없다. 그
는 현존재의 혼돈을 받아들이지만, 그것에 형태를 부여하고 그것으로
아름다운 무엇을 빚어내지는 못한다. 그가 혼돈을 수용하고 그것에 대
처하는 방식에는 일종의 체념적 정서가 깔려 있다. 아무것도 진정한
의미가 없는데, 이를 행동으로 표출하지 못할 이유가 무엇이며 내키
는 대로 행동하지 못할 이유는 또 무엇이란 말인가? 바트는 거부하고
반항하고 욕설을 내뱉는다. 하지만 이는 삶을 중상하고 부정하는 낡고
공허한 우상들을 파괴하려는 노력이 아니라, 실은 견고한 정체성의 부
재, 완성된 자아의 부재에서 나온 행동이다.

스스로를 의식하게 된 희극

그렇다. 슬프게도, 결국 바트는 우리 시대에 만연한 데카당스와 허무
주의의 요체에 불과할지도 모른다. 그리고 이런 관점에서 우리는 그
를 일종의 빈면교사, 니체기 우리에게 경고하려 했던 대상으로 보아
야 할지도 모른다. 하지만 좀더 희망적인 어조로 글을 끝맺어보자. 비
록 바트가 우리의 니체적 영웅이 아니며 허무주의적 퇴보의 본보기일
지는 몰라도, 《심슨 가족》이라는 작품 전체는 더 나은 무엇을 보여준

심슨 가족이 사는 법

다. 현대의 삶과 세계는 고대 그리스 못지않게 혼돈스럽고 부조리하며, 니체의 말대로 고대 그리스 희극이 "부조리의 구토로부터의 예술적 해방"[32]이었다면, 어쩌면 《심슨 가족》도 우리에게 그런 기능을 해줄 수 있을지 모른다. 사회 풍자이자 현대사회에 대한 논평으로서 이 쇼는 놀랄 만큼 걸출한 성취를 숱하게 이루었다. 고대 그리스적인 최상의 의미에서 진정으로 탁월하다. 게다가 많은 경우에 이런 탁월한 경지는 혼돈스러운 우리 삶의 이질적 요소들을 가져가 한데 결합하고, 형태를 부여하고, 스타일을 부여하여 의미 있고 때로는 심지어 아름다운 것으로 빚어냄으로써 이룩한 것이다. 비록 만화영화에 불과하지만 말이다.

2부

《심슨 가족》의 테마들

알면 보이는 것들
: 사상 최악의 에세이[*]

윌리엄 어윈, J. R. 롬바도

많은 재능 있는 작가가 이 쇼를 집필하고 있고 그들 중 절반은 하버드 출신 기크들이다. 그리고 알다시피 『거울 나라의 앨리스』의 기호학을 연구하거나 «스타트렉»의 모든 에피소드를 정주행하고 나면 거기서 얻는 결실이 있어서, 나중에 살면서 무슨 일을 하든 간에 이때 공부한 많은 자료를 거기에 투하하게 된다. _맷 그레이닝

사실 우리가 만드는 쇼에는 텔레비전에 대한 가장 비밀스러운 언급들이 감추어져 있다. 극소수의 사람만이 알아보고 이해할 수 있는 진짜 진짜 진짜 이상하고 기이하고 짧은 순간들 말이다. 이는 성인들, 그것도 지적

---

[*] 이 부제는 시즌 12 11화 제목인 ‹사상 최악의 에피소드Worst Episode Ever›(국내 번역 제목은 ‹비즈니스맨 바트›)를 패러디한 것이다.

인 성인들을 겨냥해서 삽입한 것이다. _데이비드 머킨

나는 인용을 싫어한다. 당신이 아는 걸 말해달라. _랠프 월도 에머슨

맷 그레이닝은 "«심슨 가족»은 집중해서 보는 사람들에게 보답을 주는 쇼"라고 말했다. 팬이라면 작가의 이 호언장담에 수긍할 것이다. 그리고 «심슨 가족»의 가장 진정한 팬이라면, 여러 번 반복해서 보더라도 (아니, 반복해서 보아야만) 각각의 에피소드에서 무궁무진한 재미거리를 뽑아낼 수 있다고 말할 것이다. 재방송이 있다는 건 정말 다행한 일이다! 팬들이 «심슨 가족»을 보고 또 보는 많은 이유 중 하나는 이 쇼가 인유引喩, allusion를 풍부하고 영리하게 활용한다는 것이다. '호머'라는 고색창연한 이름에서부터 앨런 긴즈버그의 작품을 차용한 리사의 시 「울부짖음」, 그리고 포의 시 「갈가마귀」, 영화 ‹케이프 피어›, 시트콤 «올 인 더 패밀리All in the Family»의 패러디에 이르기까지, «심슨 가족»은 고급문화와 대중문화를 가리지 않고 끌어다 정교한 무늬를 엮어냄으로써 반복해서 보기에 적합하고 면밀히 뜯어볼 가치가 있는 쇼가 되었다.

인유란 무엇인가?

«심슨 가족»은 풍자, 냉소, 아이러니, 캐리커처로 가득 차 있다. 이런 양식적인 요소들이 «심슨 가족»에서의 인유 활용과 자주 연결되긴 하지만, 이것이 인유와 같지 않음은 분명하다. 케네디를 모델로 한 퀴비

심슨 가족이 사는 법

시장이나 스코틀랜드인의 전형을 보여주는 윌리는 여기서 우리의 직접적 관심사가 아니다. 그보다 우리는 영화 <새>의 한 대목을 연상시키는 장면이나, 스프링필드를 «고인돌 가족 플린스톤»의 베드록 마을과 연결시켜주는 감탄사 "야바다바 두" 같은 것에 집중할 것이다. 정의하자면 인유는, 지시 대상의 단순한 대체를 뛰어넘는 연상을 불러일으키는 의도적인 언급reference이다.[1] 일반적인 언급에서는 한 단어나 구절을 다른 단어나 구절로 쉽게 대체할 수 있다. 일례로 '『햄릿』의 저자'는 곧 셰익스피어를 언급한다. 하지만 인유는 이러한 대체를 뛰어넘어야 한다. 예를 들어 <심슨 유전자>에서 호머는 '심슨 유전자'가 심슨 집안의 모두를 아둔한 실패작으로 만들지 않았음을 입증하고자 리사에게 친척들을 소개시켜주는데, 이 친척들 중 한 명은 자기가 "망해가는 새우 회사"를 경영한다고 말한다. 이는 명백히 영화 <포레스트 검프>의 인유를 의도한 것이다. 하지만 이는 한 단어나 어구를 다른 단어나 어구로 단순히 대체하는 것에서 끝나지 않는다. 진정한 인유를 하려면 여기에 연상을 추가해야 한다. 검프는 비록 지적장애가 있지만 엄청나게 성공한 '부바검프 새우 회사'("누구나 아는 이름이죠")의 경영자이기도 하다. 이 인유는 심슨 집안의 친척들이, 그런 분야에서조차 성공하지 못할 정도로 멍청하고 불운하다는 걸 암시한다.

많은 인유의 배후에는 청자들의 머리에 어떤 특정한 것을 불러일으키고 나머지 연상 작용은 자유롭게 흘러가게끔 놔두려는 의도가 있다. 예를 들어 <폭력이 죽은 날The Day the Violence Died>*이라는 제목의 에피소드는 알레고리와 암시로 가득 찬 돈 매클레인의 노래 「아메리칸

파이」의 가사 중 '음악이 죽은 날the day the music died'을 인유하기도 하지만, 1970년대 교육용 애니메이션 뮤지컬 《스쿨하우스 록》에 삽입된 유명한 노래 「나는 법안일 뿐I'm Just a Bill」의 패러디인 「장래의 수정헌법Amendment To Be」도 담고 있다. 이 냉소적인 정치 논평은 선의와 진심이 담긴 《스쿨하우스 록》의 고전적 노래를 조롱하려는 의도를 품고 있지만, 다른 한편으로 우리는 지나간 어린 시절 설탕이 듬뿍 든 시리얼에 취해 《스쿨하우스 록》을 시청했던 토요일 아침의 즐거운 기억을 떠올리게 된다. 「장래의 수정헌법」의 도입 부분을 듣고서도 이에 대한 일말의 의구심이 남아 있다면, 이는 리사가 바트에게 "이게 바로 X 세대한테 먹히는 1970년대 쓰레기 복고"라고 설명하는 대목에서 확신으로 바뀐다.

인유에는 꼭 의도가 있어야 할까? 눈썰미 좋은 시청자라면 《심슨 가족》을 보면서 확실히 수많은 암시를 발견할 수 있지만, 이 모두가 작가들이 의도한 것은 아닐 수도 있다. 이런 암시는 인유라기보다는 '우연적 연관accidental association'에 가깝다. 이는 부정적인 의미에서가 아니라 '우연accident'의 어원과 일치하는 의미에서, 즉 그저 '일어난' 일이라는 뜻에서 '우연적'이다. 인유와 우연적 연관을 구분하는 이유는, 작가가 의도하지 않은 연관성을 작가의—그가 만화영화 작가라 해도— 의도로 간주하는 일은 잘해야 부정확하고 최악의 경우에는 비윤리적이기 때문이다. 연관성이 의도된 것인지 여부를 확실히 알기 어려울 때가 많긴 하지만, 맥락 등을 단서로 삼으면 좀더 확실히 알 수

* 한국어판 제목은 ‹법정으로 간 이치›다.

심슨 가족이 사는 법

있다. 일례로 호머가 볼링장에 새로 취직하는 데 성공한 걸 축하하며 "난 결국 해낼 거야I'm gonna make it after all"라고 흥얼거리는 장면에서 (‹매기가 태어나기까지›) 작가들은 확실히 «메리 타일러 무어 쇼»에 나오는 '커리어걸'의 은유를 의도했다. 이 대사가 오프닝 테마곡의 한 구절이기도 하거니와 오프닝에서 메리가 모자를 허공에 던지는 몸짓의 패러디로 호머도 이 노래를 부르면서 볼링공을 허공에 던지는 걸 보면 알 수 있다.

서로 연관된 듯 보이는 두 대상이 시간적으로 어긋날 경우에는 그것이 인유가 아닌 우연적 연관임을 확신할 수 있다. 예를 들어 ‹공인중개사 마지 심슨›을 재방송으로 보면서, 마지가 잠시 부동산 중개인으로 변신하는 대목을 ‹아메리칸 뷰티›에서 애넷 베닝이 연기한 캐릭터 캐럴린 버넘의 인유로 보고 싶은 생각이 들 수도 있다. 하지만 이 에피소드가 1997년에 처음 방영되었고 영화는 1999년에 개봉했으므로 그건 불가능할 것이다. 아직 존재하지도 않는 것을 의도적으로 언급할 수는 없는 노릇이니까. (하지만 이 에피소드의 원제인 ‹리얼티 바이츠Realty Bites›는 1994년도 영화 ‹리얼리티 바이츠Reality Bites›의 인유가 확실하며, 이 에피소드는 영화 ‹글렌게리 글렌 로스›의 요소들도 인유하고 있다.) 이 에피소드와 ‹아메리칸 뷰티› 사이에서 끌어낼 수 있는 일체의 관계나 연관성은 시청자의 것이며, 작가들의 의도로 돌릴 수 없다. 작가진이 실제로 의도하지 않았지만, (이를테면 마지와 캐럴린의 부동산 판매 기법의 대비처럼) 시청자의 눈에 이상적이거나 합당해 보이는 (요즘 유행하는 용어를 써서 말하자면) 상호텍스트적 요소들이 있을 수 있다. 이를 작가진의 의도로 오인하지만 않는다면 이런 상호텍스트적 요소들에 주목해서 나쁠 것은 없다. 정확히 말하면 이런 것은 우리의 우연적 연관성이라고 할 수 있다. 또 다른 예로, 교양 있는 시청자라면 호머라는 이름을 들었을 때 고대 그리스의 서사시인을 떠올리지 않을 도리가 없다. 하지만 사실 《심슨 가족》에 나오는 호머의 이름은 맷 그레이닝의 부친 이름에서 따온 것이고, 나머지 심슨 가족들도 그레이닝의 가족들 이름을 그대로 따서 붙인 것이다. 그렇다 해도 그레이닝이 『오디세이』의 저자를 연상시키려 의도한 것이 아닌지 의심이 드는 건 어쩔 수 없다. 결국 이 연관성은 생각보다 명확하고 실제로 그리 비밀스럽지 않으며, 먹음직스러운 아이러니다. 음…… 아이러니.

또 다른 예를 들어보자. 재방송을 보는 시청자들은 〈피의 원한〉에서 스쿨버스 운전기사 오토가 블랙 사바스의 「아이언 맨Iron Man」을 흥얼거리는 장면을 《비비스와 버트헤드》의 테마송을 인유한 것으로 착각할 수도 있다. 하지만 이 에피소드가 처음 방송된 1991년에 《비비스와 버트헤드》는 아직 전파를 타지(혹은 더럽히지?) 않았으므로 그건 불가능하다. 오토의 노래 선택은 이 노래를 최초로 녹음한 밴드인 블랙 사바스와 리드싱어 오지 오즈번의 음산한 이미지를 불러일으키게끔 의도된 것이다. 오히려 《비비스와 버트헤드》의 감독이자 성우인 마이그 저지가 오토와 《심슨 가족》을 인유하기 위해 「아이언 맨」을 활용했다는 견해를 제시할 수는 있을 것이다. 사실 별로 그랬을 것 같지는 않지만, 시간순으로 따졌을 때는 가능한 일이다. 하지만 오토가 흥얼거리는 「아이언 맨」과 관련하여 시청자들이 《심슨 가족》과 《비비스

심슨 가족이 사는 법

와 버트헤드» 사이에서 발견하는 유사성들은 전부 우연적 연관일 가능성이 높고, 우리는 이것을 작가진의 의도로 돌리지 말고 우연적 연관임을 인정해야 할 것이다. 시청자는 창의적으로 볼 권리가 있지만 작가들이 제시한 것을 어느 정도는 따라야 한다.

인유의 미학

미학은 아름답고 보기 좋은 것의 본질을 연구하는 철학의 한 분과로, 예술에 대한 연구도 여기에 포함된다. 왜 우리는 다른 사람이 한 인유에서 미적 쾌락을 느낄까? 그건 우리가 관객의 한 사람으로서 아주 특별한 방식으로 인유를 알아보고 이해하고 음미하는 걸 즐기기 때문이다. 인유의 이해는 어린 시절에 가장 좋아했던 장난감처럼 익숙한 것을 알아볼 때 느끼는 쾌감과 «제퍼디!»나 «퀴즈쇼 밀리어네어»에서 어려운 문제를 맞혔을 때 느끼는 쾌감을 결합시킨다. 인유를 이해했을 때 우리는 직설적인 진술을 이해하는 데서 오는 쾌감과는 다른 방식의 쾌감을 느낀다. 일례로 호머가 컨트리 가수 럴린 럼프킨의 매니저가 되는 ‹아빠, 돌아오세요› 에피소드에서 한 소년이 포치에 앉아 영화 ‹서바이벌 게임›,* 에 나오는 밴조 멜로디를 연주하는 장면이 있다. 이는 호머가 낙후된 레드넥**의 영역으로 들어왔음을 그 어떤 직설적인 진술보다도 더 효과적으로 알려준다. 관객들은 이 밴조 멜로디의 의미를 깨닫고 좋아하는 영화를 다시 떠올리는 데서 쾌감을 느끼며,

* 존 부어먼의 1972년 작으로, 래프팅을 즐기러 온 도시인들이 외딴 시골에서 폭력과 살인이 난무하는 끔찍한 악몽을 경험하는 내용이다.
** redneck, 미국 시골의 무식한 백인 노동 계층을 경멸적으로 이르는 말.

과연 호머도 돼지처럼 끽끽거리며 최후를 맞을지 자문해보게 된다.

관객들은 창조적인 과정에 참여하는 데서 즐거움을 누리며, 시시콜콜한 설명을 듣기보다 스스로 빈 곳을 채우는 걸 즐긴다. 예를 들어 ‹마지라는 이름의 전차›에서 매기는 ‘에인 랜드 유아 학교’에 맡겨지고, 이 학교의 싱클레어 교장은 『파운틴헤드 다이어트』라는 책을 읽는다. 매기와 다른 아기들이 공갈젖꼭지를 압수당하는 이유를 이해하려면 에인 랜드가 표방한 급진적 자유지상주의 철학의 인유를 포착해야 한다. 이 인유를 알아차리고 이해하는 것은, 매기가 맡겨진 보육 시설이 남에게—심지어 공갈젖꼭지에도—의존하지 않고 스스로 자립하게끔 유아를 훈련시키는 곳이라는 직설적인 설명보다 훨씬 더 큰 쾌감을 준다.

우리가 인유를 좋아하는 건 그것의 게임 비슷한(유희적) 특성 때문이기도 하다. 인유에는 놀이적 요소가 있으며, 어떤 의미로 보면 우리는 인유를 머릿속에서 굴리면서 놀이에 초대받는 셈이다. 예를 들어 ‹난 커서 뭐가 될까?›에서 리사는 자신의 이상적인 직업이 가정주부라는 적성검사 결과를 받은 뒤로 학교의 말썽쟁이가 된다.[2] 스키너 교장이 “넌 무엇에 반항하는 거니?”라고 물을 때, 관객들은 리사가 ‹위험한 질주›에서 말론 브란도가 하는 식으로 “그쪽이 먼저 골라 보시지 Whattaya got?”라고 대답한 것을 기대하게 된다.

인유의 가장 중요한 미학적 효과 중 하나는 ‘친밀감의 증진’과 공동체의 형성이다.[3] 소수만이 아는 정보를 활용한 인유의 뚜렷한 이점은 저자와 독자의 유대를 강화해준다는 것이다. 저자와 독자는 친밀하

심슨 가족이 사는 법

게 연결되어, 사실상 그들만의 암호를 공유하는 클럽 멤버가 된다. 「장래의 수정헌법」의 《스쿨하우스 록》 인유가 바로 그런 경우다. 이와 비슷하게, 《심슨 가족》에서 〈새〉 〈이창〉 〈북북서로 진로를 돌려라〉 〈현기증〉 같은 히치콕 영화들을 거듭 인유하는 것은 (그것을 알아보는) 관객들과 작가들의 유대를 공고히 해준다. 유머 감각을 갖춘 긴즈버그의 독자라면, 리사가 "나는 우리 세대 최고의 작품이 오빠의 광기에 의해 파괴되는 것을 보았다. / 내 영혼은 삐죽머리 악마들에 의해 갈기갈기 찢겼다"를 읊는 장면에서 작가들의 기지에 감탄하지 않을 수 없다. 고전 텔레비전 프로그램의 팬이라면, 잊지 못할 《환상특급》 에피소드들의 인유와 패러디를 도처에서 발견하며 기뻐할 것이다. 심야에 케이블 TV 채널을 돌리다가 영화 〈졸업〉을 마주칠 때마다 끝까지 안 보고는 못 배기는 사람이라면, 할아버지가 부비어 부인과 번스 사장의 결혼식장에 쳐들어와 교회 오르간 부스의 유리벽 뒤에서 소리를 지르는 장면부터 친숙함을 느끼고 킬킬거릴 것이다(〈사랑에 빠진 할아버지〉).

《심슨 가족》의 경우, 친밀감을 증진하고 공동체를 형성하기에 지난 에피소드의 인유만한 게 없을 것이다. 《심슨 가족》은 한 에피소드에서 다음 에피소드로 줄거리가 이어지지 않고, 한 시즌 내에서도 특별히 선형적인 스토리텔링을 따르지 않는다. 얼마간 이런 이유로, 지난 에피소드에 나왔던 것이 등장하면 이는 시청자들에게 큰 영향을 끼친다. 예를 들어 〈심슨 부부의 권태기〉에서 호머는 재킷 주머니 속에 프랭크 그라임스의 장례식 리플릿이 있는 것을 발견한다. 무심한 시청자에게는 그냥 지나가는 일로 보이지만, 충성스럽고 눈썰미 좋은 시청자는 이 리플릿을 보고 프랭크 '그라이미' 그라임스가 호머의 호적수로 나왔던 인기 에피소드를 떠올리게 된다. 또 이 리플릿은 평소 호머의 옷 입는 습관에 대한 논평이기도 하다. 방영일자 기준으로 거의 1년 전에 치러진 그라임스의 장례식 때 이후로 호머가 이 재킷을 한 번도 안 입었다는 뜻이기 때문이다. ‹시장을 보호하라!›에서는, ‹대학에 간 호머›에서 호머에게 공부를 가르쳐준 학생들인 벤저민, 더그, 게리가 «스타트렉»의 스포크로 분장하고 SF 컨벤션에 참석한 장면이 나온다. 무심한 시청자는 그들을 SF 컨벤션에 참가한 전형적인 너드로만 여기고 지나가겠지만, 이 의상 선택은 지난 에피소드에서 드러난 그들의 너드 성향을 인유한다. ‹네드의 새 인생›에 나오는 코믹북 가이의 범퍼 스티커 중에는 "내 부조종사는 캉이다"라고 적힌 것이 있는데, 이는 '이중 인유double allusion'라 할 수 있다. 이 범퍼 스티커는 '공포의 할로윈' 에피소드 때마다 심슨 가족을 위협하는 외계인을 인유하며,* «심슨 가족»의 외계인은 다시 오리지널 «스타트렉» 시리즈의 한 에피소드에 등장하는 클링온족 함장 '캉'을 인유한다.

인유의 활용에는 분명 모종의 엘리트주의와 배제가 따른다. 일부 사람들과의 친밀감 증진은 나머지 사람들을 배제하는 경우가 종종 있다. «심슨 가족»의 노골적인 에인 랜드 인유를 모든 시청자가 알아보시는 못할 것이다. 긴즈버그와 케루악에 대한 좀더 은밀한 인유를 알아차리는 사람은 그보다 더 적을 것이다. 또 바트가 상상한 지옥의 광경이 히에로니무스 보스의 그림을 인유적으로 활용한 것임을 알아보

---

*   캉은 이 두 외계인 중 한 명의 이름이다.

는 사람은 그보다 훨씬 더 적을 것이다(‹바트, 차에 치이다›). 예술사와 문학사(와 이제는 텔레비전 역사)를 통틀어 문화적 인유를 이해하는 사람과 그러지 못하는 사람은 항상 있어왔지만, 이해하지 못하는 사람이 늘고 있다는 것은 오늘날 우리가 직면해야 할 문제다. 이런 문제가 생긴 한 가지 이유는 공동체가 공유하는 상당량의 공통 지식이 부재하기 때문이다. E. D. 허시 주니어는 찬사와 비난을 한몸에 받은 그의 베스트셀러 『문화 리터러시: 미국인이라면 알아야 할 것들Cultural Literacy: What Every American Needs to Know』에서 이를 ‘문화 리터러시’라고 이름 지었다. 인유의 문제에서도 분명히 드러나듯이, 문화 리터러시는 성공적인 소통과 이해의 필수 요소다. «심슨 가족»에서 상정하는 문화 리터러시는 대체로 그렇게 수준 높지 않으며, 과거의 ‘고전’ 텔레비전 쇼에 대한 지식에 의존하는 경우가 많다. 이는 «요기 베어» «꼬마 유령 캐스퍼» «환상특급» «전격 제트 작전» «댈러스» «트윈 픽스» «개구쟁이 스머프» «아이 러브 루시» «마길라 고릴라» «댓걸» «아내는 요술쟁이» 같은 프로그램에 익숙지 않은 나이 어린 시청자들을 배제하는 효과가 있다. 호머 심슨도 이 점을 놓치지 않고 지적하며 ‘대중문화 리터러시’의 죽음을 애도한다. 그는 폰지*가 누군지 모르는 바트를 나무라며 이렇게 말한다. “폰지가 누구냐니? 요즘 학교에선 뭘 가르치는 거야? 그는 광장을 해방시켰어(‹리사에게 방을›).” 1970-1980년대 대중문화의 구전 지식에 해박한 호머는 ‘헐라발루자’가 역대 최고의 록 페스티벌이라는 동네 레코드 가게 알바생의 말에 깜짝 놀란다. 호머의

---

*　　1974-1984년 방영된 시트콤 «해피 데이스»의 주인공.

반응은? 역대 최고의 페스티벌은 단 하나, 'US 페스티벌'뿐이다! 이것은 애플컴퓨터의 어떤 사람이 후원한 페스티벌로서…… 알바생의 반응은? 무슨 컴퓨터라고요? 허시는 문화 리터러시가 끊임없이 변화하는 현상이고 문화 리터러시를 열거한 리스트는 규범적이 아니라 기술적 성격을 띤다는 사실을 선선히 인정한다. 하지만 (애플컴퓨터는 몰라도) '폰지'와 US 페스티벌이 허시의 '미국인이라면 알아야 할 것' 리스트에 포함될 성싶지는 않다.

《심슨 가족》의 인유 활용이 미학적 성공을 거두는 한 가지 비결은 그것이 내용 이해에 지장을 주지 않는다는 데 있다. 작가들은 모든 사람이 모든 인유를 알아보지 못한다는 걸 인정하고, 그것을 알아차렸을 때는 즐거움을 더욱 높여주지만 모르고 지나쳤을 때도 쇼의 즐거움을 손상시키지 않게끔 인유를 안배한다. 《심슨 가족》에 부드럽게 배합된 인유의 짜임새는 나이 든 세대건 젊은 세대건, 세련되건 순진하건, 교양이 있건 없건 간에 다 같이 쇼를 즐길 수 있게 해준다. 실제로 《심슨 가족》의 인유 활용이 희극적·미학적으로 성공인지를 진짜로 시험해보는 방법은 어린이와 함께 쇼를 보는 것이다. 인유가 감추어진 장면을 보고 아이가 웃으면, 우리는 아이가 '알아차렸기' 때문이 아니라 그것이 웃기기 때문임을 알 수 있다. 이 배합은 성공을 거두었다. 일례로 호미가 위생관리원직에서 퇴출되고 패터슨이 그 자리에 복귀하는 장면에서(〈위생관리원 호머 심슨〉) 밴드가 연주하는 곡은 고물상을 배경으로 한 1970년대 시트콤 《샌퍼드와 아들》 주제곡의 후렴부. 하지만 시청자가 《샌퍼드와 아들》의 음악적 인유를 알아차리지 못하더라도 상황 이해에는 지장이 없다. 사실 인유의 아름다움은 인유가 장면에 완벽히 녹아든다는 데 있다. 그것은 특별한 이해 없이도 단지 웃기게 들리는 음악으로, 뭔가를 놓치고 지나갔다는 느낌을 불러일으키지 않고서 부드럽게 스쳐지나간다. 이와 비슷하게, 미래를 예견하는 에피소드인 ‹리사의 결혼식›에서는 만화영화 «우주 가족 젯슨»의 모티프가 활용된다. 미래의 호머는 조지 젯슨의 ‘미래주의적’ 셔츠와 비슷한 흰 셔츠를 입고 있으며, «우주 가족 젯슨»의 음향효과가 에피소드 전체에 듬뿍 뿌려져 있다. 여기서도 이런 인유들은 완벽하게 녹아들어 있기에 알아보는 사람들에게는 즐거움을 선사하면서도, 그러지 못하는 사람들의 주의를 끌거나 의문을 불러일으키지 않는다. 고급문화를 인유할 때도 마찬가지다. 『분노의 포도』에 나오는 톰 조드의 유명한 대사를 패러디한 프레첼 사업가의 대사가 그예다. 프레첼 사업가는 마지에게 이렇게 말한다. “젊은 엄마가 아기에게 무엇을 먹일지 잘 모르는 곳에 당신이 있을 겁니다. 나초가 생활 깊숙이 침투하지 못한 곳에 당신이 있을 것이요, 바이에른인의 배가 충분히 부르지 않은 곳에 당신이 있을 겁니다(‹엄마의 새 사업›).” 『분노의 포도』에서 케이시 목사가 죽은 뒤 각성한 톰 조드는 어머니에게 이렇게 말한다. “저는 사방에 있을 거예요. 어머니가 어디를 보시든. 배고픈 사람이 먹을 걸 달라고 싸움을 벌이는 곳마다 제가 있을 거예요. 경찰이 사람을 때리는 곳마다 제가 있을 거예요……. 배고픈 아이들이 저녁 식사를 앞에 두고 웃음을 터뜨릴 때도 제가 있을 거예요…….”* 여기서도, 스타인벡의 『분노의 포도』 인유는 이것을 알아차리는 이들에게는 즐거움을 주지만 그러지 못하는 사람들에게도 이해에 전혀 지장을 주지 않는다. 몇몇 예리한 시청자는 비록 그것이 무엇을 가리키는지는 몰라도 무언가의 인유라는 사실을 깨달을 수 있을지 모른다. 그런 시청자들도 소외감을 느끼기보다는, 비록 충분히 음미할 수는 없지만 뭔가 웃기는 일이 진행되고 있음을 깨닫고 킬킬댈 가능성이 높다. 좀더 포괄적인 인유, 이를테면 '샤이닝' '갈가마귀',** '암흑의 바트'***처럼 한 에피소드나 시퀀스 전체에 걸친 패러디에서도 이처럼 조화로운 짜임새를 찾아볼 수 있다. (‹암흑의 바트›라는 제목은 조지프 콘래드의 소설 『암흑의 핵심』을 패러디한 것이고, 이 에피소드의 줄거리는 히치콕의 ‹이창›을 패러디했다.)

《심슨 가족》과 연관된 예술작품들

인유는 미적인 가치뿐만 아니라 실용적인 가치도 띤다. 인유의 실용적 가치는 다른 예술작품과의 연결 고리를 제공하는 능력에서 발견할 수 있다. 그리고 이런 연결 고리는 다시 예술작품을 해석하는 맥락과 전통을 제공한다. 철학자들이 선대인이나 동시대인을 다룰 때 그들의 주장을 비판하며 새로운 주장, 바라건대 더 나은 주장을 제시한다면, 예술가들은 선대인이나 동시대인을 인유하는 경향이 있다. 예술가들은 다른 작품에 경의를 표하거나 패러디하거나4 조롱하거나 능가하는 한 방식으로서 인유를 활용한다.

*   김승욱 옮김, 『분노의 포도』 2권, 민음사, 2008, 402쪽.
**   각각 ‹무서운 이야기›와 ‹공포의 할로윈 V›에 포함된 단편극의 소제목이다.
*** 우리말 제목은 ‹바트의 여름방학›.

일반적인 경우 우리는 만화영화 작가들이 작품의 연관성과 맥락을 창조하려는 목적으로 인유를 활용하리라 기대하지 않지만, 《심슨 가족》은 일반적인 만화영화가 아니다. 그렇다면 《심슨 가족》의 작가들은 인유를 활용함으로써 어떤 맥락과 전통을 규정하려는 걸까? 그들이 인유하는 예술작품들의 리스트를 간략히 살펴보자.

《심슨 가족》에서 인유한 영화 목록의 일부를 들자면 다음과 같다. ‹101 달마시안› ‹2001: 스페이스 오디세이› ‹에이리언› ‹아미티빌 호러› ‹지옥의 묵시록› ‹분노의 역류› ‹원초적 본능› ‹벤허› ‹빅› ‹새› ‹보디가드› ‹케이프 피어› ‹불의 전차› ‹시민 케인› ‹미지와의 조우› ‹시계태엽 오렌지› ‹칵테일› ‹디어 헌터› ‹서바이벌 게임› ‹닥터 스트레인지 러브› ‹드라큘라› ‹이티› ‹엑소시스트› ‹라스베가스의 공포와 혐오› ‹플라이› ‹포레스트 검프› ‹프랑켄슈타인› ‹풀 메탈 자켓› ‹대부› ‹고질라› ‹바람과 함께 사라지다› ‹좋은 친구들› ‹졸업› ‹멋진 인생› ‹죠스› ‹재즈 싱어› ‹쥬만지› ‹쥬라기 공원› ‹킹콩› ‹아라비아의 로렌스› ‹메리 포핀스› ‹미드나잇 익스프레스› ‹34번가의 기적› ‹내츄럴› ‹살아 있는 시체들의 밤› ‹나이트메어› ‹북북서로 진로를 돌려라› ‹사관과 신사› ‹뻐꾸기 둥지 위로 날아간 새› ‹패튼 대전차군단› ‹핑크 플라밍고› ‹혹성탈출› ‹야구왕 루 게릭› ‹싸이코› ‹펄프 픽션› ‹레이더스› ‹레인맨› ‹이창› ‹필사의 도전› ‹위험한 청춘› ‹록키› ‹록키 호러 픽처 쇼› ‹루디 이야기› ‹샤이닝› ‹양들의 침묵› ‹소일렌트 그린› ‹스피드› ‹스타워즈› ‹증기선 윌리› ‹터미네이터› ‹타이타닉› ‹시에라마드레의 보물› ‹현기증› ‹저주받은 도시› ‹워터월드› ‹위험한 질주› ‹오즈의 마법사›.

《심슨 가족》에서 인유한 텔레비전 쇼의 목록 중 일부는 다음과 같다. 《올 인 더 패밀리》 《배트맨》 《비비스와 버트헤드》 《아내는 요술쟁이》 《보난자》 《꼬마 유령 캐스퍼》 《스누피: 찰리 브라운 크리스마스》 《치어스》 《코스비 가족 만세》 《댈러스》 《데이비와 골리앗》 《개구쟁이 데니스》 《닥터 후》 《피시》 《고인돌 가족 플린스톤》 《도망자》 《퓨처라마》 《길리건의 섬》 《해피 데이스》 《헤클 제클》 《아빠 뭐 하세요》 《하우디 두디》 《아이 러브 루시》 《인 서치 오브》 《제퍼슨 가족》 《우주 가족 젯슨》 《전격 제트 작전》 《래시》 《러번과 셜리》 《꾸러기 클럽》 《결혼 이야기》 《마길라 고릴라》 《메리 타일러 무어 쇼》 《뽀빠이》 《프리즈너》 《렌과 스팀피》 《로다》 《더 로퍼스》 《스쿨하우스 록》 《개구쟁이 스머프》 《스타트렉》 《댓 걸》 《요절복통 70 쇼》 《트윈 픽스》 《환상특급》 《케빈은 열두 살》 《X 파일》 《여전사 지나》 《요기 베어》.

《심슨 가족》에서 인유한 문학작품이나 작가의 목록 중 일부를 들면 다음과 같다. 성서, 카를로스 카스타네다, 찰스 디킨스의 「크리스마스 캐럴」, 앨런 긴즈버그의 「울부짖음」, 윌리엄 골딩의 『파리 대왕』, 헤밍웨이의 『노인과 바다』, 호메로스의 『오디세이』, 잭 케루악, 허먼 멜빌의 『모비딕』, 제임스 미치너, 포의 「고발하는 심장」 「갈가마귀」 「어셔가의 몰락」, 에인 랜드의 『파운틴헤드』, 셰익스피어, 스타인벡의 『분노의 포도』, 테네시 윌리엄스의 『욕망이라는 이름의 전차』.

이 목록에서 우선 눈에 띄는 점은, 《심슨 가족》의 작가들이 만화영화 장르, 심지어 텔레비전 매체에만 인유를 한정하지 않는다는 것이다. 영화와 문학에서도 풍부한 인유를 끌어온다. 이보다 수는 적지만, 토머스 하트 벤턴의 「켄터키인The Kentuckian」 같은 회화나 'USA 포 아프리카' 같은 음악 이벤트의 인유들도 볼 수 있다. 두 번째로 눈에 띄는 점은, (전부는 아니더라도) 압도적으로 미국의 문화/대중문화 예술작품을 대상으로 하고 있다는 것이다. (어떤 주에도 소속되지 않은 도시인) 스프링필드가 미국 자체를 대표하게끔 의도했을 가능성이 크다는 점을 고려하면 이는 적절해 보인다.

«심슨 가족»의 인유는 대중이 '너무 많이 생각하는 걸' 싫어하는 패스트푸드 사회로서의 미국을 암시한다는 점에서, 그리 호의적이지만은 않은 방식으로 매우 '미국적'이다. (물론 다는 아니지만) 많은 경우에 인유는 매우 단도직입적으로 진술되거나 보여진다. 다른 형태의 대중예술과의 접점을 제시하는 「디 엔드The End」나 「핫 블러디드Hot Blooded」 같은 노래는 시청자의 대단한 노력이나 비밀스런 지식을 요하지 않는다. 시청자들은 그냥 인유를 깨닫고 생각을 떠올리게 된다. «심슨 가족»은 론 하워드, 개구쟁이 데니스, 레드 핫 칠리 페퍼스 등 실존 인물이나 허구의 인물을 자주 활용한다. 이런 사람들의 활용이 흔히 인유가 되는 것은 이중의 층위 때문이다. 시청자는 문제의 인물이 이 장면에 있다는 단순한 사실뿐만 아니라, 이 인물이나 상황이 어째서 웃긴지도 바로 알 수 있다. 일례로 데이비드 크로즈비는 몇몇 에피소드에 자기 자신으로 출연하여 목소리를 빌려주었는데,* 이를테면 '익명' 그룹의 12단계 모임 등 중독자 재활이나 자조를 돕는 역할로

***

*   78쪽 주 참조.

자주 나온다. 이는 다음과 같은 질문을 우리에게 남긴다. 미국인은 이런 '머리 쓸 필요 없는 문제'를 좋아하는 (아니, 더 나쁘게 말하자면 요구하는) 것일까? 이 모든 대중문화 인유는 미국의 퇴락을 보여주는 징후일까? 허시의 문화 리터러시를 희생시키고 그 잿더미에서 솟아난 건 허무주의적 대중문화 리터러시뿐임을 나타내는 것일까?

아니, 그렇게까지 암울해지지는 않을 것이다. 많은 베이비부머와 X 세대가 벅스 버니 만화영화를 통해 고전 음악을 처음 접하고 비로소 바흐와 베토벤에 대한 취향을 길렀다는 사실을 생각해보자. 직설적인 인유나, 대중문화와 고급문화의 결합이 꼭 '미국 정신의 종말'을 의미할 필요는 없다. 그러한 조종弔鐘은 현세대의 미국인이 미적 감식안에서 «심슨 가족»을 넘어서지 못할 때에야 비로소 울릴 것이고, 그럴 만한 '현존하는 명백한 위협'은 없다. 이 쇼에서 겉핥기식으로만 다룬 문화적·미적·철학적 문제들을 시청자와 독자들이 한 번 더 생각하게끔 만든다면, «심슨 가족»과 이 책은 그 소임을 다하는 셈이다.

농담을 이해하기

어쩌면 여러분은, 인유에 대한 이 논의에서 우리가 별것도 아닌 걸 가지고 법석을 떨었다고 생각할지도 모르겠다. 호머의 생각도 그러하다. "오 미지, 만화에는 아무런 깊은 뜻도 없어. 그냥 싸구려 웃음을 주는 멍청한 그림일 뿐이라고(«리사, 워싱턴에 가다»)." 하지만 우리는 "책을 몇 권 읽으면 «심슨 가족»의 농담을 더 잘 이해할 수 있다. 바로 그것이 «심슨 가족»의 한 가지 훌륭한 점"[5]이라고 말한 맷 그레이닝의 편을 들

고 싶다. 결국 우리가 부탁하고 싶은 것은 이 글과 이 책을 «심슨 가족»
에피소드만큼만 진지하게 받아들여달라는 것, 그게 전부다.[6]

7

대중적 패러디

: 《심슨 가족》, 범죄영화를 만나다

데버라 나이트

이 글에서 나는 철학적 일반론을 확립하기 위해 《심슨 가족》을 구성하는 에피소드 전체를 뒤지기보다는 방향을 조금 달리하여 《심슨 가족》의 특정 에피소드를 살펴보는 식으로 접근하고자 한다. 이 글의 초점은 패러디, 특히 '고급예술'의 서사보다는 대중 서사 특유의 패러디 전략에 맞추어져 있다.[1] 패러디라는 주제는 인유와 명백한 친연성이 있다. 어윈과 롬바도가 적절히 지적했듯이, '우연적 연관'이 아닌 인유는 픽션의 작자가 의도한 것이어야 하며, 따라서 《심슨 가족》의 인유는 작가들이 의도한 것이어야 한다.[2] 패러디도 같은 방식으로 작동한다. 즉 의도하지 않은 언급은 기껏해야 우연적 연관이다. 《심슨 가족》은 수많은 미국 텔레비전 시리즈와 영화를 매우 다양한 방식으로 인용한다. 나는 그중에서도 한 특수한 인용 방식, 즉 범죄 영화라는 서사

장르를 활용하는 방식에 관심이 있으며, 여기서 다룰 에피소드는 ‹대부 바트›다. 하지만 내가 강조하는 요점은 ‹대부 바트›에서와 같은 전략을 활용하는 《심슨 가족》의 모든 에피소드에 적용된다.

대부 바트

여러분은 이 에피소드의 줄거리를 기억할 것이다. 아침에 일어난 바트가 흥얼거리며 의기양양하게 아래층으로 내려온다. 왠지 오늘은 좋은 날이 될 것만 같다. 하지만 상황은 급격히 내리막길로 접어든다. 우선 호머가 바트의 시리얼 상자에서 경찰 배지를 훔쳐간다. 다음에는 스쿨버스를 놓친다. 학교로 걸어가기 시작하자 화창하던 날씨에 갑자기 천둥이 치며 폭우가 내리더니, 도착하자마자 거짓말처럼 날이 갠다. 바트는 지각계를 써서 제출해야 한다. 이것만으로도 충분히 나쁘지 않다는 듯, 바트는 오후에 초콜릿 공장에 견학을 가는 데 필요한 부모 동의서를 깜빡 잊고 안 가져왔다. 반 친구들이 우르르 버스에 타는 것을 지켜보던 바트는 결국 스키너 교장을 도와 학부모회 안내문을 봉투에 넣고 침칠해 붙이는 일을 하게 된다. 교장은 시간당 붙인 봉투 개수를 세서 기록을 경신하는 ‘게임을 한다고 생각하라’고 충고하지만, 바트 생각에 이건 ‘쓰레기 같은’ 게임이고 물론 그가 옳았다. 혀가 뻣뻣해진 채로 스케이트보드를 타고 하교하는 길에 또다시 폭우가 쏟아진다. 하지만 악운이 끝나려면 아직 멀었다. 바트는 스케이트보드에서 넘어져 계단 아래로 굴러떨어지고, “이번엔 또 뭐야?”라며 절망을 토로한다. 이 질문에 대한 대답 대신 10여 개의 총구가 그를 향해 겨누어진다.

바트는 오늘 하루 종일 운이 나빴지만 이건 개중에서도 가장 재수 없는 사건이다. 마피아 보스 팻 토니(조 만테냐 분)와 그의 총잡이 졸개들이 운영하는 조폭 소굴의 문 앞에 떨어진 것이다. 하지만 전혀 희망이 없는 건 아니었다. 경마에 돈을 걸기를 좋아하는 팻 토니는 바트의 입회 자격을 시험해보기로 한다. 세 번째 경주에서 무슨 말이 이길지 맞춰보라고 다그치자 바트는 "열 내지 마세요Don't have a cow"라고 대답한다. 과연 '열 내지 마'가 1등으로 들어오고 팻 토니는 돈을 딴다. 팻 토니는 바트가 그저 큰소리만 치는 녀석이 아니라 진짜 재수 좋은 녀석일지도 모른다고 여기기 시작한다. 그래서 바트는 두 번째 시험을 치른다. 마침 이 클럽에 바텐더가 아쉬웠는지, 팻 토니는 바트가 맨해튼 칵테일을 제조해보라고 지시한다. 바트는 쭈뼛거리면서도 용케 칵테일을 만들어내고 덕분에 마피아 '패밀리'에 입회하게 된다. 마피아 바텐더로서 바트의 경력은 순조롭게 풀리는 듯 보인다. 하지만 바트의 침실은 훔친 담배 한 트럭을 보관하는 창고로 바뀌었고, 바트는 사람들의 주머니에 뇌물로 돈을 찔러주는 고약한 마피아 버릇을 들였을 뿐만 아니라, 팻 토니에게 양복 한 벌을 상으로 받고서는 범죄 조직의 똘마니처럼 빼입고 다니기 시작한다. 하지만 바트는 스키너 교장을 매수하려다가 방과후에 남는 벌을 받는 바람에 팻 토니의 클럽에 지각하게 되는데, 바로 여기서 문제가 발생한다. 팻 토니는 적대관계에 있는 마피아 보스에게 최고의 맨해튼을 대접하겠다고 큰소리쳤는데 그 칵테일을 만들 바트가 자리에 없었던 것이다. 상대 마피아 보스는 팻 토니에게 오직 마피아 보스만이 할 수 있는 방식으로 '죽음의 키스'를

심슨가족과 철학

남기고 떠나버린다. (팻 토니는 이렇게 말한다. "젠장, 일 참 잘 돼 가는군!")
이건 다 바트가 지각 출근했기 때문이다. 마침내 도착한 바트가 스키
너 교장한테 벌을 받느라 방과후에 남았다고 말하자, 팻 토니는 그 즉
시 스키너를 만나서 이야기하기로 마음먹는다. 곧 스키너 교장의 사무
실에 '덩치들'이 사전 약속도 없이 들이닥친다. (스키너는 그들이 어떻게
복도의 감시 모니터를 통과했는지 어리둥절해한다.)

스키너가 갑자기 실종되자 바트는 경찰의 요주의 인물이 된다. 실
제로 바트는 스키너에 대한 살인 혐의로 재판에 회부된다. 재판정에
서 모두가 바트에게 등을 돌린다. 증인석에 선 호머는 바트가 범인이
라는 증거가 맞다고 자백한다. 팻 토니는 바트가 조직의 진짜 두목이
라고 주장한다. 스키너가 기적적으로 다시 나타나지 않았다면 상황은
암울했을 것이다. 스키너는 자기가 차고에서 신문지 더미 밑에 며칠
간 깔려 있었고, 그동안 농구공을 가지고 운동하며—하루에 공을 몇
번이나 튀기는지 세어서 매일 기록을 경신하려고 노력하며—맑은 정
신을 유지했다고 설명한다. 바트에 대한 공소는 기각된다. 법원 계단
에서 바트는 팻 토니에게 '범죄는 돈이 안 된다'는 걸 배웠다고 선언한
다. 토니는 수긍한 뒤 그와 졸개들을 실어나를 리무진 부대의 선두 리
무진을 타고 사라진다. 심슨 가족은 재결합한다.

패러디와 대중 서사

토머스 J. 로버츠가 『정크 픽션의 미학』에서 주장한 바에 따르면,[3] 동
시대 문화에 대한 언급으로 가득 차 있는 것은—로버츠가 애정을 담

아 정크 픽션이라고 부르는—대중 픽션의 특징이다. 대중 픽션은 친숙하거나 최소한 알아볼 수 있는 **텍스트 외부의** 사람, 사건, 사물을 자주 인용함으로써 독자나 관객과의 유대를 확립한다는 것이다. 예를 들어 대중 픽션에는 총이나 자동차 제조사, 노래, 영화, 텔레비전 쇼, 영화배우·록스타·스포츠 스타·정치인 같은 유명인, 의상과 메이크업, 주요 뉴스 기사, 특정 기술 등을 언급하는 대목이 더러 포함된다. 이런 언급은 명칭이나 묘사처럼 직접적일 수도 있고, 어원과 롬바도가 기술한 연상적 인유처럼 넌지시 이루어질 수도 있다. 자동차, 영화, 스타, 패션, 기술이 변하는 속도를 감안할 때—그리고 그들 중 태반이 그냥 기억에서 사라진다는 사실을 인식할 때—동시대 독자라면 바로 알아보는 언급들이 불과 한두 세대만 지나도 희미해질 수 있다. 정크 픽션 작품의 위상이 대중문화에서 고전으로 격상될 때 일어나는 한 가지 주목할 만한 일은, 이런 텍스트 외적 언급에 대한 즉물적 인지에 쏠렸던 우리의 주의가 다른 쪽으로—이를테면 형식이나 주제 같은 문학비평적 요소로—이동한다는 것이다. 이런 이동 과정에서 우리 자신의 문화적 건망증은 실로 자연스러운 것이 된다. 몇 가지 예만 생각해보자. 지금 바비 셔먼이나 레이프 개릿 같은 1970년대 10대 아이돌을 누가 기억하는가? 누가 '바라쿠다'에 대해 물었을 때, 여러분의 머리에 먼저 떠오르는 건 자동차 모델명인가, 아니면 시트콤 «프레이저»의 등장인물인가? 정크 픽션을 규정하는 특징 중 하나는 문화적으로나 기술적으로 (지나고 보면 흔히) 잠시 스쳐지나가는 대상들을 끊임없이 언급한다는 것이다. 이런 식의 구체적인 언급들을 그 대상 독자들과 연

심슨가족과 철학

동된 당면한 시간 틀 바깥에서 봤을 때 과연 얼마나 알아차릴 수 있을지 예측하기란 어렵다. 어원과 롬바도가 보여주었듯이, 호머 심슨 자신도 바트로선 폰지가 누군지 모른다는 사실을 깨닫고는 이 점을 지적한다.

물론 «심슨 가족»은 동시대 문화에 대한 이런 식의 언급들로 가득 차 있다. 문제의 한 에피소드에서만 따져보자. 바트가 경찰 배지를 찾으려고 시리얼 상자를 뒤지는 아침 식사 장면에서, 우리는 리사의 메뉴가 '재키오즈Jackie-Os'라는 시리얼임을 볼 수 있다. 이 시리얼이 갖다 쓴 '재키오'는 대중지들이 재클린 케네디 오나시스에게 붙인 별명이고, 심지어 이런 대중지들도 재키 오가 막강한 연줄과 권력과 영향력은 물론 독보적인 미모를 겸비한 여성이라고 인정한 사실을 굳이 설명할 필요는 없을 것이다. 또 재키오즈가 '치리오스'의 인유이기도 하며, 치리오스는 건강에 꾸준히 초점을 맞춰온 것으로 아마도 가장 유명한 시리얼이고 이와 관련하여 설탕, 프로스팅, 향료와 일체의 현란한 첨가물이 없다는 선전으로 주목할 만하다는 사실을 굳이 언급할 필요도 없을 것이다. 아마도 그리 멀지 않은 미래에, 우리는 재키 오가 누군지, 치리오스가 뭔지를 설명해야만 할 것이다. 하지만 여기서 강조해야 할 것은, «심슨 가족»이 텍스트 외부의 문화적 참조점을 인용할 때 단일한 한 가지 태도만을 취하지 않는다는 점이다. 표면적으로 볼 때, 우리는 재키 오의 언급이 어떤 종류의 태도에서 기인했는지를 정확히 꼬집어낼 수 없다. 또 심지어 재키 오의 언급이 의도적인 것인지, 아니면 이름이 '오'로 끝나는 다른 아침 식사 시리얼들과 발음이

비슷해서 우연히 붙은 이름인지 확실히 알 길도 없다.

하지만 이를테면 ‹대부 바트›를 생각할 때 고려해야 할 언급 중에
는 다른 종류의 것들도 있다. ‹대부 바트›를 비롯한 «심슨 가족»의 많
은 에피소드에서는 쉽게 알아볼 수 있는 영화와 텔레비전 장르들을
언급하고 있다. 우리는 이것을 장르적 언급이라고 부를 수 있다. 하지
만 «심슨 가족»의 모든 영화·텔레비전 언급이 이러한 것은 아니며, 언
급한 장르에 대한 한 가지 태도를 암시하는 것은 더더욱 아니다. 또 다
른 에피소드에서 인도계 이민자인 아푸는 호머와 그의 가족들에게 텔
레비전에 나오는 인도 영화를 보여주려고 한다. 아푸는 자기 문화를
호머와 마지에게 소개하려던 것뿐이지만 예상할 수 있듯이 별 성과를
거두지 못한다. 호머는 인도 영화의 관습과 자기에게 익숙한 영화—
그러니까 미국 영화—의 관습 사이에 존재하는 가시적인 차이만을 분
간할 수 있을 뿐이다. 고작 인도 의상이 우습다며 낄낄대는 게 호머가
할 수 있는 최선이다. 작가들은 이 장면에 지나가는 대사로 근사한 언
급 하나를 심어놓았다. 아푸는 이 영화가 인도 영화 ‘톱 400’ 리스트에
올랐다고 호머와 마지에게 자랑한다.

이 농담을 이해하는 (내 생각에는 잘못된) 한 가지 방법은, 인도 영화
들은 서로 너무 엇비슷해서 구분이 안 되기 때문에 모든 영화를 이렇
게 기나긴 리스트에 넣어서 과도하게 칭찬한다고 지레짐작하는 것이
다. 이 농담을 해석하는 또 다른 (역시 잘못된) 방법은, 아푸의 말을 그
냥 과장으로 치부하는 것이다. 여기서의 유머는 ‘톱’급 인도 영화가 있
을 리 없고 있다 해도 소수일 것이라는 편견에서 나온다. 하지만 이 농

심슨가족과 철학

담을 제대로 이해하려면 우선 인도 영화 산업이 세계에서 가장 생산적이고 역동적이라는 사실을 알아야 한다. 인도 영화의 생산력은 미국 영화를 능가하며 그 어떤 내셔널 시네마보다도 높은 성적을 거두고 있다. 이 점을 알면 '톱 400'이라는 발상도 이해할 만하다. 일반적인 '톱 10'이나 '톱 100'에서 그보다 훨씬 큰, 이를테면 '톱 400'으로 건너뛰는 것을 인도 영화의 방대한 풀로써 설명할 수 있기 때문이다. 여기서의 농담은 인도 영화에 대한 지식을 조금이나마 갖춘 시청자들에게 먹힌다. 인도 영화에 대해 아는 시청자들은 아푸의 편에 서게 되며, 이런 친근감을 공유할 때 우리는 호머의 무식한 반응에 공감하는 게 아니라 아푸에게 공감하게 될 것이다. 물론 아푸의 농담에 대한 이런 해석을 모든 시청자에게 납득시킬 수는 없다. 여기서 우리가 부딪치는 문제는 서사 해석에서 익숙한 문제다. 즉 누군가가 호머와 친근감을 느낄 가능성도 확실히 존재하지만, 이 경우에 그는 그릇된 해석 집단에 속해 있다.

인도 영화에 대한 언급과 같은 방식으로 작동하는 언급을 나는 외재적 언급extrinsic reference이라고 부르고자 한다. 이는 언급이 내러티브 바깥에 있는 무언가에서 비롯하며 내러티브 바깥에 있는 무언가를 가리킨다는 의미에서 외재적이다. 외재적 언급은 그것이 인유하는 영화 관습의 내러티브 측면과 통합되지 않는다. 그러므로 인도 영화에 대한 언급은 시리얼 이름에 재키 오나시스를 언급한 사례에 비견할 수 있다. 둘 다 텍스트 외부에 있기 때문에 그 의미를 획득한다. 다른 한편으로, 〈대부 바트〉는 내재적 언급intrinsic reference에도 관여한다. 특정한 장르 패턴을 줄거리 자체에 통합시킴으로써 언급하는 것이다. 여기서 문제의 장르는 범죄영화다. ‹대부 바트›를 보면서 우리는 «심슨 가족»이 장르 발전과 변형, 패러디, 오마주 등에 좀더 보편적으로 기여한 요소에 대해 생각해보게 된다. 또 우리는 범죄영화의 중심 주제 중 하나인 가족(패밀리)에 대해서도 생각하게 된다. 범죄영화에는 여러 종류가 있고, 심지어 갱스터 인물에 집중하는 범죄영화에도 여러 종류가 있다. 예를 들어 ‹도니 브래스코›(마이크 뉴월, 1997)는 마피아 조직에 침투하기 위해 조직의 약한 멤버 중 한 명(알 파치노)과 친구가 된 잠입 형사(조니 뎁)의 시점을 따라간다. ‹도니 브래스코›는 갱스터 배경의 잠입 범죄 스릴러로 보는 편이 가장 적절하다. 이와 달리 1930년대부터 현재까지 명맥을 이어온 범죄영화의 한 중요한 하위 장르는 갱스터의 흥망에 초점을 맞추고 있다. 이런 갱스터 영화의 중심 동학은 평범한 미국 가정과 범죄 패밀리 사이의 대비다. ‹대부 바트›는 바로 이 이 하위 장르의 영향권에 있다. 이 에피소드에서 평범한 미국 가정과 범죄 패밀리 간의 핵심적 대비가 더더욱 눈길을 사로잡는 이유는, 여기서 '평범한 미국 가정' 역을 맡은 사람들이 바로 심슨 가족 자신이기 때문이다.

가족과 대중 장르

대중적 할리우드 영화 장르 중에서, 그 주된 정의상 가족에 초점을 맞추는 장르는 두 가지뿐이다. 그중 하나인 가족 멜로드라마는 일반적으로 '여성' 장르로 여겨지며, 관객의 눈물을 짜내는 능력 때문에 '최루

성 멜로_weepies'로도 알려져 있다. «스텔라 댈러스»(킹 비더, 1937) «밀드레드 피어스»(마이클 커티스, 1945) «슬픔은 그대 가슴에»(더글러스 서크, 1958) 등은 주로 남편을 필요로 하는 듯 보이는 싱글맘이 가장인 불완전한 핵가족에 초점을 맞추고 있다. 특히 1930-1950년대에 이런 영화에서는 엄마 역할과 가장 역할 사이의 긴장이 주제로 흔히 다루어졌다. 방금 언급한 세 영화 중 두 작품의 주인공은 직업에서 성공적인 경력을 쌓는데, 그런 공적 영역에서의 성공이 가족의 안정을 위협하고 남자(남편이나 연인)와의 관계에서 문제를 초래한다. 가족을 중심으로한 또 하나의 할리우드 영화 장르는 아이러니하게도 갱스터 영화다. 그 고전으로는 ‹공공의 적›(윌리엄 웰먼, 1931) ‹대부›(프랜시스 포드 코폴라, 1971, 1973, 1990) ‹좋은 친구들›(마틴 스코세이지, 1990) 등이 있다. 여성을 중심으로 한 가족 멜로드라마에서 가족은 대개 사회의 기본 단위로서 제시되며, 양친 모두의 존재, 좋은 부모 자식 관계, 사회적 가치의 주입에 의존한다. 가족 멜로드라마에서의 충성은 원심성을 띠는 것이 이상적이다. 즉 부부로부터 가족으로, 거기서 다시 주변 공동체로 퍼져나간다. 갱스터 영화는 여성 캐릭터가 주변으로 밀려나 대개 트로피 와이프나 정부情婦 역할로 축소되고 전도된 형태의 가족을 제시한다. 갱스터 영화의 가치체계 또한 가족 멜로드라마 가치체계의 전도된 형태다. 갱스터의 가치는 주변 공동체에 전혀 혜택을 주지 않으며 오로지 범죄조직이라는 소우주만을 뒷받침하고 보호한다. 범죄영화에서의 충성은 극단적인 구심성을 띠어 범죄 패밀리, 가장 중요하게는 마피아 보스를 향해서만 몰입한다. ‹좋은 친구들›에서 로버트 드니로의 캐릭터가 하는 말에 따르면 마피아에는 두 가지 규칙이 있다. 아무에게도 아무 말도 하지 말 것, 언제나 입을 굳게 다물 것.

〈대부 바트〉에서의 장르 언급은 우리의 눈길을 가족 멜로드라마에서 멀찍이 떨어뜨려 갱스터 영화로 돌려놓는다. 그렇다면 «심슨 가족»과 이 두 장르의 관계는 어떨까? 먼저 «심슨 가족»을 보자. 확실히 «심슨 가족»은 구조와 형식 면에서 가족 멜로드라마나 범죄영화보다 가족 시트콤에 더 가깝다. 실제로 «심슨 가족»은 중산층보다 노동계급에 더 초점을 맞추고 가족 성원 간의 끊임없는 충돌이 플롯 구축의 주된 메커니즘인 비판적 가족 시트콤 전통의 일부다. 그래서 «심슨 가족»은 «올 인 더 패밀리»에서부터 «로잔느 아줌마»까지 이어져 내려오는 텔레비전 시추에이션 코미디 계보의 연장선상에 있다. 이 세 프로그램과 그와 유사한 가족 시트콤들은 «월튼네 사람들» «초원의 집» 그리고 전형적으로 «패밀리» 등 시트콤보다 더 노골적인 멜로드라마적 경향성을 띤 가족 중심 텔레비전 드라마와 구분된다. 그래도 가족 시트콤은 가족 멜로드라마와 분명한 친연성을 띠는데, 두 장르 모두 가족의 고투가 정확히 무대의 중심을 차지하기 때문이다. 1950년대식 가족 멜로드라마가 1960년대와 그 이후 텔레비전의 새로운 관습과 포맷을 채용하면서 변형된 결과가 바로 가족 시트콤이라고 볼 수도 있을 것이다.

따라서 «심슨 가족»과 가족 멜로드라마의 연관성은 내재적인 것도 외재적인 것도 아닌, 역사적 유산이자 가족이라는 주제에 의한 변주로서의 연관성이라 할 수 있다. 하지만 〈대부 바트〉와 범죄영화의 관계는 외재적이라기보다 내재적이다. ‹대부 바트›에서 범죄영화는 그저 외재적으로 언급되는 게 아니라, 에피소드 내 서사 구조의 일부로 통합되어 있기 때문이다. 실제로 《심슨 가족》 자체가 가족 시트콤에 대한 패러디와 오마주의 결합이듯이, ‹대부 바트›는 범죄영화에 대한 패러디와 오마주의 결합으로 볼 수 있다. 이는 여기서 패러디가 어떻게 작동하는지에 대한 고찰로 이어진다.

예술적 패러디와 대중적 패러디

우리는 대중적 맥락에서의 패러디에 대해 고찰하고 있다. 대중적 패러디는 패러디 이론과 정확히 얼마나 들어맞을까? 린다 허천의 이론을 살펴보자. (허천이 그냥 '패러디'라고 말하는) 예술적 패러디는 "패러디가 그 실행자와 해석자에게 요구하는 것을 감안할 때 세련된 장르"다.[4] 패러디는 두 텍스트, 즉 패러디하는 텍스트와 패러디되는 텍스트 (혹은 대상 텍스트) 사이의 관계를 기술한다. 허천에게 패러디는 자의식적이고 실제로 자기반영적인 실천으로, 암호화 과정에서 작가나 저자의 의도를, 해독 과정에서 관객의 해석 활동을 수반한다. 작가의 의도가 필요한 이유는 패러디에 "차이를 가진 반복"이 수반되기 때문이다. 반복은 예술계에 존재하는 역사적 선례를 인정한다는 표시고, 차이는 그 역사적 선례가 변화, 변주, 아이러니한 검토의 대상이 된다는 표시다(p. 101). 이와 비슷하게 관객의 해석 활동 또한 대상 텍스트를 식별하고 그럼으로써 패러디한 것과 패러디된 것의 관계를 알아차리는 데 필요하다.

허천은 흔히 패러디와 혼동되는 광범위한 예술적·문학적 관습들—
"희작burlesque, 희화travesty, 패스티시, 표절, 인용, 인유" 등—을 패러디
와 구분하고자 한다(p. 43). 하지만 허천의 설명은 주로 모더니즘과 포
스트모더니즘 계열 '고급예술'의 관습과 연관된다. 아마 그가 가장 좋
아할 만한 예는 고야의 「발코니의 마하들」을 마네가 패러디하고 이를
다시 마그리트가 패러디한 사례일 것이다. 실제로 이 사례는 정확히
무엇이 언제 패러디로 간주되는가에 대한 질문을 제기하며, 사실 쉬운
정답을 제시하지 않는다. 우리는 마네의 「발코니」를 패러디로 취급해
서 무슨 비평적 이점이 있느냐고 물을 수 있다. 어쩌면 이 그림은 마그
리트가 「원근법 2: 마네의 발코니」를 그린 이후에야 비로소 패러디가
된 것인지도 모른다. 유화 전통을 언급하지 않을 때 허천은 유럽 소설
의 걸작들, 이를테면 프루스트와 플로베르의 이른바 패러디적인 관계
등에 초점을 맞춘다. 물론 그는 영화 패러디도 언급하며, 브라이언 드
팔마가 히치콕의 ‹싸이코›(1960)를 재가공한 ‹드레스드 투 킬›(1980)과
미켈란젤로 안토니오니의 ‹욕망Blow-Up›(1966)을 재가공한 ‹필사의 추
적Blow-Out›(1981)을 예로 든다. 하지만 관객이 드팔마의 영화를 이해
하기 위해 그 대상 텍스트에 관해 얼마나 많이 알아야 하는지에 대해
서는 거의 말하지 않는다. ‹싸이코›는 할리우드 영화에서 고전 중의 고
전이라 할 수 있으므로 관객이 그 연관성을 못 알아보리라고 상상하
기란 힘들 것이다. 하지만 ‹욕망›은 물론 걸작이긴 하나 ‹싸이코›만큼
대중적이지 않고 따라서 그만큼 유명하지도 않을뿐더러, 이 경우 대상
텍스트에 대한 지식은 ‹필사의 추적›의 줄거리에 집중하는 데 방해만

심슨가족과 철학

될 것 같다. 이 영화의 관객들은 안토니오니의 영화보다 존 트래볼타가 이전에 맡은 역들에 더 익숙할 게 분명하다.

고전이 아닌 대중 예술작품을 주기적으로 언급하긴 하지만 허천의 설명에는 명백한 문제가 있다. 첫째로, 패러디 텍스트는 꼭 고전 예술작품을 패러디하지 않아도 된다. 사실 예술작품 자체를 패러디할 필요가 없다. 그냥 한 서사 장르의 식별 가능한 관습을 패러디해도 상관없다. 둘째로, 패러디 텍스트는 이른바 '고급' 예술작품을 참조하지 않아도 된다. 팝아트 미술가 로이 릭턴스타인이 만화를 패러디한 것을 생각해보자. 또 패러디 텍스트 자체가 '고급' 예술의 자격을 갖출 필요도 없다. 《심슨 가족》의 이 에피소드와 관련 에피소드들을 보라. 이 두 가지에 대해서는 아마 허천도 내게 동의하겠지만, 그가 고른 대중 예술작품들(이 경우에는 영화)도 존경받는 거장의 걸작으로 인정되는 대상 텍스트에 초점을 맞추고 있음을 지적할 가치가 있다.

하지만 허천이 제시한 설명의 가장 인상적인 문제점은 그가 아이러니에 특권을 부여한다는 데 있다. "아이러니한 전도는 모든 패러디의 특징이다(p. 6)". 이는 문학적 가치 가운데 아이러니가 중심적 위치를 차지하는 데서 기인하며, 이런 경향은 신비평으로부터 현재까지 이어져 내려오는 대부분의 비평 관습에서 찾아볼 수 있다. 아이러니에 비평적 기능이 내재되어 있다고 이해하기 때문에, 아이러니는 패러디가 "창작과 비평의 교차라 할 수 있다"는 허천의 생각의 토대를 이룬다(p. 101). 하지만 이러한 이해는 아이러니를 문학적 진지함의 표시로서 당연하게 받아들이며, 미적 가치의 기준으로서 진지함을 추구하는 모든 이해 방식의 연원은 '고급예술' 비평 전통으로 거슬러 올라갈 수 있다. 따라서 허천이, 패러디는 "중요한 선례들에 대하여 스스로를 심문함으로써 창조된다. 이것은 진지한 양식이다(Hutcheon, p. 101; Burden, p. 136; 강조는 필자)"라는 로버트 버든의 말[5]을 긍정적으로 인용하는 건 놀랄 일이 아니다. 단지 대상 텍스트를 조롱하거나 비웃는 게 패러디의 전부가 아니라는 허천의 주장은 분명히 옳다. 하지만 그는 패러디가 "이전에 형성된 문학적 언어를 비평적으로 인용하면서 희극적 효과를 내는 것"이라는 마거릿 로즈의 개념을 너무 성급히 무시한다(p. 41). 여기서 말하는 '언어'가 문학적 형태, 관습, 서사 구조 등을 의미한다는 걸 이해할 때, 패러디 텍스트가 보통 아이러니하기보다 희극적인 효과를 성취함을 인정한다면 허천의 설명에서 중요한 부분을 수정하게 되는 셈이다.

그렇다면 ‹대부 바트›는 어떤 의미에서 패러디의 예라 할 수 있을까? 이건 예술적 패러디는 아니다. 이 에피소드는 아이러니적 패러디보다는 희극적 패러디를 활용하는 듯 보인다. 또 중요한 선례들을 심문하는 과업을 수행하지도 않는다. ‹대부 바트›는 비평이론가들이 애호하는 의미에서 비평적이지가 않다. 이는 ‹대부 바트›에서 우리가 발견한 내재적 언급이 전혀 패러디가 아니라는 뜻일까? 내가 제시하는 답은, 이 에피소드가 대중적 패러디의 예이며 그 주된 태도는 비평적 태도가 아닌 오마주적 태도라는 것이다. 패러디적 오마주의 의도는 유명하고 사랑받는 텍스트나 서사를 재가공하는 것이다. 일례로 ‹클루리스›(에이미 해컬링, 1995)에서 이런 종류의 오마주가 작동하는 것을 볼 수 있다. 〈클루리스〉의 다양한 내재적 언급들 중에서 우리는 제인 오스틴의 『엠마』에 주목하지 않을 수 없다. 이 영화의 많은 코미디가 패션, 미디어, 대중문화에 대한 외재적 언급에 의존하고 있음에도 불구하고 이 점은 확고하다. 만약 〈클루리스〉가 고전의 반열에 오른다면, 주인공 셰어가 귀여운 남자들을 '볼드윈'이라고 부르는 습관은(볼드윈 형제가 후대인의 뇌리에서 잊힌다면) 설명이 필요할 것이다. 희망 섞인 예측이지만 아마 『엠마』에 대해서는 이런 식의 추가 설명이 불필요할 것이다. 물론 다른 패러디오마주들도 있다. 〈샤레이드〉(스탠리 도넌, 1963) 같은 1960년대 서스펜스 코미디들은 히치콕의 위대한 서스펜스 코미디들—특히 〈북북서로 진로를 돌려라〉(1959)—의 패러디오마주다. 우디 앨런의 많은 영화도 패러디오마주다. 드팔마의 영화들도 마찬가지다. 허천은 예술적 패러디가 아이러니를 활용하여 패러디 텍스트와 대상 텍스트 사이의 비평적 거리를 확보한다고 주장하지만, 〈클루리스〉와 〈샤레이드〉에는 이런 목표가 거의 부재하며 이 점은 〈대부 바트〉에서도 마찬가지다.

다시 〈대부 바트〉로

〈대부 바트〉의 주된 대상 텍스트는 레이 리오타, 로버트 드니로, 조 페시가 출연한 마틴 스코세이지의 명작 〈좋은 친구들〉이다.[6] 하지만 〈좋은 친구들〉은 갱스터 장르의 한 예일 뿐이고, 이 장르를 장르답게 만들어주는 관습과 이 장르를 구성하는 주요 영화들 또한 대상 텍스트가 된다. 〈좋은 친구들〉을 보는 관객들은 갱스터 장르에 대한 어느 정도의 지식을 가지고 영화에 접근하며, 이런 장르 지식을 토대로 등장인물이 처한 상황과 그들의 행동을 이해한다. 어느 장르에나 장르적 핍진성이라는 것이 작동한다. 이는 뮤지컬에서 등장인물들이 갑자기 노래를 부르거나, 액션 영웅이 훨씬 화력이 우세한 악당 여남은 명과 혼자 맞서 싸우고 살아나오거나, «루니 툰»의 와일 E. 코요테가 계곡 밑바닥으로 (또!) 추락했다가 다음 장면에서는 멀쩡하게 살아서 로드 러너를 잡기 위해 '애크미 사'에서 주문한 소포를 뜯는 등의 설정이 말이 되게끔 만들어주는 요소다. 갱스터 영화의 장르적 핍진성에 기여하는 주된 특징으로는 갱스터의 뚜렷한 민족성(아일랜드계 미국인, 이탈리아계 미국인 등), 술집이나 카지노 등 음주·흡연·도박을 조장하는 장소들, 특수한 불법 수익 사업, 총을 휘두르고 보스를 섬기는 남자들의 끈끈한 집단 등을 들 수 있다. ‹대부 바트› 에피소드가 갱스터 세계에 도달하기까지는 다소 시간이 걸리지만, 바트가 팻 토니 일당의 손아귀에 떨어진 순간 갱스터 영화의 이 모든 특징이 등장하는 걸 볼 수 있다.

갱스터 영화의 주제와 관련하여 되풀이되는 한 가지 요소는, 감수성이 예민한 어린 시절부터 마피아에 입단하여 차츰 단계를 밟아 큰 신뢰를 받는 요직에 오른 뒤, 자기 조직에 등을 돌리고 새로운 마피아 패밀리의 역학관계에 적응한다는 줄거리다. 이런 과정은 ‹공공의 적›의 제임스 캐그니, ‹좋은 친구들›의 레이 리오타가 연기한 캐릭터에서 찾아볼 수 있다. 갱스터 영화의 서사 궤적은 역설적인 성격을 띤다. 즉 범죄 패밀리 권력 구조에서의 상승은 윤리적으로 비뚤어진 조직폭력 세계로의 하강과 대응한다. 갱스터는 영웅이 아닌 반영웅이기 때문에,

상승과 하강의 이런 특이한 결합은 물론 당연한 것이다. 그리고 폭력배의 세계를 지배하는 가치는 흔히 아메리칸드림과 연관된 가치의 전도된 형태다. 열심히 일하고 줄만 잘 잡으면 누구나 성공할 수 있다는 신화가 아메리칸드림이라면, 이 신화를 부패, 월권, 폭력, 그리고 완력과 탐욕 같은 불균형한 남성성의 윤리로 굴절시킨 것이 바로 폭력배의 세계다. 반영웅이나 악당을 주인공으로 한 기본 줄거리 구조를 보면, 주인공이 갈수록 점점 더 큰 성공을 거두지만—여기서는 갱스터가 권력, 지위, 부, 물질적 액세서리를 느리지만 꾸준히 축적해나가는 과정으로 이해할 수 있다—그럼에도 불구하고 어떤 무모한 사건을 일으키며, 이는 "필연적인 실패로 끝나고 그 뒤에는 처벌이 따른다".[7] 그래서 ‹공공의 적›은 캐그니의 죽음으로 끝나고, 이는 범죄로 점철되었던 그의 삶에 합당한 처벌이다. ‹좋은 친구들›의 결말은 사뭇 다르다. 헨리 힐의 운명은 그가 공범자에게 불리한 증언을 했을 때 이미 정해진 것이나 다름없다. 하지만 캐그니와 달리 그는 죽지 않는다. 그는 죽음보다 더한 벌을 받는다. 실제로 그는 이것을 죽느니만 못한 삶으로 여긴다. 힐은 이름 없는 미국 소도시, 이름 없는 중산층의 삶으로 돌아가야만 한다. 더 이상 일확천금도, 번지르르한 옷과 빠른 차도 없고, 카지노와 나이트클럽에서 부자나 권력자와 어울리지도, 여자들과 놀아나지도, 영향력을 휘두르지도 못한다. 고만고만한 교외 동네의 평범한 교외 주택이 전부다. 과연 가혹한 형벌이다.

마피아 세계에서 바트는 상승일로를 달린다. 이는 그의 일자리, 꾸준히 들어오는 현금 수입, 근사한 양복, 그리고 다른 마피아들, 특히 팻 토니가 그에게 의존하게 되는 것으로 입증된다. 이러한 잇따른 성공은 필연적인 실패—스키너 교장 살해 혐의로 체포—로 이어진다. 하지만 ‹대부 바트›는 갱스터 장르를 선별적으로, 딱 코미디 만화영화에서 기대할 만한 수준으로 패러디한다. 가장 명백히 빠진 것은 과도한 폭력으로, 이는 범죄영화 장르의 특징이자 캐그니부터 리오타까지 모든 갱스터 주인공들에 구현된 요소이기도 하다. 또 가치의 타락이라는 요소도 빠졌다. 물론 바트가 스키너 교장을 "이봐"라고 부르며 그의 주머니에 현금을 찔러 넣을 때 다소 분수를 잊은 건 사실이다. 하지만 이정도의 건방진 행동은 바트에게 이례적인 것이 아니다. 좀더 중요한 차이점은 ‹공공의 적›이나 ‹좋은 친구들›과 달리 장대한 시간 틀이 없다는 것이다. 고전 갱스터 영화들은 우리의 반영웅이 나락으로 떨어지기 전까지 누리는 '좋은 시절'을 보여주며 이는 여러 해에 걸쳐 전개된다. «심슨 가족»에서는 아무도 나이를 먹지 않으므로 이 선택지는 말 그대로 불가능하다.

패러디가 선별적이기는 하지만 ‹대부 바트›도 ‹좋은 친구들›에 나오는 처벌 관념을 활용한다. 리오타의 캐릭터인 헨리 힐이 자기가 도망치려했던 삶으로 되돌아가야 하는 것처럼, 바트도 결국 정상적인 삶으로 되돌아가야 한다. 이는 마피아 패밀리로부터 가족에게로 돌아가는 길 의미한다.

반영웅으로서의 갱스터는 최선의 경우에는 가족을 자기 아버지보다 더 풍족하게 부양할 수 있기를, 최악의 경우에는 출신 가족, 동네, 계급으로부터 완전히 벗어나기를 항상 갈망해왔다. 갱스터 영화에서

심슨가족과 철학

주인공의 가족은 순진하거나 무심하다. 어떤 경우든 그들은 아들이 어떤 부류와 어울려 다니는지 제대로 이해하지 못한다. 바트가 처한 새로운 상황에 대한 마지와 호머의 반응은 이런 의미에서 고전적이다. 마지가 바트의 행동 변화를 꺼림칙하게 여기긴 하지만 마지도 호머도 아르바이트를 경험하는 건 아이에게 좋은 일이라는 데 동의한다. 하지만 불안이 누그러지지 않은 마지는 바트의 직장에 찾아가보라고 호머를 종용한다. 전혀 낌새를 알아채지 못한 호머는 보스의 배려로 포커에서 돈을 딴 뒤 모든 게 문제없다는 결론을 내린다. 요컨대 호머와 마지는 바트가 마피아에서 짧은 경력을 쌓는 동안 그에게 긍정적인 영향을 거의 미치지 못한다.

바트에 대한 공소가 기각된 뒤 그가 가족에게로 되돌아간 것은 무엇을 의미할까? 이 질문에 대답하는 방식은 두 가지이고, 그중 무엇을 택하느냐는 ‹대부 바트›의 결말이 아이러니하다고 생각하는지 여부에 달려 있다. 여기에 아이러니가 결부되었다고 생각하지 않는다면, 패러디를 이렇게 선별적으로 적용한 건 («심슨 가족» 같은 카툰 코미디의 설정에서는 아무것도 근본적으로 변화하지 않으므로) 에피소드의 결말에서 바트를 처음 출발한 상황으로 돌려보내는 게 단순히 불가피하기 때문이다. 만약 아이러니가 결부되었다고 생각한다면, 이 결말은 (패러디의 선택성에도 불구하고) 바트가 처한 가족 구조의 한계에 대한 비판적 언급이다. 레이 리오타가 받은 처벌이 ‘정상적인’—즉 ‘평균적인’—미국적 삶으로의 복귀라면, 바트가 가족에게로 돌아간 것을 미국적 가족생활이라는 개념 자체를 조롱하는 아이러니로 생각하고 싶어질 수도 있다. 물론 이는 《심슨 가족》에서 가장 두드러지고도 면면히 흐르는 테마 중 하나다.

결론

예술적 패러디와 대비되는 대중적 패러디에 대해 우리는 어떤 결론을 끌어낼 수 있을까? 첫째로, 대중적 패러디는 아이러니보다 희극적 효과에 집중하는 경향이 있다. 그렇다고 해서 아이러니가 반드시 부재한다는 게 아니라, 그 주된 메커니즘이 희극적 메커니즘이고 아이러니는 희극적 의도에 종속되어 있다는 말이다. 나아가, 대중적 패러디는 미적 자의식이나 자기반영적 태도보다는 대상 텍스트에 대한 애정의 발로로 행해지는 경우가 많다. 예술적 패러디와는 달리, 대중적 패러디가 대상 텍스트에 대해 취하는 주된 태도는 비평적이지 않다―적어도 선행 작품을 '심문한다'는 의미에서 비평적이지는 않다. 물론 대중적 패러디도 대상 텍스트를 조롱하고 풍자할 수 있다. 하지만 여기서의 풍자는 내재적이기보다는 주로 외재적 언급에 근거한다. ‹대부 바트›는 갱스터 장르에서 가장 중심이 되는 일부 서사 주제와 구조를 채택함으로써 내재적 언급을 활용한다. 하지만 우리가 보았듯이 여기서의 패러디는 선별적이다. 즉 갱스터 장르를 정의하는 모든 테마가 드러나게 세시되지 않는다. ‹대부 비트› 에피소드 자체는 갱스터 영화 장르의 일부일까? 특히 극단적 폭력의 부재를 감안할 때 ‹대부 바트› 에피소드는 이 장르의 전형적 본보기라 할 수 없지만, 그래도 훌륭한 혼성적 본보기이기는 하다. 《심슨 가족》이 이 혼성의 다른 장르적 요소―만화화한 가족 시트콤—의 힘을 빌려 1990년대의 가족에 대해 우리에게 무엇을 말해주는지에 대해서는 이 책의 뒷장에서 폴 A. 캔터가 훌륭하게 분석할 것이다.[8] 곧 알게 되겠지만, 그건 심지어 〈좋은 친구들〉도 우리에게 말해주지 못한 것이었다.[9]

≪심슨 가족≫과 초아이러니,
그리고 삶의 의미

칼 매시선

불만에 찬 청년 1: 대포맨 나왔네. 쟤 쿨하더라.

불만에 찬 청년 2: 그거 비꼬는 말이지?

불만에 찬 청년 1: 알 게 뭐야.

_≪아빠와 록페스티벌≫ 시즌 7

　50년 전, 40년 전, 심지어 20년 전 텔레비전에 나왔던 코미디와 오늘날의 코미디를 구분 짓는 차이점은 무엇일까? 첫째로 기술적 차이—흑백과 컬러의 차이, 필름(혹은 심지어 키네스코프)과 비디오의 차이—가 눈에 띈다. 사회적인 차이점도 무수히 많다. 일례로 양친이 건재한 전통 가족의 보편적 신화는 1950-1960년대만큼 공고하지 않으며, 서로 다른 시대의 코미디는 전통적 가족의 위상 변화를 반영한다.

«파트리지 가족» «유령과 뮤어 부인» «줄리아» «딕 반다이크 쇼» «패밀리 어페어» «에디 아빠의 구애 작전» «앤디 그리피스 쇼» «브래디 번치» «총각 아빠» «마이 리틀 마지» 등에서 찾아볼 수 있듯이 1950, 1960, 1970년대의 행복한 과부/홀아비 코미디들도 비전통적인 가족으로 가득 차 있기는 했지만 말이다. 또는 인종 같은 이슈를 취급하는 방식이 지난 수십 년에 걸쳐 변화해온 과정에 주목할 수도 있다.

하지만 나는 좀더 깊숙한 변화에 집중하고자 한다. 오늘날의 코미디—적어도 그들 대다수—는 수십 년 전과는 다른 방식으로 웃기고 있다. «심슨 가족»이나 «사인펠드»가 구사하는 코미디의 질감과 내용은 «비버는 해결사» «잭 베니 쇼»의 코미디와는 동떨어져 있으며, 심지어 «야전병원 매시»나 «모드» 같은 훨씬 최근의 코미디와도 완연히 다르다. 첫째로, 오늘날 코미디는 고도로 인용적인quotational 경향을 띤다. 오늘날의 많은 코미디는 대중문화의 다른 작품들을 언급하거나 인용하는 장치에 근본적으로 의존한다. 둘째로 오늘날의 코미디는 초아이러니hyper-ironic하다. 코미디가 제공하는 유머의 맛은 더 차가워졌고, 모두가 공유하는 인간적 정서보다는 "너보다 똑똑하다"는 염세적 정서를 기반으로 하고 있다. 이 글에서 나는 «심슨 가족»이 인용주의와 초아이러니를 활용하는 방식을 탐색하고, 이런 장치들을 현대사상사의 흐름과 연관 지어 보고자 한다.

인용주의

텔레비전 코미디가 대중문화를 조역으로 활용하는 즐거움을 완전히 포기한 적은 없다. 하지만 인용의 사례들은 기회주의적인 경향을 띠었고, 이 장르의 내용물을 구성하지는 않았다. 이런 이유로 웨인과 슈스터*나 자니 카슨의 스케치 코미디에서 대중문화 언급을 이따금 찾아볼 수 있었지만 이런 언급들은 어디까지나 여러 소재 중의 하나로만 취급되었다. 인용주의를 주 소재로 다룬 코미디의 뿌리는 1970년대 초의 두 선구적인 코미디인 «메리 하트먼, 메리 하트먼»〔이하 «메리 하트먼»〕과 «펀우드 투나잇»에서 찾아볼 수 있다. «메리 하트먼»은 소프오페라 연속극 형태의 소프오페라 풍자물이었고, 그 스핀오프인 «펀우드 투나잇»은 저예산 토크쇼를 풍자한 저예산 토크쇼였다. 이후 인용주의는 1970년대 중반부터 1980년대 초까지 «새터데이 나이트 라이브SNL» «데이비드 레터먼의 레이트 쇼» «SCTV»**를 통해 일반 대중의 더 큰 주목을 끌게 되었다. 출연진의 모사 역량과 매주 소재를 발굴해야 하는 필요성 때문에 «SNL»의 주된 코미디 장치는 패러디였다. 패러디 대상은 장르(저녁 뉴스, 텔레비전 토론), 특정 텔레비전 프로그램(«아이 러브 루시» «스타트렉»), 영화(‹스타워즈›)를 망라했다. 레터먼은 특정 프로그램에 기반을 두기보다는 추상적인 유형의 인용주의를 채택했다. 데이브 개러웨이 같은 훨씬 선대 텔레비전 진행자들의 부조리주의에 영향받은 레터먼은 텔레비전과 영화의 공식을 그 논리적 결론 너머로 끌어다놓았다(‹더 레귤레이터 가이›,*** ‹멍키 캠›,**** 대변인 래리 ‘버드’ 멜먼*****).

심슨 가족이 사는 법

하지만 다양한 종류의 인용주의를 한데 모아 더 깊고 복잡하고 신비로운 전체로 종합해낸 것은 《SCTV》였다. 《메리 하트먼》처럼, 또 《SNL》과 달리, 이는 조니 러루[버라이어티 쇼 스타 역], 롤라 헤더턴[가수 역], 바비 비트먼[코미디언 역] 같은 고정 캐릭터들이 등장하는 연속 시리즈였다. 하지만 《메리 하트먼》과 다른 점은 이것이 텔레비전 방송국의 일을 다룬 연속 시리즈였다는 것이다. 《SCTV》는 텔레비전의 제작 과정에 대한 텔레비전 쇼였다. 해를 거듭하면서 헤더턴과 비트먼 같은 캐릭터가 원래 참고했던 모델들은 배경 속으로 반쯤 모습을 감추고 헤더턴과 비트먼이 독자적인 캐릭터로 살아 숨쉬기 시작하여, 실제(허구) 캐릭터와 시뮬라크라simulacra 사이의 그늘진 공간을 차지하게 되었다. 나아가 이 원형적 캐릭터 중의 일부가 (제리 루이스 같은) 실존 인물들을 묘사하면서 《SCTV》의 세계는 현실세계와 교차하게 되었다. 결국 《SCTV》는 이전의 어떤 프로그램보다도 더 철저하고 미묘한 상호 텍스트성과 교차 참조의 패턴을 생산해내고 그것에 의존했다.

《심슨 가족》은 인용주의의 활용이 성숙기에 다다른 바로 그 시점에 탄생했다. 하지만 《심슨 가족》은 《SNL》이나 《SCTV》와 같은 종류의 쇼가 아니었다. 물론 《심슨 가족》은 만화영화이고 다른 프로그램들은 (대체로) 만화영화가 아니라는 중요한 차이점이 있지만(그리고

---

* 1940년대부터 1980년대까지 활동한 캐나다의 코미디 듀오.
** Second City Television, 1976년부터 1984년까지 캐나다에서 방영된 코미디 쇼.
*** TV 액션 드라마 예고편을 패러디했다.
**** 침팬지의 등에 카메라를 매달고 스튜디오에 풀어놓았다.
*****이 캐릭터는 레터먼의 쇼에서 여러 역할을 연기했지만 여기서는 무능한 TV 리포터 역할을 가리키는 듯하다.

물론, 우주 함선 엔터프라이즈의 함교를 다시 짓고 «스타트렉»의 오리지널 출연진을 전부 다시 불러모으기보다는 그걸 애니메이션으로 그리는 편이 더 쉬울 테지만), 이 차이점은 인용주의의 유의미한 잠재력에 그리 큰 영향을 미치지 않는다. 그 주된 차이점은 외견상 연속된 캐릭터를 지닌 가족 코미디로서 «심슨 가족»은 플롯과 캐릭터 중심인 데 비해, 다른 쇼들은 (심지어 고정 캐릭터가 존재하는 쇼들도) 주로 스케치 중심이라는 것이다. 게다가 소프오페라를 패러디하기 위해 존재했던 «메리 하트먼»과 달리, «심슨 가족»은 그것이 속한 가족 기반 코미디를 패러디하기 위해 존재하는 게 아니다. 그렇다면 문제는 다음과 같다. 본질적으로 비인용적인 포맷을 어떻게 본질적으로 인용적인 쇼로 변화시킬 것인가?

위의 질문에 대한 답은 «심슨 가족»이 채택한 인용주의의 형태에 있다. 여기서 대조를 위해 «심슨 가족»의 인용 방식이 확실히 아닌 것의 예를 들어보겠다. 웨인과 슈스터는 오스카 와일드의 『도리언 그레이의 초상』을 패러디한 예가 있다. 원작에서는 그레이가 순수하고 젊은 외모를 유지하는 동안 초상화에 그의 죄가 반영되는데, 이 패러디에서는 그레이가 날씬한 몸을 유지하는 동안 초상화에 그의 과식이 반영된다. 웨인과 슈스터는 이 상황이 허용하는 조건과 조합들을 이리저리 짜내고 달래어 유의미한 개그를 생산해내고 웃음을 유발한다. 그리고 그걸로 끝이다. 여기서의 인용은 매우 직접적이다. 이는 줄거리의 원천이자, 촌극과 원작 소설 간의 유머러스한 대비의 원천이다. 이제 패러디를 위해 단선적이고 일차원적으로 인용을 활용한 이 사례를 «심슨 가족»의 ‹마지라는 이름의 전차› 에피소드에 매우 짧게 삽입된 장면들의 인용 패턴과 비교해보자. 이 에피소드의 마지는 테네시 윌리엄스의 연극을 동네 극단이 뮤지컬로 각색한 ‹오! 전차!›에서 스탠리 역의 네드 플랜더스를 상대로 블랑슈 뒤부아를 연기한다. 연극 연습을 하는 동안 어린 매기를 맡길 곳이 필요했던 마지는 매기를 연극 연출가의 누이가 운영하는 ‘에인 랜드 유아 학교’에 보낸다. 엄격한 규율과 아기들의 자립을 신봉하는 싱클레어 교장이 유아들의 공갈젖꼭지를 전부 압수하자 분노한 매기는 급우들을 지휘하여 고도로 조직적인 회수 작전을 벌이고, 그 배경음악으로 영화 ‹대탈주›의 테마곡이 연주된다. 매기를 데리러 온 호머는 히치콕의 ‹새›에 나오는 한 장면과 마주한다. 수많은 유아가 되찾은 공갈젖꼭지를 나지막하게 쪽쪽 빨며 빽빽이 무리지어 앉아 있는 것이다.

이 인용에 대해 첫 번째로 할 수 있는 말은 이 인용이 매우 웃긴다는 것이다. 하지만 나는 이것이 어째서 웃긴지를 설명하는 가망 없는 게임을 하고 싶지 않다. 눈살을 찌푸리고 유머의 근원을 분석하려 드는 사람은 딱 ‹푸른 천사›*의 에밀 야닝스(그것도 정말로 웃기는―그가 서커스 차력사에게 오쟁이 지고, 자기를 조롱하는 학생들 앞에서 슬픔에 찌든 무기력한 수탉 흉내를 내고, 비참하게 버려져 죽는―부분이 아니라 그 이전에 나오는 덜 웃긴 부분의 에밀 야닝스)만큼 웃기는 사람이 되고 말 것이다. 이 인용들이 웃긴다는 걸 확인하기 위해서는 그냥 이 에피소드를 한 번 더 보면 된다. 둘째로, 우리는 이 인용들이 패러디를 위해 활용된 것이 아님

---

* 근엄하고 고지식한 교수 라트 박사(에밀 야닝스 분)가 술집 가수인 롤라(마를레네 디트리히 분)에게 빠져 서서히 인생을 망친다는 줄거리의 1930년 작 독일 영화.

을 알 수 있다.[1] 그보다 이는 해당 장면에서 벌어지는 일에 대한 무언의 은유적 설명과 논평을 제시하기 위해 고안된 인유에 더 가깝다. 에인 랜드의 인유는 싱클레어 교장의 이데올로기와 융통성 없는 성격을 강조한다. ‹대탈주› 테마 음악은 매기와 그 일당의 결의를 강조한다. ‹새›의 인유는 많은 작은 것의 군집이 마치 하나의 개체처럼 움직이는 무리 마음hivemind의 위협을 전달한다. 이런 거의 순간적인 언급들을 통해 텍스트 밖으로 벗어남으로써, «심슨 가족»은 대량의 추가 정보를 지극히 경제적으로 전달하는 데 성공한다. 셋째로 이러한 인유 패턴의 가장 인상적인 특징으로 그 속도와 밀도를 들 수 있는데, 이는 시리즈가 성숙함에 따라 점점 더 높아지는 경향을 보인다. 초기 에피소드들, 일례로 바트가 제버다이어 스프링필드 동상의 목을 베는 에피소드에는 놀라울 정도로 인용이 없다. 후기 에피소드들은 그 미친 듯한 희극적 에너지의 상당 부분을 속사포 같은 인유 시퀀스에서 끌어온다. 이러한 인유의 밀도는 아마 «심슨 가족»을 그 이전의 쇼들과 가장 두드러지게 갈라놓는 요소일 것이다.[2]

하지만 «심슨 가족»이 대중문화의 다른 요소들에 크게 의존하는 것에는 대가가 따른다. 제임스 조지 프레이저의 『황금가지』에 익숙지 않은 독자들이 T. S. 엘리엇의 『황무지』를 이해하는 데 어려움을 겪는 것처럼, 또 문학사에서 중요한 역할을 하는 성서와 고전 인유에 많은 현대 독자가 당혹해하는 것처럼, 이 쇼에서 언급하는 대중문화에 익숙지 않은 현대의 많은 시청자는 «심슨 가족»에서 벌어지는 일들을 제대로 이해하지 못할 것이다. 이런 언급들을 모르고 지나가는 사람들

심슨 가족이 사는 법

은 《심슨 가족》을 그리 똑똑하지도 흥미롭지도 않은 캐릭터들로 가득 찬, 약간 엇나간 가족 코미디에 불과하다고 해석할 수도 있다. 이 명제로부터 그들은 이 쇼가 내용도 없고 우습지도 않다는 정리를, 그리고 이 쇼를 좋아하는 사람들은 취향이나 지능이나 정신위생 기준에 결함이 있다는 보조 정리를 이끌어낼 것이다. 하지만 《심슨 가족》을 폄하하는 사람들은 그 안에 든 상당량의 유머를 놓칠 뿐만 아니라, 인용 패턴이 캐릭터 발전과 분위기 조성에 절대적으로 필요한 장치라는 사실도 깨닫지 못하는 셈이다. 그리고 이런 사람들은 대개 애당초 대중문화의 열렬한 팬이 아니기 때문에, 자신이 무슨 중요한 것을 알아차리지 못했음을 쉽사리 인정하려 들지도 않을 것이다. 어쩔 수 없다. 눈이 보이지 않는 사람에게 바닷물의 색깔을 설명하기란 힘든 일이며, 그가 들으려 하지 않는다면 더더욱 힘들다. 반면에, 인용이라는 점들을 이어 그림 그리기를 즐기는 사람들은 소수만이 해결할 수 있는 과제가 주어질수록 더 즐거워할 것이다. 내집단에서만 통하는 농담만큼 재미있는 농담은 없다. 다수가 《심슨 가족》을 이해하지 못한다는 바로 그 사실이, 소수에게는 《심슨 가족》을 더 웃기고 좋은 쇼로 만들어준다.

초아이러니와 도덕적 의제

재수없는 인간들이 없으면 코미디 자체는 불가능할 것이다. 모든 코미디는 근본적으로 잔인하다는 논지에 (나처럼) 동의하든, 절대다수의 코미디만이 잔인하다는 상대적으로 줏대없는 입장에 동의하든 간에, 코미디란 항상 남을 놀리는 데서 오는 즐거움에 의존한다는 사실을 인정해야 한다. 하지만 이 잔인함은 대체로 긍정적인 사회적 목적을 위해 활용되어왔다. «야전병원 매시»에서 호크아이 피어스와 그의 일당은 다만 "미쳐버린 세상의 고통을 완화하기" 위해 농담을 했고, 그들이 던지는 농담의 주된 표적인 프랭크 번스 소령 같은 이들은 이 쇼가 20세기 후반 시청자들의 마음속에 심으려 한 리버럴한 가치에 대한 위협을 상징했다. «비버는 해결사»에서는 유머와 가족 가치의 주입 사이의 연결 고리가 교훈적으로 명백하다. 도덕적 의제를 완전히 피해가는 쇼는 드문데, «사인펠드»는 그중 주목할 만한 예다.[3] 얄팍하고 쩨쩨한 캐릭터들이 똑같이 얄팍하고 쩨쩨한 행동을 거듭하면서도 충성스런 시청자층을 유지할 수 있었던 «사인펠드»의 능력은 기적에 가깝다. 그러므로 «심슨 가족»에 접근하면서 나는 다음의 의문을 풀고자 한다. «심슨 가족»은 그 유머를 활용하여 특정한 도덕적 의제에 대한 지지를 호소하고 있을까? 아니면 그 유머를 활용하여, 정당화할 수 있는 도덕적 의제는 없다는 주장을 지지하고 있을까? 아니면 도덕적 의제라는 게임에서 아예 벗어나 있을까?

이는 까다로운 문제인데, 모든 경우를 뒷받침하는 근거들을 찾아낼 수 있기 때문이다. «심슨 가족»이 어떤 도덕적 의제를 지지한다는 주장을 뒷받침하려면 리사와 마지만 보면 된다. 청렴, 검열로부터의 자유, 기타 여러 진솔한 사회적 대의를 옹호하는 리사의 연설들을 생각해보자. 그러면 «심슨 가족»이 겉에 심술궂은 외피를 다소 얇지만 맛깔스럽게 둘렀을 뿐 비슷비슷한 진보 성향의 쇼들 중 하나에 불과하다고 생각하고 끝낼 수 있을 것이다. 심지어 바트도 중요한 순간에는 인류애를 보여주리라고 기대할 수 있다. 일례로 군사학교에서 바트는 또래들의 성차별적인 압박에 굴하지 않고, 장애물 코스를 완주하려는 리사를 응원한 바 있다. 그런가 하면 이 쇼는 제도라는 손쉬운 목표물을 겨냥한 독선적인 비판에도 가담하는 듯 보인다. 스프링필드의 정치체제는 부패했고, 경찰서장은 게으르고 자기 잇속만 차리며, 러브조이 목사는 잘 봐줘야 무능하다. 부동산 개발업자들은 쇼핑몰 개장을 홍보하기 위해 종교적인 기적을 가짜로 연출한다. 번스 사장은 태양을 가려서 발전소 사업을 확장하려 한다. 대체로 이런 예들은 그 어떤 제도보다도 가족을 더 선호하고 개인적 차원의 돌봄을 더 옹호하는 입장을 대변하는 듯 보인다.[4]

하지만 이 쇼에서는 그 어떤 도덕적 입장으로도 타협이 불가능한 예들 또한 찾아볼 수 있다. 한 에피소드에서 ('그라이미'라고 부르면 싫어하는*) 프랭크 그라임스는 모범 직원이지만 전혀 인정받지 못하는 반면, 호머는 부주의한 게으름뱅이인데도 모두의 사랑을 받는다. 결국 폭발한 그라임스는 자기도 호머 심슨을 따라하기로 결심한다. 하지만 그라임스는 '호머를 따라하려고' 맨손으로 변압기를 건드렸다가 즉사한다. 장례식에서 러브조이 목사가 ("그가 불러주길 원했던 이름인 그라이미"를 위해) 추도 연설을 하는 동안, 호머는 요란하게 코를 골다가 "채널 돌려, 마지!"라고 잠꼬대를 한다. 조문객들은 그 자리에서 모두 감탄의 웃음을 터뜨리고, 레니가 "저게 바로 우리 호머지!"라고 말하며 에피소드는 끝난다. 또 다른 에피소드에서 호머는 네드의 아내인 모드

---

*   '때 묻다, 더럽다'라는 뜻의 'grimy'와 발음이 같기 때문이다.

플랜더스의 죽음에 본의 아니게 원인을 제공한다. 그는 레이싱 경기장 관중석에서 자기한테 공짜 티셔츠를 발사해달라고 난리를 친다. 그래서 그를 향해 티셔츠가 발사된 순간 호머는 땅콩을 주우려고 허리를 굽힌다. 호머를 지나쳐 날아간 티셔츠가 마침 뒤에 있던 독실한 모드를 맞추는 바람에, 모드는 관중석에서 추락해 숨지고 만다. 이 에피소드는 딱히 도덕적 좌표 위에 올려놓기 힘들며, 확실히 권선징악의 표준적 궤적을 따르지 않는다.

우리가 가진 다양한 자료들 중에는 «심슨 가족»이 배려를 중시하는 리버럴한 가족 가치에 충실하다는 주장에 부합하는 것도 있고 또 반하는 것도 있음을 감안할 때, 어떤 결론을 내려야 할까? 섣불리 결론을 내리기 전에, 나는 이 쇼에 담긴 다양한 에피소드의 세부를 뛰어넘어 다른 형태의 어쩌면 유효한 증거를 소개하고자 한다. «심슨 가족»이 현재의 지적 추세와 연관되는 방식을 검토하면 «심슨 가족»의 도덕적 지향이라는 문제를 더 잘 해결할 수 있을지 모른다. 사상사의 현 상태에 대한 내 설명은 거의 정확할 것으로 보지만, 이는 매우 과도하게 단순화된 설명임을 미리 경고해야겠다. 특히 내가 여기에 간략히 소개하는 입장은 만장일치로 수용된 입장이 전혀 아니다.

회화로부터 시작해보자. 영향력 있는 비평가인 클레먼트 그린버그는 회화 매체의 속성인 평면성에 적응하는 것이 과거 모든 회화의 목표였다고 주장하며, 20세기 중반의 화가들이 회화적인 3차원 공간을 해체하고 완전한 평면성을 수용하는 지점에서 절정에 이르는 식으로 회화사를 재구성했다. 여기서 화가들은 과학 연구자와 비슷하게 취급

심슨 가족이 사는 법

되었다. 그들의 작업은 매체의 진보를 성취했고, 여기서 예술적 진보라는 개념은 말 그대로 과학적 진보의 개념과 유사하게 수용되었다. 그린버그의 입장은 근본적으로 정당화될 수 없었고 화가들을 구속시켰기 때문에 서서히 입지를 잃었지만, 회화의 본질로서 그 자리를 대체할 만한 다른 든든한 후보는 나타나지 않았다. 그 결과로 회화(와 다른 예술)는 예술철학자 아서 단토가 말한 '예술의 종말' 단계로 들어갔다. 단토가 예술의 종말이라고 한 건 예술이 더 이상 생산되지 않는다는 말이 아니라, 예술이 더 이상 어떤 주어진 목적을 향한 진보의 역사 속에 포괄될 수 없다는 말이다.[5] 1970년대 말의 많은 화가는 좀더 구상주의적인 예전의 양식으로 되돌아갔고, 그들의 회화는 회화의 주 소재뿐만이 아니라 (표현주의 같은) 과거의 운동과 현재의 미술사적 공백에 대한 논평이기도 했다. 여러 회화가 회화의 본질보다는 회화사에 대해 말하게 되었다. 또 건축가, 영화연출가, 작가 들이 자기 분야의 역사로 되돌아가면서 다른 예술 매체에서도 비슷한 사건이 벌어졌다.

하지만 진보의 본질과 불가피성에 대한 오랜 확신이 거센 도전에 직면한 분야는 비단 회화뿐만이 아니었다. 진보의 아이콘 그 자체인 과학도 여러 사람에게 공격받고 있었다. 토머스 쿤은 (쿤의 해석자들 중에 누구에게 동의하느냐에 따라) 과학적 진보 같은 건 없거나, 혹은 있다 하더라도 진보와 과학적 합리성이 무엇인지를 판단하는 규칙이 없다고 주장했다. 파울 파이어아벤트는 서로 현저히 다른 이론을 견지하는 사람들은 서로가 무슨 말을 하는지조차 이해할 수 없으며, 따라서 합리적 합의에 다다를 희망도 없다고 주장했다. 대신에 그는 '어떻게 해도 좋다anything goes'는 아나키즘적 미덕을 찬양했다. 초기 과학사회학 연구자들은 과학사가 객관적인 진리 추구라는 감동 서사가 아니라, 본질적으로 사내 정치 스토리의 확대판임을 보여주려 했다. 과학사의 모든 이행을 개인적 이익에의 호소와 참여자들의 충성으로 설명할 수 있기 때문이다.[6] 물론 철학적 진보라는 관념 또한 계속해서 도전받아 왔다. 미국의 철학자 리처드 로티가 자크 데리다에 대해 쓴 글에서, 그는 궁극의 철학적 진리 같은 것은 도달 불가능하거나 존재하지 않거나 또는 시시하며, 철학 자체는 문학 장르이고, 철학자는 다른 철학자의 저작을 상술하고 재해석하는 작가로서 스스로를 이해해야 한다고 주장한다. 다시 말해서 로티가 해석한 데리다는, 철학자들이 자신을 과학 연구자에 준하는 존재로서가 아니라 역사의식을 갖춘 대화 참가자로서 바라볼 것을 권고한다.[7] 데리다 자신은 해체deconstruction라고 알려진 방법을 선호했다. 수년 전에 큰 인기를 끌었던 이 해체는, 텍스트에 숨은 모순과 무의식적 저의를 드러냄으로써 그 텍스트의 효력을 약화시키는 매우 기술적인 방법론으로 이루어져 있다. 로티는 철학적 진보의 가능성에 대한 데리다의 입장을 감안할 때 해체가 오로지 부정적인 목적으로만 활용될 수 있는 게 아닌지, 즉 이것이 다른 저작들을 철학적으로 비웃는 것 말고 어디에 활용될 수 있는지 의문을 제기한다.

예술, 과학, 철학에 대한 이런 관점들은 대단히 논쟁적인 주장임을 다시금 강조해야겠다. 하지만 현재 이러한 관점들이 유례없이 많이 유통되고 있다는 비교적 비논쟁적인 주장만으로도 내 요지를 전달하기

심슨 가족이 사는 법

에는 충분하다. 우리는 선대가 일찍이 경험하지 못한 방식으로 예술적, 과학적, 철학적 권위의 위기에 직면해 있다. 이제 서서히 지상으로 내려와 «심슨 가족»으로 되돌아오면서, 다음의 질문을 해야만 한다. 앞서 기술한 위기가 우리 주변에 그렇게 팽배해 있다면, 이 위기는 대중문화 전반과 특히 코미디에 어떻게 반영되고 있을까?

우리는 권위에 닥친 위기의 결과로 볼 수도 있는 한 가지 현상을 이미 논의한 바 있다. 자기 분야에서 진보라는 관념의 죽음에 직면한 사상가와 예술가 들은 자기 분야의 역사에 대한 재고로—미술가들은 미술사로, 건축가들은 디자인사로—되돌아가는 경우가 많았다. 이런 전환을 추동한 것은 자연스러운 동기였다. 과거가 훨씬 더 나은 오늘에 이르기까지의 열등한 과정에 불과하다는 관념을 폐기하면, 현재와 동등한 파트너로서의 과거에 있는 그대로 접근할 수 있게 된다. 그리고 진보라는 주제가 화제 목록에서 지워지면, 역사에 대한 인식은 학문적 대화의 공백을 메울 몇 안 되는 화제 중 하나로 떠오를 수 있다. 따라서 인용주의는 권위에 닥친 위기의 자연스러운 파생물이며, «심슨 가족»에서 보편화된 인용주의는 이러한 위기의 결과라고 생각할 수도 있다.

«심슨 가족»의 인용주의가 '변화한 분위기'의 결과라는 생각은, 대중문화 전반에 역사적 차용이 깜짝 놀랄 만큼 상존하는 현실로도 확인된다. 폴크스바겐 뉴 비틀과 PT 크루저 등 지나간 시대를 인용한 자동차 모델들은 공장에서 아무리 찍어내도 수요가 줄어들 기미가 없다. 건축에서는 뉴어바니즘New Urbanism을 표방한 주택 단지들이 수십 년

전 소도시의 느낌을 재창조하려 시도하며, 이런 주택 단지의 집은 인기가 높아서 큰 부자들만이 구입할 수 있을 정도다. 음악계는 양식의 인용으로 뒤범벅이 되었고, 인용된 원곡을 그저 샘플링하고 재가공하는 경우가 흔해졌다.

물론 역사적 인용주의의 모든 사례를 권위에 닥친 어떤 만연한 위기의 결과로 보아서는 안 될 것이다. 일례로 건축계의 뉴어바니즘 운동은, 경제적 계층에 따라 분리된 교외와 얼굴 없는 쇼핑몰의 결합이 공동체를 말려 죽이고 있다는 인식에 대한 직접적 대응이었다. 즉 세상을 타인과 더불어 살기에 더 좋은 장소로 만들기 위해 역사를 활용한 운동이었다. 그러니 «심슨 가족»의 인용주의는 권위의 위기를 가리키는 것일 수도 있지만, 뉴어바니즘처럼 세상을 더 좋게 만들려는 전략에서 유래한 것일 수도 있고, 혹은 갭 매장의 '레트로 카키'처럼 단순한 유행 액세서리일 수도 있다.

하지만 권위의 위기와 «심슨 가족»의 관계를 깊이 파헤치고 싶다면 다른 곳으로 눈을 돌려야 할 것이다. 이 지점에서 우리는 본 절의 원래 질문으로 되돌아간다. «심슨 가족»은 유머를 활용하여 특정한 도덕적 의제를 지지하고 있을까? 내 대답은 이렇다. «심슨 가족»은 아무것도 지지하지 않는다. «심슨 가족»의 유머는 오로지 입장을 후려치기 위해 입장을 제기히는 식으로 작동하기 때문이다. 게다가 후려치는 과정이 너무나 철저해서 이 쇼를 단지 냉소적인 쇼로만 볼 수도 없다. 이 쇼는 자신의 냉소마저도 후려쳐버린다. 이 부단한 후려침의 과정이 바로 내가 말하는 '초아이러니'의 의미다.

심슨 가족이 사는 법

요지를 파악하기 위해, 시즌 7의 에피소드 중 하나인 〈엄마의 새 옷〉을 살펴보자. 마지는 코코샤넬 수트를 할인 매장에서 90달러에 구입한다. 그는 이 수트를 입고 밖에 나왔다가 우연히 옛 고교 동창과 마주친다. 디자이너 수트를 보고 마지를 자기와 비슷한 부류로 오인한 그 동창은 마지를 고급스러운 '스프링필드 글렌 컨트리클럽'에 초대한다. 클럽의 고상함에 압도된 마지는, 만날 똑같은 수트만 입는다고 멤버들에게 흉잡히는 것까지 감수해가며 신분 상승에 열중하게 된다. 처음에 소외감을 느꼈던 호머와 리사도 골프장과 승마장을 보고서 클럽에 홀딱 반한다. 하지만 드디어 가족의 클럽 가입이 목전에 다가왔을 때, 마지는 최근 자기가 사회적 신분에 집착하여 가족을 뒷전에 밀어놓았음을 깨닫는다. 마지와 그의 가족은 어차피 클럽도 자기들을 원치 않을 것이라 생각하고 그냥 돌아 나온다. 하지만 클럽은 심슨 가족이 모르는 사이에 그들을 위한 성대한 환영 파티를 준비해놓고 있었고, 그들이 오지 않은 데 굉장히 낙담한다. 번스 사장은 "케이크에 넣을 무화과를 손수 절이기"까지 했다.

　얼핏 보면 이 에피소드는 여느 때처럼 가족의 가치를 재확인하는 내용인 것 같다. 결국 마지는 위신을 버리고 가족을 택하니까 말이다. 게다가 얄팍하고 비인간적인 속물들 사이에서 위신을 얻는 것보다 더 공허한 일이 있겠는가? 하지만 클럽 사람들은 알고 보면 포용적이고 꽤 다정하다. 골프 선수 톰 카이트는 호머가 자기 골프채―그리고 신발―를 훔쳤는데도 그에게 스윙 자세에 대해 조언해주고, 번스 사장은 호머가 자신의 골프 부정행위를 폭로해준 것을 고마워한다. 클럽에

만연한 닳아빠진 냉소주의는 대화를 위한 수사법에 불과했음이 점차 드러난다. 클럽은 노동계급인 심슨 가족을 두 팔 벌려 환영할 준비가 되어 있다. 아니, 그들이 노동계급이라는 사실을 아직 알아채지 못한 것일까?[8] 더 복잡한 문제는 마지가 뒤돌아 나온 이유다. 첫째로, 가족을 위하든지 클럽에서 환영받든지 둘 중 하나를 택해야 된다는 건 거짓 딜레마의 오류다. 어째서 둘 중 하나만 택하고 다른 하나를 포기해야만 하는가? 둘째는 심슨 가족이 그런 클럽에 어울리지 않는다는 마지의 믿음이다. 이 믿음은 계급적 편견에 기반하고 있는데, 정작 클럽 사람들에겐 그런 생각이 없다. 이 에피소드는 시청자가 의지할 수 있는 안정된 기반에 의거해 있지 않다. 짐짓 가족 가치의 신성함을 중시하는 척하면서 계급 결정론으로 크게 기울지만, 그 어디에도 안착하지 않는다. 게다가 다시 생각해보면, 이 에피소드에서 그때그때 제시하는 '해결책들'은 하나도 만족스럽지 않다. 이 에피소드는 '그라이미' 에피소드 못지않게 그 나름의 방식으로 냉혈하다. 하지만 그라이미 에피소드는 그 무자비함을 노골적으로 드러내는 반면, 〈엄마의 새 옷〉은 만족스럽고 가슴 뭉클한 해결책에 도달했다는 환상을 불러일으키는 즉시 그것을 후려친다. 내 생각에는 이것이 진짜 《심슨 가족》의 패러다임을 대변하는 것 같다.

권위가 위기에 처한 이 시대에는 초아이러니야말로 코미디에 가장 적합한 형태라고 생각한다. 많은 화가와 건축가가 자신의 매체에 역사를 초월한 근본적 목적이 있다는 관념을 포기한 뒤 회화사와 건축사에 대한 고찰로 돌아간 것을 상기해보자. 또 로티가 데리다를 해석하

심슨 가족이 사는 법

며 초월적인 철학적의 진리가 부재함을 확신한 뒤, 역사의식을 띤 (대부분 과거 저작들의 해체로 이루어진) 대화로서 철학을 재구성한 것을 상기해보자. 이 모든 변화를 바라보는 한 가지 방식은, '앎knowledge'의 포기와 더불어 '안다knowingness' 유행이 도래했다는 것이다. 즉 궁극적인 진리(혹은 그것에 도달하는 방법)는 없다 하더라도, 내가 지적 규칙을 이해하며 이 규칙에 따라 너보다 더 잘 작동한다는 건 보여줄 수 있다. 나는 네가 왜 그런 식으로 행동하는지 '안다'는 걸 과시함으로써 내가 너보다 더 우월함을 보여줄 수 있다. 결국 궁극적으로 우월한 입장은 없지만, 현재 우리가 벌이고 있는 게임이라는 종잡을 수 없는 상황에서 지금 내가 우월한 입장에 있음을 과시할 수는 있다. 초아이러니는 이런 '안다' 현상의 코믹한 예시다. 권위가 위기에 처한 상황에서, 코미디는 도덕적 교훈이나 신학적 계시나 세상이 어떠한지를 보여주는 일 등 더 숭고한 목적에 쓰일 수 없다. 하지만 코미디는 자기가 무슨 중대한 문제의 해답을 이해한다고 생각하는 모든 이들을—공격하는 대상보다 더 나은 관점을 제시하기 위해서가 아니라 단지 공격의 쾌감을 위해서, 혹은 앞에서 언급한 일시적 우월감을 위해서—무차별적으로 공격하는 데 활용될 수 있다. 《심슨 가족》은 이런 공격을 즐긴다. 거의 모든 것, 모든 전형적 인물상, 모든 약점, 모든 제도와 기관을 표적으로 삼는다. 폭포수처럼 쏟아내는 인유를 알아맞혀보라고 관객에게 도전장을 내밀면서 한 수 앞서가기 게임을 벌인다. 그러면서도 〈엄마의 새 옷〉에서 볼 수 있듯이, 스스로 어떤 입장을 취하는 것은 피한다.

프랭크 그라임스나 컨트리클럽 에피소드보다 훨씬 덜 차갑고 서사적으로 안정된 에피소드가 많이 있다는 지적은 매우 정당할 것이다. 바트가 시청 앞 동상의 목을 베어버리는 에피소드처럼 쇼 초기에는 대부분이 단순한 가족 지향적 해결책을 제시했다. 후기에는 이른바 겉치레용 후려치기가 등장한다. 시즌 5의 ‹우주비행사 호머› 초반부에서 바트는 호머의 뒤통수에 마커펜으로 "여기에 뇌를 삽입하시오"라고 낙서한다. 나중에 우주비행사 호머가 스페이스 캡슐을 위기에서 구하고 돌아오자, 바트는 호머의 뒤통수에 '영웅'이라고 낙서한다. 여기서 후려치는 척하는 장면은 구미에 맞지 않게 달달한 알약에 얇게 쓴맛을 입히는 구실을 할 뿐이다. 음, 아닌가? 어쨌든 호머가 우주 비행 임무를 위기에서 구한 건 실수였다. 탄소봉으로 다른 우주비행사를 때리려다가 고장 난 해치 손잡이를 본의 아니게 고쳐놓은 것이다. 그리고 문제의 해치 손잡이는, 호머가 실수로 풀어놓은 실험용 개미를 우주선 밖으로 내보내려다가 부러진 것이었다. 게다가 세계인들—과 『타임』 매거진—도 호머가 아닌 '무생물 탄소봉'이 우주선을 구했음을 인정했다. 그러므로 호머와 바트 사이의 훈훈한 순간은 이전의 사건들 때문에 다소 오염되었다고 말해야 공정할 것이다.

하지만 《심슨 가족》이 안정된 도덕적 입장을 취하고 있다고 믿는 이들에게 공정을 기하기 위해 말하자면, 스스로를 전혀 후려치지 않는 에피소드들도 있다. 예를 들어 앞에서 언급한, 바트가 군사학교에서 리사를 도와주는 에피소드를 생각해보자. 이 에피소드는 많은 것을 웃음거리로 삼지만 바트와 리사의 관계가 근본적으로 선하다는 데에는

심슨 가족이 사는 법

의문을 제기하지 않는다. 또 ‹스프링필드의 독립투사›에서 리사는 이 도시를 건설한 제버다이어 스프링필드의 전설이 가짜임을 발견하지만, 제버다이어 스프링필드의 신화가 띠는 사회적 가치를 깨닫고는 자신이 발견한 내용을 시민들 앞에서 발표하길 단념한다.[9] 그리고 물론, 재즈 연주자 ‘블리딩 검스’ 머피가 죽는 에피소드도 언급해야 한다. 이는 ‘사상 최악의 에피소드’라는 «심슨 가족» 특유의 별칭에 진정으로 값하는 에피소드라 할 수 있다. 이 에피소드에는 무비판적 감상주의와 예술 활동에 대한 순진무구한 흠모가 결합되어 있으며, 케이블 TV 토크쇼의 테마곡으로나 더 어울릴, 의도와 달리 형편없는 가짜 재즈로 모든 걸 마무리짓는다. 리사의 노래 ‘재즈맨’은 이 세 가지 결합을 동시에 구현하고 있으며 사상 최악의 에피소드 중에서도 최악의 순간으로 취급되어야 한다. 일시적인 문제로 치부하기에는 너무 자주 등장하는 이런 비슷한 에피소드들을 감안할 때, 이 절의 서두에서 언급한 서로 모순되는 정보들은 여전히 남아 있다. «심슨 가족»은 초아이러니적일까, 아닐까? 초아이러니는 이 쇼의 기풍을 반영하지 않는 최신 유행 액세서리이며 갭 매장에서 사다 걸친 아이러니 같은 것이라고 주장할 수도 있다. 역시 비평적으로 좋은 반응을 얻은 프로그램인 «버피와 뱀파이어»는 10대 청소년만이 할 수 있는 방식으로 옳고 그름 간의 흑백 논리를 강하게 고수한다. 얼핏 비꼬는 농담과 전복적 아이러니에 의존하는 듯 보이지만 이는 표피에 불과할 뿐이다. 그 표면 아래를 들여다보면, 세계를 파괴하려는 사악한 악마들과 맞서 장엄한 전투를 벌이는, 고뇌에 찌든 10대 청소년들을 발견할 수 있을 것이다. 어쩌면 《심슨 가족》의 표면에 드러난 아이러니 밑에 가족의 가치에 대한 강한 헌신이 존재한다고 주장할 수도 있을 것이다.

나는 《심슨 가족》 특유의 초아이러니가 그 근저의 도덕적 헌신 위에 덧씌운 가면이 아니라고 주장하고 싶다. 여기에는 세 가지 이유가 있는데, 그중 앞의 두 가지는 그럴듯하기는 하나 불충분할 수도 있다. 우선 《심슨 가족》은 단일한 에피소드가 아니라 200개가 넘는 에피소드로 이루어졌고 열 시즌 넘게 펼쳐져 있다. 한 에피소드에서 명백한 해결책으로 제시되는 것이 다른 에피소드에서는 대개 후려쳐진다고 생각해도 무리가 없다.[10] 다시 말해서 우리는 다른 많은 에피소드가 보내는 신호에 의거하여 이 한 에피소드에 대해 아이러니하게 반응하라는 신호를 받는다. 하지만 이 쇼에서 가족적 해피엔딩의 잦은 활용이 이런 에피소드 간의 후려침 자체를 후려치고 있다고 주장할 수도 있다.

다음으로, 힙하다는 자의식이 강한 쇼로서 《심슨 가족》은 현재 유행하는 것을 의식하고 수용한다고 볼 수 있다. 가족의 가치는 별로 트렌디하지 않으므로, 《심슨 가족》이 그것을 진심으로 받아들이리라고 믿을 이유는 별로 없다. 하지만 이는 기껏해야 약한 확증에 불과하다. 트렌디한 쇼인 《심슨 가족》은 초아이러니를 완전히 받아들인 게 아니라 그냥 재미로 가지고 노는 것일 수도 있다. 어쨌든 특정 깃발을 향해 (그것이 초아이러니의 깃발이라 해도) 충성을 맹세하는 일은 별로 초아이러니적이지 않다. 또한 《심슨 가족》은 힙하다는 자의식이 강한 쇼일 뿐만 아니라, 미국 지상파 TV 황금시간대의 제약 안에서 살아가야 하

심슨 가족이 사는 법

는 쇼이기도 하다. 이런 제약이 《심슨 가족》을 일반 시청자의 구미에 맞는 도덕적 입장에 충실하게끔 강제한다고 주장할 수도 있다. 그러므로 힙하다는 자의식이 강하다는 하나의 전제만 가지고 이 쇼가 초아이러니적이라는 결론을 추론해낼 수는 없다.

내가 《심슨 가족》이 가족의 가치를 옹호하는 입장에 서 있다는 주장에 반대하며 《심슨 가족》에 초아이러니가 깊이 배어 있다고 주장하는 세 번째이자 가장 유력한 이유는, (블리딩 검스 머피 에피소드처럼) 도덕적 결말이나 교훈주의가 수면 위로 드러날 때마다 그 코미디의 에너지가 현저히 떨어진다는 인식에 기반한다. 《버피와 뱀파이어》와 달리 《심슨 가족》은 근본적으로 코미디다. 《버피와 뱀파이어》는 선과 악의 영원한 전투를 중심으로 한 어드벤처이므로 아이러니한 태도는 없어도 무방한 것이다. 《심슨 가족》은 웃기지 않으면 달리 갈 데가 없다. 《심슨 가족》은 《이치와 스크래치》의 물리적 잔인성을 찬양할 때 매우 웃긴다. 또 《이치와 스크래치》를 방영하는 크러스티와 마케팅 천재들을 조롱할 때도 매우 웃긴다. 하지만 《이치와 스크래치》에서 불거지는 검열 문제를 심각하게 다루려 할 때는 시시하고 납작하고 안 웃긴다. 《심슨 가족》의 생명력과 놀라운 성취는 그 잔인함과 조롱을 10년 넘게 변함없는 페이스로 유지해왔다는 데 있다. 인용의 보편화는 이 쇼가 자기 바깥에서 끊임없이 저격 대상을 찾아낼 수 있게 해줌으로써 이러한 페이스 유지에 기여한다. 어떤 건전한 메시지나 훈훈한 가족적 순간에 집중하기 위해 대상에 대한 저격을 늦출 때면 프로그램은 속도를 늦추고 난처하게 서행하며, 웃음 계량기의 바늘은 꿈쩍도 하지 않는다.

나는 «심슨 가족»의 제작자들이 이 쇼를 주로 잔혹극으로 (의도하지 않았을까 상상해보기는 하지만) 의도했다고 주장하려는 것이 아니다. 그보다는, 코미디로서 «심슨 가족»의 목표는 웃기는 것이며 우리는 그 웃기는 능력을 극대화하는 방식으로 «심슨 가족»을 독해해야 한다고 주장하고 싶다. «심슨 가족»을 가족의 가치에 대한 다소 괴팍하지만 진심 어린 승인으로 해석할 때, 우리는 «심슨 가족»의 코미디적 잠재력을 방해하는 식으로 그것을 독해하게 된다. «심슨 가족»을 인간혐오적 유머와 지적으로 누가 한 수 앞서가나 겨루는 게임이라는 두 개의 기둥 위에 세워진 쇼로 독해할 때, 우리는 이 쇼가 우리를 웃겨주는 특성에 주목함으로써 그 코미디적 잠재력을 극대화한다. 또한 우리는 이 쇼에서 행해지는 수많은 인용에 중요한 기능을 부여하며, 보너스로 이 쇼를 20세기의 주된 사상 트렌드와 결합시킨다.

하지만 훈훈한 가족적 순간이 이 쇼의 코미디적 잠재력에 기여하지 않는다면 그것은 애초에 왜 존재하는 것일까? 한 가지 가능한 설명은 그것이 웃기려고 의도했지만 웃기는 데 실패한 단순한 실수라는 것이다. 이 가설은 신빙성이 떨어진다. 또 다른 설명은, 이 쇼가 그냥 코미디가 아니라 가족 코미디—건전하고 너무 심하게 웃기지 않으며 짐짓 온 가족이 즐기는 척할 수 있는 코미디—에 더 가깝다는 것이다. 이 가설 또한 신빙성이 떨어진다. 그 대안으로, 우리는 훈훈한 순간이 수행하는 기능이 뭔지를 찾아볼 수 있다. 나는 그런 기능이 있다고 생각한다. 주장의 편의를 위해, «심슨 가족»을 추동하는 엔진이 잔인함과 한

심슨 가족이 사는 법

수 앞서가기 게임을 연료로 삼아 작동한다고 가정해보자. 시청자들은 그 유머를 즐기면서도, 매주 거듭해서 암울한 메시지만 듣고 싶어하지는 않을 수도 있다. 특히 그 메시지가 아이들이 딸린 가족을 중심으로 한 것이라면 더더욱 그렇다. «사인펠드»는 사실상 어떤 희망도 제시하지 않았고, 그 가슴은 얼음장처럼 차가웠다. 하지만 «사인펠드»는 불만에 찬 성인들에 관한 쇼였다. 아이들이 나오는 그처럼 암울한 쇼는 ‹올리버 스톤의 킬러›에 삽입된, 로드니 데인저필드가 미성년 딸을 학대하는 알코올 중독자로 나온 시트콤 패러디와 비슷할 것이다. 이런 시리즈는 아무리 잘해도 해를 거듭하면서 시청자가 떨어져나갈 것이다. «심슨 가족»이 매 에피소드 끝에서 약 30초 동안 보여주는 명백한 구원은, 다음 에피소드의 미칠 듯이 잔인한 21분 30초를 견디어나갈 수 있게끔 우리를 도와주기 위해 존재한다고 나는 생각한다. 즉 훈훈한 가족적 순간은 «심슨 가족»이 시리즈로서 계속 존재할 수 있게끔 도와준다. 코미디는 어떤 메시지를 전달하기 위해 존재하는 게 아니며, 이따금 긍정적인 메시지를 전달한다는 환상은 우리로 하여금 더 많은 코미디를 견딜 수 있도록 하기 위해 존재한다. 철학자와 비평가 들은 공포의 역설과 비극의 역설에 대해 자주 이야기해왔다. 어째서 우리는 연민, 슬픔, 두려움 같은 불쾌한 감정을 불러일으키는 형태의 예술을 열심히 추구할까? 나는 (적어도 특정한 형태의 코미디에 대해서는) 코미디에도 똑같이 중요한 역설이 존재한다고 생각한다. 왜 우리는 구원 없는 세상에서 불운한 이들이 겪는 고난을 비웃는 예술을 추구할까? 여기서의 웃음은 큰 대가를 치러야 하는 듯 보인다. «심슨 가족»이 훈훈한 가족적 엔딩을 활용하는 것은, 스스로가 너무나 잘 예시하고 있는 이 코미디의 역설을 덮어서 가리려는 시도로 보아야 할 것이다.

이 글에서 내가 보여주고자 한 것은 «심슨 가족»에 인용주의와 초아이러니가 팽배해 있고, 그것들은 상호의존적이며, 유머가 작동하는 방식을 결정한다는 것이었다. 내가 그린 «심슨 가족»의 그림은 암울하다. 나는 «심슨 가족»의 유머를 부정적인 유머로, 잔인하고 잘난 척하는—하지만 진짜로 웃기게 잔인하고 잘난 척하는—유머로 규정했다.[11] 하지만 나는 전체상에서 매우 중요한 부분을 빼놓고 넘어갔다. 그리 똑똑지 못한 프로이트적 이드$_{id}$의 현신인 아버지, 소시오패스 아들, 유난스러운 딸, 다소 둔하지만 무해한 어머니로 구성된 «심슨 가족»은 서로를 매우 사랑하는 가족이라는 사실이다. 그리고 우리도 그들을 사랑한다. 이 쇼가 일체의 가치를 벗겨낸다는 사실에도 불구하고, 매주 우리에게 위안을 거의 주지 않는다는 사실에도 불구하고, 이 쇼는 인간이 다른 인간에게 품는 비합리적인(혹은 합리를 초월한) 사랑의 원초적인 힘을 전달한다. 그리고 깜빡이는 공허한 세계에 살며 셀룰로이드 위에서 깜빡거리는 물감 조각들을 사랑하게 만듦으로써 우리를 그 일에 동참시킨다. 바로 그것이 코미디 엔터테인먼트다.[12]

심슨 가족이 사는 법

성정치학으로 본 《심슨 가족》

데일 E. 스노, 제임스 J. 스노

《심슨 가족》이 가장 잘하는 일은 텔레비전의 엄숙주의에 의문을 제기하는 것이다. "아버지가 제일 잘 알아Father knows best"*라고 주장하는 1950년대의 상투어구로부터 현재 폭스 TV가 방영하는 프로그램의 질과 관련한 초미의 문제에 이르기까지, 《심슨 가족》의 공격은 전방위적이다. 하지만 《심슨 가족》은 세 가지 점에서 보수적 성정치를 지속·연장시키고 있다. 첫째, 스프링필드는 남성 주민이 압도적으로 많은 도시로 묘사된다. 둘째, 에피소드의 절대다수가 바트나 호머에 초점을 맞추고 있다. 셋째, 마지와 리사에게 부여된 캐릭터에 문제가 있다.

---

*   풍요롭고 화목한 가정을 배경으로 한 1950년대 인기 시트콤 제목이기도 하다.

남자, 남자, 남자, 남자들만의 세계

> 아널드 의원: 네가 리사 심슨이로구나.
>
> 리사: 네, 의원님.
>
> 아널드 의원: 리사, 넌 실천하는 어린이야. 그리고 누가 알겠니, 언젠가는 네가 하원의원이나 상원의원이 될지. 알다시피 여성 상원의원도 아주 많단다.
>
> 리사: 두 명밖에 없던데요. 제가 확인해봤어요.
>
> 아널드 의원: [껄껄 웃으며] 너 아주 예리하구나.
>
> _〈리사, 워싱턴에 가다〉

거의 모든 《심슨 가족》 에피소드에서 한결같은 시각적 즐거움을 주는 요소는 (특히 군중 장면의) 배경이 풍부하고 세밀하다는 것이다. 벅스 버니가 야구를 하는 스타디움이 얼굴을 분간할 수 없게 대충 구불구불 그린 계란형으로 가득 차 있고, (서로 성격이 다른 최근의 카툰을 두 개만 꼽자면) 《더그》나 《렌과 스팀피》에서도 비슷한 텅 빈 얼굴들을 찾아볼 수 있지만, 스프링필드의 모든 군중 장면은 누군지 알아볼 수 있는 진짜 사람들로 이루어져 실감이 넘친다. 간판과 표지판, 도시와 시골의 배경 풍경, 그리고 누군지 즉시 알아볼 수 있는 스프링필드 주민들 수십 명을 창조해내는 데 아낌없이 쏟아붓는 정성을 생각하면, 왜 에피소드 하나를 제작하는 데 6개월이나 걸리는지를 쉽게 이해할 수 있다.

일례로 고정 시청자라면 학교 행사에 참석한 군중 속에서 모, 오토, 번스 사장, 스미더스, 재스퍼를 보더라도 놀라지 않을 것이다. (우리 짐작에) 그들에게는 스프링필드 초등학교에 다닐 만한 나이의 자녀가 없는데도 말이다. 이와 비슷하게 스키너 교장, 학교 관리인 윌리, 에드나 크라버플도 약장수 선전과 서커스를 구경하거나 시청 앞에서 데모하는 군중 사이에서 친숙하게 볼 수 있는 얼굴이다. 수많은 비평가가 지적했듯이, 고정 시청자들은 자신이 스프링필드라는 도시를 잘 아는 듯한 느낌을 갖게 된다. 실제로 스프링필드는 «심슨 가족»의 성공에서 중요한 요소다.

그레이닝은 이런 '놀랍도록 압축된 우주'에 생기를 불어넣음으로써, 주된 줄거리가 비교적 장기간 불분명한 상태로 용케도 시리즈를 끌어올 수 있었다. (…) 이 시리즈의 설정과 기본 구성은 애니메이션 장르에 가능한 무한한 스토리텔링의 우주를 연다. 즉 여태까지는 문학에만 특유했고 현대 영화에서는 찾아보기 드물었던 예술적이고도 극적인 방식으로 현실과 비현실을 묘사한다. 그럼으로써 이례적으로 다양한 줄거리에 기여하는 동시에 그 전제 조건이 된다.[1]

따라서 이 쇼가 자주 풍자하는 세상과 비교할 때 스프링필드라는 도시가 성별 분포의 관점에서 오히려 약간 더 보수적임을 지적하는 것은 전혀 사소한 일이 아니다. 줄리아 우드는 텔레비전 세계의 규범을 이렇게 기술한다.

〔미디어의 묘사로만 보면〕백인이 전체 인구의 3분의 2를 차지한다. 여성은 그보다 수가 더 적은데, 아마 35세 넘어서까지 남아 있는 사람이 10퍼센트 미만이기 때문일 것이다. 그나마 존재하는 35세 이상의 여성들도 (더 젊거나 남성인 출연자들과 비슷하게) 거의 모두가 백인 이성애자다. 여성의 대부분은 젊을 뿐만 아니라 아름답고, 매우 날씬하고, 수동적이고, 이성 관계에 주로 관심을 쏟는다. (…) 성미가 나쁘고 못된 여성도 몇 명 나오는데, 그들은 착한 여성들처럼 예쁘지 않고, 종속적이지도 상냥하지도 않다. 나쁜 여성들은 대부분 집 밖에서 일하는데, 아마 그들이 드세고 밉상인 건 그 때문인지도 모른다.[2]

우리가 아는 한 2000년 인구센서스는 스프링필드를 방문하지 않았으므로, 세 가지 출처에 의존하여 스프링필드의 성별 분포를 판단할 것이다. '스프링필드 인명록Who's Who? in Springfield' 웹사이트[3]는 '《심슨 가족》의 조연 캐릭터들에 대한 문학·정치·역사·텔레비전·군사·영화·음악·상업·만화적 인유들을 집대성한 리스트'라고 스스로를 소개하는데, 이 리스트에는 블리딩 검스 머피부터 라이너 울프캐슬까지 둘 이상의 에피소드에 출연한 모든 캐릭터를 정리했다는 '고정 캐릭터Recurring Characters'라는 하위 항목이 있다. 여기에는 심슨 직계가족 다섯 명 외에, '방사능 맨'(바트가 가장 좋아하는 만화 주인공)을 포함한 남성 캐릭터 45명, 리사의 인형 '말리부 스테이시'를 포함한 여성 캐릭터 12명이 열거되어 있다. 이치와 스크래치를 무성으로 간주한다 해도 남녀 비율은 4대 1이다.

심슨 가족이 사는 법

또 다른 자료 출처는 『심슨 가족: 우리가 가장 사랑하는 가족에 대한 완벽 가이드The Simpsons: A Complete Guide to Our Favorite Family』[4]와 『심슨이여 영원하라: 우리가 가장 사랑하는 가족에 대한 완벽 가이드 후속편Simpsons Forever: A Complete Guide to Our Favorite Family Continued』[5]이다. 『심슨 가족』 중 「누가 어떤 목소리를 낼까Who Does What Voice?」 항목에는 남성 캐릭터 59명이 열거되어 있다. 여기에 라이어널 허츠, 트로이 매클루어, 사이드쇼 밥과 사이드쇼 멜을 추가하면 남성 캐릭터는 총 63명이고, 여성 캐릭터는 16명이다.[6] 『심슨이여 영원하라』에는 남성 캐릭터 5명('데이터베이스', 로런 J. 프라이어 박사, 클랜시 부비어, 개빈, 빌리)과 여성 캐릭터로 칠 수 있는 1명(말리부 스테이시의 성우)이 추가되었지만, 재클린 부비어와 글래디스 거니는 빠졌다. 아마 극중에서 사망했기 때문인 듯하지만, 그렇다면 모드 플랜더스도 빠져야 할 것이다.[7]

끝으로, 우리도 직접 인원수를 세어보았다. 우리라면 '인명록' 리스트에 애그니스 스키너, 헬렌 러브조이 (부인), 루앤 밴하우튼 (부인), 만줄라(아푸의 약혼자/아내), 제이니 파월을 추가할 것이다. 그러면 여성 고정 캐릭터는 총 15명이 된다. 하지만 이 명단도 전혀 고무적이지 않다. 15명 중 6명(부비어 부인, 모드 플랜더스, 러브조이 부인, 밴하우튼 부인, 애그니스 스키너, 만줄라)은 훨씬 더 풍부하게 조형된 남성 캐릭터의 아내나 어머니로만 나온다. 5명(보라색 머리의 쌍둥이 셰리와 테리, 제이니 파월, 급식 아줌마 도리스, 리사의 담임인 후버 선생님)은 거의 대사가 없는 단역이다. 남은 사람 중에 셀마와 패티, 그리고 에드나 크라버플은 직장 여성을 대표하는 인물인데, 이 세 사람을 규정하는 특징은 골초라는 것으로, 우드의 말을 빌리면 '드세고 밉상인' 여성을 표현하는 듯 보인다. 자기 주관이 뚜렷한 독신 성인 여성은 심슨 가족의 이웃에 사는 이혼녀 루스 파워스뿐이다. (그리고 그에게 대사가 주어진 에피소드는 ‹바트의 첫사랑›과 ‹도망자 마지›, 두 편뿐이다.)

그래서 제임스 포니워직이 『타임』 매거진에 기고한 글의 한 대목은 다소 충격적으로 다가온다(게다가 그는 비슷한 감상을 표현한 많은 비평가 중 한 명일 뿐이다). 「사상 최고의 텔레비전 쇼The Best TV Show Ever」라는 제목의 글에서 그는 《심슨 가족》의 힘 중 하나를 이렇게 꼽았다.

이 쇼는 텔레비전 사상 최고의 출연진을 자랑한다. 다른 어떤 시리즈도 스프링필드 주민만큼 생생하고 많은 조연 캐릭터를 발전시키지 못했다. 《심슨 가족》의 작가들은 얼핏 단역처럼 보이는 캐릭터에도 풍부한 사연과 생명력을 부여함으로써 세상 속의 작은 세상들을 열었다. 한 에피소드에서 겨우 몇 초 등장한 인물이 나중에 에피소드 전체를 끌고 가기도 한다. 아푸, 스미더스, 술꾼 바니가 그런 예다. 이런 B급 캐릭터 중 한 명인 광대 크러스티를 보면 《심슨 가족》의 토양이 무한히 비옥함을 이해할 수 있다. 바트와 리사의 텔레비전 시청을 위한 소품으로 출발한 크러스티는 (본명은 허셜 크러스토프스키이고 랍비인 아버지에게 반항하여 코미디언이 되었다는) 민족 정체성에 기반한 내력을 얻게 되었고, 엔터테인먼트 산업 전체를 풍자하는 대역이 되었다.[8]

'텔레비전 사상 최고의 출연진' 가운데 적어도 4분의 3이 남성이라면, 이는 텔레비전이 우리 시청자에게 제시하는 현실의 거울상에 대해 무엇을 말해주는 것일까? 《심슨 가족》이 유원지 유령의 집에서 볼 수 있는 종류의 거울임을 지적해보았자 소용없다. 이 경우에 남성이 스프링필드 주민의 대부분을 차지한다는 사실은 평소처럼 텔레비전을 겨냥한 아이러니한 논평이라기보다, 기존 규범의 무비판적 연장에 더 가깝기 때문이다.

스프링필드의 주민 구성이 남성에 심하게 편중되어 있다는 사실은 그 자체로는 사소한 문제일지 모르나, 에피소드 자체의 내용과 초점을 고려하면 더더욱 의미심장해진다. 《심슨 가족》 아카이브 웹사이트의 '리사 파일The Lisa File'[9]은 시즌 11까지 방영된 총 248개 에피소드 중에서 '리사 에피소드'를 28편 열거한다. 우리는 여기에 8개를 더 추가할 수 있었다.[10] '마지 파일The Marge File'[11]은 마지에 초점을 맞추었다고 할 수 있는 에피소드의 목록인데 명백히 불완전하다. 우리는 호머와 마지의 연애 시절을 회상하는 에피소드까지 포함해서 총 21편으로 계산했다. 우리는 에피소드 내용으로 봐도 스프링필드의 성비와 대충 같은 비율이 나온다는(즉 바트, 호머, 기타 남성 캐릭터에 집중한 에피소드의 수가 리사, 마지, 기타 여성 캐릭터[12]에 집중한 에피소드보다 4배 내지 5배 많다는) 우리 주장의 증거를 제시하기 위해 다소 세세한 부분까지 살펴보았다. 《심슨 가족》 아카이브의 '《심슨 가족》에 특별 출연한 스타들Simpsons Guest Stars' 페이지에 따르면 이 쇼에 특별 출연한 남성 스타는 정확히 160명이고(필 하트먼, 앨버트 브룩스, 존 로비츠 등등의 중복 출연은 셈하지 않았다) 여성 스타는 40명인데,[13] 음모론 애호가들이 보면 좋아할 수치다. 절대 다수의 경우 이런 특별 출연 스타들은 자기 자신을 연기하므로, 편중된 남녀 성비는 심지어 게스트 명단으로까지 연장된다.

캐릭터의 내용

마지는 거룩한 인고의 길을 걷는 아내와 어머니로 이루어진 텔레비전 속 기나긴 계보의 직계 후손이다. 그들이 극에서 수행하는 주된 기능은 자기 남자를 이해하고 사랑하고 뒷바라지하는 것이다. 물론 이 사랑스러운 생물은 텔레비전 이전부터 존재했다. 버지니아 울프는 「여성의 전문직Professions for Women」이라는 에세이에서 이 생물을 '가정의 천사'라고 분류학적으로 정확하게 묘사했다.

> 더 젊고 행복한 세대에 태어난 여러분은 그녀에 대해 들어본 적이 없을지도 모릅니다. 내가 말하는 '가정의 천사'가 무엇인지 모를 수도 있습니다. 그녀에 대해 최대한 짧게 기술하겠습니다. 그녀는 동정심이 강했습니다. 그녀는 대단히 매력적이었습니다. 그녀는 지극히 이타적이었습니다. 그녀는 가정생활의 여러 기술에 탁월했습니다. 그녀는 매일같이 자신을 희생했습니다. 통닭이 있으면 다리를 먹었고, 외풍이 드는 자리에 앉았습니다. 요컨대 그것이 몸에 배어서 자기 생각이나 소망이 전혀 없고, 항상 남의 생각이나 소망에 공감하는 편을 더 선호할 정도였습니다.[14]

마지는 이 정도로 천사 같은 캐릭터는 아닐지 모르지만, 텔레비전에서 그의 여자 조상이 누구인지는 쉽게 알아볼 수 있다. 1950년대 시

심슨 가족이 사는 법

트콤 《허니무너스The Honeymooners》의 앨리스 크램든은 남편 랠프의 욱하는 성질을 참을성 있게 받아주고, 《올 인 더 패밀리》의 이디스 벙커는 남편 아치의 예측할 수 없는 폭발을 받아주며, 《해피 데이스》의 매리언 커닝햄은 마지가 호머에게 베푸는 것과 동일한 하해와 같은 마음으로 이 괴팍한 가족 전체를 포용한다. 퍼트리샤 멜런캠프는 1950년대의 원형적 시트콤 《아버지가 제일 잘 알아》에 대해 논의하면서, 가족 시추에이션 코미디의 주요소가 여성을 전통적인 가내 역할에 '코믹하게 봉쇄'하는 묘사임을 지적한다.[15] 전통적 여성 역할을 깨고 나오려는 시도는 명백히 웃기며, 마지 에피소드 중 아주 많은 수는 정확히 이런 종류의 유머를 이용한다. '여성의 코믹한 봉쇄'의 또 다른 중요한 측면은 전통적인 아내가 에티켓과 도덕적·법적 기준을 지키려고 노력하는 과정에서 드러난다. 그래서 아내는 '잔소리꾼'으로 변하고, 따라서 많은 남성 유머의 표적이 되며, 마지는 이러한 틀에도 아주 잘 들어맞는다.

언뜻 보기에 마지는 텔레비전 엄마로서 반란자인 것 같다. 높이 틀어올린 파란 머리와 노란 피부는 시각적인 충격을 준다. 하지만 자세히 들여다보면 마지는 1950년대 말부터 1960년대 초 사이 텔레비전 속 어머니상의 범위에 안전하게 머물러 있다. 완벽한 스타일로 고정된 마지의 머리는 《오지와 해리엇의 모험》의 해리엇 넬슨부터 《비버는 해결사》의 준 클리버에 이르는 엄마 캐릭터들을 연상시킨다. 또 그의 진주목걸이는 마거릿 앤더슨(《아버지가 제일 잘 알아》), 준 클리버, 도나 스톤(《도나 리드 쇼》), 심지어 윌마 플린스톤(《고인돌 가족 플린스톤》)

을 연상시킨다. 집에서건 밖에서건 마지는 1950년대 말에서 1960년대 초 사이 엄마 캐릭터들의 전형적인 옷차림을 하고 있다. 이런 텔레비전 엄마들의 옷차림은 1964-1966년 모티시아 아담스(«아담스 패밀리»)와 릴리 먼스터(«먼스터 가족»)에 의해 잠깐 뒤집혔을 뿐이다. 그리고 이 계보의 많은 선배처럼, 엄마로서의 역할 때문에 마지는 비교적 무성에 가까워진 동시에 전통적인 여성성을 띠게 되었다.

성애화된 최초의 텔레비전 엄마들(모티시아 아담스와 릴리 먼스터)이 말 그대로 괴물이었음을 상기하자(릴리와 허먼 먼스터는 한 침대를 공유한 최초의 텔레비전 커플이었다).[16] 최초로 현실에서 성애적 측면이 부각된 텔레비전 엄마인 페기 번디(«못 말리는 번디 가족»)는 전통적인 여성의 가정 내 역할에 참여하지 않으려 듦으로써 섹슈얼리티를 획득했다. 페기는 집 밖에서 일하지 않지만 집안일 또한 하지 않았고, 어머니는 확실히 아니었다. 모든 전통적인 어머니 역할을 완전히 뒤엎은 최초의 텔레비전 엄마는 «사우스 파크»의 리안 카트먼이다. 리안은 그 자신이 모순덩어리라는 면에서 전통적인 엄마 역할에 도전한다고 할 수 있다. 술을 마시고 코카인을 흡입하고 성적으로 난잡한 그는 어머니상을 역할로, 심지어 허울로 인식한다(또 그 역할을 별로 잘 해내지도 못한다). 잠시 시간을 들여 해리엇 넬슨부터 리안 카트먼까지 이르는 텔레비전 엄마들의 연속체를 구성해보면, 마지는 1950-1960년대 텔레비전의 어머니상에 확고히 머물러 있음을 알 수 있다.

마지는 다른 한 가지 점에서도 대단히 전통적인 텔레비전 어머니상에 부합한다. 그는 기질 면에서도 버지니아 울프가 말한 '천사'에 가까울 뿐만 아니라, 그의 수많은 선배처럼 '가정에' 머물러 있다. 해리 엇 넬슨, 준 클리버, 도나 스톤, 모티시아 아담스, 릴리 먼스터, 서맨사 스티븐스(«아내는 요술쟁이») 등이 절대 가정을 떠나지 않았음을 상기하자. («패밀리 타이즈»의 엘리스 키튼이나 «코스비 가족 만세»의 클레어 헉스터블처럼) 집 밖에서 일했던 전통적 텔레비전 엄마들도 직장 일이 엄마 노릇을 방해하지 않게끔 거의 카메라 밖에서만 일했다. 마지 심슨도 마찬가지다. «심슨 가족»의 세계에서 기혼 여성은 바깥일을 하지 않으므로, 마지의 인생 드라마는 대체로 에버그린 테라스의 집안 테두리 내에서 펼쳐진다.

에버그린 테라스의 집은 가정의 조화와 도덕적 평온의 보루다. 공적 영역을 대표하는 스프링필드는, 번스 사장의 탐욕스런 자본주의가 되었든 모의 술집에서의 고주망태가 되었든 도덕적 타락으로 얼룩져 있다. 그렇다고 심슨 가족의 집 자체가 전혀 도덕적 위기에 처하지 않는 건 아니지만, 이 집이 도덕적 위기에 처하는 건 공적 영역이 사적 영역을 뒤집어엎으려 위협할 때다. 그레이닝과 작가들은 흔히 텔레비전(광대 크러스티를 비롯해 특히 이치와 스크래치뿐만 아니라, 약간 더 미묘하지만 켄트 브록먼의 명백히 편향된 뉴스 프로그램, 혹은 트로이 매클루어의 번지르르한 정보성 광고)을 통해 악이 집안으로 침입하게끔 허용하곤 한다. 하지만 집은 궁극적으로 도덕적 붕괴가 침투하지 못하는 공간으로 남는다. 가족은 고스란히 유지되어 도덕적으로 제 기능을 한다.

마지는 도덕적·미적 가치를 수호하는 유일한 어른일 때가 많고, 그런 점에서 '가정의 천사'와 그녀의 전설적인 순수성을 상기시킨다. 마지는 만화영화의 폭력성(‹반대! 폭력 만화영화›)이나 낭비가 심한 공공사업(‹엄마와 모노레일›)과 대결하며, 미켈란젤로 「다비드」의 예술적 가치를 옹호한다. 심지어 호머가 최소 한 달간 술을 끊게 만들 수도 있다(‹호머, 맥주를 끊다›). 호머와 마지의 연애 시절 회상은 호머가 마지를 꼬시려고 프랑스어 과외를 받는 철저히 전형적인 이야기를 보여준다. 호머가 프랑스어 수업을 듣지도 않는다는 걸 깨달았을 때는 너무 늦었다. 둘은 사랑에 빠졌고, 마지는 성인聖人의 인내심도 시험할 남자와의 인생길에 이미 견고히 발을 들인 뒤였다. 마지가 부부 상담 모임에 참석해서 줄줄이 쏟아낸 타당하기 그지없는 불만들은 전혀 놀랍지 않다.

> 그는 너무 자기중심적이에요. 생일도 결혼기념일도 공휴일도—종교 공휴일이든 세속 공휴일이든—모조리 까먹죠. 입을 벌리고 음식을 씹어요. 도박을 하고, 지저분한 술집에서 게으름뱅이나 저질들과 어울리죠. 세수수건에 코를 풀고 그걸 중간에 도로 끼워넣죠. 우유팩에 입을 대고 마시죠. 기저귀는 한 번도 간 적이 없어요. 잠들 땐 쩝쩝 소리를 내지를 않나, 일어날 땐 뿡뿡 소리를 내지를 않나. 아 맞다, 그리고 열쇠로 자기 몸을 긁어요. 대충 여기까지인 것 같네요. _‹결혼의 위기›

마지는 이따금 직업을 갖기도 하고(‹엄마 취직하다› ‹엄마의 빈자리› ‹경찰이 된 엄마› ‹공인중개사 마지 심슨› ‹엄마의 새 사업›) 심지어 일상의 긴장에서 벗어나 '란초 릴렉소' 리조트에서 휴가를 보내기도 하지만(‹엄마는 휴가 중›), 에피소드 끝 무렵에는 항상 되돌아온다(혹은 실직한다). 그보다 훨씬 더 흔한 건, 마지가 보석금을 내고 호머를 빼내오거나, 호머의 정신 나간 계획에 뚜렷한 이유 없이 동참하게 만드는 시나리오다. 일례로 호머는 아푸가 이미 결혼했다고 그의 어머니를 속이기 위해 아푸의 아내인 척해달라고 마지에게 부탁한다. 이를 위해 (이런저런 일을 벌이지만 그중에서도) 아푸의 어머니를 자기 집에 데려다놓고, 그동안 자기는 스프링필드 요양원에서 무책임한 생활을 즐긴다.[17] 이는 호머와의 결혼생활이 한 여자에게 기대할 수 있는 온갖 부담을 마지에게 짊어지우고 있는 상황에서 결혼생활을 이중으로 감당해달라는 부탁에 가깝다. 이건 아내로서의 의무는 고사하고 1950-1960년대 시트콤 엄마들이 감당할 만한 몫조차 훌쩍 뛰어넘는 일이며, 그런 점에서 마지를 모두가 인정하는 이 장르의 챔피언 자리에 올려놓는다.

〈난 커서 뭐가 될까?〉에서 리사가 겪는 위기는 마지의 역할과 관련해 특히 시사적이다. 학교에서 본 적성검사(직업적성표준화검사Career Aptitude Normalizing Test, CANT) 결과 리사의 미래 직업이 '가정주부'로 나온 것이다. 리사는 책상 앞에 앉아 이렇게 쓴다. "일기장아, 이게 내 마지막 일기가 될 거야. 너는 내 꿈과 희망의 일기장이기 때문이지. 이제 내겐 꿈과 희망이 없어." 이튿날 아침 풀죽은 리사가 아침을 먹으러 내려가자, 마지는 바트와 호머의 접시에 베이컨, 달걀, 토스트로 웃는 얼굴을 만든 걸 자랑스럽게 보여주며 살림도 창의적인 일이라고 리사를 설득한다.

리사: 그래봤자 무슨 소용인데요? 아무도 몰라주잖아요.

마지: 보면 놀랄걸.

물론 식탁에 앉은 바트와 호머는 마지에게 말 한마디 없이 게걸스레 음식을 먹어치운다.

천사인 마지는 나지막한 꿍얼거림으로 실망을 표현하는 데서 그친다. 방금 전에 바트와 호머의 반응(아니 무반응)을 예측했음에도, 살림이 보답 없는 일이라는 냉정한 진실에 진짜로 경악하는 사람은 리사다. 그러므로 마지는 중요한 의미에서 그의 선배들보다도 더 열악하다. 비록 그들의 희생은 거의 눈에 띄지 않았고 인정받지도 못했지만, 적어도 텔레비전에서 가장 중시되는 측면, 즉 그들의 캐릭터에 할애되는 시간, 대사, 줄거리라는 면에서는 최소한 존중받았다. 리사는 마지가 사는 방식 전체를 드러내놓고 경멸하는데, 마지는 이 또한 체념하며 받아들인다.

호머가 마지의 필요성을 인식한다는 걸 인정해야 할 것이다. 이 점은 〈엄마의 빈자리〉 에피소드에서 그가 내뱉는 불멸의 대사로도 입증된다. 마지가 퀵이마트에서 물건을 훔친 죄로 복역하기 위해 감옥으로 끌려갈 때 호머는 이렇게 중얼거린다. "마지, 당신 없이 어떻게 살지. 섹스뿐만이 아니라, 음식 준비는 어떻게 하냐고." 한 가지 점에서 마지는 실사 드라마에 나오는 엄마 캐릭터들보다 훨씬 더 나은 상황에 있다. 여러 해 동안 결혼생활을 하며 자녀를 셋이나 두었음에도 마지는 만족스러운 성생활을 영위한다. 《딕 반다이크 쇼》에 나오는 롭과 로라 페트리 부부의 트윈 베드로부터 《못 말리는 번디 가족》에서 서로를 끊임없이 헐뜯는 페그와 앨 번디 부부에 이르기까지, 텔레비전 작가들은 암묵적으로나 명시적으로나 결혼을 (적어도 남편과 아내 사이에는) 섹스의 무덤처럼 묘사해왔다. 《심슨 가족》이 이 점에 있어 텔레비전 규범에서 벗어난 것은 마지의 특이하게 시대착오적인 성격을 일부분 설명해줄지도 모른다. 시청자들이 호머를 누구도 흉내 낼 수 없는 얼간이로서 있는 그대로 포용하게 만들려면, 마지는 궁극의 다정하고 너그러운 아내가 되어야 한다. 호머가 '무브먼트교'에 입교하거나 스프링필드산 '자살봉' 등정에 도전하는 등 제아무리 정신나간 계획을 벌여도, 그의 허튼짓거리가 아무리 큰 재산 피해를 내고 변호사 비용을 치르고 자존심을 구겨도 우리는 마지가 그를 구해서 데려올 것임을 알고 있다.

마지가 어떤 면에서 텔레비전 황금시대의 다정하고 헌신적이고 자기를 내세우지 않는 아내와 어머니상으로의 퇴보이며 그의 제한적인 역할을 이런 식으로 설명할 수 있다 해도, 오히려 자기 시대를 앞서가는 리사에게는 이 같은 설명이 적용되지 않는다. 심슨 가족 캐릭터를 처음 소개한 《트레이시 울먼 쇼》의 단편들에서 리사는 바트의 범죄 파트너에 지나지 않으며, 최근 시즌에도 바트와 리사가 효율적인 팀을 이루는 에피소드들이 있다. 다만 그들이 일을 벌이는 목적은 다소 고상해졌다. 이 점은 〈시장이 된 사이드쇼 밥〉에서의 선거 조작 폭로나, 〈아버지와 아들〉에서 크러스티와 그의 의절한 아버지를 화해시키려는 작전에서 찾아볼 수 있다.

리사는 복잡한 캐릭터가 되었고, 작가들은 자신들의 대변인이 비록 대단히 영리할지언정 여덟 살 먹은 아이라는 허구를 완전히 포기하지 않으면서 그의 성격의 다채로운 측면들을 능숙하게 보여준다. 리사는 임시 교사를 짝사랑하고, 조랑말을 사달라며 아빠를 조르고, 자기를 못생기게 그린 캐리커처에 속상해하고, 다른 (똑똑한) 여자아이들을 질투하고, 오빠와 티격태격한다. 하지만 그는 또한 실존적 절망을 겪고, 마살리스처럼 색소폰을 연주하고, 글짓기 대회에서 상을 타고, 수학·과학에서 드문 재능을 드러내고, 멘사에 가입하기도 한다. 그렇다면 이 역동적이고 지적인 캐릭터가 쇼에서 더욱 많이 노출되지 않는 이유는 무엇일까?

우선 리사의 관점이 별로 인기가 없기 때문일 가능성이 있다. 일부 평자들은 리사가 마지의 제한된 삶을 거부하며 성전을 벌이길 좋아한다는 걸 근거로 그가 조숙한 페미니스트에 지나지 않는다고 치부했다. 예를 들어 '최고의 에피소드' 리스트에 단골로 오르는 ‹리사와 말리부 스테이시›에서 리사는 인형 산업 전체를 개혁하려는 운동을 벌인다. 새로 출시된 말하는 말리부 스테이시 인형에 어리석고 성차별적인 대사가 입력된 것에 반발한 리사는, 평소의 거침없는 방식대로 곧장 꼭대기로 돌진하여 말리부 스테이시의 원제작자를 만나러 간다. 리사를 연기하는 성우 이어들리 스미스의 인터뷰에서, 그는 말리부 스테이시 에피소드와 같은 어려운 주제에서 작가들이 아슬아슬한 균형을 잡으려 노력한다는 인상을 받았다고 말한다. "리사가 원칙대로 행동할 때 나는 항상 자랑스럽지만, 너무 원칙적으로 굴고 여덟 살배기처럼 행동하지 않을 때는 조금 걱정이 된다."[18]

심슨 가족이 사는 법

때로는 성전이 도덕적 성격을 띠기도 한다. ‹도둑질하지 말라›에서 리사는 남의 집 케이블 TV 선을 훔치는 게 나쁜 일임을 자기 가족, 특히 호머에게 납득시키려고 한다. 하지만 준법정신이 투철한 마지마저도 우유부단한 모습을 보이며, 리사는 에피소드 끝에 가서야 겨우 승리를 쟁취한다. 채식주의 또한 리사가 옹호하는 도덕적 대의지만, 이 경우에는 자기 가족을 설득하는 데 성공하지 못한다. 그러나 ‹채식주의자 리사 심슨›의 가장 중요한 교훈은 채식주의자인 리사가 비건인 아푸에게서 관용의 미덕을 배우는 결말 부분에 나온다고 주장할 수도 있다. 일부 작가들은 이런 점에서 마지와 리사를 동일시하지만, 둘의 비교에선 주로 리사의 손을 들어주게 된다.

엄마처럼 리사도 강한 윤리적 미덕을 지녔다. 마지가 사소한 죄악을 사회의 일부로 수용하는 반면, 리사는 그 어떤 상황에서도 도덕성을 옹호한다. (…) 정직한 원칙주의자인 리사는 사회의 부패에 환멸을 느끼며, 흔히 "세상에서 가장 슬픈 초등 2학년"이 되곤 한다.[19]

적어도 비평가들에게 가장 큰 주목을 받는 인물은 바로 지식인으로서의 리사[20]—부진아 바트와 비교되는 우등생 리사—다. 리사에 대한 다음의 전형적인 묘사에서 그는 다음과 같이 격하된다.

호머처럼 리사 심슨도 한 가지 특질의 지배를 받는다. 그는 이성의 담지자다. 리사는 다른 인물들의 동기와 행동을 비판적으로 보며 의문을 제기하는 이성의 소리 구실을 한다. 하지만 리사의 지성은 그를 왕따로 만들 뿐이다. 가족들은 리사의 권고를 대체로 무시하고, 학교 친구도 거의 없다. 리사는 공동체 전체와도 자주 불화를 빚는데, 이는 미국문화가 이성을 묵살하는 현실을 암시한다.[21]

⟨할로윈 이야기⟩ 에피소드에서 전능한 힘으로 '창세 접시' 속에 조그만 인류를 창조해내고, ⟨아빠와 딸의 날⟩에서 수학적 재능을 보이고, ⟨리사와 천사 화석⟩에서는 쇼핑몰 공사장에서 발견된 천사 모양 화석에 대해 과학적 설명을 집요하게 요구하는 등, 쇼에서 묘사하는 리사는 다소 유별나지만 너드임을 확실하게 알아볼 수 있는 모습이다. 그리고 남자건 여자건 간에 '똑똑한 아이'는 적어도 텔레비전에서는 항상 상대적으로 주변적인 캐릭터였다.

우리가 보기에, 리사에게 집중한 에피소드가 전체의 15퍼센트 정도에 불과한 것은 그의 페미니즘이나 지적 재능 때문만이 아니다. 실제로 리사가 바트의 반대항이라는 통념은 이 문제를 설명하기보다는 오히려 혼란스럽게 만든다. 두 사람이 정말로 대극이라면 우리는 둘에게 대충 같은 시간이 할당되리라고 합리적으로 기대할 수 있기 때문이다. 제프 맥그레거는 『뉴욕 타임스』에 기고한 글에서 이러한 견해를 개중 가장 뚜렷이 표명히며 말한다.

바트와 리사는 망나니와 우등생, 문제아인 음陰과 책벌레인 양陽, 모든 미국 어린이의 이드와 초자아다. 그들의 캐릭터는 다른 시트콤에서 흔히

심슨 가족이 사는 법

볼 수 있는, 자기 부모를 디스하는 맹랑한 꼬마의 일차원적 캐릭터보다
훨씬 더 풍부하고 생생하게 조형되어 있다. 그들의 두려움과 신경증은
이 둘이 올슨 쌍둥이식으로 단순히 깜찍한 말을 읊는 기계가 되지 않게
끔 해준다.[22]

아마 맥그레거는, 대부분의 사람(거의 미국문화 전반)에게 있어 초자
아(리사)보다는 이드(바트)에 투자되는 심리적 에너지가 훨씬 더 크다
는 사실을 확인했을 것이다. «심슨 가족»은 심리적 균형을 맞추기 위
해 리사를 필요로 하지만, 매우 실질적인 의미에서 그를 아주 많이 필
요로 하지는 않는다. 리사는 바트의 음과 대립되는 양이 아니다. 이 이
미지는 둘의 영향력이 동등하지는 않더라도 상호보완적이라고 가정
하는데, 실은 그렇지 않음이 입증되고도 남기 때문이다.

‹꼬마 시장 리사›는, 이와 관련하여 리사가 지닌 개성의 유달리 철
학적인 차원이라는 측면이 가장 뚜렷이 나타나는 에피소드다. 이 에피
소드에서 리사는 멘사 스프링필드 지부에 은밀히 초대되어 입회한다.
리사는 심지어 동료 멘사 회원들과 비교해도 유토피아주의자이자 이
상주의자였음이 곧 드러난다. 큄비 시장이 도주하고 멘사 회원들이 스
프링필드의 새 정부가 된 뒤, 리사는 심지어 아주 똑똑한 사람들도 얼
마나 빨리 편협한 당파주의에 휘말려 싸움을 일삼게 되는지를 보고
경악한다. 심지어 스티븐 호킹도 공공선을 향한 리사의 꿈이 실현 불
가능한 신기루임을 충분히 납득시키지 못한다. 한 사회에서 순교를 면
하고 용납될 수 있는 이상주의자나 개혁가는 대개 많아야 한 명을 넘

지 못했으므로, 심슨 가족은 이런 이상주의자를 포용하고 있는 데 대해 높은 점수를 받아 마땅할 것이다.

훌륭한 여자들과 멍청한 남자들

물론 《심슨 가족》의 에피소드들이 텔레비전, 가족, 그리고 다른 무수한 문화적 제도와 관습을 풍부히 패러디하고 있음을 인정해야 한다. 그러므로 이 텍스트를 너무 심각하게 해체하면, 다양한 시청자들을 상대로 시즌 11까지 지탱해온 이 쇼의 유머와 신랄한 사회적 논평까지 지워버릴 위험이 있다. 그럼에도 이 시리즈는 (그 자신이 너무나 자주 예리하게 패러디하는) 텔레비전 시추에이션 코미디 장르 내에서의 분석을 필요로 한다.

앞에서 보았듯이, 스프링필드의 인구 구성은 텔레비전 세계의 인구 구성을 정확히 반영한다. 스프링필드(와 대부분의 텔레비전)는 남성의 세계다. 그 남자들이 (아이이건 어른이건) 대부분 시원찮은 바보라 해도 상관없다. 지난 반세기의 주류 텔레비전 코미디 캐릭터들이 대부분 그러했듯, 《심슨 가족》의 남성 캐릭터들도 직장과 점포, 대중오락과 연예계 등의 공적 영역에서 (제) 기능(을 못)한다. 그리고 이 남자들이 (제) 기능(을 못)하는 공적 영역은 너무나 자주 도덕적 위기를 맞는 냉혹한 세계이며, 의미 있는 사회구조와 도더적 중심이 부재한 진정 포스트모던한 무대다. 또 이 공적 세계가 대단히 재치 있게 파헤쳐지고 수습되고 때때로 거꾸로 뒤집히는 건 그레이닝과 작가진의 공이다. 호머와 바트가 (그들 이전의 너무나 많은 TV 속 세상에서 그러했듯) 그 온갖 기행을 벌이

심슨 가족이 사는 법

고도 이 포스트모던한 세계의 피난처인 에버그린테라스의 집으로 돌아올 수 있는 것 또한 아이러니하다. 에버그린테라스의 집은 넬슨 가족, 클리버 가족, 먼스터 가족의 집과 다르지 않은 장소로, 중심이 잡혀 있고 (궁극적으로는) 무너지지 않으며 '가정의 천사' 마지 심슨이 변함없이 그들을 기다리는 장소로 영원히 남아 있다.

혹자는 우리가 핵심을 잘못 짚었다고, «심슨 가족»은 "평범한 미국 가정의 온갖 미추"[23]를 패러디하는 쇼로서 의도되었다고 불만을 제기할 수도 있을 것이다. 우리 생각은 다르다. 이 쇼에서 가족의 이상은, 다른 표적에 행해지는 것 같은 신랄한 비난의 대상이 되지 않는다. 자본주의의 예를 들어보자. 번스 사장은 거의 의인화된 자본주의라 할 수 있다. 번스 사장은 프리드먼의 자유방임식 자본주의자를 과장한 캐릭터로 제시된다. 그의 존재 목적은 이윤이고 그의 존재 이유는 탐욕이다. 번스 사장의 캐릭터에서 우리는 냉혹한 자본가의 효율적인 캐리커처를 발견한다. 모든 효율적인 풍자작가처럼 그레이닝도 자본주의 세계관을 과장하거나 확대함으로써 그에 대한 모종의 신랄한 비판을 제기할 수 있다. 다시 말해서 번스 사장은, 자본주의 세계관이 다른 근본적인 도덕적·사회적 헌신에 의해 저지되지 않을 때 그것이 맞게 될 논리적 귀결을 보여준다. 그럼에도 번스 사장이 단지 자본주의적 탐욕의 현신이기만 한 것은 아니다. 그는 자기가 꾸미는 집요한 자본가적 술책의 직접적 결과로 이따금 (존재론적 절망까지는 아니어도) 고뇌의 순간을 겪는다는 면에서 그 자체로 독립된 캐릭터이기도 하다. 이와 비슷한 맥락에서 마지의 캐릭터 역시 (번스 사장처럼) 문화적으로 구성된 이상적 아내와 어머니상의 패러디라고, 궁극적으로 멍청한 마지 역의 본질을 폭로하는 과장된 풍자라고 주장할 수도 있을 것이다.

하지만 마지를 주로 풍자가 본질인 캐릭터로 해석하면 문제가 불거진다. 첫째로 풍자란, 그 본질상 아주 익숙한 문화적 관습(자본주의, 종교, 모성……)의 가장 두드러진 특징을 매우 심하게, 그러면서도 풍자적으로 과장함으로써 그 문화적 관습 자체에 내재된 부조리를 폭로하는 것이다. 마지라는 캐릭터는 번스 캐릭터가 자본주의를 과장하고 풍자하거나 러브조이 캐릭터가 포스트모던 시대의 종교를 풍자하는 정도로 모성이나 아내상이나 여성성을 과장하지 않는다. 번스는 자본주의를 그 논리적 귀결로 몰아붙임으로써 그것이 황폐한 삶의 방식임을 폭로한다. 반면에 마지는 자신이 구현하는 관습을 그 논리적 귀결로 몰아붙이지 않고, 그것을 극도로 과장하지도 않으며, 그것의 멍청함이나 얄팍함을 폭로하지도 않는다. 둘째로, (최선의 경우에) 패러디는 그때까지 우리 눈에 띄거나 우리가 깨닫지 못했던 것의 한 측면을 드러내 보여준다. 어떤 관습이나 통념이 다른 생각이나 관습에 의해 규제받지 않는다면 결국 무엇으로 귀결되는지를 보여줌으로써 우리의 안주 상태를 뒤흔든다. 번스 사장과 자본주의의 예에서 우리는 규제 없는 자본 추구의 특성(환경 파괴, 노동자 착취, 자기혐오, 고독)을 상기하게 된다. 마지는 그렇지 않다. 그는 아내나 어머니상을 심하게 과장한 캐릭터로 보이지 않으며, 그의 선배 캐릭터들을 통해 우리가 매우 잘 알고 있는 미덕의 연장선상에 있다. 마지는 아내이자 엄마로서 집안을 다스리는 여성을 높이 평가하고 주로 애정 어린 눈으로 보는 관점을 제시한다.

심슨 가족이 사는 법

(버지니아 울프의 표현을 차용하자면) '가정의 이상주의자'인 리사 캐릭터를 활용하여 도덕적 중심을 확장한 그레이닝 사단의 독창성은 경의를 표할 만하다. 리사는 이성의 소리일 뿐만 아니라, 《이치와 스크래치》 만화를 보며 낄낄거리고, 학교 댄스 파티장에서 폐유를 던지며 신나게 놀고, 가족의 소중한 비행기 티켓을 구하기 위해 목숨을 거는 생생한 인간으로 묘사된다. 심지어 리사는 알맞은 시점에 바트의 행동을 적어도 어느 정도 개선시키는 데 성공하기까지 했다. 시즌 2의 〈하나님! 하루만 더〉에서도 일찌감치 그 예를 찾아볼 수 있다. 바트는 시험 공부할 시간을 하루만 더 달라고 기도하는데, 정말로 폭설이 내려서 기도가 이루어진다. 그러자 바트는 공부 따윈 까맣게 잊고 눈싸움을 하며 놀고만 싶다. 그때 리사가 바트를 일깨운다. "어젯밤에 들었어. 오빠가 이렇게 되기를 기도했지? 이제 오빠 소원대로 됐어. 나는 신학자도 아니고 하느님이 누군지, 아니 뭔지도 몰라. 하지만 확실히 아는 건, 하느님이 아빠 엄마를 합친 것보다 훨씬 더 힘이 세고 오빠가 그분한테 큰 빚을 졌다는 거야." 바트는 이 말을 듣고 공부한다(그래서 시험에 통과한다).

시즌 4에서 리사와 바트는 힘을 합쳐 '크러스티 캠프'의 끔찍한 환경과 '뱀 잡는 날'의 동물 학대를 폭로하고, 〈크러스티 컴백 쇼〉에서는 크러스티의 이미지 쇄신을 돕는다. 시즌 6에서 리사와 바트는, 유소년 아이스하키 경기에서 호머를 포함한 스프링필드의 어른 대부분이 양 팀을 살벌하게 응원하는 가운데 라이벌로 맞붙는다. 마지막 패널티샷으로 승부가 갈리는 상황이 되자, 바트와 리사는 장구를 벗어던지고 포옹한다. 게임은 무승부로 끝난다(‹바트 대 리사›). 무슨 수를 써서라도 이기려는 우둔한 마음가짐을 극복한다는 건 특히 남자아이에겐 대단한 일이지만, 리사가 바트에게 끼친 영향력의 진면목은 ‹군사학교에 간 남매›에서 찾아볼 수 있다. ‘로멜우드 군사학교’의 유일한 여자 생도가 된 리사는, 날이 갈수록 고립되면서 호된 신고식과 힘든 체력 시험을 통과할 수 있다는 자신감을 잃어가기 시작한다. 처음에 바트는 리사의 훈련을 몰래 도와주는 선에서 그치지만, 무시무시한 로프 건너기 시험을 치르는 결정적 순간에 다른 남자애들로부터 배척당할 위험을 무릅쓰고 큰 소리로 리사를 응원한다. 리사는 완주에 성공한다.

이로써 일종의 대칭이 이루어졌다. 부진아 바트는 (시즌 8이 끝날 무렵에는) 가족에 대한 의리라는 개인적 가치를 심지어 공적 상황에서의 남성연대보다 더 우선에 놓을 정도로 충분히 성장했다. 앞의 시즌에서는 리사만이 볼 수 있었던 도덕적 진리들(약속을 지켜라, 약자를—설령 그가 뱀이라도—보호하라, 친구와의 의리를 지켜라)을, 마지나 리사의 설득 없이도 자기 스스로 훌륭하게 실천할 만큼 받아들이게 되었다(물론 이 해석은 에피소드 앞부분에서 바트가 리사를 완전히 무시했다는 사실을 편리하게 무시한다).

리사가 품은 도덕적 이상주의의 영향력은, 물론 바트가 아닌 호머를 상대로 진짜 매서운 시험에 지면한다. 영향력이 미치는 데 걸리는 시간도 부득이하게 더 길다. 사실 호머가 리사의 가치를 드러내놓고 인정하는 장면은 미래를 보는 에피소드인 ‹리사의 결혼식›에 가서야 등장한다. 이제 23세가 된 리사는 환경에 대한 관심, 짐 캐리의 예술

심슨 가족이 사는 법

적 재능에 대한 높은 평가, 전형적인 따분한 채식주의 신념을 공유하는 상류층 영국인 휴 파크필드를 만나 사랑에 빠진다. 리사가 결혼식을 올리기 위해 스프링필드로 돌아오자 호머는 감정에 북받쳐서 이렇게 말한다.

> 호머: 우리 꼬마 리사, 리사 심슨. 알지, 내 이름이 붙은 것 중엔 네가 최고라고 항상 생각했단다. 혼자서 기저귀 차는 법을 터득했을 때부터 너는 나보다 똑똑했지.
>
> 리사: 오, 아빠―.
>
> 호머: 아니, 아직 말 안 끝났어. 그저 네가 항상 내 자랑이었다는 걸 알아주면 좋겠구나. 너는 내가 이룬 최고의 업적이고 너는 그걸 다 혼자 해냈어. 네 엄마를 이해할 수 있게 도와주고 가르쳐줘서 난 더 나은 사람이 되었지. 하지만 넌 내 딸이기도 하니 누구도 너보다 더 훌륭한 딸을 가질 수는 없을 거다.
>
> 리사: 아빠, 지금 횡설수설하고 계세요.
>
> 호머: 이거 봐, 지금도 날 도와주고 있잖아.

용맹한 노력을 기울였음에도, 휴는 리사의 가족에게 다소 질리고 뜨악해한다. 곧 영국으로 돌아가니 그들을 상대하지 않아도 되어 다행이라는 휴의 퉁명스러운 말을 듣고 리사는 결혼식을 취소해버린다. 이는 리사의 캐릭터 발전에서 중대한 순간이다. 〈심슨 유전자〉에서 리사는 멍청함이 심슨 집안의 모든 남자에게서 나타나는 성 연관 소질임을 알게 된다(이는 리사의 재능과 지성이 그를 스프링필드와 자기 가족을 벗어난 먼 곳으로 이끌 것임을 암시하는 듯 보인다). 하지만 여기서 제시된 막연한 암시에도 불구하고, 자기 가족을 흉보는 말에 대한 리사의 반응은 그의 가족 사랑이 그의 지적 장래성을 어쩌면 능가할 수도 있음을 보여준다. 한 에피소드만으로 리사의 캐릭터를 규정할 수는 없고 나아가 리사가 가족 사랑과 지성의 가능성을 더불어 간직할 것으로 희망할 수도 있지만, 리사가 심슨 가족의 삶이라는 수렁 속에 남기를 택한 것은 그의 가능성이 아직은 실현되지 않았음을 암시한다. 『로디드 매거진Loaded Magazine』과의 인터뷰에서 그레이닝은 리사에 대한 이런 걱정과 관련해 다음과 같이 말했다. "«심슨 가족»에서 남자들은 자각이 전혀 없고 여자들은 모종의 자각에 막 눈뜨려 하고 있다. 나는 리사가 결국엔 스프링필드를 탈출할지도 모른다고 생각한다. 따라서 그에게는 희망이 있다."[24] 그런 리사의 가능성은 아직 실현되지 않았다.

마지는 가정의 수호자이자 호머와 바트가 에피소드마다 다시 찾아드는 피난처다. 우리는 이것이 마지에게 있어 일시적으로 벗어날 수 있을지는 몰라도 아주 벗어던질 수는 없을 정도로 중요한 역할임을 안다. 어쨌든 마지는 냉혹하고 부패한 공공 영역에서 성공하기에는 너무나 선량하다. 결국 마지는 라이어널 허츠의 '빨간 블레이저 부동산'에 잠시 취직했을 때 집을 한 채도 팔지 못했다. 마지가 여자라서가 아니라 고객에게 거짓말을 못했기 때문이다. 리사도 도덕적 모범으로서 너무나 중요하기 때문에 정말로 성장하거나 집을 떠나지는 못할 것이다. 마지는 남편과 아들을 있는 그대로 사랑해주며, 리사는 아빠와 오

심슨 가족이 사는 법

빠에게 더 나아지고픈 동기를 불어넣고 그렇게 될 수 있는 방향으로 이들을 이끌어준다. 이는 지극히 중요하고도 훌륭한 역할이며, 최상의 인간적 자질은 여성에게만 부여된 것처럼 보인다. 하지만 여자들이 (자기 가족을 포함한) 온 세상의 멍청한 남자들에게 영감을 준다 해도, 이 멍청한 남자들이 삶이라는 무대의 정중앙을 차지하고 있는 현실에는 의문이 제기되지 않는다.

3부

《심슨 가족》과 삶의 윤리

10

칸트주의적 관점에서 본
《심슨 가족》의 도덕세계

제임스 롤러

과학소설 작가 스파이더 로빈슨은 J. K. 롤링의 『해리 포터와 불의 잔』에 대한 서평에서 이렇게 썼다. "그렇다. 해리 자신은 좀 재수 없게 착한 척하는 녀석이다. (…) 인정할 건 인정하자. 사실 해리는 바트의 반대항이다. 하지만 정말로 여러분은, 자녀에게 심슨보다 더 나은 롤모델이 없기를 바라는가(*The Globe and Mail*, 15 July 15 2000, p. D14)?"

자녀를 위한 롤모델로 재수 없는 해리 포터와 악마 같은 바트 심슨 중에 한 명을 택할 필요는 없다. 이를테면 리사 심슨도 있다. 《심슨 가족》은 그중 일부분으로 환원시킬 수 없고 모든 시점의 총합으로 보아야 한다. 리사 심슨의 독특한 도덕적 관점을 인식하지 못하고 도덕적 롤모델을 '착한 척하는' 개인의 모습으로 재현하는 것은 도덕적 좋음 moral goodness에 대한 협소한 관점을 암시한다.

도덕적 좋음이란 무엇일까? 이마누엘 칸트에 따르면, 도덕적 관점의 중심 특성은 '의무duty' 수행을 향한 헌신이다. '의무'라는 말은 상반되는 두 가지 힘의 존재를 암시한다. 한 편에는 우리의 자연발생적인 욕망, 감정, 이익이 있다. 여기에는 우리의 공포와 혐오, 질투와 불안도 포함된다. 다른 한 편에는 우리가 해야 한다고 여기는 일과 되어야 한다고 여기는 인간상이 있다. '의무'라는 말은, 이 두 힘이 자주 충돌하며 따라서 해야 할 일을 하거나 되어야 하는 사람이 되려는 노력은 힘들거나 고통스럽고 갖가지 희생이 따름을 암시한다. 도덕적 관점—이상적인 롤모델—을 유지하려 헌신하는 개인은, 옳은 일을 하거나 옳은 사람이 되기 위해 개인적 욕망, 감정, 흥미를 제쳐놓겠다고—필요하다면 희생시키겠다고—결심한 사람이다.

《심슨 가족》의 에피소드들은 개인적 욕망, 감정, 이익과 도덕적 의무감 사이의 충돌을 자주 조명한다. 갓난아기 매기를 포함한 심슨 가족의 구성원들은 복잡한 도덕적 환경의 조성에 기여하는데, 이 환경에서 도덕성이 의무로서 중요하게 부각되는 것은 그 반대(개성 강한 개인들의 열렬한 욕망, 감정, 이익) 또한 존재하기 때문이다. 우리는 이 테마들이 호머, 바트, 마지의 캐릭터 속에서 전개되는 방식을 간단히 살펴본 뒤, 의무에 충실한 도덕적 인간의 주된 사례인 리사의 캐릭터에 초점을 맞출 것이다. 그리고 이 설명에서, 의무와 욕망 사이의 모순을 궁극적으로 해결하고 극복하는 주체는 심슨 가족 전체임이 분명히 드러날 것이다.

심슨 가족이 사는 법

모와 플랜더스 사이에 놓인 호머

이런 충돌은 때때로 의무감의 캐리커처를 통해 강조되곤 한다. 호머 심슨은 자신의 욕망과 이익이 마치 도덕적 의무 그 자체인 것처럼 그 것을 합리화하는 대단한 능력을 보여주며, 그래서 그에게는 아무런 곤란한 충돌도 발생하지 않는다. 〈모 아저씨의 로맨스〉에서 모는 보험금을 타기 위해 호머에게 자기 자동차를 박살내달라고 부탁한다. 호머는 대체로 이기적이고 자기중심적인 캐릭터인 모에게서 강한 압박감을 느낀다. 또 모의 독설 섞인 위협에 겁을 먹고 친구의 집요한 요구를 들어주려고 한다. 모는 일반적으로 자신의 개인적 욕망과 이익을 우선시하며 그것과 충돌하는 도덕적 의무에 대해서는 거의 혹은 전혀 상관하지 않는다. 그에 반해 호머는 자기가 과연 옳은 일을 하는 건지 잠깐씩 의심해보는 순간이 있다. 호머는 자신의 '양심'을 되돌아본다. 그의 양심은 아내인 마지가 자기에게 말하는 모습으로 형상화되는데, 웃기게도 이 '마지'는 모가 보험금을 탈 수 있게 그의 차를 박살내는 게 호머의 의무라고 아주 단호하게 말한다. 그렇게 해서 '양심'을 만족시킨 호머는 특유의 에너지로 이 '의무적인' 행동을 수행하는 데 돌입한다.

풍자적인 방식이긴 하지만, 이 에피소드는 확실히 의무에 대한 도덕적인 관점을 제시한다. 여기서 호머는 긍정적인 롤모델을 제시하는 게 아니라 어떻게 하면 안 되는지를 보여준다. 우리는 도덕적 상황에 대한 이 같은 캐리커처를 보고 웃지만, 동시에 우리의 도덕적 의무 관념 또한 이와 비슷한 과정에 의해 결정되지 않는가도 자문해보게 된다.

호머의 도덕적 딜레마들은 대개 구체적인 방식으로, 이를테면 마지에 대한 사랑과 남편으로서의 의무를 낚시 애호나 기타 자기가 하고 싶은 것들과 나란히 놓고 저울질해야 하는 상황에서 떠오른다. 호머는 진심으로 좋은 아빠이자 남편이 되고 싶지만, 개인적인 쾌락의 호소는 이런 의무적인 생각을 끊임없이 그의 머리에서 몰아낸다. ‹결혼의 위기›에서 호머가 지각없는 행동을 특히 눈꼴사납게 전시한 이튿 날, 마지는 호머를 설득하여 ‘메기 호수’에서 러브조이 목사가 진행하는 주말 결혼상담 프로그램을 신청한다. 호머는 전설적인 거대 메기인 ‘셔먼 장군’ ‘호수 밑바닥에 서식하는 500파운드짜리 흉포한 놈’을 잡을 수 있다는 가능성에 혹한다.

첫날 새벽 마지는 낚시채비를 갖추고 숙소 밖으로 몰래 빠져나가려는 호머를 붙잡는다. 지금 둘의 결혼이 걸려 있는 판에 어떻게 낚시 생각을 할 수 있는가? 진심으로 부끄러워진 호머는 계획을 단념하고 대신 호숫가를 산책한다. 그런데 어떤 사람이 낚싯대를 놓고 그냥 가버리는 것 같다. 호머는 양심적으로 주인에게 돌려주려고 그 낚싯대를 집는다. 바로 그 순간 셔먼 장군이 미끼를 물고 어찌나 세게 끌어당겼는지, 호머를 보트 안으로 내동댕이친 채 호수 한가운데까지 끌고 간다.

그 후 인간과 짐승이 의지와 힘을 겨루는 장대한 대결, 어니스트 헤밍웨이의 『노인과 바다』에 나오는 고독하고 영웅적인 투쟁이 펼쳐진다. 마침내 승리를 거둔 호머는 역사상 가장 위대한 낚시꾼으로서 불후의 명성을 얻으리라는 기대에 한껏 부풀어 호숫가로 돌아오지만, 그를 기다리고 있는 건 화가 머리끝까지 나서 그의 이기심을 비난하는 마지였다. 이기적 욕망과 도덕적 의무 사이의 선택에 직면한 호머는

심슨 가족이 사는 법

가정을 위해 명성을 단념하고 헐떡이는 셔먼 장군을 물속에 놓아준다. 이토록 강한 개인적 욕망의 충동을 극복함으로써, 호머는 자신의 물리적 위업을 진정 위대한 도덕적·영웅적 위업으로 변모시킨다. 그리고 자기가 의무에 충실하기 위해 희생했음을 이렇게 인정한다. "나는 우리 결혼을 위해 명성과 아침밥을 포기했어."

'범생이' 플랜더스 또한 아내와 함께 상담 프로그램에 참석했다. 그들 결혼생활의 문제는 (그런 질문을 상상할 수 있다면) 무엇일까? 네드의 아내가 가끔 그의 성경책에 밑줄을 긋는다는 것이다! 플랜더스는 «심슨 가족»의 도덕세계에서 중요한 인물로, 개인적 욕망이나 이익과의 충돌이 수반되지 않는 극단적인 도덕성을 대표한다. 플랜더스는 개인적 욕망과 이익을 갖지 않은 것처럼 보이기 때문이다.[1] 이런 점에서 플랜더스는 모와 반대다. 진정한 도덕적 의무감이 존재하려면 하나가 아닌 두 개의 힘—도덕적 의무에 대한 인식과, 개인적 욕망, 쾌락, 이익에 대한 건전한 감각—이 있어야 하기 때문이다. 이 두 개의 경향은 충돌의 가능성을 내포한다. 모가 확고히 자기 자신만을 위해 행동한다면, 기독교적 도덕성에 의거한 그의 캐리커처에는 개인적인 삶이 전혀 없다.

‹네드의 새 인생›은 이 점을 유머러스하게 전달한다. 굉장한 동안인 플랜더스는 자기가 실은 60세라고 고백한다. 호머는 그의 외모가 젊어 보이는 건 자신만의 삶을 거의 살지 않았기 때문이라고 지적한다. 플랜더스는 후회스러운 마음으로 이 분석에 수긍하고, 호머에게서 재밌게 사는 법을 배우기로 한다.[2] 물론 그 결과는 라스베이거스에서 술

에 취해 이중 결혼을 하는 등 재난의 연속이다. 눈앞의 개인적 희열을 탐하는 호머의 열정은 도덕주의자 플랜더스가 '삶을 갖는 데' 실패한 것과 정반대된다. 둘 다 삶에 접근하는 방식에서 한계를 모른 채 극단에 치우쳐 있다.

그게 나쁘다는 것쯤은 바트도 안다

바트 심슨에게는 아빠와 닮은 점이 많다. 재미를 좇는 말썽쟁이 소년의 세상 태평스러운 태도가 그러하다. 〈바트의 여자친구〉에서 바트는 러브조이 목사의 딸 제시카에게 홀딱 반하고 만다. 처음에 바트는 제시카의 관심을 얻기 위해 주일학교에 나가서 경건한 척해야겠다고 생각한다. 하지만 제시카는 바트에게 범죄 파트너로서의 소질이 있음을 알게 된 뒤에야 그에게 관심을 보인다. 이 에피소드는 도덕성이 외적 행동 규범에 대한 순응과 동일시될 때 도덕적 위선[3]이 파고들 가능성을 보여준다. 목사의 딸로서 제시카는 '착한 척하는' 아이의 역할을 최대한 연기한다. 즉 자신의 이기적인 욕망을 채우기 위해 도덕성을 위선적으로 이용한다. 하지만 바트에게는 한계에 대한, 즉 어느 선을 넘으면 안 된다는 감각이 있다. 제시카가 교회 헌금 바구니에서 돈을 훔치자, 바트는 최선을 다해 도둑질에 반대하며 이렇게 말한다. "헌금 바구니에서 돈을 훔치는 건 나쁜 일이야! 나도 그건 안다고." 바트는 도둑질을 했다는 누명을 쓴다. 바트가 제시카에게 왜 내가 너를 감싸주어야 하느냐고 따지자, 제시카는 이렇게 말한다. "왜냐면 너도 알다시피 아무도 널 안 믿을 테니까. 난 착하고 완벽한 목사님 딸이지만 넌 그냥 노랑둥이 쓰레기라는 걸 잊지 마."

평소의 사악한 언행 때문에, 이따금 바트가 의무를 의식하는 장면은 관습적으로 품행이 바른 아이의 경우보다 특정한 도덕적 쟁점을 더욱 효과적으로 강조하는 것 같다. 〈엄마가 된 바트〉에서 바트는 자신의 몰지각한 장난질로 부모 새가 죽는 걸 보고 감동적인 양심의 위기를 경험한다. 바트는 부모 잃은 알들을 돌보는 데 몸 바쳐 헌신하기로 결심하고, 그답지 않게 평소의 재미거리를 희생해가며 벅찬 책임을 감당한다. 그러나 삶이란 가장 선한 의도를─특히 그 선의가 감정적 충동에서 불거졌을 경우에는─지옥으로 가는 길로 바꾸어버리곤 한다. 그 알이 새를 마구 잡아먹어서 연방법으로 반입이 금지된 도마뱀의 알임이 밝혀지자, 바트는 끝까지 자기 책임을 고수하며 엄마에게 이렇게 말한다. "모두가 애들이 괴물이라고 하지만, 제가 키운 애들이에요. 저는 얘들을 사랑한다구요! 이해하기 힘드시겠죠." 마지는 대답한다. "그렇게 힘들진 않단다."

결국 바트의 도마뱀들은 스프링필드의 골칫거리였던 비둘기 떼를 섬멸하고, 바트는 도시의 영웅이 되어 상을 받는다. 새로 얻은 명성이 자기 원래 행동의 근거가 된 도덕적 원칙을 깔아뭉개는데도 바트는 별로 상관하지 않는다. 동생인 리사는 이렇게 말한다. "나는 이해가 안 돼, 바트. 새 한 마리를 죽였을 때는 그렇게 괴로워하더니, 이젠 수만 마리를 죽이고도 신경조차 안 쓰다니." 하지만 평소의 비도덕적 상태로 되돌아간 바트는 리사의 생태적으로 유의미한 역설에 정신을 집중할 수 없다.

마지, 자립하다

마지의 특징은 자기 자신의 삶이란 없이 관습적인 아내이자 어머니로서의 역할에 매몰되어 있다는 것이다.[4] 자신의 인습적인 성장배경에 도전하고 그것을 넘어설 때 마지는 수준 높은 도덕적 인식의 중심이 된다. 칸트의 주장에 따르면 우리는 타인뿐만 아니라 자기 자신에게도 의무가 있다. 즉 자신에게 내재된 재능을 힘닿는 데까지 발전시킬 의무가 있다. 독립적인 자기개발로 가는 길은 어떤 환경에서는 고통스러운 도덕적 의무일 수 있다. 사회적 압력과 성장배경이 타인에 대한 봉사와 종속을 강요할 때, 개인적 발전을 위한 자립에는 용기가 필요하다. 페미니즘의 훌륭한 도덕적 사례들이 전통적 아내인 마지에 의해 자주 제시되는 건 그 때문이다.

영화 〈글렌게리 글렌 로스〉를 차용한 〈공인중개사 마지 심슨〉 에피소드에서 마지는 부동산 중개인으로 취직한다. 그는 가족에 대한 자신의 이타적인 봉사가 그저 당연한 일로 취급당하는 것에 질린다. 마지에게도 한 인간으로서 자신의 삶을 가질 권리가 있다. 마지는 자기 자신과 가족과 스프링필드라는 더 큰 사회에 자신의 가치와 능력을 입증할 수 있는 경력을 원한다. 새로 입사한 마지가 동료들과 인사를 나누는 장면에서, 우리는 그가 눈 뜨면 코 베어 가는 약육강식의 세계에 발을 들였음을 볼 수 있다. 웨스트사이드는 자기 구역이라며 눈을 부릅뜨고 경고하는 중개인이 있는가 하면, 쇠약한 잭 레먼*처럼 생긴 한 나이든 남자는 완전히 몰락 직전에 처해 있다. 이런 환경을 아직 의식하지 못한 마지는 회사에서 지급한 멋진 빨간 재킷을 들뜬 마음으로

심슨 가족이 사는 법

자랑스럽게 걸쳐 입는다.

문제는 마지가 고객을 진심으로 돕고 싶어하며, 자신이 생각하는 의무를 위해 이익을 희생할 준비가 되어 있다는 것이다.[5] 친구와 이웃들은 마지를 신뢰하여 그의 의견을 따른다. 이 신뢰에 부응하여, 마지는 그들이 구입하려는 집에 대한 자신의 솔직한 생각을 들려줄 수밖에 없다. 마지는 긴밀히 연결된 지역사회에서 우정과 유대감을 느끼는 고객들에게 대단히 정직하게 임하며, 그 결과로 회사에서 자리를 지키기 위해 필요한 매출을 올리지 못한다. 마지는 거래를 성사시켜서 정직원으로 승진하는 데 실패한다.

마지는 유들유들한 매니저인 라이어널 허츠에게 자신의 방식을 이렇게 변호한다. "우리 신조가 '알맞은 사람에게 알맞은 집을!'이잖아요." 라이어널은 대답한다. "있잖아요, 마지. 당신에게 작은 비밀을 하나 알려줄 때가 된 것 같군요. 여기서 알맞은 집이란 매물로 나온 집이에요. 알맞은 사람이란 아무나예요." "하지만 나는 사실대로 말한 것뿐인데요!" "물론 그렇죠. 하지만 (여기서 그는 눈살을 찌푸리고 부정적으로 고개를 젓는다) 사실이 있고, (여기서 그는 활짝 웃으며 긍정적으로 고개를 끄덕인다) 사실이 있어요." 거래를 성사시키려면 매물을 올바른 각도에서 조명해야 한다. 작고 비좁은 집은 '아늑하다'고 하고, 금방 주저앉을 것처럼 쓰러져가는 집은 '주말 목수의 꿈'이라고 소개하는 식이다.

마지는 선뜻 납득하지 못하지만, 결국에는 실직하느냐 아니면 진실

---

* 코미디 배우로, ⟨글렌게리 글렌 로스⟩에서 거듭된 영업 실패로 경제적 궁지에 몰린 부동산 중개인 역을 맡았다.

을 다소 은폐하느냐의 선택에 직면해야 한다. 경쟁적인 사회조직이라는 기본 구조 때문에, 마지는 개인적 이익과 도덕적 의무의 충돌 사이에서 개인적 이익을 선택하라는 압력을 받는다. 그래서 마지는 방식을 바꾸어 순진하고 의심할 줄 모르는 플랜더스 가족에게 그들이 구입하려는 집에서 끔찍한 살인 사건이 일어났었다는 사실을 숨기고 큰 거래를 성사시킨다. 마지는 플랜더스네가 건넨 수표—그가 택한 직업에서 성공했다는 표시이자 그가 한 인간으로서 가치를 띤다는 증거—를 손에 넣은 데서 기쁨을 찾으려 해보지만 오히려 의무를 배신했다는 생각에 죄책감을 느낀다. 궁극적으로는 마지의 의무감이 욕망과 사익을 누르고 승리한다. 그는 자신이 열망해온 모든 것을 희생할 위험을 무릅쓰기로 결심하고 고객에게 돌아가서 이 집의 전모를 털어놓는다. 그런데 플랜더스 가족은 마지의 예상과는 사뭇 다른 반응을 보인다. 그들은 이렇게 흥미진진하고 무시무시한 내력을 지닌 집에서 사는 걸 모험으로 받아들이며 좋아한다. 역설적이게도, 이 경우에는 애초부터 철저한 정직성을 고수하는 게 최선의 방책이었을 것이다.

초기에 다소 부침을 겪은 마지는 마침내 의무를 위한 의무를 다하고도 개인적인 목표를 이룬다. 삶이란 항상 이런 식으로 굴러가야 하는 게 아닌가? 옳은 일을 하는 것이 어째서 개인의 희생으로 귀결되어야만 하는가? 이는 우리를 도덕적 양심의 두 번째 주된 특징으로 이끈다. 옳은 일을 하면 어떻게든 반드시 보상을 받는다는 것이다. 이 두 번째 특징은 도덕성의 첫 번째 특징—의무와 욕망 사이의 긴장과 충돌 가능성—과 모순되는 듯 보인다. 하지만 이 긴장은 어디까지나 일

심슨 가족이 사는 법

시적이라고 칸트는 주장한다. 궁극적·장기적으로 보면 도덕적 의무와 개인적 행복은 반드시 조화를 이룬다. '최고선'과 최고의 도덕적 의무는 도덕적 의무의 수행으로부터 행복이 솟아나오는 세계를 만드는 것이다. 의무를 다하는 사람은 반드시 보상을 받는다. 목표를 위해 타인을 희생시키는 자기중심적인 사람은 반드시 벌을 받는다.

우리가 이 편안하고 위안되는 도덕적 결론을 채택하려는 바로 그 순간, 차를 빼앗으려는 탈주범과의 격투에 휘말려 있던 호머가 방금 매매된 집으로 그 자동차를 몰고 돌진한다. 박살난 집의 잔해 속에서 기어나온 플랜더스는 마지를 돌아보며 묻는다. "그 수표 아직 가지고 있어요?" 체념한 마지가 수표를 건네자 그는 수표를 찢어버린다. 여기서의 교훈은? 결과에 상관없이 해야 할 일을 하라는 것이다.

직업에서의 성공이 인생에서 가장 중요한 일은 아니다. 마지는 환호와 (마침내) 존경을 받으며 가족의 품으로 돌아온다. 그는 궁극적으로 도덕적 원칙에 헌신함으로써, 높은 매출보다 더 높은 보상, 즉 가족의 사랑과 존경을 경험하는 데서 오는 행복을 성취했다. '최고선', 즉 의무와 행복의 일치를 우리는 어쩌다 한 번씩, 심슨 가족이 맞은 것과 같은 빛나는 순간에 언뜻 엿보곤 한다.

리사, 원칙을 옹호하다

의무에 충실한 도덕적 양심을 가장 생생히 묘사하는 캐릭터는 바로 초등학교 2학년생인 리사 심슨이다. 하지만 리사의 도덕성은 제도에 기반한 플랜더스의 도덕성과 다르다. 플랜더스의 도덕성은 성서와 교회의 권위를 과신하며 자기 확신에 부풀어 있다. 리사의 도덕성은 도덕적 삶의 위대한 테마들—정직함, 어려운 사람 돕기, 인간 평등에 대한 헌신, 정의—에 대한 조숙한 개인적 성찰에서 나온다. 리사는 현 상태의 무심한 인습적 타협에 직면하여 이런 원칙을 지키며 사는 것이 때로 얼마나 어려운지를 보여준다. 이는 칸트가 말하는 도덕의 또 다른 주된 특징을 가리킨다. 도덕이란 본질적으로 내면에서 정해진다는 것이다. 도덕은 외부의 사회적 환경이나 권위적인 종교의 가르침으로부터가 아니라 개인의 성찰로부터 나온다. 그리고 사람이 발 딛고 살아가는 원칙에는 명확성과 일관성이 있어야 한다.

〈스프링필드의 독립투사〉에서 리사는, 영웅으로 추앙받는 스프링필드의 전설적 창건자가 실은 조지 워싱턴을 암살하려 기도한 포악한 해적이었음을 알게 된다. 리사의 에세이 「슈퍼 사기꾼 제버다이어 스프링필드」는 F를 받는다. 리사의 선생님은 이렇게 설명한다. "이건 PC 광신도들의 죽은 백인 남자 때리기에 불과해. 너 같은 여자들 때문에 나머지 우리 같은 여자들이 시집을 못 가는 거야." 리사는 그저 자기가 발견한 사실을 말하려던 것뿐이다. 팔기 좋게 겉치레한 사실이 아니라, 어떤 결과와 희생을 감수하고라도 내재적 가치로서 변호되어야 할 객관적이고 역사적이고 과학적인 사실이다.

하지만 창건자에 대한 어떤 사실을 받들어 현대의 타락한 관행에 맞서야 할 때도 있다. 〈리사, 워싱턴에 가다〉에서 리사는 한 정치인이 사적 돈벌이꾼들에게 매수되었음을 알게 된다. 리사는 미국 민주주의를 건설한 이상의 타락을 폭로하려 한다. 그리고 이 문제를 들고 토머스 제퍼슨을 직접 찾아간다. 평소에 그렇듯이 리사는 원칙을 지키고 그 때문에 고뇌한다. 좀더 쉬운 길은 괜한 풍파를 일으키지 않고 못 본 척하며 군중이 가는 대로 따라가는 것이다. 리사는 관을 상대로 승산이 희박한 싸움을 벌인다.

일관된 원칙에 의해 정해진 의무를 다하는 데 헌신하는 리사는 계속해서 어려운 질문들을 제기한다. 고기를 먹음으로써 무고한 동물들에게 고통을 주는 게 옳은 일인가? <채식주의자 리사 심슨>에서 리사는 자기 접시에 놓인 양고기를 어린이 동물원에서 본 귀엽고 무방비한 새끼 양과 동일시한다. 그리고 이 경험을 일반화하여 채식주의를 전투적으로 받아들인다. 일관된 원칙을 옹호하는 리사는, 우리 행동의 원칙들을 사려 깊게 검토하고 그들 사이의 모순을 제거할 것을 요구하는 칸트 도덕론의 중요한 측면을 예시한다. 동물원의 무력한 동물을 해치는 일이 옳지 않다면, 우리의 식도락을 위해 비슷한 동물의 도살을 용납하는 일이 어떻게 옳을 수 있겠는가? 이는 정언명령에 대한 칸트의 정식—"그 준칙이 보편적 법칙이 될 것을 그 준칙을 통해 네가 동시에 의욕할 수 있는, 오로지 그러한 준칙에 의해서만 행동하라"—을 이해하는 한 가지 방식이다.

리사는 자기 원칙을 위해 싸우다가 호머의 바비큐 파티를 망쳐버린다. 호머는 크게 화를 낸다. 리사는 가족과 공동체 전체가 자기를 배척한다고 느낀다. 그러다가 리사는 채식주의자이자 힌두교도인 마트 주인 아푸의 옥상 정원에서 피신처를 찾게 된다. 거기서 채식주의자인 폴과 린다 매카트니를 만난 리사는 마침내 자신의 생각을 존중해주는 새로운 공동체를 발견했다고 느낀다. "그냥 채소, 과일, 곡물, 치즈만 먹으면서도 완벽히 건강하게 살 수 있다는 걸 저 바보들은 언제쯤 깨달을까요?" 하지만 온화한 아푸는 이렇게 대답한다. "윽, 치즈!" 리사는 더 높은 기준을 지닌 사람들도 있음을 발견하고 자신의 도덕적 우월감이 오만했음을 깨닫는다. 심지어 치즈도 먹지 않는 아푸는 관용을 충고한다. 이 경험의 결과로 리사는 좀더 섬세한 도덕적 이해심을 갖추게 된다. "제가 사람들을 너무 심하게 나무란 것 같아요. 특히 아빠를요. 고마워요, 여러분."

리사의 고립

리사는 무시할 수 없는 도덕적 원칙에 주의를 집중하며, 인습에 타협하는 사람들을 불편하게 만든다. 그래서 대개 고립되고, 이로 인해 심한 고통을 겪는다. 그는 존중과 우정에 목마르다. 또 인기도 얻고 싶고 사랑도 받고 싶다. 리사도 심슨 집안 사람이라 남에게 잘 보이려고 착한 척하는 유형은 아니다. 즉 단순히 모두가 선하다고 인정하는 일을 하는 것만으로 행복을 찾는 부류는 아니다. 오빠처럼 리사도 모험심이 강하지만, 그의 모험은 물리적인 평면이 아닌 도덕적인 평면 위에서 펼쳐진다. 이 때문에 리사의 에피소드에서는 도덕적 가치가 가장 날카롭게, 또한 호머의 많은 에피소드에서처럼 부정적으로가 아니라 긍정적으로, 엄마처럼 역할 바꾸기를 통해서가 아니라 원칙에 입각한 일관된 모습으로 조명된다.

리사의 도덕적 고립은 〈군사학교에 간 남매〉에서 리사와 군사학교

심슨 가족이 사는 법

의 충돌을 통해 생생하게 묘사된다. 바트는 엄격한 훈련이 그의 버릇 없는 충동을 제어해줄 것이라는 이론에 의거해 군사학교에 보내진다. 바트가 학교에 성공적으로 적응한 걸 보면서 우리는 이것이 비행 성향을 억제하는 올바른 방식일 수 없음을 알게 된다. 바트는 "사람 죽이는 법 가르치는 선생님이 나는 타고났대"라고 자랑한다. 《심슨 가족》은 이렇게 인습적인 사회 가치에 대한 도덕적 성찰을 시청자들에게 자주 끼얹는다. 이 프로그램의 진정한 흠은 도덕이 충분치 않다는 것일까, 아니면 지나치다—우리 사회에 대한 비판적 관점이 지나치다, 리사 심슨의 세계관이 지나치다—는 것일까?

하지만 이 에피소드의 중심은 바트가 아니라 자기도 군사학교에 입학시켜달라고 요구하는 리사. 리사는 자기 학교의 지루한 커리큘럼에서는 찾을 수 없었던 도전을 갈구한다. 또 여성으로서 남성과 동등한 취급을 받을 권리를 옹호한다. 교장은 리사를 군사학교 최초의 여자 생도로 소개하면서, 모든 남자 생도에게 기존 기숙사를 버리고 더 열악한 막사로 옮길 것을 지시한다. 리사가 간절히 바라는 집단의 인정을 얻기에는 유리한 상황이 아니다. 적대적인 남성우월주의적 환경에 외로이 직면한 리사는 에밀리 디킨슨을 생각하며 스스로를 위로한다. 디킨슨도 외로웠지만 아름다운 시를 쓸 수 있었음을 상기한다. 그러다가 디킨슨이 완전히 미쳐버렸음을 떠올린다!

바트는 남들 앞에서는 배척에 가담하며 여동생에게 말 걸기를 두려워한다. 그러곤 개인적으로 이렇게 사과한다. "따돌려서 미안해, 리사. 애들이 내가 여자애한테 약한 줄 알까 봐 그랬어." 하지만 바트는 밤을 틈타 리사가 '죽음의 곡예' — '물집 유발 지수 12'짜리 밧줄을 현기증 나는 높이에 매달아놓은 외줄타기 훈련 기구 — 를 연습하는 걸 몰래 도와준다. 결국 리사는 남자애들이 "떨어져! 떨어져! 떨어져!"라고 외치는 와중에도 굴하지 않고 장애물을 완주한다. 마침내 바트는 괴롭힘을 주동하는 아이들에게 용감히 맞서 외롭지만 효과적인 응원의 목소리를 보낸다. 심지어 바트도 여동생을 저버리는 게 나쁜 일임을 아는 것이다. 내 생각에 해리 포터였다면 이 점을 이만큼 효과적으로 전달할 수 없었을 것이다.

리사의 슬픔과 색소폰

리사가 단지 착한 척하는 아이에 머물지 않는 건 그가 개인적 행복을 간절히 염원하는 대단히 감수성이 예민한 사람이기 때문이다. 그런 이유로, 도덕적 의무가 그 본질상 갈등을 유발하며 개인의 희생을 요구하는 경향이 있다는 진실은 여기서 대단히 통렬하게 재현된다. 스스로 정한 원칙에의 헌신은 조숙하고 감수성 예민한 아이의 내면에서 온갖 고통을 빚어낸다. 진리와 선을 향한 리사의 깊은 헌신을 배경으로 펼쳐지는, 삶과 아름다움에 대한 리사의 깊은 사랑은, 재즈 색소폰의 슬프고 간절한 선율로 표현되는 좌절과 슬픔으로 귀결된다. 칸트는 미와 예술이 더 높은 도덕적 삶의 가능성을 감각적으로 불러일으킨다고 말한다. 주위의 누구도 삶의 이런 가능성에 거의 혹은 전혀 주목하지 않는 듯 보일 때, 리사의 영혼의 애절한 외침은 색소폰 울음에서 그 출구를 발견한다. 《심슨 가족》의 코미디로도 우리는 리사의 캐릭터가 지닌 비극의 깊이를 망각할 수 없다.

〈리사의 우울증〉 에피소드에서 리사는 관습적인 애국주의에 선뜻 장단을 맞추지 못한다. 리사는 음악 시간에 미국인의 애국가 격인 「나의 조국이여 너를My Country 'Tis of Thee」의 단순한 음을 연주하는 대신에 색소폰으로 감정 충만한 재즈 솔로를 즉흥 연주한다. "「나의 조국이여 너를」에는 정신 나간 비밥이 들어갈 자리가 없어!"라고 선생님이 말하자, 리사는 심상찮은 열변을 토한다. "하지만 그게 내 조국의 전부인걸요. 저는 집 없이 차에서 사는 사람을 위해 우는 거라고요. 그리고 냉혹한 관료들에게 땅을 빼앗긴 아이오와의 농부, 웨스트버지니아 탄광의 광부……" 선생님이 말한다. "그래, 다 좋은데, 리사, 그런 불쾌한 사람들은 다음 주에 있을 우리 연주회에 안 올 거야."

바트가 아닌 리사의 변화를 고발하는 편지가 학교에서 집으로 날아온다. "리사가 슬프다는 이유로 피구를 하지 않으려 합니다." 피구 게임은 지목된 한 사람이 나머지 모두의 공격 대상이 된다는 점에서 리사의 상황을 특히 잘 표현하는 듯하다. 리사는 게임 정신에 투철하게 자신을 방어하기를 거부하고 날아오는 공들을 그냥 맞고만 있다. 우리는 이 에피소드가 제작된 시점이 다윈주의적 생존 경쟁을 미화한 '리얼리티 TV'의 공습이 있기 훨씬 전임을 기억해야 한다.

주된 문제는, 우울증에 빠진 근본적인 이유를 소통할 만한 사람이 리사 주위에 아무도 없어 보인다는 점이다. 바트와 호머는 폭력적인 격투 비디오게임에 열중해 있다. 리사는 설명하려고 노력한다. "그냥 다 무슨 소용인지 모르겠어요. 내가 아예 세상에 없어도 뭐가 달라지

겠어요? 세상에 이렇게 고통이 많은데 어떻게 밤에 잠이 오죠?" 호머는 리사를 무릎에 앉히고 말을 태워서 기분을 북돋아주려고 한다. 나중에, 리사가 숙녀가 되어가는 것 같다는 마지의 말에 호머는 속옷 문제일 거라고 넘겨짚는다. 호머는 적어도 마음만은 선의로 가득 차 있다.

리사의 우울한 기분이 걷히기 시작한 건 동료 색소폰 주자인 블리딩 검스 머피의 애절한 곡조를 들었을 때다. 달빛에 물든 인상적인 도시의 야경을 배경으로, 그는 쓸쓸한 다리 위에서 밤하늘을 향해 색소폰을 불고 있다. 머피는 치과에 한 번도 가보지 못했기 때문에 잇몸에서 피가 난다. "아픈 건 내가 살면서 겪은 만큼으로도 충분하거든"이라고 그는 말한다. 리사가 자신의 괴로움을 이야기하자 그는 대답한다. "그건 내가 도울 수 없단다. 하지만 우리 둘이 즉흥 연주를 할 수는 있지."

리사와 블리딩 검스는 함께 즉흥 연주를 한다. "난 너무 외로워, 그대가 떠난 후로……." 이에 리사가 화답한다.

내겐 말썽쟁이 오빠가 있다네,

매일 날 괴롭히지,

오늘 아침에는 우리 엄마가

내 마지믹 남은 컵케이크를 남한데 줘버렸네.

우리 아빠는 동물원의

짐승처럼 군다네.

난 세상에서 가장 슬픈

심슨 가족이 사는 법

초등 2학년.

그러던 도중에 마지가 달려와서 리사를 끌고 간다. 마지는 블리딩 검스에게 이렇게 말한다. "개인적인 감정은 없어요. 그냥 낯선 분이시라 걱정이 되어서요."

마지는 인습적인 어머니의 모습을 하고서 리사에게 웃으라고 충고한다. 이건 마지의 어머니가 그에게 했던 충고였다. 과거 회상 장면에서 어머니는 어린 마지에게 이렇게 말한다. "행복한 표정을 지어라. 네가 크게 웃어야 사람들이 좋은 엄마를 뒀는 줄 알지." 리사는 웃을 기분이 아니라고 말하지만 마지는 단호하다. "리사, 중요한 얘기니까 잘 들으렴. 엄만 오늘 네가 웃었으면 좋겠다. 속마음이 어떤가는 중요한 게 아니란다. 중요한 건 겉으로 보이는 모습이야. 엄마의 엄마는 그렇게 가르치셨어. 나쁜 기분을 전부 모아서 꾹 눌러버리렴. 무릎 아래까지 찍어눌러서 밟고 지나갈 수 있게. 그럼 남들과 어울리게 되고, 남자애들도 널 좋아할 거고, 파티에도 초대받고 행복이 따라올 거란다."

이때쯤 아마도 어떤 위안이 절실해진 리사는 엄마의 충고를 따른다. 그런데 정말 효과가 있다! "안녕, 너 웃는 거 예쁘다." 한 남자애가 말한다. 그러자 다른 애가 그 남자애에게 이렇게 말한다. "쟤한테 뭐 하러 말 걸어? 또 괴상한 소리만 할 텐데." 리사가 그냥 계속 웃고만 있자, 그 남자애는 이렇게 말한다. "솔직히 너 좀 이상한 앤 줄 알았는데 이제 보니 아니구나." 다른 남자애도 말한다. "우리 집에 와서 내 숙제 좀 해줄래?" 리사가 대답한다. "좋아." 이때 선생님이 나타나서 리사가 "주체할 수 없는 창조성을 터뜨리지" 말아줬으면 좋겠다고 말하자, 리사는 더 크게 미소 지으면서 대답한다. "네, 선생님."

이 장면을 지켜보던 마지는 전통적 가르침의 잘못을 깨닫고, 끽 소리가 나도록 급하게 차를 돌려세우고는 리사를 낚아채 데려간다. "바로 저기서 배워 온 거로군"이라고 꼬집는 선생의 한마디는 리사와 엄마의 관계에 숨은 한층 더 깊은 진실을 드러낸다. 마지는 리사에게 사과한다. "엄마가 틀렸어. 아까 한 말 다 취소할게. 항상 네 모습 그대로 행동하렴. 슬퍼하고 싶으면 그냥 슬퍼해. 우리가 같이 이겨내줄게. 슬픔이 다 끝났을 때도 우린 네 곁에 있어. 이제부터 엄만 우리 둘을 위해서 웃을 거야."

자기감정을 긍정해주는 이 말을 듣고 리사는 처음 진심으로 미소를 짓는다. 리사의 제안에 따라 온 가족이 찾아간 클럽에서 블리딩 검스는 '위대한 꼬마 재즈 음악가 중 한 명'에게 경의를 표한 뒤 리사의 노래를 연주한다. 리사는—공갈젖꼭지를 박자에 맞추어 빨아대는 어린 매기를 포함하여—자신을 지지해주는 행복한 가족과 함께하며 환하게 미소 짓는다. 자유롭고 독립적이며 의무를 다하는 개인은 행복해질 자격이 있다.

심슨 가족이 사는 법

11

스프링 필드의 가족과 정치

폴 A. 캔터

1999년 5월 업스테이트 뉴욕의 한 고등학교를 방문한 찰스 슈머 상원 의원(민주당, 뉴욕)은 예상치 못한 인물로부터 예상치 못한 시민 수업을 듣게 되었다. 슈머 의원은 학교 폭력이라는 시의적절한 주제를 이야기 하며, 자신이 발의한 브레이디 법안*이 범죄 예방에 큰 구실을 했다고 자찬했다. 그때 케빈 데이비스라는 학생이 일어나, 반 친구들에게는 너무나 익숙하지만 뉴욕의 상원의원에게는 낯선 한 가지 사례를 들며 이 총기 규제 조치의 유효성에 의문을 제기했다. "여기서 저는 «심슨 가족»의 에피소드가 떠오릅니다. 호머는 총을 갖고 싶어하지만 두 번 감옥에 다녀왔고 정신병원에도 한 번 갔다 와서 '잠재적 위험인물'로

---

*   권총 구입 시 5일간의 대기 기간을 두고 신원 조회를 하도록 정한 법으로 1993년 제정되었다.

분류되었죠. 호머가 이게 무슨 뜻이냐고 묻자 총포상 주인은 '그냥 총을 갖기 전에 일주일 기다려야 된다는 뜻'이라고 설명합니다."[1] 총기 규제 입법의 장단점에 대한 논의와 별개로, 이 일화에서 우리는 폭스 네트워크의 만화영화 시리즈 «심슨 가족»이 미국인, 특히 젊은 세대의 사고방식을 어떻게 형성하고 있는가를 깨달을 수 있다. 따라서 이 텔레비전 프로그램이 어떤 종류의 정치적 교훈을 가르치고 있는지를 들여다볼 가치가 있을 것이다. 많은 이에게 «심슨 가족»은 그저 생각 없는 오락 프로그램처럼 보이겠지만, 사실 이 쇼는 이제껏 미국 텔레비전에 출현한 가장 세련된 코미디와 풍자를 선보이고 있다. 지난 여러 해 동안 이 쇼는 원전의 안전성, 환경주의, 이민, 동성애자 권리, 군대 내의 여성 등 많은 심각한 이슈를 다루어왔다. 역설적이게도 «심슨 가족»의 익살스러운 성격은 이 쇼를 여느 텔레비전 쇼와 다른 방식으로 심각하게 만들어준다.

하지만 나는 협소한 당파적 의미에서 이 쇼의 정치 문제에 천착하지는 않을 것이다. «심슨 가족»은 공화당과 민주당을 둘 다 풍자한다. 이 쇼에 가장 많이 나오는 지역 정치인인 퀸비 시장은 케네디와 아주 비슷한 말투로 이야기하며[2] 전형적인 민주당 도시 모리배 정치인처럼 행동한다. 마찬가지로, 이 시리즈에서 가장 사악한 정치 세력, 즉 스프링필드 시를 배후에서 조종하고 있는 듯 보이는 파벌은 예외 없이 공화당으로 묘사된다. 두루 감안할 때 «심슨 가족»은 할리우드에서 만든 대부분의 작품이 그렇듯 친민주당·반공화당 성향으로 보는 게 타당할 것이다. 이 쇼는 부시 전 대통령을 불필요하게 악의적으로 묘사

심슨 가족이 사는 법

하는 데 한 에피소드 전체를 할애하는 반면[3] 클린턴 대통령을 풍자하는 데는 놀랄 만큼 더디다.[4] 그렇기는 해도 «심슨 가족»의 역사를 통틀어 아마도 가장 웃기는 정치적 대사는 민주당을 제물로 삼은 것이다. 할아버지 에이브러햄 심슨은 원래 손자들이 받아야 할 원고료를 자기가 받아 챙긴다. 바트가 "아무 이유 없이 수표를 주는데 이상하지 않으셨어요?" 하고 묻자 에이브러햄은 이렇게 대답한다. "민주당이 다시 정권을 잡아서 그런가 보다 했지."[5] 유머를 활용할 기회를 놓치지 않으려는 이 쇼의 작가들은 지난 여러 해 동안 양당과 좌우파를 대체로 고르게 놀려먹어왔다.[6]

정치적 당파성이라는 표면적 이슈는 차치하고, 나는 «심슨 가족»의 심층적 정치, 이 쇼가 미국 정치에 대해 가장 근본적으로 암시하는 내용에 관심이 있다. 이 쇼는 가족의 문제를 통해 정치의 문제를 제기하며, 이는 그 자체로 정치적 진술이다. «심슨 가족»은 주로 가족을 다룸으로써 누구나 알아볼 수 있는 현실의 인간적 문제를 끄집어내고, 이런 문제들은 여러 측면에서 다른 텔레비전 프로그램에서보다 덜 '만화적'으로 귀결된다. 이 쇼의 만화 캐릭터들은 많은 시추에이션 코미디의 이른바 실제 인간들보다 더 인간적이고 완성도가 높다. 무엇보다도 이 쇼는 스프링필드라는 그럴싸한 인간사회를 창조해냈다. «심슨 가족»은 더 큰 지역사회의 일부로서 가족을 보여주며, 그럼으로써 가족을 뒷받침할 수 있는 종류의 지역사회를 긍정한다. 이는 «심슨 가족»이 미국 대중으로부터 인기를 누리는 비결인 동시에, 가장 흥미로운 정치적 선언이기도 하다.

실제로 «심슨 가족»은 현대 미국 문화에서 가장 중요한 가족 이미지 중 하나—특히 핵가족의 이미지—를 제시한다. 제작자인 맷 그레이닝 자신의 어린 시절 가족들에게서 이름을 따온 «심슨 가족»은 아빠(호머)와 엄마(마지), 그리고 자녀 두세 명(바트, 리사, 매기)으로 구성된 평균적인 미국 가정을 그리고 있다. 평론가들은 «심슨 가족»이 부모와 자녀에게 최악의 롤모델을 제시한다고 주장하며 이제 이 쇼가 미국의 가정생활을 대표하는 이미지 중 하나로 통하게 되었다는 사실을 한탄해왔다. 이 쇼의 인기는 미국의 가족 가치가 쇠퇴했음을 보여주는 증거로 흔히 들먹여지곤 한다.

하지만 «심슨 가족»을 비판하는 이들은 쇼를 좀더 면밀히 들여다보고 이를 텔레비전 역사의 맥락에서 바라볼 필요가 있다. 슬랩스틱 코미디로서의 성격과 가족생활의 특정 측면에 대한 온갖 조롱에도 불구하고, «심슨 가족»은 긍정적인 측면을 지니고 있으며 제도로서의 핵가족에 대한 찬양으로 마무리된다. 텔레비전에서 이는 사소한 성취가 아니다. 지난 수십 년간 미국 텔레비전은 핵가족의 중요성을 경시하며 그 대안으로 한 부모 가정이나 기타 비전통적 가족 구성을 제시하는 경향을 띠었다. 실제로 한 부모 가정을 다룬 시추에이션 코미디는 거의 지상파 텔레비전의 시초—적어도 «마이 리틀 마지»(1952-1955)—까지 거슬러 올라간다. 하지만 «앤디 그리피스 쇼»(1960-1968)나 «나의 세 아들»(1960-1972)과 같은 고전적인 한 부모 가정 시트콤들은 대개 핵가족을 이런저런 형태로(흔히 이모나 삼촌의 존재를 통해) 재구성하는 길을 찾아냈고 따라서 여전히 핵가족을 규범으로 제시했다

심슨 가족이 사는 법

(«나의 세 아들»에서 프레드 맥머리의 캐릭터인 스티브 더글러스가 그랬듯이, 때로는 실제로 홀아비가 재혼하는 방향으로 줄거리가 진행되기도 했다).

하지만 «앨리스»(1976-1985) 같은 1970년대의 쇼들을 시발로, 미국 텔레비전은 규범으로서의 핵가족으로부터 진정으로 벗어나 다른 양육 패턴들도 동등하게 유효하며 어쩌면 핵가족보다 더 낫다는 메시지를 전달하기 시작했다. 1980-1990년대의 텔레비전은 «러브, 시드니»(1981-1983) «귀여운 펑키»(1984-1986) «나의 두 아빠»(1987-1990) 등의 쇼를 통해 비핵가족이라는 테마로 온갖 종류의 조합을 실험했다. 일부분 이런 발전은, 성공한 공식에 변화를 줌으로써 새 시리즈를 개발하는 할리우드의 전형적 제작 방식이 낳은 결과였다.[7] 하지만 비핵가족을 지향하는 트렌드는 할리우드의 특유한 이데올로기적 성향의 표현이자 전통적 가족 가치에 의문을 제기하려는 충동의 표현이기도 했다. 무엇보다도 (텔레비전 쇼에서 부모 중 한두 명이 부재할 때 그 원인은 보통 사망이었지만) 핵가족으로부터 멀어지는 트렌드는 명백히 미국(특히 할리우드)적 삶에서 이혼이라는 현실을 반영하고 있었다. 진보적인 프로그램을 만들고 싶은 텔레비전 프로듀서들은 안정된 전통적 핵가족에서 멀어지는 동시대의 사회 흐름을 적극 승인하기 시작했다. 연예 산업의 전형적인 타성에 따라, 할리우드는 이러한 전개를 그 논리적 귀결까지 밀어붙였다. 바로 부모 없는 가족이다. 폭스 TV의 또 다른 인기 프로그램인 «파티 오브 파이브»(1994-2000)는 자동차 사고로 부모를 모두 잃은 뒤 씩씩하게 살아가는 아이들 가족을 보여준다.

«파티 오브 파이브»는 일부 텔레비전 프로듀서들에게 동시대 시청

자들이 듣고 싶어한다고 여겨지는 메시지를 영리하게 전달한다. 부모 중 한 명이 없어도(아니 둘 다 없으면 더욱 좋고) 아이들은 아주 잘 헤쳐나갈 수 있다는 것이다. 미성년 시청자들은 그것이 자신의 독립심을 상찬하기 때문에 이런 메시지를 듣고 싶어한다. 부모들은 (이혼 등으로) 자녀를 완전히 저버리거나 혹은 자녀에게 '양질의 시간'을 충분히 쏟지 못했다는 죄책감을 덜어주기 때문에 이런 메시지를 듣고 싶어한다. 자녀의 곁에 없거나 자녀에게 등한한 부모들은 "«파티 오브 파이브»의 그야말로 쿨한─그리고 믿기지 않을 만큼 잘생긴─아이들처럼" 오히려 자기가 없는 편이 애들한테 더 낫다는 생각으로 스스로를 위로할 수 있다. 요컨대 지난 20여 년간 미국의 많은 텔레비전은 가족의 와해가 사회적 위기는 아니며 심지어 심각한 문제도 아니라는 암시를 전달해왔다. 사실 이건 1950년대에는 장려되었지만 1990년대에는 유효성을 상실한 가족상으로부터의 일종의 해방으로 간주해야 한다는 것이다. «심슨 가족»의 핵가족에 대한 발언이 그 진가를 인정받아야 하는 데는 이러한 역사적 배경이 있다.

물론 텔레비전이 핵가족을 완전히 저버린 적은 없었다. 이 점은 심지어 1980년대에도 «올 인 더 패밀리»(1971-1983) «패밀리 타이즈»(1982-1989) «코스비 가족 만세»(1984-1992)와 같은 쇼들이 성공한 사실로 확인할 수 있다. «심슨 가족»이 1989년 정규 시리즈로 처음 편성됐을 때도 핵가족 가치의 재확인은 전혀 유별난 것이 아니었다. 1990년대의 광범위한 사회·정치적 트렌드─특히 이제는 미국의 양당이 강령으로 채택한 가족 가치의 재강조─를 반영하여 «심슨 가족»과 같은 길

심슨 가족이 사는 법

을 걸어간 쇼들이 있다. «심슨 가족»보다 앞서, 폭스 TV의 «못 말리
는 번디 가족»(1987-1998)은 삐걱거리는 핵가족을 우습게 묘사했다.
핵가족에 대한 또 다른 흥미로운 묘사는, 포스트모던 텔레비전의 맥
락에서 전통적 가족 가치는 물론 심지어 성역할까지 회복하려 시도
한 ABC의 «아빠 뭐 하세요»(1991-1999)에서 찾아볼 수 있다. 하지만
«심슨 가족»은 핵가족으로의 복귀를 여러 면에서 가장 흥미롭게 보여
주는 예다. 많은 이에게 «심슨 가족»은 미국적 가족을 전복하거나 그
권위를 훼손하려는 것처럼 보이지만, 사실 이 쇼는 반권위주의 자체가
미국적 전통이며 민주주의적인 미국에서는 가족의 권위가 항상 문제
적이었음을 일깨워준다. «심슨 가족»을 대단히 흥미롭게 만들어주는
건 이 쇼가 전통주의를 반전통주의와 결합하는 방식이다. 이 쇼는 전
통적인 미국 가족을 부단히 놀려먹는다. 하지만 바로 그 풍자 행위를
통해 견고한 핵가족의 이미지를 부단히 제시한다. 미국 가족의 전통적
가치 중 상당수—무엇보다도 핵가족 자체의 가치—는 이 풍자를 견디
고 살아남는다.

　앞에서 제시했듯이, 이 점은 일부분 텔레비전 역사의 관점에서 이
해할 수 있다. «심슨 가족»은 힙하고 포스트모던하며 자의식이 강한
쇼다.[8] 하지만 그 자의식은 텔레비전에서 재현되어온 전통적 미국 가
정상에 초점을 맞추고 있다. 이는 텔레비전 전통에 깊숙이 뿌리내린
비전통적인 쇼라는 역설을 제시한다. «심슨 가족»의 뿌리는 «고인돌
가족 플린스톤»이나 «우주 가족 젯슨» 같은 과거의 텔레비전 가족 만
화영화로 거슬러 올라갈 수 있다. 하지만 이 만화영화들의 뿌리는 다

시 《아이 러브 루시》《오지와 해리엇의 모험》《아버지가 제일 잘 알아》《비버는 해결사》 같은 유명한 1950년대 핵가족 시트콤으로 거슬러 올라간다. 《심슨 가족》은 1세대 텔레비전 가족 시트콤의 포스트모던한 재창조다. 이 쇼들을 되돌아보면 《심슨 가족》이 일으킨 변형과 단절이 쉽게 눈에 들어온다. 《심슨 가족》의 아버지가 제일 잘 알지 못하는 건 분명하다. 그리고 해결사 바트는 해결사 비버보다 훨씬 더 위험하다. 《심슨 가족》이 1950년대 가족 시트콤으로의 단순한 복귀를 제시하지 않음은 명백하다. 하지만 재창조와 변형 가운데서도 연속적인 요소들이 존재하며, 이는 《심슨 가족》을 얼핏 보기보다 더 전통적인 쇼로 만들어준다.

사실 《심슨 가족》은 나름의 기묘한 방식으로 핵가족을 변호해왔다. 사실상 이 쇼는 "심슨 가족이라는 최악의 시나리오를 들이대고, 심지어 이런 가족조차 없는 것보다는 낫다"고 말하고 있는 셈이다. 사실 심슨 가족은 그 정도로 최악은 아니다. 어린 소년들이 바트를—특히 교사 같은 권위자에 대한 그의 불손함을—모방하리라는 생각에 질겁하는 사람들도 있다. 《심슨 가족》에 대한 이런 비판은, 바트의 반항이 유서 깊은 미국적 원형과 합치하며 이 나라가 권위에 대한 불손과 반항적 행동을 기반으로 세워졌다는 사실을 잊고 있다. 바트는 미국의 아이콘이며, 톰 소여와 허클베리 핀을 합체해서 업데이트한 버전이다. 그의 온갖 말썽에도 불구하고 (정확히 말하자면 그의 온갖 말썽 때문에) 바트는 《개구쟁이 데니스》부터 〈아워 갱Our Gang〉*에 이르는 미국적 신

---

* 1920년대 대공황기의 소년 갱단을 묘사한 단편 코미디 영화 시리즈.

화 속의 어린 소년이 정확히 할 법한 방식으로 행동한다.[9]

《심슨 가족》의 어머니와 딸로 말하자면, 마지와 리사는 전혀 나쁜 롤모델이 아니다. 마지는 대단히 헌신적인 어머니이자 주부이며, 특히 ‹델마와 루이스› 스타일의 도피 행각을 벌이는 에피소드에서 볼 수 있듯이[10] 페미니스트 기질 또한 자주 보여준다. 실제로 특정한 페미니즘적 충동을 전통적 엄마 역할과 결합시키려는 마지의 시도는 매우 현대적이다. 리사는 여러 면으로 볼 때 현대적 관점의 이상적 어린이상이다. 그는 학교에서 우등생일 뿐만 아니라 페미니스트, 채식주의자, 환경주의자로서 모든 스펙트럼에 걸쳐 정치적으로 올바르다.

그렇다면 진짜 문제는 호머다. 많은 사람은 《심슨 가족》이 아버지를 멍청하고 교양 없고 나약하며 도덕적으로 방종한 캐릭터로 묘사했다고 비판한다. 호머에 대한 이런 비판은 전부 옳지만, 적어도 그는 제자리를 지킨다. 최소한도의 아버지 노릇은 한다. 아내, 그리고 누구보다도 자식들 곁에 있다. 확실히 그에게는 우리가 이상적인 아버지에게서 보고 싶어하는 많은 자질이 결여되어 있다. 그는 이기적이고, 자주 가족의 이익보다 자기 이익을 우선시하곤 한다. 한 핼러윈 에피소드에 나왔듯이 호머는 도넛 한 개를 얻기 위해 악마에게 영혼이라도 팔 사람이다(다행히 호머의 영혼은 이미 마지의 소유물이라 자기 멋대로 팔아치울 수 없는 것으로 밝혀졌지만).[11] 호머는 부인할 수 없이 무신경하고 천박하며 삶의 좋은 것들을 음미할 능력이 없다. 그는 (리사가 프로 미식축구 경기 결과 예측에 놀라운 재능을 발휘하여 모의 술집의 도박 모임에서 아빠가 돈을 따게 해주었을 때만 제외하고)[12] 리사와 관심사를 공유하는 데 애를 먹는다.

게다가 호머는 쉽게 화를 내고 (그가 바트의 목을 조르려 든 무수한 시도들이 증언하듯이) 그 화를 자식들에게 푼다.

이런 온갖 측면에서 볼 때 호머는 아버지로서 낙제점이다. 하지만 되돌아보면 우리는 그가 훌륭한 자질도 많이 갖추었음을 알고 놀라게 된다. 우선 무엇보다도 그는 자기 것에 대한 애착이 크다. 그가 가족을 사랑하는 건 자기 것이기 때문이다. 그의 기본 모토는 "옳건 그르건 내 가족"이다. 이걸 철학적인 입장이라고 할 수는 없지만 가족 제도의 기반을 제공하기에는 충분하며, 플라톤이 『공화국』에서 가족의 힘을 타도해야 했던 이유이기도 하다. 호머 심슨은 철인왕의 반대항이다. 그는 최선의 것이 아닌 자기 것에 헌신한다. 이런 입장은 그 나름의 문제점을 띠고 있지만, 외견상 덜컹거리는 심슨 가족이 어떻게 용케도 제 기능을 하는지 이해하는 데 도움을 준다.

일례로 호머는 자기 가족을 부양하기 위해, 심지어 핵발전소 안전관리라는 위험한—게다가 그가 한다는 사실 때문에 더더욱 위험한—직종에서 기꺼이 일한다. 리사가 간절히 조랑말을 갖고 싶어하는 에피소드에서는 심지어 조랑말 유지비를 벌기 위해 퀵이마트의 아푸 나하사피마틸론 사장 밑에서 아르바이트를 하며 그 과정에서 사고로 죽을 고비를 넘기기까지 한다.[13] 이런 행동에서 호머는 가족에 대한 진정한 염려를 보여주며, 거듭 입증되듯이 필요하다면 크나큰 개인적 위험을 무릅쓰고라도 가족을 보호하는 데 앞장선다. 호머의 행동이 그리 효율적이지는 않지만, 바로 그 점이 가족에 대한 그의 헌신을 어떤 면에서는 더 감동적으로 만들어준다. 호머는 순수한 아버지상의 증류수

심슨 가족이 사는 법

다. 진짜 훌륭한 아버지에게 필요한 온갖 자질—지혜, 공감, 심지어 성깔, 이타심—을 증발시킨 뒤에 남는 것은, 바로 가족을 향한 순수하고 어리석고 집요한 헌신에 찬 호머 심슨이다. 멍청함, 편협함, 자기중심적 성격에도 불구하고 우리가 호머를 미워할 수 없는 이유다. 그는 좋은 아버지가 되는 데 계속 실패하지만 절대 포기하지 않으며, 바로 이 사실 때문에 기본적이고 중요한 모종의 의미에서 좋은 아버지가 된다.

이 시리즈에서 가족을 가장 효과적으로 옹호한 사례는, 한 단위로서의 심슨 가족이 실제로 해체되는 에피소드에서 찾아볼 수 있다.[14] 이 에피소드는 아침식사와 애들 도시락을 동시에 준비하는 좋은 어머니 마지의 이미지를 티 나게 강조하면서 시작된다. 심지어 마지는 "오전 11시 반까지는 양상추를 따로 담아두라"며 바트와 리사에게 샌드위치 보관법을 지시하기까지 한다. 하지만 좋은 부모로서의 이런 희망찬 출발이 무색하게도 그 후 자잘한 사고들이 잇달아 터진다. 호머와 마지는 당연히 누려야 할 느긋한 오후를 보내기 위해 '합수 보양 온천'으로 떠나는데, 서두르느라 집 안을 어질러진 채로 놓아두고—특히 개수대에 설거짓감을 잔뜩 쌓아놓고—출발한다. 한편 학교에 간 아이들에게는 불운한 사고가 연달아 일어난다. 바트는 가장 친한 친구 밀하우스가 키우는 원숭이한테서 공교롭게도 이가 옮았고, 스키너 교장은 "부모란 사람들이 어떻게 이렇게 두피 위생에 소홀하담?" 하고 묻는다. 스키너가 리사를 교장실로 호출하자 심슨네 부모에게 불리한 증거들은 더욱 늘어난다. 때마침 맞춤 신발을 반 친구들에게 뺏기는 바람에 진흙투성이 맨발이 된 리사는 디킨스 소설에서 막 빠져나온 듯한 길거리 부랑아 몰골을 하고 있다.

부모가 방임한 듯한 이 모든 증거를 목격하고 경악한 교장은 아동 복지위원회에 신고한다. 위원회에서 나온 사람들은 바트와 리사를 집에 데려다주고 집 안을 둘러보며 다시금 충격을 받는다. 공무원들은 상황을 완전히 잘못 해석한다. 그들은 오래된 신문지 더미를 보고 마지가 살림을 방치했다고 단정 짓는데, 사실 이건 마지가 리사의 역사 숙제를 돕기 위해 모아놓은 자료였다. 관료들은 심슨네 집이 '불결한 소굴'이며 '화장실 휴지가 부적절하게도 반대 방향으로 걸려 있음' 등의 구체적인 죄목을 들어 마지와 호머가 부모로서 부적격이라는 성급한 결론을 내린다. 관청은 심슨네 아이들을 위탁 부모에게 맡겨야 한다는 결정을 내린다. 이에 따라 바트, 리사, 매기는 가부장 네드 플랜더스가 통솔하는 옆집으로 보내진다. 시리즈 전체를 통틀어, 플랜더스 가족은 심슨 가족의 도플갱어 구실을 한다. 플랜더스와 그 식솔들은 구식 도덕과 종교의 관점에서 실로 완벽한 가족이다. 플랜더스네 아들들인 로드와 토드는 바트와 정반대로 행실이 바르고 순종적이다. 무엇보다도 플랜더스 가족은 경건하며, 성서 읽기와 같은 활동에 심지어 동네 목사인 러브조이보다도 더 열성적으로 전념한다. 네드가 바트와 리사에게 '폭격' 게임을 하자고 제안했을 때 그가 생각한 건 성서에 대한 질문 폭격이었다. 플랜더스 가족은 이웃이 르하브암의 뱀, 조하사다의 우물, 베드 차드루하라제브*의 혼인 잔치를 모른다는 것에 경악한다.

---

*   모두 실제 성서에는 나오지 않는 것들이다.

심슨 가족이 정말로 문제 가정인가 하는 의문을 탐색하기 위해, 위탁 부모 에피소드는 두 가지 대안을 제시한다. 하나는 구식 도덕과 종교에 충실한 가정이고, 다른 하나는 요즘 흔히 '보모 국가nanny state'라고들 하는 치료적 국가다. 누가 심슨네 아이들을 가장 잘 키울 수 있을까? 행정 관청은 호머와 마지가 부모로서 부적격이라고 주장하며 양육에 개입한다. 그들은 재교육을 받아야 하며, 전문가가 자녀 양육을 더 잘 안다는 전제에 기반한 '가족 기술 강좌'를 들어야 한다. 자녀 양육은 교육받아야 하는 일종의 전문 분야인 것이다. 가족은 제도로서 부적합하므로 국가가 개입하여 제대로 기능하게끔 만들어야 한다는 것이 현대적 답안이다. 동시에 이 에피소드는 구식의 도덕-종교적 답안도 제시한다. 자녀들이 하나님을 경외하게끔 만들려면 하나님을 경외하는 부모가 필요하다는 것이다. 실제로 네드 플랜더스는 바트와 리사를 자기 자식들처럼 경건하게 행동하게끔 교화시키기 위해 최선을 다한다.

하지만 이 쇼가 제시하는 답은 심슨네 아이들이 친부모와 함께 있을 때 더 잘 지낼 수 있다는 것이다. 그들이 더 똑똑하거나 자녀 양육에 유식해서가 아니라, 호머와 마지야말로 자기 친자식인 바트, 리사, 매기에게 진정으로 애착을 느끼는 사람들이기 때문이다. 이 에피소드는 가정생활에 속속들이 침투하는 이른바 전지전능한 국가에 대한 공포를 특히 잘 보여준다. 호머가 참다못해 바트와 리사에게 전화를 걸려고 하자, "지금 거신 전화번호는 현재 전화기에서 연결할 수 없는 번호입니다. 이 무책임한 괴물 같으니"라는 공식 메시지가 흘러나온다.

동시에 우리는 구식 종교의 결함을 본다. 플랜더스 부부는 부모로서 올바를지 모르지만 독선적이기도 하다. 플랜더스 부인은 이렇게 말한다. "호머와 마지에 대해서는 심판하지 않으마. 그건 복수하시는 하느님이 하실 일이니까." 네드의 경건함은 너무 극단적이어서 결국에는 러브조이 목사까지 짜증나게 만든다. 한번은 러브조이 목사가 네드에게 이렇게 제안한 적도 있다. "혹시 다른 종교를 가져볼 생각은 없어요? 어차피 메이저 종교는 다 거기서 거기예요."

결국 바트, 리사, 매기는 호머, 마지와 감격스러운 재결합을 한다. 제 기능을 못한다는 고발에도 불구하고 심슨 가족은 매우 잘 기능한다. 아이들이 부모에게 애착이 있고 부모는 아이들에게 애착이 있기 때문이다. 심슨네 아이들을 데려가려 한 사람들의 전제는, 그것이 현대 자녀 양육 이론의 원칙이든 구식 종교의 원칙이든 간에 가족 외부의 원칙에 의해 문제 가정을 심판할 수 있다는 것이다. 위탁 부모 에피소드는 그 반대, 즉 가족을 정당화하는 원칙은 가족 내부에 있음을 암시한다. 가족의 일은 가족이 가장 잘 안다. 따라서 이 에피소드는 «심슨 가족»에 존재하는 전통주의와 반전통주의의 기묘한 결합을 보여준다. 이 쇼는 전통적 도덕-종교에 기반한 가정상으로의 단순한 회귀에 반대하지만 가족을 완전히 뒤엎으려는 현대의 국가 통제주의적 시도에도 반대하며, 가족 제도의 영구적 가치를 분명하게 표명한다.

이 에피소드에서 네드 플랜더스의 중요성을 보면 알 수 있듯이, «심슨 가족»은 종교가 의미심장한 역할을 한다는 면에서도 이례적이다. 심슨 가족에게 종교는 생활의 확고한 일부분이다. 몇몇 에피소드는 교회에 출석하는 일을 중심으로 이야기가 전개되며, 심지어는 하나님이 호머에게 직접 말을 걸기도 한다.[15] 나아가 종교는 스프링필드 생활 전반의 확고한 일부다. 네드 플랜더스 외에 러브조이 목사도 몇몇 에 피소드에 주요 인물로 등장하며, 한 에피소드에서는 무려 메릴 스트리 프가 러브조이 목사의 딸 목소리를 연기하기도 했다.[16]

종교에 이렇게 주목하는 건 1990년대의 미국 텔레비전에서는 이례적인 일이다. 실제로 오늘날 대부분의 텔레비전만을 보고 판단하면, 미국인이 대체로 종교적이거나 심지어 교회를 정기적으로 다니는 사람들이라고는 생각할 수 없다. 증거가 정반대의 결론을 가리키고 있음에도 불구하고, 대체로 텔레비전은 마치 종교가 미국인의 일상생활에서 거의 아무런 역할도 하지 않는 것처럼 행동한다. 왜 텔레비전이 종교라는 주제를 대체로 회피하는가에 대해서는 많은 설명이 제시되었다. 제작자들은 종교적 이슈를 제기하면 독실한 신도들의 심기를 거슬러서 논란에 휘말릴까 봐 두려워한다. 방송국 임원들은 특히 막강한 종교 집단이 자기 쇼의 광고주를 보이콧할까 봐 우려한다. 게다가 방송계 자체도 대체로 세계관이 세속적이고 종교적인 문제에 별 관심이 없다. 실제로 할리우드는 흔히 대놓고 반종교적이며 특히 종교적 근본주의라는 딱지가 붙은 것에 반대한다(그리고 유니테리언*보다 우측에 있는 모든 것에 '종교적 근본주의'라는 딱지를 붙이는 경향이 있다).

하지만 약 10년 전부터 종교가 텔레비전으로 복귀하고 있다. 이는

---

* 기독교에서 가장 진보적이고 자유주의적인 교파. 삼위일체론에 반대하며 이신론에 가까운 교리를 지녔다.

제작자들이 «천사의 손길»(1994-2003)과 같은 쇼들을 보는 시청자들의 틈새시장이 존재함을 발견했기 때문이기도 하다.[17] 그럼에도 엔터테인먼트 업계는 미국 대중에게 종교가 진정 어떤 의미를 띠는지 제대로 이해하지 못하고 있으며, 특히 종교가 일상이—미국적 삶의 평범한 일부가—될 수 있다는 발상을 어떻게 다루어야 할지 모른다. 영화와 텔레비전의 종교적인 인물들은 기적적으로 선하고 순수하거나 아니면 괴물처럼 사악하고 위선적인 경향이 있다. 이 규칙에 어긋난 사례들도 없는 건 아니지만,[18] 대체로 할리우드 영화에서 종교적인 인물은 성인 아니면 죄인이기 마련이다. 즉 온갖 역경과 온갖 논리에 맞서 선을 위해 힘쓰는 인물이거나, 성적 억압으로 비뚤어지고 편견에 차서 어떻게 해서든 무고한 생명을 파괴하는 데 힘쓰는 종교적 광신도다.[19]

하지만 «심슨 가족»은 종교를 미국 스프링필드 생활의 평범한 일부로 수용한다. 이 쇼가 네드 플랜더스라는 인물의 경건함을 놀려먹는다면, 호머 심슨을 통해서는 교회에 다니면서 종교적 광신도도 아니고 성인도 아닌 사람이 있을 수 있음을 암시한다. 러브조이 목사에게 집중한 한 에피소드는 목회자의 번아웃이라는 문제를 현실적이면서도 상당히 공감이 가게끔 다루고 있다.[20] 과중한 업무에 허덕이는 목사는 교구민들의 너무 많은 문제를 들어주는 데 지쳐서 이 일을 '여보세요 부인listen lady' 마저 심슨에게 넘긴다. «심슨 가족»에서 종교를 다루는 방식은 이 쇼가 가족을 다루는 방식과 유사하게 연관된다. «심슨 가족»은 친종교적이지 않다. 그러기에는 너무 힙하고 냉소적이고 인습에 적대적이다. 사실 네드 플랜더스와 기타 경건한 캐릭터를 겨냥한 풍자가 많다 보니 외견상 반종교적으로 보인다. 하지만 다시금 «심슨 가족»이 무엇을 풍자할 때는 그것의 중요성을 인정한다는 원칙이 작동하는 걸 볼 수 있다. 심지어 «심슨 가족»이 종교를 풍자하는 것처럼 보일 때에도, 여타 대부분의 텔레비전 쇼와 달리 이 쇼는 종교가 미국인의 삶에서 수행하는 진정한 역할을 인정한다.

«심슨 가족»이 가족을 다루는 방식이 정치를 다루는 방식과 연결되는 것도 바로 이 지점이다. 비록 핵가족에 초점을 맞추고 있지만, 이 쇼는 가족을 미국적 삶의 더 큰 제도들, 즉 교회, 학교, 나아가 시청과 같은 정치 제도 그 자체와 연결한다. 모든 경우에 «심슨 가족»은 이런 제도들이 우스꽝스럽고 흔히 공허해 보이게끔 만들어 풍자하지만, 동시에 이런 제도들의 (특히 가족에 있어서의) 중요성을 인정한다. 지난 수십 년간 텔레비전에서는 가족을 고립시키는―더 큰 제도적 틀이나 맥락으로부터 분리된 가족을 보여주는―경향이 점점 더 강해졌다. «심슨 가족»은 이런 경향에도 역행하는데, 이 쇼가 1950년대 시트콤의 포스트모던한 재창조이기 때문이기도 하다. «아버지가 제일 잘 알아»나 «비버는 해결사» 같은 쇼들은 가족이 제도들의 촘촘한 연망에 엮인 미국 소도시를 배경으로 펼쳐지는 경향이 있었다. 이런 세계를 재창조하고 심지어 조롱하면서, «심슨 가족»은 그 세계의 분위기와 때로는 정신까지도 재창조하지 않을 수 없다.

스프링필드는 확실히 미국적인 소도시다. 몇몇 에피소드에서 이곳은 심슨 가족이 전전긍긍 두려워하며 다가가는 대도시 '캐피털시티

Capital City'*와 대비된다. 명백히 소도시 생활을 놀려먹고 있지만—이 쇼는 모든 걸 놀려먹는다—그와 동시에 전통적 미국 소도시의 미덕을 찬양하기도 한다. 심슨 가족이 덜커덩거리면서도 제 기능을 하는 주된 이유 중 하나는 그들이 전통적 미국 소도시에 살고 있기 때문이다. 그들의 삶을 지배하는 제도들은 그들에게 멀지도 낯설지도 않다. 심슨네 아이들은 (히피 출신 운전기사 오토가 모는 스쿨버스를 타고 다니기는 하지만) 동네 학교에 다닌다. 학교 친구들은 동네 친구들과 거의 겹친다. 심슨 가족은 복잡하고 접근 불가능하고 매정한 교육 관료제에 직면하지 않는다. 스키너 교장과 크라버플 선생은 완벽한 교육자는 못 될지 몰라도, 호머와 마지가 할 말이 있을 때마다 쉽게 찾아갈 수 있는 인물들이다. 이 점은 스프링필드 경찰서도 마찬가지다. 위검 서장은 범죄 소탕에 유능한 경찰은 못 되지만, 스프링필드 시민들은 그를 잘 알고 그도 시민들을 잘 안다. 스프링필드 경찰은 여전히 동네 순찰을 돌며, 심지어 도넛 한두 개를 호머와 나눠먹은 적도 있다.

마찬가지로, 스프링필드의 정치 또한 거의 지역 차원의 문제다. 스프링필드 시민들은 주민 토론회에서 도박을 합법화할지, 모노레일을 건설할지 같은 중요한 지역 현안에 영향력을 행사한다. 케네디를 흉내 낸 말투로 알 수 있듯이 큄비 시장은 선동 정치가지만, 적어도 스프링필드이 선동 정치가다. 그는 표를 매수하긴 해도 스프링필드 주민에게서 직접 매수한다. 큄비가 시를 관통하는 고속도로를 건설하고자 했을 때는 심슨네 할아버지인 에이브 심슨의 지지를 얻기 위해 에이브가

* 《심슨 가족》에 나오는 가상의 대도시로 뉴욕과 시카고를 합쳐놓은 듯하다.

가장 좋아하는 텔레비전 캐릭터인 매트록의 이름을 고속도로에 따붙여야 했다. 스프링필드의 어디를 보든 놀랄 만한 수준의 지역 자치와 자율을 목격할 수 있다. 핵발전소는 오염과 끝없는 위험의 근원이지만, 적어도 멀리 떨어진 무슨 다국적 기업체가 아니라, 스프링필드의 산업 폭군이자 악덕 재벌 몽고메리 번스가 소유한 향토 산업체다(실제로 이 규칙을 입증하는 예외로서, 번스는 이 발전소를 독일인 투자자들에게 팔았다가 자기 에고를 복구하기 위해 곧 되사들였다).21

요컨대, 그 포스트모던하고 힙한 외관에도 불구하고 «심슨 가족»이 옛 시절을 상기하는 방식은 대단히 시대착오적이다. 그 시절은 미국인이 통치 제도와 더 친밀히 접촉하며, 가정생활이 가족 단위보다 더 크지만 지역 차원을 벗어나지 않는 공동체에 견고히 뿌리박고 있는 모습으로 묘사된다. «심슨 가족»에서 연방정부의 존재감은 거의 느껴지지 않고, 드물게 그러할 때도 부시 전 대통령이 호머의 옆집으로 이사 오는 등의 엉뚱한 형태를 취하며, 그나마도 일이 순조롭게 풀리지 않는다. 국세청의 기다란 촉수가 이따금 스프링필드로 기어들어 오기도 하지만, 물론 그것은 어디서건 피할 수 없게 미국을 옭아매고 있다.22 대체로 이 쇼에서 정부는 지역적 형태를 취할 때가 훨씬 더 많다. 공화당의 사악한 세력이 전과자 사이드쇼 밥을 경쟁 후보로 내세워 큄비 시장을 몰아낼 음모를 꾸밀 때도, 이 음모의 주체는 번스 사장의 주도하에 (맥베인을 연기하는 영화배우로, 아널드 슈워제네거를 닮은) 라이너 울프캐슬과 (극우 라디오 진행자 러시 림보를 닮은) 버치 발로 등이 가담한 사악한 지방 세력이다.23

바로 이 점에서 «심슨 가족»의 지역사회 묘사는 비현실적이다. 스프링필드에서는 심지어 미디어도 지방 세력이다. 물론 스프링필드에 지역 방송국이 있는 건 이상한 일이 아니다. 심슨 가족이 실제로 그들 이웃에 사는 켄트 브록먼이 전해주는 뉴스를 듣는 것도 완벽히 그럴싸하다. 스프링필드 텔레비전의 어린이 프로그램이 지역 방송이며, 그 진행자인 광대 크러스티가 이 도시에 거주할 뿐만 아니라 슈퍼마켓 개장과 생일잔치 같은 동네 행사에 불려다니는 것도 상당히 그럴듯하다. 하지만 라이너 울프캐슬 같은 진짜 영화 스타가 스프링필드에서 뭘 하고 있단 말인가? 세계적으로 유명한 만화영화 «이치와 스크래치»가 스프링필드에서 제작된다는 사실은 또 어떤가? «이치와 스크래치» 제국의 본사가 실제로 스프링필드에 있는 건 명백하다. 그래서 마지가 폭력적 만화영화에 반대하는 운동을 벌일 때 «이치와 스크래치» 본사 앞에서 피켓 시위를 하기 위해 외지로 나갈 필요가 없었던 것이다.[24] 운 좋게도 스프링필드 시민들은 자신의 삶—특히 자기 가족의 삶—을 좌우하는 힘에 직접 영향을 끼칠 수 있다. 요컨대 «심슨 가족»은 실제로 미국 정치와 미국 생활 전반에서 그 무엇보다도 지역의 힘을 약화시키는 데 기여하는 현상—주로 미디어—을 가져다 사실상 스프링필드의 영향권 내에 옮겨놓음으로써, 그 힘을 적어도 부분적으로나마 지역의 통제히에 돌려놓는다.[25]

미디어를 지역에 국한시킨 비현실적 묘사는 스프링필드를 일종의 고전적 폴리스인 듯 재현하는 «심슨 가족»의 전반적 경향을 조명한다. 이는 현대세계에서 가능한 한 가장 자족적이고 자율적인 공동체의

심슨 가족이 사는 법

이야기다. 다시금 이는 《심슨 가족》의 포스트모던한 향수를 반영한다. 1950년대 시트콤을 의식적으로 재창조함으로써, 이 쇼는 소도시 미국이라는 낡은 이상에 대한 기묘한 찬양으로 귀결된다.[26] 다시 말하지만 나는 소도시 생활을 놀려먹는 것이 《심슨 가족》의 우선적 충동임을 부인하려는 게 아니다. 하지만 바로 그 과정에서 우리는 그 낡은 이상이 무엇이었고 그것의 무엇이 그토록 매력적이었는지를, 그리고 무엇보다도 평범한 미국인이 자기 삶에 영향을 끼치는 힘들에 대해 왠지 모를 친밀감과 심지어는 통제감을 느꼈다는 사실을 상기하게 된다. 맷 그레이닝은 (C-SPAN 채널로 방송된) 1991년 4월 12일 미국신문편집인협회 연례회의의 포럼에서 "권력자들이 항상 당신의 이익을 고려하지는 않는다"는 것이 《심슨 가족》의 서브텍스트라고 말했다.[27] 이는 일반적인 좌우 구분과는 차이가 있는 정치관으로, 이 쇼가 양당을 비교적 고르게 취급하며 진보에게도 보수에게도 모종의 메시지를 제시하는 이유를 설명해준다. 《심슨 가족》은 권력, 특히 평범한 사람들로부터 멀리 떨어진 권력에 대한 불신에 기반하고 있다. 이 쇼는 진짜 공동체, (모두가 서로를 반드시 좋아하지는 않더라도) 모두가 대충 서로 안면이 있는 공동체를 찬양한다. 이런 오래된 의미의 공동체를 재창조함으로써, 포스트모던한 쿨함으로부터 일종의 온기를 창출해내며, 이 온기야말로 쇼가 대중적 성공을 거둔 주된 비결이다. 이런 공동체관이야말로 《심슨 가족》이 오늘날 미국의 정치 전반과 특히 가정생활에 대해 제기하는 가장 심오한 논평일 것이다. 아무리 제 기능을 상실한 것처럼 보이더라도 핵가족은 보존할 가치가 있는 제도다. 그리고 그것을 보존하는 길은 멀리 떨어진 소위 전문가 국가, 치료 국가의 기구에 의해서가 아니라, 심슨 가족 자체를 돌아가게 해주는 바로 그 원칙—자기 것에 대한 애착, 우리는 우리에게 속한 것을 가장 잘 돌본다는 원칙—을 반영하고 육성하는 지역적 제도들과의 연결을 복구하는 것이다.

《심슨 가족》의 지역 예찬은, 스프링필드 기성 정치가 유토피아적 대안이 될 수 있는 가능성을 모처럼 자세히 탐색하는 ‹꼬마 시장 리사›에서 확인된다. 이 에피소드는 지역 라디오 방송국이 주최한 저질 콘테스트에 리사가 학을 떼면서 시작된다. 콘테스트는 결국 난장판으로—무엇보다도 반 고흐 이동 전시회 차량을 불태우는 난동으로—끝이 난다. 리사는 젊은이다운 의분을 참지 못하고 스프링필드 지역 신문에 항의 편지를 휘갈긴다. “오늘 우리 마을은 그나마 남아 있던 빈약한 교양마저 내던졌습니다.” 스프링필드의 문화적 한계에 분노한 리사는 이렇게 불평한다. “우리는 쇼핑몰이 여덟 개 있지만 교향악단은 하나도 없습니다. 술집이 서른두 개 있지만 실험 극단은 하나도 없습니다.” 리사의 열띤 성토는 멘사 지역 지부의 관심을 끌고, 스프링필드에서 드물게 IQ가 높은 시민들(히버트 박사, 스키너 교장, 코믹북 가이, 프링크 교수 등)은 리사를 초청하여 (리사가 자기들 모임에 키슈가 아닌 파이를 가져온 것을 확인한 뒤) 그들 조직에 가입시킨다. 스프링필드의 문화적 후진성에 대항한 리사의 용기 있는 발언에 감명받은 히버트 박사는 이 도시의 생활 방식에 도전한다. “왜 제일 똑똑한 사람들은 힘이 하나도 없고 제일 멍청한 인간들이 모든 걸 좌우하는 도시에 우리가 사는 거지?” 멘사 회원들은 ‘박식한 시민들의 평의회’ 혹은 앵커 켄트 브록먼이 나중에 쓴 표현을 빌리면 '지식인 혁명정부'를 수립하고, 플라톤의 『공화국』에 해당되는 것을 스프링필드에 세우는 일에 착수한다. 당연하게도 그들은 큄비 시장을 축출하는 일부터 시작하는데, 실제로 무슨 복권 기금 횡령 문제가 발각된 걸로 착각한 큄비 시장은 부리나케 도시를 뜬다.

멘사 회원들은 스프링필드 헌장의 한 애매한 조항을 이용하여, 큄비의 갑작스런 사직으로 초래된 권력 공백을 차지한다. 리사의 눈에 플라톤주의적 철인 통치가 이룰 수 있는 것에는 한계가 없어 보인다. "우리의 우월한 지성으로 이 도시를 이성과 계몽의 토대 위에 재건할 수 있을 거예요. 우리는 스프링필드를 유토피아로 바꿀 수 있을 거예요." 스키너 교장은 '새로운 아테네'를 기대하고, 또 다른 멘사 회원은 B. F. 스키너의 '월든 투'를 상상한다. 새로운 통치자들은 곧 교통 체계를 재편하고 폭력이 수반되는 스포츠를 전부 금지하는 등 자신들의 유토피아를 창조하는 데 착수한다. 하지만 계몽의 변증법의 한 변종으로서 지식인 혁명정부의 추상적 합리성과 자애로운 보편주의는 곧 사기로 판명난다. 멘사 회원들은 자기들끼리 의견 충돌을 빚고, 공익을 대변한다는 그들의 주장 밑에는 무수한 사적 동기가 숨어 있었음이 명백해진다. 에피소드의 절정에서 코믹북 가이는 시민들에게 이렇게 선언한다. "은하계에서 가장 논리적인 종족인 벌컨족에게서 영감을 받아, 번식은 7년에 한 번씩만 허용합니다. 그러면 여러분 대다수는 번식 횟수가 아주 많이 줄어들겠지요. 나는 아주 많이 늘어나겠지만요." 이 《스타트렉》 언급은 학교 관리인 윌리에게서 적절한 반응을 이끌어낸다. 그는 우주 함선 엔터프라이즈의 기관장 스코티를 연상시키는 스코틀랜드 억양으로, "그렇게 할 순 없소, 당신은 그럴 권한이 없다고!"라고 외친다. 멘사 정권이 도시의 번식을 규제함으로써 『공화국』을 모방하고자 한 이기적인 시도는 스프링필드의 시민들이 감당하기에는 너무 지나친 것이었다.

스프링필드의 플라톤주의적 혁명이 옹졸한 다툼과 폭력으로 변질된 가운데, '데우스 엑스 마키나'가, '세계에서 가장 똑똑한 인간'으로 선언된 물리학자 스티븐 호킹의 형상으로 도래한다. 호킹은 멘사 정권에 대한 실망을 표현하지만 이는 결국 스키너 교장과의 주먹다툼으로 귀결된다. 호머는 지식인 간의 분열로 생겨난 기회를 놓치지 않고, "일어납시다, 바보 여러분! 우리가 도시를 되찾읍시다!"라는 구호로 바보들의 반동을 주도한다. 이로써 스프링필드에 철인왕의 통치를 도입하려는 시도는 치욕적으로 끝이 나며, 이를 두고 호킹은 "때로는 우리 중 가장 똑똑한 이들이 가장 유치해질 수 있지"라는 판정을 내린다. 《심슨 가족》의 이 에피소드에서 현실로 옮겨진 이론은 실패로 돌아가 다시금 사색 안에 갇힌 신세로 전락한다. 이 에피소드는 호킹과 호머가 모의 술집에서 함께 맥주를 마시며 호머의 도넛 모양 우주론을 토론하는 장면으로 막을 내린다.

유토피아 에피소드는 《심슨 가족》이 아주 잘하는 것의 전형을 제시한다. 이는 천박한 익살극과 지적인 풍자라는 두 가지 층위에서 즐길 수 있다. 이 에피소드는 《심슨 가족》의 긴 역사를 통틀어 가장 지저분한 유머 중 일부를 담고 있지만(호머가 포르노 사진가를 만나는 서브

플롯은 여기에 포함시키지도 않았다), 동시에 알아차리기 힘든 문화적 인유로 가득 차 있다. 예를 들어 멘사 회원들이 회합을 갖는 집은 프랭크 로이드 라이트의 '프레리 주택'임이 명백하다. 유토피아 에피소드의 말미는 《심슨 가족》의 특징인 지성주의와 반지성주의의 기묘한 혼합을 구현한다. 이 쇼는 스프링필드에 도전하는 리사의 모습을 통해 미국 소도시의 문화적 한계를 조명하지만, 동시에 일반인에 대한 지식인의 경멸이 도를 넘어 이론이 상식과의 접점을 상실할 수 있음을 일깨운다. 궁극적으로 《심슨 가족》은 지식인에 반대하여 일반인에 대한 지적 변호를 제시하는 듯하며, 이는 《심슨 가족》의 인기와 폭넓은 호소력을 이해하는 데 도움이 된다. 『순수이성비판』이 웃기다고 생각하는 사람은 거의 없지만, 『즐거운 학문』에서 니체는 자신이 칸트의 농담을 꼬집어냈다고 생각했다.

칸트는 온 세상이 이해하기 힘든 방식으로 온 세상이 옳다는 걸 입증했고, 이는 그의 영혼의 은밀한 농담이었다. 그는 범인의 편견을 옹호하며 학인에 반대하는 글을 썼지만, 그 글은 학인을 위한 것이었지 범인을 위한 것이 아니었다.[28]

니체의 관점에서 볼 때 《심슨 가족》은 『순수이성비판』보다 낫다. 이 쇼는 지식인에 반대하여 일반인을 옹호하지만, 일반인과 지식인 모두가 이해하고 즐길 수 있는 방식으로 그렇게 한다.[29]

12

스프링필드의 위선

제이슨 홀트

당신, 말은 번지르르하게 하지만 말야 큅비, 행동으로 옮길 수 있어?

_위검 서장

〈에인 랜드 유아 학교〉에서부터 선불교에 이르기까지 《심슨 가족》은 철학적으로 흥미로운 주제들을 전반적으로 아우른다. 한 손으로 박수를 칠 때 어떤 소리가 나는가 하는 공안을 두고 바트가 내놓은 대답은 잊기 힘들다. (그는 네 손가락을 빠르게 접어서 한 손으로 박수와 비슷한 짝짝 소리를 냈다.) 종교철학자 윌리엄 제임스도 그를 자랑스러워했을 것이다. 이 쇼는 이를테면 실존주의 문학이 철학적인 식으로 '철학적'인 것을 의도하지는 않지만 아무래도 괜찮다. 작가나 프로듀서의 의도와 상관없이 《심슨 가족》은 철학자를 위한 펄떡이는 먹잇감을, 많은 경우 구체적인 사례의 형태로 풍성하게 제공한다. 그 결과는 확실히 재미가 있을 뿐만 아니라 때때로 계몽적이기도 하다.

«심슨 가족»은 와일드의 정밀성과 스위프트의 극단성을 발휘하여 현시대의 문화를 능란하게 풍자한다. 스프링필드 시민의 삶에서 도덕이 (혹은 도덕의 부재가) 어떤 역할을 하는가는 «심슨 가족»에서 반복되는 주요 테마 중 하나다. 이 점에서 «심슨 가족»은 실존주의 문학과 상당히 유사하다. 둘 다 현시대의 도덕적 위기를 (서로 다른 방식으로, 그러나 같은 정도로 침착하게) 진단한다. 이 위기란 무엇일까? 얘기하자면 길고 누가 묻느냐에 따라 답이 달라지는 질문이지만, 많은 사람이 가치를 진지하게 받아들이지 않는다고 말하는 것으로 충분할 것이다. 선택할 수 있는 가치 체계가 너무 많은 상황에서는 가치의 중요성을 상실하기 쉽고 어떤 가치 체계가 옳은가를 구분해내기도 힘들다. 도덕성의 뚜렷한 기반이 없다면 어떤 가치에 의거해 살아야 하는가?

물론 이것은 벅찬 질문이다. 나는 이 질문에 답을 제시하려는 것이 아니고, 하물며 «심슨 가족»에 호소해서 해결하려는 것은 더더욱 아니다. 하지만 실존주의자들이 그러했듯이, 설령 객관적인 도덕이 부재하더라도 우리가 유의미한 방식으로 가치를 이야기할 수 있다는 사실은 충분히 지적할 수 있다. 좀더 정확히 말하면, 특정인이 어떤 가치를 지녔든 그 가치가 그의 행동과 어떻게 연결되는가를 봄으로써 도덕적으로 유의미한 방식으로 그 사람을 판단할 수 있다. 일부 실존주의자들에 따르면, 어떤 가치를 어떤 근거로 수용하든 상관없이 자신이 수용하는 그 원칙이나 가치에 충실하기만 하면 그것은 칭찬받을 만하다.

마찬가지로 자신이 수용하는 원칙이나 가치를 배반하면 비난받을 만하다. 다시 말해서 우리는 도덕의 **내용**—즉 특정한 도덕적 원칙—과 **형식적인 도덕적 자질**—특히 자기 자신에게 충실하며 자신의 설교를 실천하는 것—을 구분할 수 있다. 이런 실천에서 일관성이나 정직성을 엿볼 수 있다면, 자신을 배반하고 자신의 설교를 실천하지 않는 행동에서는 비일관성과 위선을 엿볼 수 있다.

내가 말하고 싶은 주제는 위선hypocrisy이다. 《심슨 가족》이 이 도덕적 악덕의 여러 중요한 특징을 예시해줄 뿐만 아니라, 위선에 대한 철학자들의 어떤 말들이 거짓임을 폭로해주기 때문이다. 전문가들이 놓친 것을 만화영화 시트콤이 폭로할 수 있다는 게 이상하게 들릴 수도 있지만, 상아탑에서 보는 관점은 다른 곳에서 보는 관점과 같지 않으며 관점마다 나름의 이점이 있다. 그렇기는 해도 일상적인 개념은 정제가 필요하다. 우선 나는 《심슨 가족》의 구체적인 실례들을 논의할 것이다. 여기서 말하려는 주요한 철학적 요점을 위해, 위검을 시험 사례로 이용하여 위선자의 공을 지나치게 인정하는 관점을 살펴볼 것이다. 대개의 경우 위선은 크나큰 도덕적 결함이지만, 나는 공감할 만하며 심지어 칭찬할 만한 위선도 있을 수 있음을 보여줄 것이다. 또 적절한 지점에서 스프링필드의 사례를 고전문학의 사례들과 병치할 것이다. 이는 일상적인 개념이 이루는 관점을 최대한 존중하면서 그런 일상 개념을 더 정교하게 다듬기 위함이다.

우선 일상 개념을 분명히 하자. 위선은 "자신의 설교를 실천하지 않는 것"이다. 즉 어떤 원칙이나 가치—좌우명—를 주장하면서 그 원칙이나 가치에 위배되는 행동을 하는 것이다. 만약 내가 고대의 특정 철학자 집단이 했던 대로 콩을 먹지 말아야 한다고—맹세하는데 정말로 그런 집단이 있었다*—말해놓고서 콩을 먹는다면 나는 위선자다. 콩을 삼가야 한다고 말하고 그 말대로 콩을 삼간다면 위선자가 아니다. 이는 가치의 진술에만 적용된다. 가치의 진술이란 세상이 어떠한지가 아니라 어떠해야 하는지를 말하는 것이다. 이는 사실을 진술하지 않고 행동을 지시한다. 내가 고양이가 매트 위에 있다고 말한 다음 고양이가 매트 위에 없거나 아예 없는 것처럼 행동한다면, 나는 위선자가 아니라 거짓말쟁이거나 재담꾼이거나 기억력이 굉장히 나쁘거나 그 밖의 인지 장애가 있는 것이다. 위선은 누군가의 행동이 그의 도덕적·미적·직업적·합리적·기타 가치 주장에 위배되는 것이다. 문제의 가치가 도덕적 영역에 있지 않더라도, 여기서의 잘못은 도덕적 잘못이다.

지금까지의 설명이 너무 학술적으로 들릴지 모르지만, 일상생활에서 형식적 덕과 악덕의 중요성은 명백하다. 우리는 응당하게도—타인에게서건 자신에게서건—정직성 등을 높이 평가하고 위선 등을 경멸한다. 자신의 경우 정직성은 자신이 강하고 스스로 결정하는 불굴의 삶을 산다는 자부심을 선사하며, 이런 자부심은 적절하다. 인간 상호작용의 많은 영역에서 그러하듯, 가치들이 충돌하는 지점에서 우리는 타인이 스스로 옹호하는 가치에 의거하여 행동하느냐에 따라 그를 응당하게 존중하거나 비판할 수 있다.

스프링필드를 철학적 도약대로 활용하는 게 부적절해 보일 수도 있

---

* 피타고라스학파를 말한다.

지만, 여기서는 《심슨 가족》이 당면한 문제에 대해 신선한 시각을 제시한다는 앞선 주장 외에 또 고려해야 할 사실이 있다. 철학자들이 위선에 대해 논의하지 않은 건 아니지만 대체로는 이를 무시해왔다는 점이다. 따라서 이를 바로잡는 데 유용한 일체의 수단은 정당하다. 내 목표는 《심슨 가족》을 활용해 위선의 중요한 특징들을 보여주고 위선을 더 잘 이해하는 데 도움을 주며, 나아가 이러한 상대적인 소홀함을 바로잡는 것이다.

꼬마 리사, 워싱턴에 가다

《심슨 가족》에서 명백하거나 아슬아슬한 위선의 사례는 너무 많기에 그걸 다 다루는 일은 무의미할 것이다. 하지만 우리가 위선을 정치, 기업, 종교계의 부패와 가장 쉽게 연관시킨다는 점에서 특히 적절한 사례들이 있다. 따라서 이 절에서 나는 큄비 시장, 번스 사장, 러브조이 목사에게 초점을 맞출 것이다. 이 모든 사례가 딱 떨어지게 명쾌한 것은 아니지만, 한데 모아놓고 보면 기본적인 요점을 많이 예시한다.

〈리사, 워싱턴에 가다〉에서 리사는 하원의원 밥 아널드가 뇌물을 수수하는 광경을 목격한다. 리사는 아널드 의원이 취임 선서를 고의로 위반하는 행동을 한 것을 두고 응당하게 분개한다. 아널드 의원이 위선자인 것은 바로 이 행동 때문이다. 큄비 시장도 비슷하지만 좀 더 복잡한 경우다. 다음 대화에서 드러나는 이중의 위선을 주목하자.

위검: 하지만 마지 심슨은 범법자인데.

퀸비: 시민윤리 강의 잘 들었네. 이제 내 말 잘 들어. 만일 마지 심슨이 감옥에 간다면 여자들 표는 안녕이라고.

_〈엄마는 휴가 중〉

여기서 퀸비는 단지 위선자에 그치지 않는다. 그는 거짓말쟁이에 사기꾼이며, 의지가 약하고, 편견이 심하고, 성차별적이고, 잘 속아 넘어가고, 야비하고, 비록 약간의 정치적 감각을 갖추었을지언정 기본적으로 멍청하다. 그의 위선을 이러한 다른 도덕적·성격적·지적 결함과 구분하는 것은 중요하다. 여기서 퀸비는 법을 지키지 않기로 결정할 뿐만 아니라, 여성 문제에 대한 공적 우려를 넌지시 암시하고 또 침해한다.

정치에서 위선은 필요악이므로 정치인인 퀸비 시장을 너무 비난하는 건 심하다고 여길 수도 있다. 이는 냉소적인 시각이다. 나중에 논의하겠지만 용서받을 수 있고 심지어 칭찬받을 만한 종류의 위선도 존재한다. 그런데 퀸비의 위선은 (많은 정치인의 위선이 그렇듯이) 유권자들을 섬기기 위한 것이 아니라 자기 권력을 남용하여 사적 이익을 챙기기 위한 것이다. 그의 목적은 공감이 가지도 않고 칭찬할 만하지도 않다. 사이드쇼 밥 옆에 붙여놓으면 그나마 나은 시장 후보이지만, 그의 위선은 사이드쇼 못지않게 지독하다.

정치적 위선은 취임 선서나 (좀더 협소하게는) 당의 노선에서 표명하는 내용을 실천하지 않는 것이다. 하지만 위선은 문제의 가치가 명백히 표명된 경우에만 한정되지 않는다. 당의 노선을 명백히 승인하지 않고도 그것을 따를 수 있다. 다시 말해서 당의 노선에 말없이 순응하거나, 취임 선서가 요구되지는 않지만 가치가 수반되는 직책을 맡거나, 혹은 좀더 계산적으로 그런 가치에 호소하는 거짓된 대외 이미지를 내세움으로써 자신이 암묵적으로 표명한 원칙을 위반해도 위선자가 될 수 있다. 스키너 교장과 크라버플 선생을 생각해보자. 그들은 교육자로서 자신이 암묵적으로 서약한 특정한 교육적 가치들을 자주 위반하며 때로는 멋대로 무시하기도 한다.

번스 사장도 복잡한 사례다. 그는 흔히 이윤을 추구하는 과정에서 갖가지 부도덕을 드러낸다. 이윤 동기와 그로부터 파생되는 많은 결과 자체는 잘못도 아니고 크게 칭찬할 일도 아니지만, 위선적인 홍보는 그렇지 않다. 특히 번스는 전혀 환경주의자가 아님에도 자신을 환경주의자로—여러 번이나—포장함으로써, 이러한 위선적 홍보의 예를 그 허약한 육체만큼이나 강인한 의지로 보여준다. 물론 이는 훌륭한 홍보이지만 여기서 번스의 위선은 너무나 명백하다.

맥주 여섯 캔을 묶는 플라스틱 고리 한 개에 물고기 한 마리가 걸리니까, 고리 1백만 개를 엮으면 물고기 1백만 마리가 걸리겠지……. 나는 여기에 '번스 범용 그물'이라는 이름을 붙였단다. 바다를 말끔히 청소해주지……. 우리 제품 이름은 '꼬마 리사의 **특허 동물 슬러리**'란디. 고단백 가축 사료, 저소득 주택을 위한 단열재, 그리고 최고급 엔진 냉각재로도 쓸 수 있지. 가장 중요한 건 100퍼센트 재활용 동물로 만들었다는 거야.

  _〈번스 사장, 파산하다〉

                심슨 가족이 사는 법

'꼬마 리사의 특허 동물 슬러리'의 예는 더없이 훌륭한 사례로 비칠 수 있지만, 여기서의 번스는 자신이 내세운 대외적 겉치레의 의미를 파악하지 못한다는 점에서 다른 에피소드에서 그가 보여주는 계산된 홍보와 극명한 대조를 이룬다. 예를 들어 번스는 회사 쓰레기 줍기 행사에서 언론사 사진 촬영을 위해 청소복을 갖춰 입고 포즈를 취한 뒤, 셔터 소리가 멈추자마자 청소용구를 더럽다는 듯이 내팽개친다(‹호머의 어머니›). 회사 수련회에서 그는 팀워크와 선의의 경쟁이 띠는 가치를 연설하지만(‹동계훈련에서 생긴 일›) 그의 실적은 '협동적'이기는커녕 최악의 엘리트주의로 점철되어 있고, 그의 경쟁 방식은 선의는커녕 음해로 얼룩져 있으며, 그의 승부 방식은 공정하기는커녕 사사건건 부정이 개입되어 있다.

문학적 관점에서 아마도 가장 두드러진 종류의 위선은 종교적 위선일 것이다. 그 가장 유명한 예인 몰리에르의 타르튀프는 한 부유한 가족의 환심을 사기 위해 대단히 경건한 종교인 행세를 한다. 그는 가난의 가치를 내세워 그들의 집에서 공짜로 숙식하며 결국 가족의 모든 재산에 대한 통제권을 교묘히 갈취한다. 권력을 손에 넣은 그는 자신이 내세운 가치에 명백히 위배되는 행동을 일삼고, 결국에는 파멸한다. 「타르튀프」는 읽을 만한 가치가 있는 고전 희곡이다. 《심슨 가족》은 그 자체로서 볼 가치가 충분한, 다른 종류의 고전이다. 러브조이가 타르튀프는 아니지만 말이다. 그렇다고 러브조이가 (이해가 가는 염세적 태도와 다소 체념적인 신앙에도 불구하고) 위선자임을 가리키는 모종의 암시들이 틀렸다는 말은 아니다. 그는 자기 집 개를 부추겨 플랜더스네

집 잔디에 '더럽고 죄 많은 일'을 보게끔 유도하고(«스프링필드 이야기»), 기독교 교리의 중요성을 폄하하며(«바트의 여자 친구»), 리사가 성경책을 못 보게 막는다(«뱀 잡는 날»). 만인의 제사장? 천만의 말씀이다. 혹자는 러브조이가 열렬한 신앙심을 드러내거나 남을 독단적으로 재단하는 순간들에 비추어 그를 명백한 위선자로 여길지도 모른다. 하지만 우리는 그가 단지 구약성서의 영향을 과도하게 받았을 뿐이라고 좀더 너그럽게 해석해줄 수도 있다.

러브조이는 타르튀프가 아니지만 돈 마누엘일 수는 있다. 스페인 작가 미겔 데 우나무노의 「착한 성인 마누엘」에서, 돈 마누엘은 신앙을 잃지만 교구민이 우러러보는 모습에 걸맞게 경건한 사제 노릇을 계속하며, 그가 신자들을 위해 필요하다고 여기는 역할을 수행한다. 그는 자기가 설교하는 내용의 종교적 근거를 의심한다는 점에서 확실히 정직하지 못하지만, 자신의 설교를 실천하기 때문에 위선자는 아니다. 차이점은 그가 이를 실천하는 동기가 종교적이라기보다 실용적이라는 데 있다. 그가 진짜로 마음에 품은 가치는 신자들에게 제시하는 가치에 위배되지만, 그의 행동은 둘 중 어디에도 위배되지 않는다. 어쩌면 러브조이도 어느 정도는 이와 비슷한 선의의 거짓말을 하고 있는 건지 모른다. 공동체에서 그가 하는 역할은 돈 마누엘이 하는 역할에 비하면 중요성이 떨어지지만, 그의 직무가 사회에 혜택이 되는 건 사실이다. 그가 플랜더스 가족, 특히 네드를 위해 얼마나 많은 일을—그런 혜택을 주는 일의 번거로움을 무릅쓰고—감당했는지 생각해보라. 그렇기는 해도 러브조이는 신도들에 대한 얄팍한 무관심을 내비친다는 점에서(‹상담원이 된 엄마›), 돈 마누엘을 희석시킨 부류에도 끼지 못한다.

지금까지 스프링필드와 기타 사례들을 통해 위선의 중요한 특징들을 많이 예시했다. 위선적인 사람은 자신이 옹호하는 원칙에 고의로 위배되는 행동을 한다. 혹은 번스 사장이 잘하는 것처럼, 자기가 명백히 행한 일을 축소하거나 은밀히 행한 일을 은폐할 목적으로 과거의 행동이나 장래에 계획한 행동에 고의로 위배되는 원칙을 주장한다. 여기서의 핵심은 비일관성이다. 흥미롭게도, 극소수의 예외를 제외하면 심슨 가족 중 누구도 그렇게 위선자는 아니다. 바트는? 강압에 의해 어쩔 수 없이 그러는 경우도 있지만, 그나마도 드물다. 호머는? 전혀 아니다. 가혹한 도덕적 시험에 직면했을 때만 빼면, (비록 무반성적일지언정) 자신이 옹호하는 쾌락주의적 가치에 매우 충실하게 행동한다. 그리고 도덕적 시험에 직면했을 때는 옳은 일을 할 뿐만 아니라, 일관된 가치에 의거해 옳은 일을 한다.[1]

위검 서장의 예

많은 철학자가 위선을 이해하는 방식은 일상의 개념에서 너무 멀리 벗어나 있다. 이는 이해할 만하고 심지어 자연스러운 착오라도 어찌됐건 착오임에는 분명하며, 위검 서장의 유머러스한 사례들은 그 이유를 보여준다.

여기서의 착오는 위선의 본질이 기만적deceptive 성격을 띠며, 일종의 가식이나 눈속임만으로도 위선자가 될 수 있다는 것이다.[2] 이 관점에 따르면 위선은 일종의 거짓말이다. 사람들은 겉치레를 두르거나 규범이라는 장막 뒤에 숨거나 선의를 가장한다. 여기에는 이중의 목적이 있다. 즉 이미 알려진 악행은 덜 악독해 보이게끔 하고, 숨겨진 악행은 폭로되거나 의심을 사지 않게끔 주의를 딴 데로 돌린다. 이런 수단을 통해, 위선자는 심지어 자기 자신에게조차 스스로의 도덕적 입장을 기만할 수 있다.

나는 많은 위선자가 이 설명에 부합하며 위선의 목적이 기만이나 변명일 때가 많다는 데 동의하지만, 이 설명이 위선의 본질을 포착했다는 데는 동의하지 않는다. 우리는 자신의 의도가 뭔지를 의식적으로 알지 못할 때도 있고, 우리 자신이 겉으로 내세우는 가치를 망각하거나 제대로 이해하지 못할 때도 있다. 우리가 자기도 모르게 위선에 빠져버릴 수 있다면, 위선은 의식적인 기만의 문제가 아니다. 자, 내가 너무 소심해서 진짜로 마음에 품은 가치에 의거해 행동하지 못한다 치자. 그래서 남들 앞에서는 짐짓 다른 가치를 내세우고 그 가치에 따라 행동한다고 치자. 이 경우에 나는 말한 대로 실천하기 때문에 이는 위선이 아니다. 단지 스스로가 하는 말을 믿지 못하는 것뿐이다. 이와 비슷하게 돈 마누엘이 보여주듯이, 개인적 가치와 짐짓 겉으로 내세우는 가치를 하나의 행동으로 동시에 충족시키는 것 또한 가능하다. 이 역시 위선이 아니다. 자신의 가치나 의도를 남에게 속이는 것은 본질적으로 위선이 아니다. 기만의 한 형태임은 분명하나 위선의 핵심은 아니다.

어떻게 수많은 사상가가 (앞에서 말했듯이 이해할 만하고 자연스러운 방

심슨 가족이 사는 법

식으로나마) 이 점을 착각할 수 있었을까? 내 진단은 이렇다. 원래 고대 그리스인들은 위선을 도덕적 결함이 아닌 극적인 연출 기법—가면을 쓰는 것—으로 이해했다. 그런데 중세에 들어 이 은유는 내심과 다른 가치를 겉으로 내세우는 이들에게 적용되었다. 이런 거짓된 표현은 심각한 도덕적 결함으로 여겨졌고, 이 점은 지금도 마찬가지다. 하지만 이는 현대의 개념과는 확연히 다르다. 내면의 가치를 거짓되게 표현하는 것은 기만이며 이는 위선의 한 척도가 될 수 있지만 그게 전부다. 현대적 개념의 위선자는 거짓 전달할 내면의 가치를 품고 있을 필요도 없다. 따라서 위선이 본질적으로 기만이라는 관념은 시대착오이자, 이제는 통용되지 않는 말뜻으로의 퇴행이다. 현재의 언어 용법을 완전히 무시하는 것은 상식에서 불필요하게 벗어나는 일이다.

또 다른 이유는, 역사적·문학적으로 두드러진 특정 사례들이 지금은 통용되지 않는 위선의 옛 말뜻을 외견상 지지하고 있다는 것이다. 일단 문학적 사례들로 한정해보면, 몰리에르의 「타르튀프」에 나오는 타르튀프, 스탕달의 『적과 흑』에 나오는 쥘리앵 소렐, 디킨스의 『데이비드 코퍼필드』에 나오는 유라이어 히프를 떠올릴 수 있다. 문학적 탐색에서 위선을 흥미롭고 풍부하게 만들려면 위선을 지적이거나 적어도 영리한 것으로 만들어야 한다. 도덕적 미덕과 지적 미덕의 충돌은 독자에게 즐거움을 준다. 하지만 대부분의 위선은 그보다 따분하고 시시하다. 예외적인 사례로 모든 사례를 대표하는 것은 단순한 오류이며, 이 경우에는 모든 위선자를 너무 높이 평가해주는 꼴이 된다. 대부분의 위선자는 그렇게 지적이지 못하다. 그리고 많은 이가 위선을 연막으로 활용하긴 하지만, 꼭 남을 기만해야만 위선자가 되는 것은 아니다.

위선의 요점이 기만에 있다면, 무익한 위선은 기만적이지 않을 것이라고 예상해야 한다. 일상적인 개념을 옹호하기 위해서는, 지능이 떨어지고 남을 기만하려는 목적이 작용하지 않는 사례가 필요하다. «심슨 가족»은 위검 서장의 뚱뚱한 모습을 통해 그 이상적인 사례를 제공한다. 위검 서장의 행동은 그가 스프링필드에서 가장 훌륭하다고 내세우는 원칙을 위반한다. 하지만 우리는 여기서 조심해야 한다. 부패한 경찰은 무능한 경찰과 같지 않으며 위검은 둘 다이기 때문이다.

여기는 아빠 곰. 남성 용의자 지명수배한다. 무슨…… 차를 몰고 있으며, 도주 방향은, 어…… 칠리 가게 쪽이다. 용의자는 모자를 안 썼다. 반복한다. 모자를 안 썼다. _‹아빠의 심장 수술›

우리가 초자연적인 존재를 상대하고 있는 것 같습니다. 미라일 가능성이 유력하죠. 선제 조치로 스프링필드 박물관의 이집트관을 파괴하도록 지시했습니다. _‹공포의 할로윈 IV›

미안하다, 얘들아. 아무래도 그레이하운드들을 되찾진 못한 것 같구나. 번스 씨가 어젯밤 훔쳐간 스물다섯 마리 중에 한 마리쯤은 너희한테 팔지 않을까? _‹스물다섯 마리 강아지›

심슨 가족이 사는 법

여기서 우리는 위검의 직업적 무능을 엿볼 수 있다. 무능은 유감스러운 일이지만 도덕적으로는 중립이다. 그의 '봉사와 보호'*는 최소한도에 그친다. 하지만 이는 비단 무능 때문만이 아니다. 그가 이따금 보여주는 유능한 임무 수행 이면의 도덕적으로 의심스러운 동기 때문이기도 하다.

루: 아쿠아리움에서 싸움이 붙었다는데요, 서장님.

위검: 거기서 아직도 프로즌 바나나를 팔던가?

루: 그럴걸요.

위검: 그럼 출동해.

_〈바트, 형을 얻다〉

루: 심슨 씨네 집에서 폭발이 일어난 것 같은데요.

위검: 놔둬. 두 블록이나 떨어져 있잖아.

루: 굴뚝에서 맥주가 흘러나오는 것 같은데요.

위검: 나는 먼저 걸어서 갈 테니까 코드 8 발령해.

루: (무전기에 대고) 프레첼이 필요하다. 반복한다. 프레첼이 필요하다.

_〈만우절에 생긴 일〉

여기서 위검은 무능하지 않다. 또 위선자도 아니다. 비록 올바른 이유에서는 아닐지언정, 그는 사건 신고에 응하여 출동한다. 이와 대조

---

* To serve and protect, 로스앤젤레스를 포함한 북미 여러 도시의 경찰 모토다.

적으로, 그의 위선은 뇌물 수수, 약물 복용, 성매수, 직무 유기, 권력 남용에서 찾아볼 수 있다.

> 당신은 묵비권을 행사할 수 있고, 당신이 하는 말은 어쩌고저쩌고 끝.
> _〈나는 증언한다〉

> 이 딱지는 찢을게요. 하지만 그래도 뇌물은 주셔야겠습니다. _〈셀마 이모의 남편〉

> 으이구, 이 동네 사람들은 자력구제도 할 줄 모르나? _〈군사학교에 간 남매〉

> 자, 범인은 두 손을 들고 밖으로 나와라, 나올 때 커피 두 잔, '염소자리'라고 써 있는 자동차 방향제, 그리고 겉에 코코넛 입힌 걸로 뭐라도 하나 집어 나오도록. _〈엄마의 빈자리〉

> 놀라지 마시고, 계속 알몸으로 수영하세요. 에이, 괜찮아요, 계속하세요! 괜찮아요! 에잇…… 루, 사격 개시해. _〈바트의 여름방학〉

여기서 우리는 위검 서장 자신의 체구만큼이나 비대하고 두루뭉술한 위선을 엿볼 수 있다. 대부분의 위선이 그렇듯이 그의 위선도 물론 자기 잇속을 챙기기 위한 것이다. 〈경찰이 된 엄마〉 에피소드를 생각해보자. 여기서 위검, 루, 에디를 비롯한 경찰들은 짝퉁 청바지 밀매의 증거품인 청바지들을 자기들이 나눠 가져서 결과적으로 조직을 검거할 증거를 인멸해버린다. 경찰들이 한 벌씩 챙긴 청바지를 입으며 지퍼를 올리고 서장이 "보기 좋은데 제군들!"이라고 고전적인 클로징 멘트를 날릴 때 그의 자가당착은 중인환시리에 훤히 펼쳐진다. 여기에 기만은 없다. 그 이유는 두 가지다. 우선 군이 기만할 필요가 없다. 게다가 위검은 별로 그럴 생각도 없다.

위검의 벌거벗은 위선을 보면, 그의 악덕은 좀더 지능적인 사례들과는 달리 일상적으로 이해되는 개념과 훨씬 더 잘 맞아떨어짐을 알 수 있다. 내가 비판하는 관점을 옹호하는 이들은, 위검의 행동이 전혀 기만적이지 않다는 바로 그 이유 때문에 위검은 위선자가 아니라고 주장할 수도 있다. 비록 개념을 이론적 목적에 맞게 재단하는 것이 철학자의 직무에 속하긴 하지만, 그것을 임의적으로 재단하거나, 혹은 상식적 관점을 뒷받침하는 사례와의 모순을 검토하지 않은 채로 재단해서는 안 된다. 위선의 개념을 정교화할 필요가 있는 건 분명하지만, 이러한 정교화는 (위검 자신은 아니더라도) 위검의 사례를 존중해야 한다. 스프링필드의 위선이 그토록 웃기는 건 그 위선이 (좀더 지적인 사례들과는 달리) 무익하기 때문이다. 많은 이가 이걸 동시대 문화에 대한 정교한 탐구로 인정하지만, 실은 독한 약에 더 가깝다. 웃느라 바빠서 그 쓴맛을 거의 느낄 수는 없지만.

쉿!

가장 익살스런 형태의 위선이라 해도, 통상 위선은 가장 괘씸한 도덕적 악덕 중의 하나다. 내가 '통상'이라고 말한 건, 종종 용납할 수 있고 공감할 수 있으며 심지어 때로는 칭찬할 만한 위선도 있기 때문이다. 개중 상찬할 만한 예로서 허클베리 핀 같은 문학적 캐릭터와 오스카 어 신들러 같은 역사적 인물을 들 수 있다. 『허클베리 핀의 모험』에서 헉은 한 노예의 탈출을 교사하는데, 그의 행동은 칭찬할 만하지만 그 는 이것이 비도덕적인 행동이라고 믿는다. 좀더 대규모로, 제2차 세계 대전에서 신들러는 자신을 나치로 여기면서도 속임수와 기타 술책을 동원하여 많은 유대인의 목숨을 구한다. 핀과 신들러의 사례처럼 위선 이 가치 있는 도덕적 목표를 위해 필요한 수단일 때 그 위선은 칭찬할 만하다. 강압에 의한 위선은 용납할 수 있으며, 그 강압이 부당한 것일 때 그 위선은 공감할 수 있다. 바트가 "분필을 낭비하지 않겠습니다" 라는 반성문을 칠판에 반복해서 적는 장면은(‹내 아들이 천재라고›) 공감 은 못하더라도 용납할 만한 위선의 예로 볼 수도 있겠다. 어쨌든 이건 벌이고, 분필을 낭비하면 안 된다는 걸 배우기 위해 분필을 낭비하는 일에는 명백한 모순이 존재한다. 하지만 바트가 "분필을 낭비하지 않 겠습니다"라고 적을 때 그가 암묵적으로라도 어떤 가치 주장을 하고 있는지 여부는 확실치 않다. 여기에 위선이 있다면 그건 바트에게 이 벌을 준 사람의 몫이다. 그 사람이 스키너가 됐건 크라버플이 됐건 그 는 좀더 분별을 갖추어야 한다.

내가 아는 한 «심슨 가족»에 칭찬할 만한 위선의 사례는 없다. 하지 만 공감할 만한 사례들은 있다. 우선 아푸를 들 수 있다. 부당하게 추 방될 위기에 처한 그는 자신의 불법체류자 신분을 감추기 위해 '미국

심슨 가족이 사는 법

적' 가치를 짐짓 체화한 듯이 구는데, 우리는 응당하게도 그에게 공감하며 그의 위선이 용납할 만하다고 생각한다. 겉치레를 지속하기가 너무 힘겨워지자 아푸의 쾌활한 립서비스는 순식간에 회의감으로, 다음에는 성난 절망으로 변한다.

흥, 가네샤 신의 무한한 자비 따위 하나도 아쉽지 않다고요. 『엔터테인먼트 위클리』만 집어들면 톰 크루즈와 니콜 키드먼이 나를 지그시 바라봐주는걸요. 썩은 동태눈깔로 말이죠! _‹불법체류자, 아푸 아저씨›

그다음은 리사다. 자신의 미덕 때문에 벌을 받아 외톨이가 되었다고 여긴 리사는, 친구를 얻기 위해 평소 자기가 진심으로 긍정하던 가치들을 부인하고 심지어는 위반한다.

리사: 재수탱이 우리 오빠가 맨날 도서관에 다녀서, 난 주로 밖에서 놀아.
에린: 어, 너도 노는 거 좋아해?
리사: 공부하는 것보단 훨 낫지.
에린: 그래, 공부 따위 밥맛이야.
_‹리사의 여름방학›

여기서의 강압은 좀더 약한, 일종의 심리적 압력이다. 하지만 그래도 우리는 리사의 곤경에 공감할 수 있다. 그의 위선을 이끄는 것은 총명한 이기심이다. 스프링필드와 현실세계의 다른 위선자들이 발휘하

는 막돼먹은 이기심과 달리 이는 거의 무해하다.[3]

　호머에게는 미안한 일이지만, 여기서 건드리지 않은 먹음직스러운 철학적 이슈가 많이 있다. 그래도 몇 가지 간단한 언급을 하고 넘어가고자 한다. 자신이 옹호하는 이상에 못 미친다면 위선자가 되는가? 아니다. 여기서의 관건은 자신이 설교하는 내용을 실천하느냐이기 때문이다. 실천이 필요하다는 건 아직 완벽에 다다르지 못했다는 뜻이다. 가치들이 서로 충돌할 때는 어떻게 할까? 위계적인 순서를 세우고 더 우선하는 가치에 따라 행동해야 한다. 그러지 않으면 위선을 피할 수 없다. 위선은 항상 나쁜가? 강압에 의한 것이 아니거나, 도덕적 행동을 위해 필요한 수단이 아니라면 그러하다. 진실성integrity은 위선의 반대인가? 아니다. 진실성은 겉으로 내세우는 가치가 아니라 자기가 진짜로 품은 가치에 따라 행동하는 것이다. 그렇게 한다면, 이상하게 들리겠지만 위선자로서 진실성을 띠는 일도 가능하다.[4] 그렇다면 다시금 위선은 무엇인가? 형식적 악덕, 의도적 행동과 암묵적 혹은 명시적으로 신봉하는 가치 사이의 의도된 혹은 의도치 않은 불일치. 음…… 먹음직스럽군.[5]

　심슨 가족이 사는 법

13

얼음과자 즐기기
: 번스 사장과 행복에 관하여

대니얼 바웍

«심슨 가족»의 진정한 팬치고, 양 손끝을 맞대고 숨소리가 섞인 느릿한 목소리로 "훌륭해Excellent……"라고 말해보지 않은 사람은 없을 것이다. 몬티 번스의 기쁘다는 표현은 «심슨 가족» 시청자들에게 친숙하며, 팬들에게는 세상이 잘 돌아간다는 궁극의 지표로 간주된다. 하지만 이 표현을 자주 사용함에도 불구하고 번스 사장은 세상에서 기쁜 일을 거의 찾지 못한다. 번스는 행복한 인간이 아닌데, 우리에게 익숙한 그의 성격적 특징 중에서는 그 불행의 원인을 찾을 수 없다. 번스의 불행은 그의 고령, 노쇠한 몸 상태, 무수한 질병 때문도 아니고, 그가 노예제를 지지하고 (스포츠를 즐기거나 옷을 만들기 위해) 무수한 동물을 살육하고 직원들을 학대하기 때문도 아니며, 일반 시민과 특히 여성들에게 거부당하기 때문도 아니다. 그의 불행은 그가 세상을 바라보

는 특정한 관점 때문이다. 이 관점은 그를 감정적 불구로 만들며, 우리가 세계와 상호작용하는 방식 안에서도 점점 더 증폭되고 있다. 우리는 인생을 어떻게 살면 안 되는가에 대해 번스 사장에게서 배울 점이 많다. 하지만 이 경고의 글은 친절이나 탐욕, 부나 권력을 논하는 게 아니라, 시원하고 부드러운 아이스크림과 그것이 가져주는 행복을 즐기는 일에 대해 논할 것이다.

번스 사장 같은 인물이 어떻게 불행할 수 있을까? 그는 자신만의 대저택(쿠키를 팔러 온 걸스카우트나 기타 성가신 불청객에게 개를 풀어 그들을 쫓아버릴 수 있는 자신만의 대저택을 원치 않는 사람이 있을까?), 자신이 철권을 휘두르는 핵발전소, 기사가 운전하는 롤스로이스, 공화당 지구당의 지배권, 희귀한 소재로 만든 수많은 옷가지, 자기한테 홀딱 빠진 비서, 그리고 경주에서 우승한 스물다섯 마리의 그레이하운드를 소유한 사람이다. 몬티는 번스건설회사와 번스경사시추회사의 소유주이자, '꼬마 리사의 특허 동물 슬러리' 공장의 소유주 겸 창업자이며, '번스 범용 그물'의 발명가이기도 하다. 그는 아서왕의 '엑스칼리버', 마크 트웨인의 유일한 누드 사진, 그리고 '호구들suckers'이라는 단어가 들어 있는 희귀한 헌법 초고를 소장하고 있다. 심지어 그는 자신의 소중한 테디 베어 '보보'와 재회하기까지 했다. 그런데 대체 뭐가 문제인가?

번스 사장에게는 행복을 가로막는 세 가지 문제기 있다. 니는 그중 세 번째 문제에 초점을 맞추겠지만, 앞의 두 가지도 그의 심리를 이해하는 데 필수불가결한 일부분인 만큼 언급할 필요가 있다. 첫째로 그는 무지막지하게 과대한 인물이다. 그와 관련된 모든 것이 거대하다.

심슨 가족이 사는 법

그의 집, 재산, 권력(과 권력의 남용), 야심, 그리고 리처드 시먼스 로봇.*
스프링필드 최고 부자인 번스 사장은 스스로가 득의양양하게 인정하
듯이 '마음껏 술독에 빠질' 수 있다. 철학에는 이런 과잉을 비판하고
소박한 삶을 옹호하는 풍부한 전통이 있지만, 번스 사장의 이런 과잉
이 그에게 큰 행복을 가져다주지 않는다는 건 철학 고전 없이도 확실
히 알 수 있다. 사람들에게 둘러싸여 있는데도 그는 외롭다. 막대한 부
를 소유했는데도 그는 더 많은 걸 원한다.

둘째로 그는 모든 걸 추상적인 관점에서, 즉 다른 무엇의 상징으로
보기 때문에 자기 주변의 모든 것에 불필요한 중요성을 갖다붙이고,
사물을 있는 그대로 즐기지 못한다. 〈아빠의 볼링 팀〉 편을 보면, 그에
게는 익살스러운 친구들과 팀으로 연대하여 게임을 즐기고 더프 맥주
를 마시며 일시적일지언정 달콤한 즐거움을 누리는 것보다 무가치한
볼링 트로피를 갖는 게 훨씬 더 중요하다. 트로피를 갖는 건 단 한 사
람의 성취가 된다. 이런 접근 방식의 문제는, 모든 것이 중요해지면 아
무것도 진정으로 중요해지지 못한다는 것이다. 번스 사장은 모든 걸
상징적으로, 중요한 상징적인 방식으로 바라본다. 이로써 모든 것이 똑
같이 중요성을 띠며, 그래서 결국에는 모든 게 지루해진다.

하지만 이런 문제는 흔하다. 정도는 저마다 달라도, 삶의 사건들에
우스꽝스러운 중요성을 갖다붙인다는 점에서 우리 모두는 유죄다. 우
리가 화내거나 기뻐하는 일들이 중요하지 않다는 걸 알게 되면 놀라

---

* 에어로빅 비디오로 유명한 리처드 시먼스를 본떠 만든 로봇으로 음악에 맞추어 에어로
빅을 한다. 번스는 호머를 내쫓기 위해 이 로봇을 개 대신 풀어놓는다.

올 때가 많다. 또 우리가 무관심한 일들이 진짜로 중요하다는 걸 알게 돼도 놀랍다. 하지만 번스의 문제는 좀더 근본적인 세 번째 문제에 기생한다. 문제는 그가 온갖 것에 갖다붙이는 상징이다. 결과적으로 그 상징의 원본은 (적어도 여하한 즐거운 방식으로는) 존재하지 않게 된다. 번스 사장에게는 유감스럽게도, 그의 행복을 위해 진정 필요한 것은 바로 이 원본이다. 좀더 자세히 설명하겠다.

장면 1: 지옥[1]

한 여자에게 멸시당한 사탄이 지옥의 상급 유혹자들과 대책 회의를 열었다. 그는 자리에 모인 권세와 세력의 악신들에게 이렇게 물었다. "우리는 인간의 비인간화를 촉진하기 위해 무엇을 하고 있는가?"

그들은 한 명씩 보고했다. 시기, 오만, 탐욕을 관장하는 '무시무시한 수석 부사장'들이 자화자찬하는 보고서를 발표했다. 욕정과 태만을 담당하는 국장들이 기나긴 청구 명세서를 읊었다. 변호사들이 법망을 교묘히 피하는 법에 대해 강의했다. 하지만 사탄은 만족하지 않았다. 심지어 전쟁부 장관의 훌륭한 보고서도 그를 만족시키지 못했다. 그는 핵확산에 대한 기나긴 논문을 들으며 지루한 기색을 감추지 않았고, 게릴라전의 철학을 논하는 대목에서는 연필을 만지작거리며 장난을 쳤다.

마침내 사탄의 분노가 그를 휘감았다. 그는 탁자 위 노트를 모조리 쓸어버리고는 벌떡 일어섰다. "자기한테 이익이 되는 진술들 뿐이군!" 그는 포효했다. "장황한 연설로 자기 무능을 감추려는 멍청이들의 말을 영원히 듣고 앉아 있어야 하는가? 뭐라도 새로운 것을 말하는 자가 아무도 없단 말인가? 지난 수천 년처럼 남의 가게나 대신 봐주면서 영원을 보낼 것인가?"

그때 가장 젊은 유혹자가 일어나서 말했다. "대왕님께서 허락만 내려주신다면, 제게 한 가지 계책이 있습니다." 사탄이 자리에 앉자, 그 악마는 '탈실체화를 위한 부처 간 사무국'을 설치하자는 제안에 착수했다. 그는 지옥의 전략이 인간을 그 인간성의 주된 방어벽으로부터 단절시키는 데 실패하고 있기 때문에 인간의 비인간화가 너무 더딘 것이라고 주장했다. 지옥은 신과 이웃에 대한 공격에 치중하느라 인간과 사물의 관계를 타락시키는 데 실패했다. 유혹자의 선언에 따르면 사물은 저마다 고유한 즐거움과 독특한 놀라움을 제공한다는 점에서 지옥이 파괴하려고 무진 애쓰는 바로 그 능력을 끊임없이 갱신시켜준다. 인간이 진정한 실체를 상대하는 한 인간 자신 또한 실체로서 유지되는 경향이 있다. 따라서 필요한 것은 인간으로부터 사물을 박탈하는 계책이다.

사탄은 뚜렷한 흥미를 보이면서도, 이렇게 반박한다. "하지만 어떻게 이 일을 수행할 것인가? 부유한 현대사회의 인간은 그 어느 때보다도 많은 '사물'을 소유하고 있다. 그대는 이러한 풍요의 한가운데서 물질주의에 사로잡힌 인간이 이토록 명백하고 기괴한 음모를 눈치 채지 못하리라고 말하는 것인가?" 유혹자가 말했다. "그렇지는 않습니다, 대왕님. 제 말은 인간에게서 물리적으로 무엇을 빼앗자는 것이 아닙니다. 현실로부터 스스로를 유리하게끔 정신적으로 그를 부추기자는 것입니다. 저는 실제의 사물을 체계적으로 대체할 추상, 도식, 정신화 spiritualization 등을 고안해낼 것을 제안합니다. 인간은 사물을 상징으로 바라보는 법을 교육받아야 합니다. 사물을 그 자체로서가 아니라 그 **효과**를 노리고 이용하는 법을 훈련해야 합니다. 무엇보다도, 즐거움으로 통하는 문은 굳게 닫혀 있어야 합니다."

그는 계속해서 이렇게 말했다. "이건 보기만큼 어렵지 않을 것입니다. 인간들은 자신이 유물론자라고 너무나 굳게 확신하기 때문에 일단 무엇이든 믿을 것이며, 우리가 정신화를 통해 그들을 파멸시킨다고 의심하기 시작하면 때는 이미 늦을 것입니다. 그러나 작은 보험 수단으로서 저는 텔레비전 전도사 군단을 재량으로 배치할 것입니다. 과거에도 그랬듯이, 그들은 사람들이 유물론자라고 계속해서 규탄할 것입니다. 인류는 유쾌한 악동이 된 듯한 느낌에 취해, 마침내 우리가 그들을 현실에서 완전히 떨어뜨려놓는 날을 아무도 알아차리지 못할 것입니다."

이에 사탄은 미소 지으며, 뒤로 기대어 앉아 두 손을 모으고 이렇게 말했다. "훌륭해……. 한번 추진해보지."

나는 여기서 글을 끝맺어버릴 수도 있을 것이다. 〈번스 사장의 곰돌이〉에서 내 가설을 곧바로 확인할(혹은 적어도 대단히 믿을 만한 단서를 얻을) 수 있기 때문이다. 이 에피소드에서 『스프링필드 쇼퍼』 지는 이런 머리기사를 내걸었다.

오늘 번스의 생일

심슨 가족이 사는 법

장수 비결은 사탄의 덕이라고 함

하지만 다음을 생각해보자.

장면 2: 볼링장

번스: [걸어 들어오며] 저기 좀 보게 스미더스, 내 돈을 착복해다가 즐기고 있군.

스미더스: [극적으로] 저것에 딱 맞는, 훨씬 더 험악한 말이 있습니다. 유용이죠. 심슨 씨! [호머가 그들을 보고 볼링공을 등 뒤로 휙 내던진다. 누군가가 비명을 지른다.]

번스: [위협적으로] 이보게…… 나도 팀에 끼워줘.

호머: 어디 끼고 싶다고요?

스미더스: 팀에 뭘 하고 싶으시다고요?

번스: 미처 예측하지 못한 심경의 변화가 있었네. 젊고 훌륭한 선수들이 패배한 적의 굴욕을 즐기는 걸 보니……. 음, 내가 이렇게 기운이 솟은 적은 마지막으로…… 어…… 관장한 이후로 처음이군.

[나중에 선수권 대회에서 우승한 뒤]

호머: 야호! 이겼다! 이겼어! ['여드름 난 직원'이 케이스에서 트로피를 꺼내주는 동안 호머와 아푸와 모가 춤을 춘다. 호머는 트로피를 받아 들지만 곧 번스가 낚아채 간다.]

번스: 내가 이겼다는 말이겠지.

아푸: 하지만 우린 한 팀이잖아요.

번스: 오, 유감스럽게도 내 트레이드마크인 심경의 변화가 있었지. 팀워크는 여기까지만이야. 진짜로 진화한 인간은 개인적인 영광을 추가로 움켜쥐려 하는 거야. 이제는 내 팀원들을 버려야 해. 권투 선수가 타이틀을 따기 전에 땀내 나고 쓸모없고 구역질나는 군살을 한 겹 한 겹 벗어버려야 하는 것과 마찬가지지. 고맙네! [떠난다.]

_〈아빠의 볼링 팀〉

첫째로, 번스가 볼링 팀에 가입하는 동기는 볼링 팀 가입의 최우선적 의의—'친구들'과 다량의 맥주를 동반한 여가 활동—와 사뭇 거리가 멀다. 그는 이런 것을 전혀 보지 않고, 오로지 '젊고 훌륭한 선수들이 패배한 적의 굴욕을 즐기는' 것만을 본다. 트로피를 타게 된 호머와 아푸와 모는 그 순간의 기쁨에 취해 춤을 추는데, 번스 사장은 즐기는 순간이 없다. 그에게는 호머의 '거침없는 인간미'도, '삶을 향한 욕정'도 없다.[2] 그는 승리가 아니라 팀원들과의 관계에 대해 생각하며 그들을 위검의 허리둘레에 낀 군살처럼 떼어내버린다. 번스가 '내 트레이드마크인 심경의 변화'라고 말하는 것은 전혀 심경의 변화가 아니다. 그는 모든 사건, 사람, 사물을 다른 무엇을 가리키는 부호로서만 취급하는 자신의 심경을 매우 충실히 따라갈 뿐이다. 우리는 «심슨 가족» 전체에서 그 사례를 볼 수 있다. 몇 가지 예를 들어보자.

번스에게 자기 아들은 어떤 의미일까?

심슨 가족이 사는 법

아들아, 만나서 반가웠다. 나한테 딱 맞는 콩팥이 또 하나 있다니 좋은 일이구나. _⟨번스 사장의 아들⟩

홀로코스트 영웅 오스카어 신들러와의 유사성에 대해서는,

신들러하고 나는 쌍둥이같이 닮았다고. 둘 다 공장주인 데다, 둘 다 나치를 위해 포탄을 제조했지. 하지만 내 포탄은 작동했다고, 젠장! _⟨스프링필드 영화제⟩

자신의 대외 이미지에 대해서는,

스미더스: 유감스럽게도 우리 이미지가 나쁩니다. 시장 조사에 따르면 사람들은 사장님을 사람 잡아먹는 괴물 비슷하게 여긴다고 합니다.
번스: 그런 놈들은 몽둥이로 때려잡아서 뼈째로 씹어 먹어야 돼!
_⟨스프링필드 영화제⟩

우리의 태양에 대해서는,

안 돼, 아직도 내 가장 악독한 원수는 우리 고객들에게 공짜로 빛과 열과 에너지를 공급하고 있단 말이야. 그 원수가 누구냐면…… 바로 태양이라고. _⟨번스 사장 저격 사건 1⟩

우리의 깃털 달린 친구들과 네 발 달린 친구들에 대해서는,

우리 제품 이름은 '꼬마 리사의 특허 동물 슬러리'란다. 고단백 가축 사료, 저소득 주택을 위한 단열재, 그리고 최고급 엔진 냉각재로도 쓸 수 있지. 가장 중요한 건 100퍼센트 재활용 동물로 만들었다는 거야! _〈번스 사장, 파산하다〉

미술작품에 대해서는,

그냥 챙깁시다. 우리 모두 나치만큼 부자가 될 겁니다! _〈할아버지와 지옥의 물고기 소대〉

내 논지는 단지 번스 사장이 그의 동심을 잃었다는 것일까? 그럴지도 모른다. 하지만 아이들이 세상을 보는 방식을 조금만 생각해보면, 아이들 또한 수많은 상징(또는 적어도 표상)에 관여함을 깨달을 수 있다. 이를테면 장난감 병사를 가지고 놀이를 할 때, 아이는 장난감 병사가 진짜 병사를 상징하며 이 전투는 실제 하는 놀이보다 훨씬 더 중요한 것이라고 상상한다. 어린 소녀가 예쁘게 차려입는 놀이를 할 때, 소녀는 자기 자신이나 자기가 옷 입힌 인형이 지금 하는 실제 놀이보다 훨씬 더 중요한 어떤 행사에 참석하고 있다고 상상한다.

그러므로 내 논지는, 단지 번스 사장이 더 이상 아이가 아니라거나 아이처럼 행동하지 않는다는 말이 아니다. 실제로 번스 사장이 결

심슨 가족이 사는 법

국 행복 탐색에 실패하는 건 그가 오로지 상징만을 이용하기 때문이다. 왜 그럴까? 행복에 대한 한 가지 통념에 따르면, 행복에는 두 가지 요소가 있다. 첫째는 (이 요소에 대해서는 여기서 논의하지 않을 것이다) 뚜렷이 좋은 상황을 경험하고 있거나 막 경험했거나 경험하리라고 기대할 때 생겨나는 특정한 감정이다. 둘째는 기질에 좌우된다. 행복해지려면, 자신의 전체 생활 패턴과 환경에서 중시하는—그것이 없었다면 인생이 현저히 달라졌을—부분을 좋아하거나 그것에 만족해야 한다.[3]

하지만 물론 우리 모두가 알듯이, 번스 사장은 자기 인생이 현저히 달라지기를 바란다. 그는 자신을 위한 새로운 삶을—그것이 운동선수가 됐든, 주지사가 됐든, 무구한 어린이가 됐든—영원히 찾아 헤맨다. 번스가 자기 삶을 개선할 아이디어를 떠올릴 때 그것은 항상 무언가가 **되는** 것이다. 아니, 더 정확하게 말하자면 특정한 **유형**의 무언가가 되는 것이다. 더 크거나 더 중요한 다른 무엇을 나타내거나 표상하는 것처럼 보이지 않으면, 세상 무엇도 그에게 즐겁거나 재밌거나 바람직하지 않다.

어째서 이런 표상은 행복으로 이어질 수 없는 걸까? 번스 사장의 표상주의가 사탄이 그를 인간성으로부터 단절시키려 한 결과라는 추측을 잠시 내려놓는다면, 내 주장의 좀더 흥미로운 철학적 기반을 발견하게 된다. 내재적 좋음과 도구적 좋음 사이의 구분은 대부분의 철학과 학부생에게 친숙하다. 도구적으로 좋은 것은 그것이 다른 좋은 것으로 이어지거나 모종의 방식으로 관련되는 한에서만 좋다. 이렇게 해서 이어지게 된 다른 좋은 것은 도구적으로 좋을 수도 있고 내재적으로 좋을 수도 있다. (도구적인 좋음을 때로는 외재적인 좋음이라고 지칭하기도 한다.) 내재적으로 좋은 것은 그 자체로서, 즉 좋은 것으로 이어지기 때문이 아니라 그것 자체가 가치 있기 때문에 좋은 것이다. 특정한 결과물을 내거나, 좋은 무엇으로 이어지거나, 즐거운 무엇으로 이어지거나, 결과물이야 어떻든 아무튼 결과물을 가져다주기 때문만도 아니다. 그것이 그런 종류의 것이기 때문에 좋은 것이다. 그것의 좋음을 정당화하는 데는 그 자신의 모습만으로 충분하다.

즐거움에 대해 생각해보자. 즐거움은 도구적 좋음일 수도 있고 내재적 좋음일 수도 있다. 예를 들어 재주를 잘 부린다는 칭찬을 받았을 때 개가 느끼는 즐거움은 도구적으로 좋은 즐거움일 수 있다. 내가 이를 도구적으로 좋다고 말하는 이유는, 이 즐거움이 나중에 재주를 부리라는 주문을 받았을 때 개가 재주를 부릴 가능성을 더 높여주기 때문이다. 하지만 개가 느끼는 즐거움은 또한 내재적으로 좋을 수도 있다. "즐거움이 뭐가 좋단 말인가?" 하는 물음은 거의 괴상하게 들리기 때문이다. 즐거움의 내재적 좋음을 설명하는 일은 거의 즐거움이 무엇인가를 설명하는 일과도 같을 것이다. 물론 즐거움은 내재적으로 좋으면서 동시에 도구적으로 나쁠 수도 있음을 인식해야겠다. 일례로 내가 헤로인을 투약하기로 했다고 치자. 내가 경험하는 즐거움은 그 자체가 내재적으로 좋은 동시에, 도구적으로 나쁘다. 약물 복용에서 얻는 즐거움은 건강 문제, 심리 문제, 재정 문제 등등으로 이어질 수 있기 때문이다.

하지만 흥미로운 질문은 이것이다. 내재적 좋음이 병존하지 않는

심슨 가족이 사는 법

도구적 좋음이라는 게 있을 수 있을까? 도구적 좋음— 즉 우리가 좋다고 인정하는 것—을 지니면서, 그것이 가져다줄 다른 좋은 것을 염두에 두면서, 그와 동시에 내재적인 좋음 따위는 없다고 믿을 수 있을까? 아니, 그건 불가능하다. 좋음이란 우리가 빚을 갚기 위해 쓰는 수표와 비슷한 측면이 있다. 호머가 수표를 썼고 그 수표를 지불할 돈이 계좌에 있다면, 수표는 실제로 그 액수만큼의 가치를 지닌다. 하지만 호머가 수표를 썼는데 바니의 수표가 호머의 계좌에 결제되어야만 그 수표가 유효하다면, 호머의 수표는 바니가 돈을 가지고 있어야만 유효하다. 그런데 모의 수표가 바니의 계좌에 결제되어야만 바니가 돈을 가질 수 있다면 어떻게 될까? 이런 식으로 모든 사람은, 말하자면 루프를 닫기 위해 다른 누군가에게 의존하고 있다. 아무도 돈이 없다는 게 명백하지 않은가? 즉 모두가 항상 돈을 내놓을 다른 누구에게 의존하고 있다면, 실은 아무도 돈이 없다는 것 아닌가? 도구적 좋음도 이와 마찬가지다. 도구적으로 좋은 것이란 다른 좋은 것으로 이어져야만 좋은 것이기 때문이다. 예를 들어서 돈이 내재적 가치라고는 없이 이를테면 스퀴시*를 가져다준다는 이유로 내재적으로 좋다고 말할 수는 없다는 의미에서, 도구적 좋음은 문제가 있다. 우리가 도구적 좋음만을 지닌다면, 돈은 도구적으로 좋은 스퀴시를 가져다주기 때문에 좋은 것이 되고, 스퀴시는 도구적으로 좋은 설탕 중독을 가져다주기 때문에 좋은 것이 되며…… 그렇게 끝없이 이어진다. 이는 영원히 계속될 수밖에 없다. 도구적 좋음이란 항상 다른 무엇과 관련된 좋음이고, 이 다

---

* 퀵이마트에서 파는 청량음료로 건강에 매우 유해하다.

른 무엇은 또 다른 무엇으로부터 나왔거나 또 다른 무엇과 관련되어 있기 때문이다. 이로써 생겨나는 무한 소급에서는, 과연 좋음의 근거가 있는지, 이를테면 돈이 좋은 것이라고 주장할 근거가 있는지가 불분명하다. 그러므로 모든 것이 다른 무엇의 표상이자 다른 무엇의 상징 구실을 하는 번스 사장의 세계에서는 모든 것이 아무런 의미도 없어 보일 것이다. 그 무엇도 진정한 힘을 지니지 못하며 그 무엇도 진짜를 의미하지 않는 듯 보일 것이다. 모든 것이 다른 무엇과의 관계 때문에만 유의미하다면, 예를 들어 볼링 트로피를 받는 일이 극적인 승리와 관련되기 때문에만 유의미하다면, 이는 내재적 좋음 대 도구적 좋음의 문제와 유사한 문제를 초래한다.

여러분도 눈치 챘겠지만, 번스 사장의 세계에서처럼 모든 것이 다른 무엇과의 관계 속에서만 유의미하다면, 볼링 트로피를 거머쥐는 행위를 뒷받침하는 극적인 승리 자체도 물론 모종의 뒷받침을 필요로 하며…… 이런 온갖 뒷받침이 있어야만 행위는 진정한 의미를 띨 수 있다. 우리가 상징적이거나 표상적이지 않고 그 자체로서 의미를 띠는, 어떤 의미에서 단순하고 근본적인 무엇에 도달하지 못한다면 말이다. 번스 사장의 세계에서는 아무것도 의미를 띠지 않는다. 그리고 번스 사장의 삶에 의미 있는 것이 없다면, 결국 그는 별로 행복할 수 없다고 해도 비약이 아니다. 무의미함은 불행한 삶이 주된 특징 중 하나이며, 의미 있음은 행복한 삶의 주된 특징 중 하나다.

번스 사장이 행복을 추구하는 방식에도 이와 관련된 문제가 있다. 번스 사장은 오로지 사물이 표상하는 것만을 즐길 수 있으며, 그 사

심슨 가족이 사는 법

물이 표상하는 것은 과거나 미래에 놓여 있을 때가 많다. 이런 표상주의 때문에, 번스 사장은 행복을 찾는 **방법**에 치중하여 그 순간의 가치를 상실하고 만다. 그가 선호하는 방법은 그 순간의 대상 너머를 바라보며 그 대상이 가져다줄 행복을 찾는 것이다. 하지만 이 방법은 전혀 행복을 가져다주지 못했다. "행복으로 가는 길은 없다. 행복이 곧 길이다"라는 동양의 잠언이 있다. 번스 사장의 표상주의는 비록 이제 거의 습관으로 굳어지긴 했지만 행복을 가져오기 위해 고안된 활동이다. 이는 행복이란 의도적으로 추구해야 하는 것이라는 번스 사장의 믿음을 보여준다. 하지만 (그냥 일시적으로 행복한 게 아니라) 행복한 사람들은 행복이나 행복으로 가는 길을 추구하지 않는다. 그들은 일련의 단계를 밟아서 혹은 어떤 의도적인 행동의 결과로 행복한 상태에 도달하지 않았다. 고전적 의미의 행복이란 단지 어떤 감정적인 잔상이 아닌 기질적인 상태이기 때문이다.

번스 사장이 행복을 찾을 가망이 있을까? 늙은 번스가 행복을 찾는 것이 논리적으로 불가능하지는 않다. 사실 이 시리즈에서 우리는 순간적인 행복을 발견하는 그의 모습을 볼 수 있고, 이 글의 제목도 바로 그 장면에서 유래됐다. 번스 사장이 마을 축제에서 아이스크림을 맛보며 스미더스 씨에게 "이 '얼음과자'라는 거 정말로 맛있군"이라고 말할 때, 우리는 그에게서 행복의 씨앗을 본다. 우리는 그가 사물을 있는 그대로 즐기는—차가운 아이스크림의 감각적 쾌락을 즐기는—모습을 본다(〈모범 인간 바트〉). 이는 번스 사장이 (물론 가장 큰 웃음을 주는 순간은 아니지만) 가장 선량한 순간이다. 이 순간만큼은 그도 못된 사람이 아니다. 그는 사람들이 즐기는 것, 블루칼라의 평범한 것에 대한 무지를 드러낸다. 이 장면은 번스 사장이 고도의 상징과 표상을 갖다붙이지 않고도 평범한 즐거움에 진정으로 참여할 능력이 있음을 보여준다는 점에서 의미심장하다. 그러므로 번스 사장은 실제로 행복을 경험할 수 있다.

하지만 그것만으로는 부족하다. 심지어 불행한 사람 중에도 행복의 순간을 경험하지 못하는 사람은 극히 드물다. 번스 사장에게 행복의 순간은 자신의 본모습을 그야말로 잊어버리는 순간이다. 이 순간 번스는 그가 평생 물들어 있던, 만사를 상징으로 만들어버리는 습관을 잊는다. 하지만 이것이 그가 장기적으로 행복해질 수 있다는 뜻일까? 인생에서 어떤 진정한 의미도 찾지 못하는 사람이던 그는 과연 진정한 즐거움, 진정한 행복을 느낄 수 있는 사람으로, 소위 얼음과자라는 것을 영구히 즐길 수 있는 사람으로 진화할 수 있을까? 이에 대한 답은 물론 '아니다'이다. 그럴 것 같진 않다. 디킨스의 「크리스마스 캐럴」 같은 이야기들이 못된 늙은이도 개심할 수 있음을 납득시키는 데 크게 기여했는지 모르지만, 악의, 증오, 회한, 분노, 복수, 물욕, 권력욕, 그리고 경험의 직접성을 내던져버리는 고약한 습관에 찌든 이 104세의 남자가[4] 과연 바뀔 수 있을지는 (제작자들이 개입한다 할지라도) 매우 의심스럽다.

심슨 가족이 사는 법

14

안녕하신가, 이웃사촌:
네드 플랜더스와 이웃 사랑

데이비드 베시

"네 이웃을 네 몸같이 사랑하라(「마태오의 복음서」 19:19)"는 기독교 윤리의 핵심이다. 하지만 그 의미와 그것이 요구하는 바는—많은 훌륭한 도덕 원칙이 그렇듯이—모호하다. "네 이웃을 사랑하라"의 본을 보여주는 네드 플랜더스의 모든 행동 중에서 철학적으로 가장 흥미로운 예는 〈심슨 가족의 위기〉 에피소드에 등장한다. 이 에피소드에서 플랜더스 가족은 바트, 리사, 매기의 위탁 가족 구실을 한다. 성경 공부 게임을 하다가 리사를 통해 심슨네 아이들이 세례를 받지 않았음을 알게 된 네드는 그 즉시 부리나케 성례를 시행한다. 그들에게 세례를 주는 이유는 명백하다. 플랜더스는 세례 없이는 구원을 얻을 수 없다고 믿는다. 기묘하게도 그의 의무감은 가족 단위 바깥으로는 미치지 않는 듯하다. 그는 이전까지만 해도 바트, 리사, 매기가 세례를 받게 만들려하지 않았고(아마도 몰랐기 때문이겠지만), 이후에도 그러지 않는다. 또 그의 의무감은 비기독교도임이 명백한 인물들에게도 미치지 않는 듯하다. 따라서 다음과 같은 철학적 질문이 제기된다. 나와 다른 믿음을 가진 이들이 영원한 고통을 겪으리라고 믿는다면, '이웃에 대한 사랑'은 이웃의 믿음과 관습에 대한 관용과 어느 정도나 조화될 수 있을까? 타인이 그런 운명을 맞는 걸 막기 위해 행동하지 않고서 어떻게 타인을 제대로 사랑할 수 있을까? 우리가 "네 이웃을 네 몸같이 사랑하라"라는 원칙을 총체적으로 고려하면 문제는 더더욱 복잡해진다. 어쨌건 자기애의 명백한 특징은 가능하면 자신의 영원한 고통을 막기 위해 행동한다는 것이다. 그러니 내가 이웃을 내 몸같이 사랑할 의무가 있으며, 나 자신을 사랑하는 결과가 (영원한 고통을 포함한) 고통을 피하기 위해 노력하는 것이라면, 나는 타인들의 영원한 고통을 막기 위해 노력할 의무가 있다. 그리고 그 의무에는 그들에게 세례를 주는 일도 포함된다. 하지만 네드는, 자기 보호하에 있는 아이들과 관련되었을 때만 빼면 그러려고 들지 않는다. 그러므로 여기서 우리가 할 일은, 네드의 믿음을 전제로 깔고 그의 행동을 정당화할 수 있는 근거를 제시하는 것이다.

철학과 허구의 인물

우선 이것이 괴상한 과제임을 인정해야겠다. 허구의 인물의 (그가 가졌을지도 모르는) 신앙에 대해 논하는 게 무슨 의미가 있을까? 네드 플랜더스는 맷 그레이닝과 작가진이 만들어낸 인물일 뿐이다. "네드는 x를 말하거나 행했어야 한다, 그는 y를 믿어야 한다"거나 "이 주장은 네드의 행동을 정당화해준다" 하는 말은 별로 설득력 있게 들리지 않는다. 너무나 뻔하게도, 네드는 실제로 아무런 믿음이 없으며 실제로 행동하지도 않기 때문이다. 그렇다면 우리 앞에 놓인 과제를 어떻게 이해할 것인가?

한 가지 방법은 네드가 실제 인간이라고 가정하는 것이다. 그러면 우리 주장은 "만일 네드가 진짜이고, 이런 식으로 행동했다면, 그는 자신의 행동을 철학적으로 어떻게 정당화했을까?" 하는 형태를 띨 것이다. 이 방법은 통하지 않는다. 우리는 '네드가 진짜라면'이라고 상정한 가설적 결론이 아닌, 특정한 행동을 정당화할 수 있는 근거에 대한 진정한 이해를 추구한다. 그리고 이 근거는 그 행동이 실제 인물에 의해 행해졌건, 네드라는 캐릭터를 통해 묘사되었건 간에 변함없이 유지되어야 한다. 실제로 결국 우리가 집중하고자 하는 건―네드라는 캐릭터도, 심지어 네드라는 잠재적 실제 인물도 아닌―행동이며, 캐릭터는 특정한 종류의 행동―그 캐릭터의 실행과 별개로 놓고 고찰할 수 있는 행동―을 보여준다고 생각해야 한다. 이는 우리의 탐구를 (문화적이거나 문학적인 분석과는 달리) 더 철학적으로 만들어줄 것이다.

또한 우리는 행동을 설명하려는 게 아니라 행동을 정당화할 수 있는 근거를 제시하고자 함을 분명히 해야 한다. 둘의 차이점이 뭘까? 네드의 '행동'에 대한 진짜 설명은 작가들이 그를 그런 식으로 썼다는 사실뿐이다. 네드가 그 일이 필요하다고 믿었기 때문에 행했다는 둥의 말이 어느 정도는 설득력이 있을지 몰라도, 아까 보았듯이 엄밀히 말하면 네드에게는 아무런 믿음도 없다. 행동을 설명하는 건 복잡하고 때로는 무익한 일이다. 예를 들어 한 무고한 사람이 총에 맞아 죽은 사건을 어떻게 설명할 것인가? 이 질문은 끔찍하리만큼 애매한데, 무엇을 설명으로 보느냐가 끔찍하리만큼 애매하기 때문이다. 여기서 나올 수 있는 타당한 답변은 수두룩하다. 사회, 정신이상, 다른 사람으로 오인함, 피해자를 겨누어 장전된 총의 방아쇠를 당김, 총알, 몸에 난 구멍, 뇌의 산소 부족, 그리고 물론 어디에나 임하는 설명인 하나님의 뜻. 이 중에서 무엇이 정말로 행동을 설명하고 있을까? 질문에 대한 답이 하나인지도 불분명하다. 어쨌든 이상의 답변들은 심리적·사회적·생물학적(그리고 심지어 신학적!) 설명임에 유의하자. 여기서 우리의 주제는 무엇이 행동을 정당화하는가이다. 우리는 어떤 식의 논리를 제시하여 이런 행동과 이런 믿음을 조화시킬 수 있을까?

생명을 구할 책임

우리는 〈심슨 가족의 위기〉에서 네드 플랜더스가 보여준 행동들에 관심이 있다. 어떤 행동일까? 네드가 심슨네 아이들을 돌보게 되었을 때 그들에게 세례를 주려 한 행동은 아니다. 이 행동은 특별히 어려운 철학적 질문을 제기하지 않는다. 이 행동을 정당화하는 근거는 매우 간단히 제시할 수 있다. 자신이 돌보는 이들을 위해 항상 최선의 행동을 해야 한다는 것이다. 그들이 최선을 추구할 수 있게 도와주지 않는다면, 남을 돌보는 게 무슨 의미가 있겠는가? 그리고 부모가 자녀를 돌보듯이—위탁 부모인 플랜더스 부부가 심슨네 아이들을 돌보듯이—

심슨 가족이 사는 법

내가 타인들을 돌보고 있다면 이는 그들이 자신의 목표를 성취하게끔 도울 뿐만 아니라, 그들이 후견인이나 부모가 보기에 적절한 목표를 갖게끔 돕는다는 뜻이기도 하다. 설령 바트와 리사가 세례받는 걸 자신에게 좋은 일로 여기지 않을지라도, 아이들의 믿음과 상관없이 그들을 위한 최선의 행동을 하는 것이 후견인의 책임이다.

　우리가 직면해야 하는 문제는 이것이다. 세례 없이는 영생을 얻을 수 없다고 믿고 네 이웃을 네 몸같이 사랑해야 한다고 믿는 네드는, 어째서 세례받지 않은 이들에게 사랑의 행동으로서 세례를 주려고 항상 노력하지 않을까? 만약 내가 누구를 사랑한다면 나는 그의 세속적 생명을 구하기 위해 행동해야—혹은 적어도 구하고자 노력해야—할 것이다. 실제로 많은 이는 이 의무가 비단 사랑하는 사람에게만 한정되지 않는다고 생각한다. 나와 아무 상관없는 사람의 생명이라 할지라도 구하고자 노력해야 한다는 것이다. 그러니 내가 그 사람을 사랑한다면 나는 노력해야 할 더 큰 도덕적 의무가 있을 것이다. 하지만 누군가의 세속적 생명이 위험에 처했을 때 이를 구해야 할 의무가 있다면, 결론적으로 나는 그의 영생이 위험에 처한 듯 보일 때에도 이를 구원해야 할 도덕적 의무가 있다. 즉 네드 플랜더스가 대변하는 믿음을 신봉한다면, 나는 모든 사람에게 세례를 주기 위해 (누군가의 생명을 구하려 할 때만큼 열심히) 노력해야 할 도덕적 의무가 있다. 하지만 네드가 그러지 않음은 명백하다. 그리고 사실 이런 믿음을 가진 대부분의 사람이 그러지 않는다. 그들은 단지 일관성이 없는 것일까? 질문을 좀더 일반적으로 표현하자면, 누군가의 영생이 위험에 처했다고 여길 때 이를 구원하기 위해 노력하지 않는 것은 정당화될 수 있는가? 이러한 행동(아니, 행동하지 않음)은 정당화를 필요로 한다. 확실히 이는 플랜더스 부부가 심슨네 아이들에게 세례를 주려고 한 것이 정당화될 수 있는가보다 훨씬 더 어려운 질문이다. "네 이웃을 네 몸같이 사랑하라"라는 중심 원칙으로부터 논지를 유도하여, 이 주장을 좀더 자세히 설명해보자. 여기서의 의무는 타인의 생명을 구하는 데 성공해야 한다는 게 아니라 (그것이 불가능할 수도 있으므로) 그러려고 **노력해야** 한다는 데 초점을 맞추고 있음에 유의하자.

1. 너는 네 이웃을 네 몸같이 사랑해야 한다.
2. 누군가를 사랑한다면 그의 생명을 구하기 위해 노력할 의무가 있다.
3. 누군가의 생명을 구하기 위해 노력할 도덕적 의무가 있다면, 그의 영생을 구원하기 위해 노력할 도덕적 의무가 있다.
4. 누군가의 영생을 구원하기 위해 노력할 도덕적 의무가 있다면, 그가 영생을 얻는 데 필요한 것을 제공하기 위해 노력할 도덕적 의무가 있다.
5. 영생을 위해서는 세례가 필요하다.
6. 따라서 너는 그들 영생의 구원을 위해, 사랑하는 마음에서 모두에게 세례를 주고자 노력할 도덕적 의무가 있다.

1번과 5번 전제는 기정사실로 간주되며, 확실히 네드 플랜더스가 보여주는 믿음이다. 2번 전제는 명백한 참으로 보이지만, 우리는 누군가의 생명을 구하려는 노력을 그를 사랑하는 마음에서 삼가는 경우도

심슨 가족이 사는 법

있음을 알아야 할 것이다. 3번 전제 역시 명백한 참으로 보인다. 6번은 다른 전제들로부터 유도해낸 결론이다. 4번 전제는 아직 논의하지 않았지만 우리의 주목을 요한다.

어떤 목적을 위해 행동해야 할 의무가 있지만, 그 목적을 위한 수단을 가져다줄 의무는 없는 경우가 있을까? 별로 있을 것 같지 않지만, 두 가지 시나리오를 생각해보자. 첫째로, 누군가를 구해야 할 도덕적 의무가 있지만 (이를테면 그 사람이 지구 반대편에 있기 때문에) 그 사람을 구하기가 물리적으로 불가능하다고 치자. 물리적으로 불가능한 일을 해야 할 도덕적 의무는 없으므로, 나는 목적에 대한 의무는 있지만 그것에 필요한 수단에 대한 의무는 없는 상황에 놓이게 된다. 이 경우의 오류는, 내가 행동에 필요한 수단을 물리적으로 실행할 수 없는데도 그 행동을 실행할 수 있다고 생각하는 데 있다. 나는 행동에 필요한 조건이 갖추어져야만 그 행동을 수행할 수 있다. 불가능한 행동을 수행할 도덕적 의무는 없으므로, 그 목적을 수행할 도덕적 의무도 없다. 즉 실제로 나는 수단을 실현할 수 있을 때만 의무를 진다.[1] 두 번째 시나리오는, 내게 누군가를 구할 도덕적 의무가 있지만 그러기 위해서는 비도덕적으로 행동해야 하는 경우다. 비도덕적으로 행동해야 할 도덕적 의무는 있을 수 없으므로, 우리는 다시금 목적은 의무이지만 수단은 의무가 아닌 경우를 만나게 된다. 여기서 수단 자체가 비도덕적이라면 어떻게 되는가 하는 질문이 제기된다. 어떤 상황에서 누구에게 세례를 주는 일이 비도덕적일 수 있다면 증명은 허물어질 것이다. 하지만 그게 어떤 상황일까? 눈에 띄게 비도덕적인 방식의 세례는 확실히 있을 수 있다. 상대방을 (어떻게든) 속여 넘겨서 세례를 주거나, 상대방의 의사에 반하여 강제로 세례를 주는 두 가지 경우를 생각할 수 있다. 하지만 이 시나리오에서 우리는 더 도덕적인 세례 방식과 덜 도덕적인 세례 방식이 있다는 결론만 이끌어내면 된다. 이는 놀라운 결론도 아니고 논지를 실제로 위협하는 결론도 아니다.[2] 더 중대한 문제는, 세례가 영생의 가능성을 제공하므로 목적이 수단을 정당화한다는 것이다. 행동을 통해 실현할 수 있는 좋음의 가능성이 수단의 비도덕성을 능가한다는 것이다. 어쩌면 그럴 수도 있겠지만, 이 문제를 풀기 위해 우리는, 상대에게 세례를 주어 그의 구원을 촉진하려 노력하는 일을 과연 어떤 조건하에서 도덕적으로 삼갈 수 있을지를 먼저 이해해야 한다. 우리는 첫 문제에 대한 해법이 목적으로써 수단을 정당화할 수 있다는 난제 또한 해결함을 발견하게 될 것이다. 당분간은 4번 전제를 받아들이고 사랑의 이름으로, 정당한 이유로 누군가의 영생을 구하려 노력하지 않을 가능성에 눈길을 돌려보자.

네 이웃을 네 몸같이 사랑하라는 명령의 이해

첫째로 여기서 작동하는 도덕적 기본 원칙, "네 이웃을 네 몸같이 사랑하라"를 면밀히 들여다볼 필요가 있다. 여기서의 '이웃'은 단지 옆집에 사는 사람이 아니라 일반적인 이해에 따라 모든 사람으로 간주하기로 하자(물론 좁게 해석해도 플랜더스 가족과 심슨 가족에게는 여전히 적용되겠지만).[3] 이 원칙은 황금률("남이 너에게 해주기를 바라는 대로 너도 남에게 해주어라")과 한 가지 특징을 공유한다. 두 명령 다 내가 나 자신과 맺는 관계로부터 올바른 행동을 도출해낸다. 너 자신을 사랑하는 만큼 남을 사랑하라. 너 자신이 받고 싶은 대로 남들에게도 해주어라. 이런 식의 생각에는, 이것이 이른바 '마조히스트 문제'를 일으킬 수도 있다는 우려가 따른다. 황금률의 경우, 만일 그 사람이 받고픈 대우가 성적 흥분을 위한 고통이라고 하면 어떻게 될까? 그는 성적 흥분을 위해 남에게 고통을 가할 도덕적 의무가 있을까? 이것은 비슷한 다른 황금률들의 경우에는 문제가 되지만, 흥미롭게도 "이웃을 사랑하라" 원칙에 있어서는 문제가 덜하다. 우리는 자신을 사랑하는 것처럼 이웃을 사랑해야 한다. 자기애를 타인에 대한 사랑으로 투사하는 것이 우리의 주된 의무이므로, 여기서는 시작부터 제약이 있다. 소망은 사랑보다 훨씬 더 광범위하며 자신이 받고픈 모든 것이 자기애와 일치하지는 않는다. 마조히즘은 올바른 자기애와 일치하지 않는다고 쉽게 주장할 수 있겠지만, 물론 이는 올바른 자기애와 올바르지 않은 자기애의 구분에 대한 의문을 제기한다. 나르시시즘적 자기애(지나친 자만으로, 중세인들은 이것이 악덕 중에서도 가장 나쁜 악덕이며 다른 모든 악덕의 근원이라고 생각했다)라는 특정한 형태의 자기애를 생각해보자. 이런 형태의 자기애는 "네 이웃을 네 몸같이 사랑하라" 원칙에서의 자기애와는 다르다. 원칙의 형식만 보아도 이 점은 쉽게 알 수 있다. 원칙은 우리가 자기 자신을 대우하는 것처럼 남들도 대우하라고 요구하지만, 나르시시즘적 자기애에는 바로 이 남을 배려하는 부분이 빠져 있다. 나르시시즘적 자기애에 빠져 있다면, 우리는 남을 내 몸처럼 사랑하는 건 고사하고 남을 사랑할 수조차 없다. 이는 도덕적으로 올바르지 못한 형태의 자기애임이

분명하다. 이런 식의 자기애는 보편화해서 남에게 적용할 수 없으며, 그러므로 이 원칙이 자기모순을 피하려면 나르시시즘적 자기애와는 다른 형태의 자기애를 요구해야만 한다.

그렇다면 우리는 자기애라는 관념을 어떻게 이해해야 할까? 자기애의 최소한의 조건은, 우리 자아의 좀더 고귀한 측면들을 증진시키는 데 필요한 수단의 제공을 지향한다는 것이다. 물론 여기에는 다른 많은 것도 포함되지만—예를 들어 자아실현의 추구는 자아수용과 균형을 이루어야 한다—자기를 사랑한다는 것은 최소한 인간으로서 자신을 완성시키기 위해 노력하는 것이다. 단지 눈앞의 욕구와 욕망만을 추구하는 일은 자기애에 포함되지 않는다. 오히려 이런 욕망들을 평가하여 좀더 완전하고 충만한 삶으로 통합시키는 일이야말로 자기애의 항구적 요소다. 따라서 타인을 내 몸처럼 사랑한다는 것은 최소한, 인간으로서 타인의 완성을 촉진하기 위해, 그의 좀더 고귀한 측면을 발달시키기 위해 노력하는 것이다. 그리고 이런 고귀한 측면들은 자기이익과 별개일 뿐만 아니라 그것과 상반될 수도 있음에 유의하자. 우리가 사람들에게서 인지하는 가장 고귀한 특질 중 하나는 자신의 개인적·이기적 욕망을 초월하여 원칙을 실천하려는 의지다. 실제로 우리는 자신의 이기적 욕망을 거슬러 행동하는 이들과 더불어 도덕적으로 행동하기 위해 자신을 희생하는 이들을 찬양한다. 따라서 타인을 사랑하는 일에는, 그들이 자신의 욕망과 무관한 원칙에 따라 행동하게끔 격려하는 일도 포함된다. 이는 "네 이웃을 네 몸같이 사랑하라"라는 원칙에 대한 우리의 논의를 전제로 할 때 이는 올바른 것임에 유의하

심슨 가족이 사는 법

자. 바로 이 원칙이, 우리에게 이와 비슷한 원칙들에 따라 행동할 것을 요구한다. 즉 타인을 내 몸같이 사랑하라는 원칙의 명령에는 나르시시즘적 자기애가 아닌, 원칙에 따라 행동해야 한다는 생각이 들어 있다.

이 시점에서 우리는 앞으로 되돌아갈 수 있다. 2번 전제가 "누군가를 사랑한다면 그의 생명을 구하기 위해 노력할 의무가 있다"임을 상기하자. 이제 우리는, 누군가의 생명을 구하려 노력하기를 사랑하는 마음에서 삼가야 하는 경우도 있음을 안다. 타인이 단지 자신의 욕구와 욕망만을 따르기보다 고귀한 원칙에 따라 행동하도록 격려하는 것이 타인에 대한 사랑이라고 할 때, 우리는 어떤 사람이 이런 원칙 중 하나를 위해 기꺼이 죽음을 무릅쓰는 경우도 있음을 깨닫게 된다. 만일 우리가 어떤 원칙을 이익보다 더 중시한다면, 우리는 그 원칙을 궁극적인 이익인 자기보존보다도 더 중시해야 한다. 그렇다면 "네 이웃을 네 몸같이 사랑하라"라는 원칙은, 실제로 올바른 행동이 누군가의 생명을 구하는 행동이 아닌 상황으로 우리를 인도할 수도 있을 것이다. 즉 누군가가 (그 원칙이 실현된다면) 자신의 고귀한 측면을 증진시키고 인간으로서 스스로를 완성시키는 원칙에 따라 행동할 때, 거기에 간섭해서는 안 된다. 만일 누가 무고한 민간인을 죽이라는 명령을, 그것이 곧 자신의 죽음을 의미할 수 있음을 알면서도 원칙에 따라 거부한다면, 이야말로 그 분명한 사례다.

여기서 명백히 예상할 수 있는 반박은 《심슨 가족》의 어떤 인물도 이러한 원칙을 고수하는 모습으로 재현되지 않는다는 것이다. 심지어 가장 원칙적인 인물인 리사도 이 범주에 속한다고는 할 수 없으므로 논의는 무의미해진다. 하지만 다시금 상기하건대, 우리는 네드와 그의 캐릭터 자체가 아니라 오로지 특정한 행동의 대변자로서의 캐릭터에 관심이 있으며, 이런 행동들이 어떻게 정당화될 수 있는지를 묻고 있다. 얼핏 보면 이런 행동을 정당화할 수 있는 경우는 드문 것 같다. 우리는 문제에 대한 대강의 해결책에 도달했지만 어디까지나 대강일 뿐이다. 철학사에 친숙한 사람이라면, 지금쯤 우리의 결론이 칸트가 (독립적으로, 그리고 다른 이유로) 도달한 결론에 접근하고 있음을 깨달았을 것이다. 우리가 접근하고 있는 관점을 구체화하기 위한 지침으로서, 자율성에 대한 칸트의 설명을 살펴보자.

칸트의 자율성

이 시점에서 우리의 관점에는 두 요소가 있다. 원칙에 입각한 행동, 그리고 이익과 무관한 행동이다. 칸트는 이 두 요소 모두가 도덕적인 행동에 중요하다고 보았다.[4] 우선 첫 번째 요소는 자명한 것으로 여겼다. 그의 주장에 따르면, 우리가 알건 모르건 모든 행동의 배후에는 모종의 원칙, 즉 준칙이 존재한다. 그렇다면 어떤 행동의 도덕적 가치는 그것을 인도하는 준칙의 성질에 따라 좌우된다. 준칙 중에는 사적 이익을 반영하는 것도 있고 ("네 쾌락을 극대화하는 방식으로 행동하라"가 그 흔한 예다) 그렇지 않은 것도 있다. 앞서 보았듯이 "네 이웃을 네 몸같이 사랑하라"는 사적 이익을 반영하지 않는 준칙의 예다. 칸트에 의하면, 어떤 행동이 도덕적이려면 그 행동의 동기가 도덕 그 자체여야만 한다. 우리는 그게 옳은 일이기 때문에 그 일을 행한다. 다른 이유에서 똑같은 행동을 할 수도 있지만, 도덕적 이유로 행해진 일이어야만 온전히 도덕적이라 할 수 있다. 행동이 우리의 이익 또한 만족시켜서는 안 된다는 말이 아니라, 다만 사적 이익이 행동의 동기가 되면 그 행동은 도덕적 행동으로 여길 수 없다는 말이다.

하지만 어떤 행동이 사익에서 우러나온 것인지 아닌지를 어떻게 알 수 있을까? 칸트는 이를 구분하기가 어렵다는 것을 인정한다. 실제로 그는 누가 언제 진정 도덕적으로 행동하는지를 알기란 불가능하지만 여기서의 핵심은 도덕적 행동이 가능하다는 것이라고 말한다. 나는 내 이익과 무관하게 원칙에 입각해 행동할 수 있다. 하지만 단지 원칙에 입각해 행동하는 것 외에, 나는 자신의 행동을 참된 도덕적 행동으로 만들기 위해 스스로 무엇을 하고 있는가 또한 의식해야 한다. 최소한 나는 내가 스스로 선택한 원칙에 따라 행동하고자 노력하고 있음을 의식할 필요가 있다. 따라서 도덕적으로 행동하려면 나 자신이 이 도덕적 원칙을 나의 원칙으로 삼아야 한다. 누가 본능적으로 친절하게 행동한다면 이는 확실히 칭찬할 만한 일이지만, 온전히 도덕적으로 행동한다는 것은 도덕적인 지침을 자신이 따라야 할 원칙으로 삼기로 결정한다는 뜻이다. 스스로에게 원칙을 부과하여 어떻게 행동할지를 스스로 결정하고 그 원칙에 의거하여 행동하는 것이다. 그때야 비로소 타인에 대한 단순한 모방으로부터 벗어날 수 있으며, 칸트에 따르면 그때야 비로소 진정으로 자유로워질 수 있다.[5] 칸트는 이 진정한 자유를 자율성이라고 일컫는데, 이는 우리가 형이상학적 자유라고 부르는 것과는 다르다. 형이상학적 자유는 새로운 인과 고리를 개시할 수 있는 능력이다. 말하자면 외부의 무엇이 내 팔을 움직이는 게 아니라, 내 마음대로 내 팔을 움직일 수 있는 능력이다. 하지만 자율성은 내 행동 원칙을 선택함으로써 나 자신의 행동을 입법할 수 있는 능력이다. 이는 내 행동의 준칙에 대해 책임을 지는 것이다.

칸트적 자율성의 이러한 특징을 앞서 우리가 질문한 맥락에서 검토해보자. 지금까지 우리는 첫째 이웃을 사랑해야 한다고 믿고, 둘째 세례를 받지 않으면 이웃이 영원한 고통을 받으리라고 믿으면서도, 셋째 이웃에게 세례를 주기 위해 행동하지 않는 것을 도덕적으로 정당화할 수 있는 근거를 탐색했다. 그리고 이러한 행동을 정당화할 수 있는 조건의 대략이 드러나기 시작했다. 누가 원칙─스스로를 인간으로서 완성시키는 원칙─에 따라 행동하는데 그 원칙이 (영생을 포함한) 삶을 위태로운 길로 인도한다면, 우리는 이웃 사랑에 근거하여 간섭을 삼가야 할 의무를 질 수 있다. 하지만 원칙을 의식적으로 취하지 않은 채로 원칙에 따라 행동하는 것이 확실히 가능하다면, 우리는 주저하게 된다. 누가 자기 행동의 원칙을 의식적으로 취하여 그것을 자신의 원칙으로 삼지 않았다면, 우리는 (말하자면) '그를 대신하여' 개입해야 할 수도 있다. 자신을 사랑한다면 자신을 완성시켜주는 행동 원칙을 추구해야 하며, 타인을 사랑한다면 그가 같은 일을 하게끔 도와야 한다. 하지만 이는 그들이 스스로 원칙을 택하게끔 돕는다는 뜻이어야 하며, 우리는 오직 이러한 조건하에서만 '이웃 사랑'에 근거하여 그들의 결정을 존중해야 할 의무를 진다. 따라서 칸트의 자율성, 즉 도덕적 원칙의 자기입법에 대한 이론의 주된 특징은 우리의 설명에도 필요한 듯하다.

심슨 가족이 사는 법

한데 우리는 어떻게 이러한 원칙을 발견하고 이를 자신의 것으로 삼을 수 있을까? 이를 가능케 하려면 우리 자신의 경향성inclination으로부터 충분한 거리를 두어야 하는데, 어떻게 그럴 수 있을까? 칸트의 답은 이성이다. 우리가 세운 도덕적 행동의 세 가지 기준을 생각해보자. 첫째, 원칙에 따라 행동해야 한다. 둘째, 그 원칙은 나의 이익과 무관해야 한다. 셋째, 그 원칙은 내가 스스로에게 부과한 것이어야 한다. 이성은 이 세 가지 기준 모두에 필요하다. 이성은 우리로 하여금 눈앞의 욕망과 경향성으로부터 한 발 물러서게끔 해준다. 원칙을 통해 생각하고, 자신이 취하는 행동의 동기가 도덕적인지(혹은 이기적인지)를 판단하게 해주는 것 또한 이성이다. 또 우리의 사례와 관련하여, 어떤 사람이 스스로 더 고귀하다고 여기는 원칙에 의거해 자기 영생을 위험에 빠뜨리고 있는지를 궁극적으로 판단하게끔 해주는 것 또한 이성이다. 칸트에게 있어 이성은 궁극적으로 올바른 도덕 원칙을 정식화하는 법을 이해하는 열쇠가 된다. 이성은 우리를 자신의 특수한 이익으로부터 떨어뜨려놓으며, 그럼으로써 우리의 판단을 보편화해준다. 바로 이 보편화가 칸트가 말하는 정언명령의 핵심이다. 정언명령은 언제 우리의 준칙이 도덕이 되는지를 알려주는 원칙으로, 오로지 보편 법칙으로 의욕될 수 있는 준칙에 의해서만 행동하라는 것이다.[6] 칸트의 말을 따라 이 정도의 형식주의적 극단까지 치달을 필요는 없지만, 우리는 자기애의 의미를 해석하며 보편성에 대한 그의 우려가 작용하는 것을 이미 확인한 바 있다. 우리는 최소한 행동 원칙을 성찰적으로 수용하기 위해 자기 욕망으로부터 한 발 물러서는 것이 자율의 조건이라는 칸트의 말에 동의해야 한다. 자기 욕망에 대해 이성적 입장을 취하는 것은 자신의 한층 더 고귀한 측면을 완성시키는 것이다. 적어도 "네 이웃을 사랑하라" 원칙은 이성을 이런 식으로 사용하는 능력을 완성시킬 것을 요구한다.

이렇게 해서 우리의 자율성 개념이 완성된다. 그가 자율적으로 행동하고 있다면, 이웃을 사랑한다고 해서 반드시 그의 영생을 구하려 노력해야 하는 것은 아니다. 칸트의 도움으로, 우리는 자율적 행위 능력이 네 부분으로 나뉜다는 결론을 내릴 수 있다. 나는 내 이익과 무관하며 내가 의식적으로 스스로에게 부과한 원칙에 따라 행동해야 한다. 또한 그 원칙은 나를 완성시키는 것이 목적이어야 하며, 어떻게 행동할지에 대한 이성적 성찰의 결과여야 한다. 이러한 경우 네드의 행동은 정당화될 수 있다. 이런 조건하에서, 앞의 논지의 2번 전제—"누군가를 사랑한다면 그의 생명을 구하기 위해 노력할 의무가 있다"—는 때에 따라 거짓이 될 수도 있으며 그러면 이 논지는 더 이상 성립되지 않는다.[7]

결론: 자율 대 선택

그래도 결국 이는 타인의 선택에 간섭해선 안 된다는 상식적 반응으로 요약되지 않는가? 이 추론의 어디에 차별성이 있는가? 어떤 사람이 자신의 목적을 의식적으로 선택했고 따라서 한 가지 기준을 충족한다 해도, 욕망과 무관하게 기능하는 원칙을 선택하는 문제가 여전히 남는다. 어떤 사람이 자기 이익과 무관한 원칙보다 자기 이익을 우

심슨 가족이 사는 법

선시하여 행동한다면, 생명의 보존을 좀더 높은 이익을 위해 포기하는 일은 절대 있을 수 없다. 물론 그러려면 그 이익이 영생의 이익이 아니어야 한다는 조건이 붙는데, 바로 이것이 여기서의 요점이다. 사람들이 원칙이 아닌 이익에 따라 행동한다면, 그들이 영생을 얻도록 돕는 일은 (그 목적의 실현 여부와 상관없이) 그들의 목적에 부합한다. 따라서 어떤 사람이 스스로 내린 선택이라는 이유만으로 그 선택이 용인되는 건 아니다. 사람들이 내리는 선택들 중 일부—이성적이고, 이익과 무관하며, 원칙에 의거한 선택—만이, 네드 플랜더스 같은 이들을 "네 이웃을 네 몸같이 사랑하라"의 이름으로 세례를 통한 구원을 촉진하려 노력해야 할 의무에서 풀어줄 수 있다. 이 에피소드의 끝에서 플랜더스가 세례를 주는 데 성공한 유일한 인물이 눈앞의 쾌락에 가장 많이 휘둘리는 그의 이웃 호머 심슨이었다는 사실은, 그런 면에서 볼 때 특히 적절하다.

15

호머에게도 배울 점이 있다:
누스바움과 픽션의 힘

제니퍼 L. 맥맨

고대 그리스의 유명한 서사시인 호메로스의 작품을 인유한 픽션의 발견적 기능에 대한 철학적 논의는 예상할 수 있을지 몰라도, 호머 심슨을 이러한 맥락에서 언급하는 건 놀랍게 다가올 수도 있겠다. 비록 통상적인 선택은 아니지만, 인기 텔레비전 쇼 《심슨 가족》에는 픽션에 대해 철학적으로 저술한 작가들의 몇 가지 보편적인 주장이 예시되어 있다. 《심슨 가족》이 이런 주장을 예시하기에 적합한 것은 그 캐릭터와 장면의 접근성, 경박한 와중에도 적절한 소재들, 매체의 독특한 성격, 대중적 호소력 때문이다. 나는 픽션이 어떻게 가르치는가를 밝히는 데 관심이 있기 때문에, 《심슨 가족》이 무엇을 가르치는가보다 어째서 《심슨 가족》이 교육적 기능을 할 수 있는가에 더 초점을 맞출 것이다. 여기서 사례들을 제시하긴 했지만 《심슨 가족》이 정확히 무엇

심슨 가족이 사는 법

을 전달해야 하는가를 말하는 건 내 의도가 아니다.

이 책의 많은 장에서 저자들은 «심슨 가족» 시청의 적실한 이점에 대해 논의하고 있다. 그들은 이 쇼가 개중에서도 문화 리터러시를 배양하고 미국적 가치를 전달할 수 있다고 말한다. 하지만 «심슨 가족»이 제시하는 모든 통찰을 낱낱이 열거할 수는 없기 때문에, 이 글이 교육보다는 오락에 가까워 보이는 쇼를 좀더 진지하게 볼 수 있는 자극이 되기를 바랄 뿐이다.

대부분의 미국인은 맷 그레이닝의 «심슨 가족»에 친숙하다. 사실 이 쇼는 세계 여러 나라에서 방영되고 있는 만큼 많은 비미국인에게도 친숙하다. «심슨 가족»을 좋아하든 그렇지 않든, 인기와 장수 덕분에 이 쇼는 우리 시대 문화의 일부분이 되었다. 열성 시청자들은 호머, 마지, 바트, 리사, 어린 매기의 삶에 가장 최근 일어난 소동을 보기 위해 매주 채널을 고정한다. 또 심야에 재방송을 보며 좋아하는 대사와 장면 들의 색인을 머릿속에 저장한다. 좋건 싫건 이 쇼에서 나온 몇몇 유명한 구절은 심지어 영어 구어체의 일부가 되기까지 했다. (어느 주에 있는지 알 수 없는 도시인) 스프링필드에 거주하는 심슨 가족은 전형적인 미국 가정을 패러디하며 그 히스테리컬한 상황, 코믹한 대화와 몸으로 웃기는 유머의 조합, 더불어 «바보 삼총사The Three Stooges» «허니무너스» «고인돌 가족 플린스톤» 같은 다른 대중 코미디들의 인유로 우리를 즐겁게 해준다.[1] 하지만 여기서의 질문은, 이 쇼가 어떻게 우리의 배움을 돕고 있는가다.

대부분의 사람은 우리가 예술에서 뭘 배울 수 있다는 명제에 논란의 여지가 없다고 볼지 몰라도, 철학자들은 그렇지 않다. 실제로 기원전 5세기에 플라톤이 예술에 대한 비판을 제기한 이후로, 철학자들은 예술에 교육적 기능이 있는가를 놓고 논쟁을 벌여왔다. 오늘날에도 철학적 논쟁은 계속되고 있다. 이 논쟁의 초점은 픽션의 발견적 기능heuristic function이다. 사람들이 지난 수백 년간 이야기를 가르침의 수단으로 활용해왔음에도, 전통적으로 철학자들은 문학의 교육적 가치를 의심해왔다. 하지만 최근 들어 많은 철학자가 그 교육적 능력을 상찬하게 되었는데, 마사 누스바움은 이러한 주장의 가장 유명한 대변인이라 할 수 있다.[2] 『사랑의 지식Love's Knowledge』에서 누스바움은, 어떤 진리는 오로지 예술로써만 적절히 전달될 수 있다는 대담한 주장을 제시한다. 누스바움의 통찰은 광범위한 함의를 띠지만, 주로 도덕적 진리를 드러내는 문학의 독특한 능력에 집중한다. 나는 누스바움의 저작을 출발점으로 삼아 픽션의 교육적 기능을 좀더 깊게 탐구할 것이다. 특히 픽션과의 대결이 개인을 어떻게 더 큰 성찰—이해력을 더 예리하게 개발할 뿐만 아니라 도덕적 개선을 이끌어내는 성찰—로 유도하는지에 대해 검토할 것이다. 그리고 인기 텔레비전 쇼 «심슨 가족»을 활용하여 픽션의 기능에 대한 내 주장을 예시할 것이다. 캐릭터와 설정의 희화적 평범성, 애니메이션이라는 매체, 대중적 호소력 때문에 얼핏 그 발견적 기능이 훼손된 것처럼 보일 수도 있겠지만, 나는 오히려 바로 그러한 이유 때문에 «심슨 가족»이 내 주장을 예시하기에 적합함을 보일 것이다.

심슨 가족이 사는 법

픽션의 근거

픽션 일반과 특히 《심슨 가족》에 대한 내 견해를 제시하기에 앞서, 픽션의 근거에 대해—주로 누스바움의 입장과 픽션 회의론에 대한 그의 반박을 중심으로—논의할 필요가 있다. 문학이 가르칠 수 있음을 부인하는 회의론은, 보통 픽션의 현실 재현 능력에 대한 의구심과 예술의 언어가 이성적 사고를 약화시킨다는 우려에 기반한다. 그들은 허구적 인물과 사건을 다룬 이야기가 현실세계에 대한 가치 있는 정보를 주지 못한다고 주장한다. 그리고 문학이 일반적으로 유발하는 감정이 명료한 사고를 촉진하기보다는 방해한다고 제시한다. 『사랑의 지식』에서 누스바움은 이 두 가지 우려에 대해 모두 답한다.

픽션이 현실을 묘사하지 않으므로 진리의 매개체 구실을 할 수 없다는 주장에 반하여, 누스바움은 "인간 삶의 어떤 진리는 오로지 서사 예술가 특유의 언어와 형식으로만 알맞고도 정확하게 진술될 수 있다"고 주장한다.[3] 누스바움이 서사 예술가의 언어와 형식을 높이 평가하는 것은, "세계의 놀라운 다양성, 그 복잡성과 신비로움, 흠결이 있고 불완전한 아름다움은 (…) 그 자체로서 더 복잡하고 더 암시적이고 더 구체적인 것에 주목하는 언어와 형식으로[만] (…) 온전하고 적절하게 진술될 수 있다(*LK*, 3)"고 믿기 때문이다. 또 문학이 일으키는 감정이 명료한 사고 능력을 훼손한다는 주장에 대해, 누스바움은 감정이야말로 훌륭한 판단의 필수 요소라고 주장한다. 그는 "감정은 단지 맹목적인 기분의 동요가 아니다. (…) 그것은 현상황이 어떠하고 무엇이 중요한가에 대한 믿음과 긴밀히 연결된 섬세한 응답이다(*LK*, 41)"라고 말한다.

　문학에 대한 누스바움의 변론은 종래의 철학적 산문에 대한 비판으로 시작된다. 철학자들은 문학적 서사를 진리 전달에 부적합한 도구로 보는 경향이 있는 반면, 자신들의 표현 매체는 사물의 진정한 본질을 기술하는 임무에 이상적으로 적합하다고 여겨왔다. 누스바움은 이 가정에 의문을 제기할 수 있는 실마리를 제공한다. 그는 종래의 철학적 산문이 추상화를 지향하며 감정을 죽이고 이성을 특별 대우하는 경향 때문에 한계가 있다고 주장한다.

　누스바움은 감정이 제거된 추상적 양식을 활용하여 구체적이고 복잡하고 감정이 스며 있는 현실을 묘사할 때 필연적으로 문제가 생긴다고 설명한다. 그의 주장에 따르면, "(가령 추상적이고 이론적인 논문과 결부된 양식이 아닌) 특정 서사 예술가의 양식만이, 세계에 대한 중요한 특정 진실을—서사 예술의 형태로 구현하여 이 진실을 파악하기에 적합한 활동을 독자에게서 촉발함으로써—적절히 진술할 수 있다(LK, 6)". 특히 누스바움은, 종래의 철학적 산문이 우리의 도덕적 상황을 표현하기에 양식적으로 부적합하다고 주장한다. 그는 이 양식이 우리의 상황을 잘못 전달하며, 이 상황에서 어떻게 살아야 할지에 대한 오해를 부추긴다고 말한다. 그리고 종래의 철학적 산문은 도덕 교육의 방식으로서 우리 상황의 본질을 드러내기에 불충분하다는 결론을 내린다. 그는 도덕철학 연구와 도덕 교육 일반에 한해서는 문학이 전통적인 철학 저작에 필수적인 보조재라고 주장한다.

　누스바움은 문학에 대한 변론을 계속하며, 우리의 도덕적 상황을 표현하는 데 도움이 되는 서사 양식의 특징을 열거한다. 그는 문학이 (이를테면 개개인의 고유한 가치와 통약通約 불가능성을 인정하는 등) 구체성을 우선에 놓으며 감정의 중요성을 인식하기 때문에 도덕적 상황의 본질을 표현하는 데 더 능하다고 주장한다. 이런 특징들이 중요한 것은 그것이 본질적으로 다채로우며 감정으로 충만한 현실의 묘사와 양식적으로 부합하기 때문이다. 누스바움의 관점에서 볼 때 우리의 도덕적 상황은 엄청나게 복잡하고 고통스러우리만치 모호하다. 우리의 바람과 달리 그것은 절대 단순하지 않다. 도덕적 상황에 대한 정확한 묘사를 제시하려면, 세부에 주의를 기울이고 복잡성을 감지하며 사실뿐 아니라 감정을 표현하는 데도 전념하는 양식을 활용해야 한다. 이런 특징 중 하나라도 결여되면 우리의 도덕적 지형은 불완전하게 표현되고 만다는 것이다.

도덕적 상황의 좀더 정확한 재현 외에도, 문학을 읽는 일에는 또 다른 이점이 있다고 누스바움은 주장한다. 한 개인이 도덕적인 사람이 되려면 그는 개개인과 감정의 중요성을 인식할 뿐만 아니라 특정한 습관과 감수성을 갖추어야 한다. 추상적인 양식이 우리의 주의를 구체적인 것으로부터 멀리 떼어놓는 반면, 문학은 특유하게도 구체적인 사람과 사건을 강조함으로써 개개인과 상황의 고유한 가치와 불가피한 독특성에 대한 인식을 발달시킬 수 있는 조건을 마련한다. 마찬가지로 문학은 감정의 다양성과 영향력을 세심하게 묘사함으로써, 우리 삶에서 감정이 수행하는 역할은 물론 특정 감정의 존재나 부재가 초래하는 지적·윤리적 결과까지도 인식할 수 있게 해준다. 끝으로, 문학은 감정을 요구함으로써 누스바움이 말하는 '공감의 형성shaping of sympathy(*LK*, 44)'에 이바지한다. 그는 허구의 인물에게 연민을 느끼는 능력이 일상의 타인에 대한 연민을 낳는다는 점에서 도덕적으로 유의미한 역량이라고 믿는다.

궁극적으로, 누스바움은 문학이 그 발견적 능력이라는 면에서 독특하다고 본다. 문학은 도덕적 인간이 되기 위한 조건인 구체성에 대한 주목을 그 양식으로써 구현하는 동시에 독자 안에서 함양하기 때문이다. 종래의 철학적 산문을 비판하면서, 누스바움은 진리의 매개체로 찬양받아온 글쓰기 양식의 유해한 영향력에 주목한다. 누스바움은 이 양식이 우리의 도덕적 경험에 대한 이해를 과도하게 단순화하며, 바람직하지 못한 정도로 감정과 거리를 두기 때문에 도덕적 상황의 재현에 부적합하다고 주장한다. 그는 문학작품이 우리의 도덕적 상황을 더 정확하게 묘사하고 독자의 감수성을 더 크게 계발하기 때문에 도덕적 이해와 향상을 촉발하는 데 더 능하다고 본다.

픽션에 대한 추가 변론

앞의 절에서 누스바움의 문학 옹호론을 요약했지만, 누스바움의 저작이 이 장 전체의 초점은 아니다. 이 글의 목적은 누스바움의 저작을 기반으로 활용하여 《심슨 가족》이 발견적으로 유효하다는 내 주장을 펼치는 것이다. 나는 누스바움과 몇 가지 점에서 견해를 달리하기 때문에, 내가 그의 주장에서 무엇을 받아들이고 무엇을 결함으로 보는지를 분명히 할 필요가 있다. 누스바움처럼 나도 문학이 독특한 발견적 자질을 지녔다고 믿는다. 누스바움처럼 나도 문학이 특정한 정보를 전달하는 고유한 능력이 있으며 중요한 인지적·감정적 반응을 이끌어 낼 수 있다고 믿는다. 또 문학이 우리의 도덕적 상황에 대해 종래의 철학적 산문보다 더 정확한 묘사를 제시할 때가 많다는 누스바움의 견해를 공유한다. 개개인에 대한 기본적인 주목과 관심은 도덕적 인간이 되기 위한 전제 조건이며 문학을 읽는 것이 이를 촉발하는 데 기여할 수 있다는 점에도 동의한다. 끝으로, 나는 문학작품이 도덕철학 연구와 도덕 교육 일반에 통합되어야 한다는 믿음을 공유한다.

이렇게 그의 주된 요지 대부분에 동의하기는 하지만, 누스바움의 주장에는 몇 가지 결함이 있으며 그중 몇몇은 앞으로 나올 《심슨 가족》에 대한 검토와 관계가 있다. 첫째로, 문학 옹호론에서 누스바움이 인용하는 문학은 서양 정전에 속하는 고전소설과 희곡에만 거의 전적으로 국한되어 있다. 비록 다른 종류의 픽션이 지닌 교육적 가능성을 배제하지는 않지만, 고전적 작가와 형식에 대한 그의 뚜렷한 선호는 이런 고상한 작품들만이 교육적 가치를 띤다는 엘리트주의적—이고 그릇된—전제를 강화하는 구실을 한다. 《심슨 가족》 같은 대중 픽션을 포함하여 문학적 정전의 범위 밖에 놓인 작품들의 발견적 가치를 인정하고자 한다면 이러한 전제를 걷어내야 한다.

둘째로 이는 문학이 제시할 수 있는 바에 대한 전폭적 열광의 결과일 수도 있는데, 누스바움은 우리 이해를 왜곡하고 그릇된 감수성을 조장할 수도 있는 픽션의 잠재력에 충분히 주목하지 않는 듯 보인다. 문학은 우리에게 긍정적인 영향을 줄 수도 있지만 부정적인 영향력을 끼칠 수도 있다. 이해와 도덕적 향상을 촉발할 수도 있지만 그만 큼이나 쉽게 무지나 도덕적으로 혐오스러운 태도를 조장할 수도 있다. 문학이 이런 부작용을 갖는 건 개개인이 문학 일반과 조우하는 게 아니라 개별 문학작품과 조우하기 때문이다. 이런 개별 작품들은 그릇된 세계상을 그려낼 수도 있고, 불쾌한 태도와 신념을 배양할 수도 있다.4 이해를 왜곡하고 도덕적 타락을 일으킬 수 있는 픽션의 잠재력은 플라톤이 광범위한 검열을 옹호한 이유이기도 했지만, 픽션이 제공할 수 있는 혜택을 고려할 때 검열은 수용할 수 없는 선택지다. 그렇다고 해도 픽션에 대한 무차별적 노출이 끼칠 수 있는 부작용을 아예 거론 하지 않는 것은 불충분한 비판이며 다소 무책임하게 보인다. «심슨 가족» 같은 대중 픽션이 다수의 관객에게 영향을 끼칠 수 있음을 인식할 때 이러한 부작용은 특히 적실하다.

세 번째이자 마지막으로, 픽션의 효과를 찬미하는 누스바움의 주장 은 오로지 문학의 정확한 현실 재현 및 공감 능력 배양에만 근거를 두고 있다. 이런 특징이 확실히 문학의 발견적 기능에 이바지하긴 하지만, 우리와 픽션의 관계에는 빈틈없는 재현과 공감의 증진 이외에 다른 요소도 작용한다. 우리가 픽션으로부터 배우는 이유는 픽션이 개개인을 정확히 재현하고 그 개개인에 대한 연민을 증진하기 때문만이 아니라, 동일시를 유도하기 때문이기도 하다. 호머와 마지 심슨 같은 캐릭터와의 동일시는 명백히 일어난다. 그들의 삶은—비록 희화화되었을지언정—많은 시청자의 삶과 유사성을 띤다.

궁극적으로, 픽션의 발견적 기능은 그것이 제공하는 독특한 기회에서 나온다. 구체적인 것을 두드러지게 강조하는 픽션의 특징은 현실을 정확하게 묘사하는 픽션의 힘을 강화할 뿐만 아니라, 독자나 관객이 개별 인물과 상황에 더 주의하게 만듦으로써 그들의 주의 패턴에 긍정적인 영향을 끼친다. 이와 비슷하게, 감정을 독보적으로 강조하는 픽션의 특징은 사람의 감정을 교육하는 방식으로 감정에 호소하는 픽션의 힘을 강화한다.[5] 픽션의 발견적 성공은 픽션이 유도하는 동일시 활동에서도 나온다. 픽션을 읽거나 보는 대부분의 개인이 증언하듯이, 픽션의 가장 매력적인 자질 중 하나는 그것이 동일시를 촉발하는 방식에 있다. 좋은 픽션을 읽거나 볼 때 우리는 몰입한다. 우리가 몰입하게 되는 건 주로 그 픽션이 재현하는 상황 속으로 우리를 끌어들이기 때문이다. 여느 문학 형식과 달리, 픽션 작품은 독자나 시청자가 스스로를 텍스트에 상상으로 투영하게끔 부추기는 식으로 구축된다. 픽션은 우리를 그들이 창조한 세계로 실어 나르며, 우리로 하여금 사건이 벌어지는 현장에 있는 듯한 기분을 느끼게 할 뿐만 아니라 개별 캐릭터와 자신을 동일시하게끔 부추긴다. 이러한 참여는 독특한 발견적 효과를 낳는다.

첫째로, 픽션은 독자나 관객이 픽션 안으로 들어오게 만듦으로써, 재현된 현실을 더 온전히 이해할 수 있게끔 해준다. 픽션에 대한 우리의 상상적 참여는, 묘사된 상황을 "가장 친밀하게, 말하자면 내부로부터 활용할 수 있게"[6] 만든다. 픽션은 우리의 상상 속에 동일시를 촉발함으로써 "특정한 방식으로 느끼고 보고 살아가는 일이 어떠한 것인지에 대한 감각(*TCS*, 84)"을 선사한다. 이런 상상적 동일시를 통해 얻는 이해는 그것 없이 성취할 수 있는 이해보다 훨씬 더 깊다. 수전 피긴도 이에 동의하여, 픽션이 시뮬레이션을 촉발하며 이 과정은 명제로 이루어진 정보를 암기하는 것보다 더 깊은 이해를 제공한다고 주장한다. 피긴의 주장에 따르면, 상상력을 발휘하여 픽션에 참여할 때 우리는 재현된 상황이 어떠할지를 지적으로, 감정적으로 시뮬레이션한다. 이 과정에서 개인은 자신의 종래 성향을 벗고 다른 성향을 걸쳐보아야만 하므로, 시뮬레이션은 "재현된 상황에 대한 이해를 더 깊고 풍부하게 해주며, 이와 비슷한 상황에 더 잘 대처할 수 있게 만들어준다"[7]는 것이다. 시뮬레이션은 그것을 수행하는 개인에게 "그런 사람이 되거나 그런 상황에 처한다는 건 어떠한 것인지(RF, 112)"를 드러내 보임으로써 교육을 행한다. 이는 이야기를 읽거나 들어서 획득한 비교적 피상적인 외부자의 관점을, 동일시를 통해 획득한 좀더 심도 있는 내부자의 관점으로 보완하는 것이다.[8]

픽션이 고무하는 동일시 과정에는 또 다른 혜택도 있다. 이는 우리가 일상적인 경험 조건에서는 하기 힘든 경험에 접근할 수 있게 해준다. 허구의 인물에 대한 동일시를 통해 우리는 다른 식으로는 접할 수 없었을 상황과 관점을 경험할 수 있다. 픽션은 자신이 재현하는 인물과 세계 속으로 우리를 끌어들임으로써, 다른 시간과 장소에 살고 다른 믿음을 품고 다른 가치를 지닌 다른 사람이 되는 일이 어떠한 것인지에 대한 이해를 쌓을 수 있게 돕는다. 누스바움의 말대로, "픽션이 없을 때 우리의 경험은 매우 제한적이고 국지적이다. 문학은 이를 확장하여 우리가 다른 식으로는 너무 멀어서 느끼지 못했을 것들을 깊

심슨 가족이 사는 법

이 생각해보고 느낄 수 있게 만들어준다(*LK*, 47)". 웨인 부스도 이에 동의하며 "단 한 달간의 독서를 통해 내가 평생 동안 시험해볼 수 있는 것보다 더 많은 삶을 살아볼 수 있다"[9]고 말한다. 픽션은 상상적 동일시를 유도함으로써 개개인에게 실제로 가능한 것보다 더 광범위한 경험을 탐험할 기회를 선사한다. 이런 간접경험은 사람들이 자신의 기존 통념에서 벗어나 대안적인 세계관, 맥락, 삶의 방식을 더 진정으로 인식하게끔 만든다는 면에서 교육적이다.

또한 우리가 픽션과 관계하며 갖는 간접경험은, 대안적인 태도와 행동 및 그 결과를 좀더 적절히 평가할 매개체를 제시한다는 면에서도 교육적이다. 이런 식으로 세계관과 행동을 시험해볼 기회는 비록 위험이 아주 없진 않지만 상대적으로 안전하기 때문에 독특한 인지적 가치를 띤다. 허구 인물과의 동일시를 통해, 우리는 실제로 특정한 무엇을 하거나 믿지 않고도 그걸 하거나 믿는 일이 어떠한 것인지를 알 수 있다. 픽션은 이런 식으로 특정한 선택이 어떤 결과를 낳는지에 대한 경험적 감각을 선사함으로써, 우리가 실제 그런 선택을 내리고 결과를 경험하기에 앞서 의사결정에 필요한 정보를 제공한다.[10]

끝으로, 허구적 인물과의 동일시는 우리를 감정적으로 교육한다. 허구적 인물과의 동일시가 하는 일 중의 하나는 감정을 이끌어내는 것이다. 그레고리 커리는 우리와 허구적 인물과의 관계를 '감정이입에 입각한 재연empathetic re-enactment'[11]이라고 기술한다. 독자나 관객은 이러한 재연을 통해 특정 캐릭터의 감정적·지적 상태를 시뮬레이션한다는 것이다. 이러한 재연은 사람들에게 감정을 발산할 긍정적 기회를 선사할 뿐만 아니라[12] 개개인에게 자기 자신과 타인에 대한 가르침을 줄 수도 있다. 즉 개개인이 스스로 지녔음을 의식하지 못하고 있던 감수성이나 견해를 드러내 보임으로써 그들의 자기인식 수준을 높일 수 있다.[13] 비록 항상 유쾌하지는 않지만, 이러한 인식은 자기이해와 충분한 정보에 기반한 행위 능력의 본질이다. 또한 동일시는 타인에 대한 진정한 이해와 연민이 생겨나는 데 이바지한다. 우리는 상상력을 발휘하여 타인의 입장에 서봄으로써만 그들이 겪는 갈등의 고통, 기쁨의 깊이, 상실의 무게를 진정으로 인식하게 된다. 개개인이 작중 인물과 자신을 동일시하게끔 유도함으로써, 픽션은 공감이라는 존경할 만한 활동은 물론 감정이입이라는 도덕적으로 유의미한 능력을 배양한다.

철학자들이 픽션의 교육 기능을 좀처럼 인정하지 않으려 했던 건 픽션과 결부된 역설 때문이었다(예를 들어, 그 정의상 비현실을 다룬 작품으로부터 어떻게 현실적 가치를 띤 정보를 얻을 수 있겠는가?). 하지만 픽션으로부터의 배움은 픽션과 현실 사이에 철저한 분계선을 그을 때에만 역설을 낳는다. 픽션을 현실에 기반해 현실에서 모든 소재를 끌어온 창조적 노력으로 본다면, 픽션이 교육할 수 있다는 생각에는 문제가 없다. 픽션은 가상적인 상황을 그려낸다. 픽션의 예시가 우리에게 정보를 줄 수 있는 건 픽션이 이야기하는 장소와 문제들이 우리의 그것과 닮았기 때문이다.

우리가 픽션으로부터 배운다는 것이 역설은 아니더라도, 우리와 픽션의 관계에는 역설적인 측면이 있다. 실제로 나는 픽션의 발견적 능력이 우리가 픽션에 참여하는 활동의 역설적 성격에서 주로 나온다고

심슨 가족이 사는 법

주장한다. 이 역설은 잠깐만 생각해봐도 깨달을 수 있다. 픽션은 우리를 안으로 끌어들이는 만큼 밖으로 밀어내기도 한다. 우리가 픽션의 특정 캐릭터와 자신을 동일시하고 그 세계에 상상으로 자신을 투영할 수는 있어도, 절대로 그 캐릭터가 되거나 그 세계에 들어갈 수는 없다. 마찬가지로 우리가 픽션에 참여하면서 진짜 감정을 느끼기는 해도, 픽션에 대한 감정적 반응에서 우러나온 행동은 현실의 사람과 상황에 대한 감정적 반응에서 우러나온 행동과 같을 수 없다. 픽션은 현실이 아니므로, 우리가 픽션에 재현된 인물 및 상황과 맺는 관계는 현실의 사람 및 사건과 맺는 관계와 질적으로 다르다. 픽션의 인물과 상황이 현실이 아니라는 사실은, 픽션에 대한 우리의 참여를 촉진하는 동시에 좌절시키기도 한다.

픽션에 묘사된 인물과 맥락이 현실이 아니라는 사실이 독자나 관객의 상상적 참여를 촉진하는 건 그것이 안전감을 주기 때문이다. 픽션에 상상으로 자신을 투영할 때, 우리는 그 결과를 걱정하지 않고서 운신할 수 있고 위험 없이 그것에 바짝 다가갈 수 있다. 우리는 픽션의 세계 속으로 들어가지만 상황이 힘들어지면 포기하고 나올 수 있다. 픽션에 참여함으로써, 우리는 안락의자에서 일어나지 않고도 다른 세계들을 탐험하고 다른 페르소나를 취할 수 있다. 우리가 픽션 속으로 쉽게 빨려 들어갈 수 있는 건 그것이 현실의 무게를 지니지 않았기 때문이다. 픽션이 우리에게 영향을 끼칠 수 있음을 알면서도 우리가 픽션에 흠뻑 빠져 이를 즐기는 건, 거기서 묘사되는 인물과 사건이 현실이 아니고 가상세계에 대한 우리의 몰입이 영원하지 않으며[14] 우리와 캐릭터와의 동일시가 완전하지 않음을 알기 때문이다. 이 형식이 우리에게 부여하는 안전감 덕분에, 현실에서 경험할 수 없거나 경험하지 않을 일을 픽션에서는 경험할 수 있다. 따라서 픽션은 현실에서는 하지 않을 경험을 통해 새로운 것을 배울 수 있게 해줌으로써 우리의 지식 기반을 확장시킨다.

픽션은 우리를 참여하게끔 초대하지만, 동시에 그것이 재현하는 인물과 사건의 허구성은 습관적 방식대로 반응하지 못하도록 우리를 가로막는다. 일례로 우리는 픽션에서 상황이 뭔가 잘못되었음을 느끼더라도 그걸 바로잡을 수 없다는 걸 안다. 마찬가지로, 픽션이 제시하는 세계상이 우리의 그것과 일치하지 않는다 해도 그것을 마음대로 바꿀수 없다. 우리는 상상을 통해 픽션 속으로 들어가지만 그것을 변화시킬 수는 없다. 읽거나 보기를 중단할 수는 있어도 작품을 우리의 바람에 맞게 조정할 수는 없다. 마찬가지로, 우리가 픽션에 감정적으로 반응할 때 인물과 사건의 허구성은 우리가 평소 하던 방식대로 감정을 행동으로 옮기지 못하게 가로막는다. 인물과 사건의 허구성은 습관적 반응을 가로막고 내가 현실이 아닌 것에 왜 이런 정서적 충격을 받았는지 생각해보게끔 만든다.

픽션 속 캐릭터와 맥락의 불변성, 즉 우리가 그 속에 몰입할 수는 있어도 그것을 바꿀 수는 없다는 사실은 우리를 성찰로 이끈다. 픽션이 우리의 참여를 가로막는 방식은 그것이 지닌 발견적 기능의 중심을 이룬다. 그 이유는, 바로 이처럼 습관적 반응이 가로막혔을 때 독자나 관객은 픽션에 대해 성찰하고, 픽션의 세계와 그 인물들을 비판적으로 평가하며, 특정한 허구의 연출을 다른 허구나 실제의 것과 비교하게 되기 때문이다. 이는 독자나 관객이 재현물의 메시지를 숙고하게끔 촉발한다. 또 자신의 감정적 반응과 이를 유발한 허구적 상황을 곰곰이 생각하게끔 이끈다. 이런 성찰적 활동은 한층 더 보편적인 이해와 도덕적인 개선을 유도할 수 있다.

궁극적으로, 픽션은 우리가 그것과 분리되어 있음을 절대 잊지 않으면서 그것이 재현하는 인물과 상황 속으로 들어오게끔 만드는 독특한 능력이 있다. 이는 좌절된 동일시라 할 만한 것을 창출한다. 허구적 인물과의 동일시는 우리가 다른 시대와 관점과 상황을 간접적으로 풍부하게 경험할 수 있게 해준다는 점에서 교육적이다. 나와 캐릭터의 동일시로 획득한 정보의 흡수는 나와 캐릭터의 구분에 의해 촉진된다. 특히 내가 동일시하는 허구의 인물이 나와 다르다는 사실을 인식하는 한 그들은 분석의 대상, 나와 비판적 거리를 둔 대상, 나 자신보다 덜 편향된 관점으로 볼 수 있는 대상으로 남는다. 픽션이 우리를 매우 훌륭하게 교육할 수 있는 건 이처럼 동일시와 분리, 친밀함과 차이를 동시에 촉발하기 때문이다. 나와 내가 처한 상황은 너무 가깝기 때문에 정확히 보지 못할 때가 많지만, 픽션에 재현된 인물과 상황은 그것이 나와 분리되어 있다는 지식이 항존하므로 훨씬 더 공정하게 볼 수 있다. 하지만 동일시의 과정은 인물들이 우리와 얼마나 비슷한지 또한 드러내 보여주므로, 우리의 상황이나 전반적 태도 및 습관적 반응이 특정한 허구적 인물의 그것과 유사함을 인식하게끔 함으로써 우리의 자기이해를 증진할 수 있다.

*&!#?@는 됐고! 그럼 호머는?

궁극적으로, «심슨 가족»은 우리의 주의를 개개인에게로 돌리고 감정을 묘사하는 동시에 유도한다는 점에서 다른 픽션들과 비슷하게 작용한다. 하지만 흥미롭게도 «심슨 가족»은 일부 사람들이 이 쇼를 싫어하게 만드는 몇몇 다른 특징을 결합함으로써 교육적 효과를 증대시키고 있다.

그 첫 번째 특징은 이 쇼의 인물과 설정이 평범하다는 것이다. 비록 극도로 희화화되긴 했지만, «심슨 가족»의 인물과 맥락이 평범하다는 건 부인할 수 없다. 호머는 다소 우둔하지만 미워할 수 없는 노동계급 가장이다. 그는 «아버지가 제일 잘 알아»나 «비버는 해결사»의 이상화된 인물이 아니다. 오히려 싸구려 맥주를 마시며 직장에 대해 불평하고 간혹 가다 뻔뻔하게 트림을 해대는 사고뭉치 아빠다. 마지는 터지기 일보직전의 가정주부로, 호머와 아이들 사이에서 뒤치다꺼리를 도맡고 가족들의 잦은 말썽을 꾸짖으며 때때로 엉뚱한 짓을 저지르는 호머를 변함없이 위로해준다. 호머와 마지의 자녀들인 바트, 리사, 매기는 저마다 우리네 평범한 아이들의 개성과 기발함과 자기중심성을 전형적으로 보여준다. 나아가 그들 간의 관계도 평범한 형제자매 관계에서 벌어지는 온갖 갈등, 공모, 경쟁을 보여준다. 끝으로 무대인 스프링필드와 심슨 가족의 집 또한 무해한 평범성이라는 면에서 비슷하다. 이는 텔레비전 쇼 «부자와 유명인의 라이프스타일»의 한 장면도, «베벌리힐스의 아이들»의 호사스러운 배경도 아니다. «심슨 가족»이 우리에게 보여주는 건 진입로에 세워진 스테이션왜건,

심슨 가족이 사는 법

개수대에 쌓인 더러운 접시들, 우리 중 아주 많은 이에게 익숙한 중산층 교외의 환경이다.

대부분에게 익숙하긴 하지만 «심슨 가족»의 인물과 설정이 지닌 흔해빠진 성격 때문에 어떤 이들은 이 쇼에 교육적인 내용이 거의 없다는 결론을 내리기도 한다. 이런 진부한 맥락에서 과연 중요한 진리가 나올 수 있을지 의문을 제기할 수도 있다. 물론 진리가 평범하지 않다면 «심슨 가족»은 별로 내놓을 것이 없을지도 모른다. 하지만 평범한 진리는 우리에게 인지되지 않을 때가 많다.[15] 풍자 효과를 내기 위해 과장을 섞긴 했어도, «심슨 가족»의 우리 시대 교외생활 묘사는 그리 부정확하지 않다.[16] 호머와 마지의 말다툼, "내가 안 그랬어요!" 하는 바트의 단골 대사, 리사의 잘난 척, 이웃 간의 쩨쩨한 갈등, 직장에 대한 호머의 끊임없는 환멸, 인물들의 뻔한 행태와 짝을 이루는 의외의 면모 등이 모두 매우 사실적이다. 이런 진실들은 특별히 떠받들어지지는 않을지라도 시청자의 마음에 반향을 일으키며, 이 같은 현상이 어디에나 편재함을 상기시킨다.

궁극적으로 일상생활의 특정 측면이 어디에나 편재한다는 시청자들의 인식은 «심슨 가족»의 인물과 맥락이 띠는 흔해빠진 성격 덕분에 한층 더 촉진된다. 대부분의 시청자는 이 쇼의 인물 및 설정과 자신을 쉽게 동일시할 수 있다. 예컨대 우리는 비록 호머처럼 행동하지는 않더라도 그의 성미 급하고 경솔한 행태에 감정이입할 수 있다. 이와 비슷하게 대부분의 시청자는 마지의 실용적인 성격과 어머니로서의 관대함은 물론, 확실히 개입이 필요할 정도로 상황이 악화될 때까

지 수동적으로 기다리는 그의 성향에도 공감할 수 있다. «심슨 가족»
은 우리와 거의 닮은 점이 없는 사람이나 너무 낯설어서 우리와 무관
해 보이는 경험을 하는 개인들을 재현하는 게 아니라, 우리 자신의 캐
리커처를 제시한다. 우리처럼 심각한 결함도 있고 또 존경할 만한 자
질도 있는 개인들을 묘사한다. 이런 웃기는 인물들로부터 뭔가를 배울
수 있는 건, 우리가 그들과 우리 스스로를 손쉽게 동일시하고 그들의
자질을 인식함으로써 그들이 지닌 어떤 성향을 우리도 똑같이 지녔음
을 인정하게 되기 때문이다. 게다가 호머의 무모한 모험을 대리 체험
하면서, 우리는 자신의 충동적이고 때로는 복수심에 찬 욕망을 안전하
게 해소하는 동시에 그러한 변덕의 위험성을 확인하고 타산지석으로
삼을 수 있다.[17]

　　«심슨 가족»의 발견적 가치에 이바지하는 두 번째 특징은 유머다.
«심슨 가족»을 보기 시작하면 오래지 않아 그 경박함을 인지하게 된
다. 이 쇼는 슬랩스틱코미디와 세련된 유머를 매끈하게 결합하여 다
양한 관객층에 호소하는 복잡한 짜임새의 코미디를 직조한다. 사람들
을 즐겁게 해주는 능력으로 따지자면 코미디 장르만 한 것이 없지만,
다른 문학 형식에 비해 이 장르의 교육적 능력은 의심을 받아왔다. 아
마도 진지하지 않다는 이유로, 코미디는 교육이라는 문제와 관련하여
다른 장르들만큼 진지하게 받아들여지지 않았다. 애석한 일이다. 물
론 진지함을 지켜야 할 자리는 항상 있지만, 코미디는 굉장한 교육적
도구다. 코미디는 불안을 해소하고 습관적 저항을 무력화함으로써 평
소 인정하기 껄끄러운 것들을 양지로 끌어낼 수 있다. 가령 우리 중 다

수는 자신이 망상을 품고 있거나 그것에 이끌려 멍청한 짓을 벌인다는 걸 인정하기 싫어한다. 하지만 호머가 우리를 웃기는 이유는 그가 이런 경향을 너무나 염치없이 드러내기 때문이다. 우리가 호머를 보고 웃는 것은 그에게서 우리 자신의 일부를 보기 때문이다. 우리는 그를 비웃으면서 우리 자신에 대해 조금 더 배우게 된다.

또한 코미디는 심각한—그러나 흔히 당혹스러운—주제를 좀더 편안한 장에서 검토하게 해준다는 점에서도 유익하다. 《심슨 가족》이 다루는 많은 주제 가운데는 인종주의, 젠더 관계, 공공정책, 환경주의 같은 시사적인 주제도 눈에 띈다. 애석하게도 이런 주제에 대한 공식적 논의는 흔히 말싸움이나 일장연설로 귀결되곤 하는데 대부분의 사람은 둘 다 별로 듣고 싶어하지 않는다. 코미디가 이런 까다로운 주제를 다루는 데 유용한 방식인 까닭은 해당 주제를 둘러싼 긴장을 일부분 해소해주기 때문이다. 대부분의 경우 코미디는 사람들이 주제에 주목하게끔 유도할 수 있을 뿐만 아니라, 과도한 적대감을 유발하거나 지나치게 고압적으로 보이지 않으면서도 그 주제에 대한 의견을 제시할 수 있다.[18] 다른 매체에서 하는 말은 듣지 않고 무시하는 사람이라도 코미디와 그것이 주는 즐거움에는 개방적인 만큼, 평소 거부감 있던 주제들에 대해서도 생각을 이끌어낼 수 있다. 《심슨 가족》 덕에 많은 미국인이 도박 합법화(〈스프링필드의 카지노〉), 군사학교의 여학생 입학 허가(〈군사학교에 간 남매〉), 동물권(〈채식주의자 리사 심슨〉) 등의 주제를 좀더 깊이 생각하게 된 건 확실하다.

《심슨 가족》의 교육 기능을 돕는 세 번째 특징은 이것이 애니메이션 매체라는 점이다. 코미디 장르와 비슷하게 애니메이션 또한 영화나 시 같은 매체만큼 진지하게 취급되지 못했다. 어린 시절과 TV 앞에서 보내던 일요일 아침을 상기시키기 때문인지는 몰라도, 우리는 애니메이션 매체를 유치하게 보는 경향이 있다. 이러한 연상 때문에 우리는 발견적 혜택을 준다고 보는 픽션의 범위에서 애니메이션 작품을 축출해버리기 쉽다. 하지만 이는 잘못이다. 비록 모든 만화가 동등하지는 (혹은 교육적이지는) 않지만, 만화라는 형식 자체는 교육적이다. 궁극적으로 애니메이션이라는 형식은 독자나 관객에게 그것이 묘사하는 인물과 상황의 허구성을 명백히 일깨운다. 만화 캐릭터를 실제 인물로 착각하는 사람은 없을 것이다. 이러한 형식을 통해 애니메이션 작품은 우리가 자신이 동일시하는 캐릭터와 다르다는 사실을 강하게 일깨운다. 그래서 이런 작품들은 그것이 묘사하는 캐릭터, 그려내는 상황, 불러일으키는 감정과 생각에 대한 성찰을 더욱 명확히 이끌어낸다.

마지막으로 거론할 필요가 있는 《심슨 가족》의 특징은 대중적 호소력이다. 앞에서 언급한 속성들과 마찬가지로 《심슨 가족》의 폭넓은 호소력 또한 혹자에게는 그 발견적 가치를 의심하게 만드는 요소일 수 있다. 이런 의심은 대중 작품은 교육적이지 않다는 통념에 기반한다. 셰익스피어와 디킨스 같은 문학의 아이콘들도 당대에는 대중 작가였음을 편리하게 망각한 지식인들은, 대중 작품은 교훈이 텅 비었고 그 인기는 어디까지나 대중의 저속한 취향에 호소하여 얻은 것이라고 주장하며 상아탑을 사수하고자 한다. 이런 비판이 많은 대중 작품에 적용될 수는 있어도, 픽션의 한 장르 전체를 무시해버리는 것은 바람

심슨 가족이 사는 법

직하지 않을 뿐만 아니라 비논리적이다.[19]

  «심슨 가족»의 대중적 호소력은 그 발견적 중요성의 부정이 아니라, 그것에 대한 더 세심한 고찰로 이어져야 한다. 더 고급스러운—그리고 대개 더 존경받는—형식의 픽션과 달리 «심슨 가족»은 굉장히 많은 다양한 관객에게 영향을 끼친다. 이 쇼는 중요한 진실을 전달하고 주요 현안에 대한 생각을 촉발할 수 있을 뿐만 아니라 엄청나게 많은 사람에게 이러한 진실을 제시하고 그에 대한 성찰을 유도할 수 있다. «심슨 가족»이 톨스토이보다 발견적으로 더 우월하지는 않을지 모르나, 그럼에도 불구하고 그 발견적 효과를 고려해야 하는 건 작품의 폭넓은 호소력 때문이다.[20]

  궁극적으로 현명한 사람은 사실상 모든 경험에서 배울 것이 있음을 인식하는 사람이다. 애석하게도 우리는 항상 그렇게 현명하지는 못하다. 우리는 각각의 경험이 제공할 수 있는 것에 마음을 열기보다, 어떤 경험은 인지적으로 무의미하다고 속단함으로써 스스로 습득 과정에 제약을 가하곤 한다. 그럼에도 불구하고 이런 경험에서 무언가를 얻기는 하지만,[21] 스스로도 교육적으로 취급하지 않는 경험에서 많은 걸 배울 수는 없다. 이 글에서 나는 대중 픽션이라는 뜻밖의 맥락에도 배움의 기회가 존재함을 보여주려 했다. 특히 «심슨 가족»에 배울 점이 있음을 제시했다. 그것은 이 픽션이 형식적으로나 기능적으로 셰익스피어나 소포클레스 같은 고전보다 더 우월하다고 말하려는 의도가 아니다. 나는 그렇게 생각하지 않는다. 다만 독자들이 간과했을지도 모를 기회를, 호머에게도 배울 점이 있음을 보여주고 싶었을 뿐이다.[22]

4부

《심슨 가족》과 철학자들

16

스프링필드의 마르크스주의자

제임스 M. 월리스

E. B. 화이트가 경고하기를, "유머는 개구리처럼 해부할 수 있지만 그 과정에서 뭔가를 죽이게 된다. 순수하게 과학적으로 사고하는 인간만이 그 내장을 보고 낙심하지 않을 것"[1]이라고 했다. 음침한 과학적 사회주의자가 부르주아 코미디의 몸속에 든 이데올로기의 추한 내장을 까발리며 수행하는 마르크스주의적 해부는 그 어떤 농담의 유머도 거의 확실히 죽여버릴 것이다. 영화 ‹크레이들 윌 락›에서 토미 크릭쇼 (빌 머리 분)는 "좌파들이란 진짜 침울하고 심각한 사람들"이라고 말한다. 아마 그가 옳을 것이다.

마르크스주의자라고 좋은 농담을 즐길 줄 모르는 건 아니다. 마르크스 자신도 코미디—그중에서도 『트리스트럼 샌디』 스타일의 소설—를 쓰려고 시도한 적이 있다. 하지만 정의와 공평에 유념하는 이들에게 유머는 힘겨운 도전을 제기한다. 5퍼센트의 사람들이 95퍼센트의 부를 장악한 나라에서 뭐가 그리 우습단 말인가? 미국의 일터에서 매주 노동자 20명이 살해당하고 1만8000명이 공격당한다는 사실을 알면서, 편의점 점장 아푸가 총 맞은 흉터들을 호머에게 내보이며 "거짓말은 하지 않겠네. 이 일을 하다 보면 총을 맞게 되기 마련이야"라고 말하는 장면을 보며 웃음을 터뜨린다는 건 마르크스주의 원칙에 대한 배신 아닌가? 어쩌면 «심슨 가족»에 나오는 랍비 크러스토프스키의 말이 옳을지도 모른다. "삶이란 웃기는 게 아니야. 삶은 심각한 것이란다."

하지만 «심슨 가족»은 웃기고, 그 코미디는 너무나 많은 곳을 다양하게 찔러대므로— '모두를 위한 즐길거리'* 현상—자신의 정치적·경제적 관점이 어떻든 간에 이를 보고 웃지 않을 도리는 없다. 또한 이 쇼가 흔히 '전복적'이라는 칭찬을 받는 걸 감안할 때, 우리는 이 쇼가 특히 지배 이데올로기에 비판적이고 예술을 어떻게 사회 권력의 기반을 흔드는 데 활용할지에 관심을 가진 이들에게 호소력이 있으리라 예상할 수 있다. 유머란 매우 주관적일 수 있으며 분석은 코미디를 다소 약화시킬 수 있음을 인식하면서, «심슨 가족»이 그 유명한 익살스러운 전복을 어떻게 쟁취하는지에 대해 생각해보자.

---

*   something for everyone, 19세기 말의 서커스 흥행사 피니어스 바넘이 내걸었던 홍보 문구.

사려 깊은 웃음

이 쇼는 뭔가를 웃기게 만드는 가장 근본적인 개념 중 하나를 정의하는 용도로 코미디 세미나에서 활용될 수 있다. 바로 부조화incongruity다. 우리는 일상적으로 양립할 수 없는 요소들이 연결될 때, 평소 우리 머릿속에서 분리되어 있던 생각, 이미지, 감정, 믿음이 한데 엮일 때, 우리가 평범하고 진부하게 여기는 것이 뒤집힐 때, 기대가 좌절되었을 때, 혹은 칸트의 말을 빌리면, "잔뜩 긴장하고 기대하던 것이 갑자기 무無로 돌아갔을 때"[2] 가장 크게 웃는 경향이 있다.

> 호머: 맙소사. 외계인이잖아! 절 먹지 마세요! 전 처자식이 있어요. 걔들을 먹으세요! _〈할로윈 이야기〉

> 호머: 맙소사. 나는 [스프링필드에서 불법 이민자를 추방하기 위한] 24호 법안으로 희생양 만드는 재미에 너무 정신이 팔려서 이게 나랑 친한 사람한테 영향을 끼칠지 전혀 생각 못 했어. 그거 알아, 아푸? 자네가 떠나면 진짜 진짜 보고 싶을 거야. _〈불법체류자, 아푸 아저씨〉

이 두 사례의 코미디는, 이런 상황이라면 이런 말이 나오겠지 하는 우리의 기대와 실제로 호머가 말하는 내용 사이의 간극으로부터 발생한다. 물론 우리의 기대는 우리가 아버지나 친구들 사이의 행동 관행에 익숙하다는 걸 전제로 한다. 우리 생각에, 목숨을 구걸하기 위해 자기 가족을 이용하는 아버지라면 가족을 대신 먹으라고 할 게 아니라 가족의 생계가 자신에게 달려 있다고 주장할 것이다. 만일 상황이 뒤바뀌어 가족이 위험에 처했다면, 용감하고 고결한 아버지의 전통적인 행동에 따라 "나를 대신 잡아가라"고 말할 것이다. 흔히 볼 수 있고 익히 예상할 수 있는 아버지의 이타적 언행은, 호머의 이기적이고도 우스운 대사와 머릿속에서 순식간에 연결되는 동시에 충돌을 빚는다. 물론 이 코미디는 예술의 '비현실성'에 의존한다. 자기 목숨을 건지기 위해 말 그대로 자식들을 희생시키는 아버지는 조금도 우습지 않다. 확실히 아들을 배신하는 아버지는 그 어떤 맥락에서도 익살스럽지 않다고 말할 수 있겠지만, 익살스러운 부조화와 '충격'에 의존하는 예술 영역에서는 우리의 가정과 통념이 선명히 부각된다. 자신이 왜 웃었는지를 잠시 멈추어 생각할 때, 우리는 어쩌면 처음으로 자신의 가정과 통념을 의식하게 되기 때문이다. 전복은 인식이 있는 연후에만 가능하며, 부조화에 기반한 모든 코미디가 그러하듯 《심슨 가족》 또한 적어도 우리가 세상을 보는 일반적인 방식을 재고해볼 것을 요구한다. '정상적인' 세계관에서 아버지는 이타적이어야 하고, 충실한 가장은 어떤 대가를 치르고라도 가족을 보호하는 데 헌신해야 한다.

두 번째 사례에서 호머가 아푸에게 '진짜 진짜 보고 싶을' 거라고 말할 때, 호머의 깨달음은 허공에 산산이 흩어져버린다. 실제로 그의 강조하는 수식어는, 자신이 친구의 추방에 일부분 책임이 있다는 갑작스런 깨달음과 아푸에게 그가 보고 싶을 거라고 말하는 친절한 제스처 사이의 모순을 그가 진짜 진짜 이해하지 못했음을 암시함으로써 이 대사를 더더욱 코믹하게 만든다. 물론 호머의 머릿속에서 이 두 가

심슨 가족이 사는 법

지 정서 사이에는 아무런 모순도 없다. 그는 단지 "난 자네가 떠나는 줄 몰랐어. 안녕"이라고 말하고 있는 것이다. 하지만 우정의 관습을 체득하며 자랐고, 자신이 그릇된 행동에 공모하고 있음을 방금 깨달은 사람으로부터 정상적인 자기성찰과 어쩌면 사과를 기대하고 있던 시청자에게 이 대사는 경악스럽다. 우리와 가치관이 매우 다른 사회에서는 이 농담이 우습지 않을 것이다.

이 대목의 유머가 관습적 행동과 태도에 대한 우리 인식에 의존하긴 하지만, 그것이 또 다른 차원에서도 웃기는 건 그 '관습적' 사고와 행동의 어떤 결함을 가리키기 때문이다. 희생양 만들기와 고정관념 씌우기, 추상적인 정치적 관점이 개인에게 여파를 초래한다는 사실의 망각, 사적인 삶과 공적인 삶의 모순을 보지 못하는 것, 호머는 이 모든 항목에서 유죄다. 다시 말해 호머의 복잡한 대사에는 사회적 행동과 관계에 대한 몇몇 통찰력 있는 논평이 들어 있다. 더 완벽한 세계에는 고정관념, 희생양 만들기, 모순된 행동 등이 없음을 알기 때문에 우리는 이를 풍자적인 논평으로 이해한다. 호머가 "나는 희생양 만드는 재미에 너무 정신이 팔려서……"라고 말할 때 우리는 인습적이거나 흔해빠진 것이 이상적인 것과 충돌하는 모습을 보고 이를 웃기다고 여기며, 그러면서 호머의 말에 들어 있는 진실에 경악한다. 어쨌든 사람들이 자신의 비윤리적 행동이나 비논리적 사고를 이처럼 당당하게 인정하는 일은 드물다. 호머가 누구도 자랑스러워하지 못할 구태의연한 습관을 태평스럽게 언급하는 건 코믹하다. 모든 풍자에서 그렇지만, 인간의 악덕이나 결함에 대한 공격은 사람들이 올바름과 적절함에 대한 작가의 관념에 의거하여 행동하는 더 나은 세상을 상정한다. 이 경우에 부조화는 (우리 자신을 포함한) 사람들이 흔히 하는 행동에 주의를 집중시키고 그 행동의 적절성에 의구심을 제기하는 역할을 한다. 흔히 이런 풍자는 '일반적인' 관행과 습관과 시각에 의문을 던지고 (이 경우에는 고정관념과 희생양 만들기를 타파하기 위해) 세상이 어떻게 더 나아져야 할지를 성찰해야 한다는 도전을 제기한다.

풍자는 이를테면 슬랩스틱보다 한층 더 지적인 차원에서 작동하기 때문에 시청자들에게 더 많은 것을 요구한다. 시청자들은 첫째로 지금 무엇이 조롱의 대상인지를 이해해야 하고, 둘째로 이상적인 세계가 어떤 모습을 띠어야 하는지를 알아야 한다. 역사상 가장 기발한 풍자 에세이 중 하나인 스위프트의 「겸손한 제안」에 익숙한 사람이라면, 풍자를 이해 못하여 (이 경우에는) 스위프트가 진심으로 아일랜드 아기들을 잡아먹자는 주장을 한다고 가정할 위험이 있음을 알 것이다. 하지만 사실 스위프트는 영국인 지주들이 아일랜드의 토지와 시민들을 은유적으로 '잡아먹고' 있는 현실에 경종을 울리고 있는 것이다. 독자나 관객이 '알아듣지' 못하면 풍자는 무의미해진다. 모든 코미디는 독자에게 뭔가를 요구하며, 아마 풍자는 그 어떤 형태의 코미디보다도 더 많은 걸 요구할 것이다. 빅토리아 시대 후기의 유명 소설가로 마르크스와 동시대를 살았던 조지 메러디스는 그 시대의 많은 작가가 그러했듯이 문학이—특히 드라마가—사회질서에 대한 교훈을 제시해야 한다고 믿었다. 또한 '사려 깊은 웃음'을 불러일으키는 코미디는 인간의 약점을 조명하며 궁극적으로 사회 병폐의 개량에 이바지할 수 있다고

심슨 가족이 사는 법

믿었다.[3] 「겸손한 제안」 외에도, 우리는 그 선대에 나온 벤 존슨의 희극 「볼포네」, 새뮤얼 존슨의 풍자시 「인간 욕망의 헛됨Vanity of Human Wishes」, 그리고 좀더 후대에 쓰인 바이런의 풍자시 「돈 주안」 등 비슷한 계열의 기억할 만한 풍자 작품을 줄줄이 떠올릴 수 있다. 현대의 많은 이론가는 더 이상 문학이 사회문제를 교정할 수 있다거나 그래야 한다고 믿지 않지만, 여전히 대부분의 코미디는—심지어 텔레비전 코미디도—더 인도적인 청사진에 따라 사회를 재구성하는 패턴이나, 풍자의 경우에는 더 나은 세상으로의 변화를 가로막는 습관, 악덕, 환상, 허식, 독단적 규칙을 꼬집는 패턴을 따르고 있다.

그러므로 코미디 전통에서 «심슨 가족»처럼 전복적인 코미디는 현대사회 특유의 위선, 가식, 과도한 상업주의, 불필요한 폭력 등을 폭로하고 그 너머에 좀더 나은 게 있음을 제시하고자 할 것이며 또 명백히 그러고 있다. 그러므로 마르크스주의적 관점에서 «심슨 가족» 같은 풍자 코미디는 자본주의 미국의 지배 이데올로기로부터 우리를 잠시 떼어놓는다고 주장할 수 있다. 마이클 라이언의 정의에 따르면, 이데올로기라는 용어는 "한 사회가 그 사회를 구조화하는 전제들을 자동으로 재생산하기 위해 주입하는 믿음, 태도, 감정적 습관을 기술한다. 직접적 강압이 없이도 사회 권력을 보존하는 것이 이데올로기다".[4] 다시 말해서, 우리가 아버지에게 기대하는 이타심과 충실성이나 친구에게 상처를 주었을 때 응당 뒤따르리라 기대하는 겸허와 뉘우침도 이데올로기의 일부다. 고정관념을 씌우고 희생양을 만드는 태도, 현재의 사회관계나 경제 조건을 정당화하는 가치 또한 이데올로기의 일부다. 진정한 전복적 풍자, 특히 «심슨 가족»처럼 수많은 눈속임과 부조화가 담긴 풍자는 우리에게 이데올로기로부터 잠시 거리를 두거나, 그 이데올로기의 요소를 객관화해 보거나, 현대사회 특유의 믿음, 태도, 감정적 습관을 '사려 깊게 비웃을' 것을 요구한다. 한편 마르크스주의자가 볼 때 (지성, 인식, 거리 두기를 요구하는) 웃음은 주로 관객이 '사회를 구조화하는 전제들을 자동으로 재생산'하고 '사회 권력을 보존'하기 위한 이데올로기의 주입에 저항하게끔 돕는다. 서로 경쟁하고 이를테면 외모로 개개인의 가치를 평가하는 습관은 자본주의 가치 체계에 깊이 배어 있으며 이는 사람에 대한 고정관념으로 이어진다. 코믹 작가는 이런 습관을 자연스러운 행동이나 사고방식이 아닌 말 그대로의 습관으로 조명함으로써 우리로 하여금 그것에 저항할 수 있도록 해준다. 따라서 «심슨 가족»에 등장하는 많은 스테레오타입은 특정 민족에 대한 악의적 묘사라기보다 특정 민족에 대한 고정관념을 덧씌우는 우리의 경향에 대한 경고라고 볼 수 있다.

이데올로기를 반영하고 선전하는 전통적 '실사' 드라마들과 달리 «심슨 가족»은 우리에게 이데올로기로부터, 자본주의를 '구조화하는 전제들(경쟁, 소비주의, 맹목적 애국주의, 과도한 개인주의 등)'로부터 해방되는 기회를 선사한다. 실제로 «심슨 가족»은 만화이므로 작가들은 실사 텔레비전 제작자들이 못하는 일을 할 수 있으며, 그래서 현실에 대한 환상을 깨뜨리고 자본주의가 제공하는 생활방식만이 당연하고 유일하다는 믿음을 뒤흔들 여지가 더 많이 있다. 따라서 «심슨 가족»을 일종의 브레히트적 텔레비전 쇼라고 해도 지나친 말은 아닐 것이다.

베르톨트 브레히트가 드라마의 인공적 요소—통일된 플롯, 공감할 수 있는 캐릭터, 보편적 테마—를 거부하고 관객을 '소격'시키는, 즉 거리 두기 기법을 옹호한 것과 같은 식으로 «심슨 가족»도 현실을 마구 뒤섞음으로써 우리가 인물과 자신을 동일시하는 어리석은 습관을 피하고 자신이 보는 것의 이데올로기적 내용을 끊임없이 평가할 수 있게끔 지적으로 긴장시킨다. 마르크스주의 비평가 피에르 마슈레라면, 이데올로기적 내용을 흩뜨리고 분산시킴으로써 그 이데올로기의 한계를 효과적으로 폭로하는 '탈중심적de-centered' 예술의 뛰어난 사례를 «심슨 가족»에서 발견할 수 있을지도 모르겠다.

«심슨 가족»에서 부조화를 통해 자본주의 교리의 전복적 도전을 성취한 하나의 사례로서, 다음의 대화는 분석을 들이밀어도 빛이 바래지 않을 정도로 훌륭하며 시리즈를 통틀어 최고라 할 만하다.

리사: 컨벤션에 빨리 도착하지 못하면, 재밌는 만화책은 다 팔리고 없을 거예요!

바트: 야, 네가 뭘 재밌는 만화책을 좋아한다고 그래? 넌 맨날 『겁쟁이 유령 캐스퍼Casper the Wimpy Ghost』만 사잖아.

리사: 다정함과 겁쟁이를 동일시하다니 오빠도 참 딱해.* 그것 땜에 오빠가 진정한 인기를 영영 못 누렸으면 좋겠어.

바트: [『캐스퍼』와 『리치 리치』 만화책을 보여주며] 야, 내가 무슨 생각했는지 알아? 캐스퍼는 리치 리치가 죽어서 된 귀신인 것 같아.

* 만화 «꼬마 유령 캐스퍼»의 원제는 «다정한 유령 캐스퍼Casper the Friendly Ghost»다.

리사: 정말, 둘이 똑같이 생겼잖아!

바트: 리치가 어떻게 죽은 걸까?

리사: 아마 돈만 추구하는 게 얼마나 공허한지 깨닫고 스스로 목숨을 끊었을 거야.

마지: 얘들아, 분위기를 좀 밝게 바꾸자꾸나?

_ 〈만화책 소동〉

급진적 풍자, 특히 이런 대화나 사악한 번스 사장의 무자비하고 신랄한 묘사가 담긴 풍자에서, 혹자는 부르주아 이데올로기에 대한 일관된 절하와 폭로를, 억압적 가치의 주입에 대항하는 튼튼한 방벽을 기대할지도 모르겠다. 하지만 애석하게도, 그런 일은 일어나지 않는다.

거만하게 위에서 아래로

자본주의 가치에 기반한 사회에서 정치·사회 풍자는 정의상 언제나 그 사회의 가치에 의문을 제기하므로, 마르크스주의자라면 에버그린 테라스*가 내 집처럼 편안해야 마땅할 것이다. 하지만 명백히 그렇지 않다. 사실, 대중의 머릿속에서 마르크스주의가 공산주의와 동의어라면 (이 둘을 연관시킬 이유는 충분하다) 《심슨 가족》의 많은 팬은 마르크스주의자가 스프링필드에서 환영받지 못한다는 사실을 잘 알 것이다. 《이치와 스크래치》가 경쟁 프로로 옮겨가버리자, 크러스티는 '동유럽 최고의 인기를 누리는 고양이와 쥐 콤비, 《노동자와 기생충》' 만화

*   심슨네 집 주소.

를 대신 내보낼 수밖에 없게 된다. 노동계급 착취를 음울하고 지루하게 묘사한 이 만화의 상영이 끝난 뒤 불을 켜보니 크러스티의 텔레비전 스튜디오는 텅 비어 있다. <바트, 형을 얻다>에서는 야구 경기를 시작하기 전에 스프링필드 공산당의 당원 모집책이 연설을 하러 관중 앞으로 나온다. 늙고 쇠약한 당원 모집인으로서는 불행하게도 그날은 '토마토의 날'이어서, 관중들은 공짜로 받은 토마토를 그 모집인에게 일제히 던져댄다. <아빠의 비밀 클럽>에서 할아버지 에이브 심슨은 자신이 '석수협회Stonecutters'라는 비밀결사의 회원이라는 증거를 찾기 위해 지갑을 뒤진다.

> 물론이지, 어디 보자[지갑을 뒤진다]……. 엘크 회원증, 석공조합 회원증, 공산당원증. 어찌된 영문인지 몰라도 내가 게이레즈비언연합 회장이었네. 아, 여기 있다, 석수협회 회원증.

아마 공산당이 또 한 명의 물정 모르는 노인을 꼬드겨서 가입시켰든지, 아니면 공산주의가 낡고 쇠약한 체제이며 그것의 붕괴에 록밴드 '스파이널탭' 멤버를 포함한 모두가 환호했다는 게 요점인지도 모르겠다.

> 데릭: 공산주의 몰락으로 우리보다 더 득을 본 사람들은 없을 거예요.
> 나이절: 아니, 실제로 공산국가에 사는 사람들도 있잖아.
> 데릭: 아, 그래. 그 생각을 못 했네.

분위기를 깨는 카를 마르크스는 스프링필드에서 환영받지 못할 테지만, 희극 배우 그루초 막스는 몇몇 에피소드에 (<아빠와 캠핑을>에서 히버트 박사 주위에 몰려든 구경꾼 중 한 명으로) 직접 등장하거나—하고 많은 에피소드 중에서도 하필이면!—<엄마의 새 옷>*에서 인용구로 등장한다. 지역 컨트리클럽의 회원으로 가입하려는 데 정신이 팔려 자기가 가족을 소외시켰음을 마침내 깨달은 마지는, 그루초의 유명한 말을 살짝 바꾸어 인용하며 컨트리클럽을 거부한다. "이런 모습의 나를 회원으로 받아주는 클럽에는 가입하고 싶지 않아"라고 마지는 선언한다. 막스 형제는 상류사회의 가식과 위선을 폭로하는 유머로 돈을 벌었기 때문에 이 인유는 확실히 타당하다. 하지만 정말이지 훌륭한 대목은 바꾸어 인용한 부분이다. 그루초는 자신을 받아줄 만큼 수준 낮은 클럽을 냉소적으로 차버리는 반면, 마지는 '이런' 모습의 자신—최고급 드레스를 사기 위해 적금을 깨고, 허름한 차를 안 보이는 곳에 주차하고, 가족에게 평소의 언행을 삼가고 '그냥 얌전히' 있으라고 경고하는 마지—만을 받아주는 수준의 클럽을 거부하고 있다. 마지는 이런 모습의 자신을 편안히 받아들일 수 없으며, 자신의 진정한 정체성, 진정한 본질을 희생하도록 강요하는 이데올로기와 결별한다. 전복에 익숙하지만 확실히 마르크스주의자는 아닌 그루초는 컨트리클럽의 속물들과 결별하겠다는 마지의 당당한 선언에 영감을 제공한다. 그리고 비

---

*　　원제는 <스프링필드 계급투쟁의 장면들Scenes From the Class Struggle in Springfield>이다.

록 카를 마르크스와 그 일당이 이 마을에서 배척당하기는 해도, 마지가 억압적 이데올로기로부터의 자유를 주장할 때 그는 진정한 마르크스주의적 감수성을 보여준다.

하지만 마르크스주의자인 시청자가 보기에 〈엄마의 새 옷〉의 마지막 장면에는 불편한 구석이 있다. 비록 상류 계급을 제대로 풍자하긴 하지만, 이 에피소드는 심슨 가족이 자신들의 자리로 돌아와서 크러스티 버거 가게라는 좀더 익숙한 환경에 모여 앉아 있는 장면으로 끝이 난다.

여드름 난 직원: [바닥을 닦으며] 무도회에 다녀오셨나 봐요?

바트: 그런 셈이죠.

마지: 하지만 저기, 우린 여기 같은 데가 더 편하더라고요.

여드름 난 직원: 제정신이세요? 여긴 쓰레기장이라고요!

이 가족이 컨트리클럽의 잔인하고 가식적인 회원들로부터 현명하게 등을 돌리긴 했어도(그들 중 한 명은 마지를 두고 이렇게 말한다. "내가 걔를 파멸시키려고 한 걸 걔가 너무 심각하게 받아들인 거 아닌가 싶네"), 골프 치는 유산계급에 대한 심슨 가족의 저항은 무기력하고 불충분해 보인다. 사실 그들의 저항이 미약할 것임은 이 에피소드의 중반부에서도 벌써 예견된 바 있다. 리사는 켄트 브록먼의 딸이 (자기가 주문했다는) 아발론 샌드위치가 아닌 발로니 샌드위치를 가져다준 웨이터에게 마구 성질 부리는 걸 보고 분개하지만, 어떤 사람이 자기가 가장 좋아하는 동물인 조랑말을 타고 달리는 광경에 곧 정신을 빼앗기고 만다. 리사는 "봐요 엄마, 불평하기보다 훨씬 더 재밌는 걸 찾았어요!"라고 외친다.

고용인에 대한 무례와 홀대를 성토하는 리사의 연설이 '불평'에 지나지 않는다면, 그리고 조랑말로 리사를 조용히시킬 수 있다면, 우리는 이 에피소드의 뒷부분에서 클럽의 가입 축하 만찬에 참석하러 걸어가는 길에 리사가 내뱉는 훌륭한 논평("나는 그 사람들한테 자기 하인의 성을 아느냐고 물어볼 거야. 그리고 집사의 이름을 아느냐고 물어볼 거야")이나, 『리치 리치』에 대한 놀라운 코멘트나, 그동안 리사가 내놓은 이데올로기적으로 신랄한 비판들을 어떻게 받아들여야 할까? 확실히 어린 소녀인 리사는 자기가 가장 좋아하는 동물에 쉽게 정신이 팔릴 수 있으니 그의 우유부단을 너무 심각하게 받아들여선 안 될 것이다. 하지만 이 쇼는 좌파적 세계관이나 여하한 정치적 입장에 때로 위태로울 만큼 근접할 때마다 부단히 그 김을 빼놓는 경향이 있고, 이 에피소드는 바로 그 점을 잘 보여준다. 마치 작가들이 자칫 일관된 정치적·사회적 선언으로 비칠 수도 있는 여지를 피해가기 위해 조심 또 조심하는 것 같다. 적어도 부유층에 대한 날카로운 비판이 될 수도 있었던 것은 결국 심슨 가족이 속한 계급—호머의 표현을 빌리면 '중상하류층(‹경찰이 된 엄마›)', 공장 노동자나 광부와 같은 프롤레타리아트는 아닐지라도 돈이 어디서 나와서 어디로 사라져버리는지 근심하는 사람들—의 패배로 귀결된다. ‹엄마의 새 옷›의 결말에서는 심슨 가족이 비싼 대가를 치른 결과로 질서가 회복된다. 심슨 가족은 그들에게 알맞은 자리, 즉 '쓰레기장'에서 사는 것이 '편하다'는 걸 깨닫고 그곳으로 돌아간다. 결국 정확히 누가 풍자의 표적인지, 계급 투쟁의 맥락 너

심슨 가족이 사는 법

머에 더 좋은 어떤 세상이 놓여 있는지는 불분명해진다. 마르크스주의에 대한 작가들의 태도 때문에, 아마도 계급투쟁이라는 개념 전체는 조롱의 대상이 된다. 어쨌든 주로 리사가 자본주의의 파괴적 경향에 가끔씩 잽을 날리긴 해도, 마지가 크러스티 버거 같은 쓰레기장에서 '편하다'고 느끼는 이유는 마지 자신의 부르주아 이데올로기 때문이다. 그는 혁명적 순간에 근접하지만, 결국 현상황을 묵묵히 조건부 수용하는 쪽으로 물러나고 만다.

이 쇼에 붙은 전복적이라는 딱지는 빛이 바래기 시작한다. 물론 마지막 장면이 우리가 심슨 가족에게 공감하게끔 의도되었다면 얘기는 달랐을 것이다. 엥겔스 자신은 오늘날 자주 인용되는, 한 젊은 작가에게 보낸 편지에서 작가가 "자신이 서술하는 사회 갈등에 대한 미래의 역사적 해결책을 접시에 담아 독자 앞에 대령할 필요는 없다"[5]고 지적한 바 있다. 이런 일은 일부분 독자—아니, 이 경우에는 시청자—스스로 할 수 있다. 하지만 «심슨 가족»의 작가들은 심슨 가족에 대한 공감은 물론 어려움을 겪거나 견디는 어떤 이들에 대한 공감도 사지 않으려고 일부러 노력한 듯 보인다. 작가들이 이렇게 어느 한쪽 편을 들기를 거부함에 따라, 조롱은 힘 있는 자와 힘 없는 자에게 고르게 분배된다. 그루초의 바나나 껍질이 부자, 거만한 학자, 부패한 정치가의 발밑에 정확히 놓였다면, «심슨 가족»의 바나나 껍질은 그들뿐만이 아니라 다른 모든 이의 발밑에 정확히 놓인다. 그래서 이민자, 여성, 노인, 남부 사람, 동성애자, 비만인, 공부벌레, 정치적 대의에 헌신하는 사람, 기타 소외되거나 매도되는 집단들도 사악한 기업 수장들만큼이나 거

칠게 나동그라진다. 아무도 조롱과 비웃음으로부터 안전하지 않다.

노동자에 대한 묘사를 예로 들어보자. 리사의 논평은 제쳐두고라도, 우리는 작가진이 골프 치는 무리를 풍자했으니 노동자 편을 들 거라고 기대할 수 있다. 전자의 집단에 대한 무시를 감안할 때 비합리적인 가정은 아니다. 하지만 《심슨 가족》에서 이런 공감이나 감정이입은 확대되지 않는다. 실제로 노동자에 대한 묘사를 보면, 불공정한 노동 관행에 맞선 저항이나 노동계급의 조건을 개선하려는 투쟁은 이 쇼의 작가와 프로듀서 들이 생각하는 전복에 포함되지 않음을 짐작할 수 있다. 〈노조위원장 호머 심슨〉에서 레니와 칼(레닌과 마르크스?)이 이끄는 노조('재즈 무용가, 제과사, 원전기술자 연합노조')는, 단 1초도 생각하지 않고 노조의 치과 의료비를 노조 회의 때마다 맥주 한 통씩을 제공하겠다는 약속과 맞바꿔버린다. 곧 파업이 일어나고 끝에 가서 노조가 의료비를 되찾아오긴 하지만, 그건 어디까지나 번스 사장과 노조위원장 호머 두 사람의 명청함 덕분이었다. 노동자 파업을 다룬 또 다른 에피소드에서, 교사들은 "A는 애플Apple, B는 임금 인상Raise" "내놔, 내놔, 내놔Gimme, Gimme, Gimme"라고 쓴 팻말을 들고 있다. 〈스프링필드 모터쇼〉의 테마는 "미국의 노동자에게 경의를 표합니다—이제 61퍼센트가 마약을 하지 않습니다!"다. 다수의 캐릭터가 그들의 직업으로 규정되고 시별되는데, (신속히 처치된) 프랭크 그라임스를 제외하면 그 대부분이 서투르거나, 낙오했거나, 무능하거나, 사기꾼이거나, 게으르거나, 알랑대거나, 못 배웠거나, 비윤리적이거나, 범죄자거나, 아니면 (물론 그 명백한 본보기인 호머 심슨처럼) 그냥 우둔하다. 어느 인상적인 에피소

　　　　　　　　　　　　　심슨 가족이 사는 법

드에서 호머는 '어느 것을 고를까요(이니, 미니, 마이니, 모)' 놀이로 용케
도 올바른 버튼을 찍는 데 성공하여 '셸비빌 원자력발전소'를 노심용
융에서 구해낸다.

　이렇게 걷잡을 수 없고 무차별한 공격으로 《심슨 가족》이 정확히
무얼 풍자하려는 것인지 알기란 거의 불가능하다. 이는 아일랜드 빈
민들을 잡아먹는 영국인들에게 망신을 준 조너선 스위프트가 바로 그
빈민들에게 경멸을 돌리는 것과도 비슷하다. 표적이 너무 불분명하거
나 너무 포괄적이어서 시청자들은 개별 에피소드에서 의도하는 요지
를 알아채지 못하는 듯 보인다. 슈퍼볼 광고를 패러디한 장면이 가톨
릭교회의 노여움을 사자, 이 쇼의 제작책임자는 재방송 때 핵심 대사
한 줄을 수정했다. 이러한 수정 압력은 심지어 전복적이라고 하는 쇼
에조차 기업의 통제가 미치고 있음을 암시하기도 하지만, 세상이 어떠
해야 하는가에 대한 비전이 부재한 풍자에서는 리비전(수정) 또한 쉽
게 이루어질 수 있다는 사실을 가리키기도 한다. 이 쇼는 거의 모든 대
상을 표적으로 삼아온 만큼 광고주와 시청자 들도 웬만하면 이를 눈
감아줄 것이다. 모든 게 놀림감이 된다.

　어떤 핵심 가치, 더 나은 세상이 어떤 모습일지에 대한 비전이 없는
상태에서 《심슨 가족》이 하는 일이란 서로 동떨어져 덧없는 코믹한
순간들을 한데 엮는 것에 지나지 않는다. 그 총합을 내보면 전복적인
관점은 고사하고 뚜렷한 정치적 관점도 없다. 실제로 〈엄마의 새 옷〉
같은 에피소드가―컨트리클럽은 그 자리에 행복하게 건재하고 마지
의 가족은 그들의 쓰레기장에서 만족하며―사회질서의 복원으로 끝

나기 때문에, 이 쇼는 자기 자신의 전복을 뒤엎으며, 이 쇼가 공격한다는 제도와 사회관계를 해체하기보다 선전하는 데 머문다. 계급 적대는 유머로 소비되면서 오히려 더 강화될 뿐이다. 이 농담들을 개별적으로 놓고 보면 굉장히 웃기지만—부조화스럽고 놀랍고 도전적이지만—《심슨 가족》 전체를 합산하면 허무주의적인(모든 것이 표적이 된다) 동시에 보수적인(전통적인 사회질서는 온존한다) 관점이 도출된다. 개별 농담의 홍수에 휩쓸려 풍자가 붕괴했을 때, 우리는 처음 출발한 지점인 착취와 투쟁의 세계에 고스란히 남겨지게 된다. 여기서 확실히 강조되는 것은 농담, 짤막한 익살, 코믹한 병치, 그리고 어린아이의 입에서 나오는 자명하지만 이따금 놀라운 진실이다. 하지만 일관된 정치적·사회적 철학과 같은 더 큰 문제들은 무시된다. 리사와 알바니아인 교환학생 사이에 싸움이 붙었을 때, 호머는 시리즈 전체를 통틀어 가장 인상적인 대사 중 한 구절을 내뱉는다.

애들아, 싸우지들 마라, 미국이 기회의 땅이라는 리사의 말도 어쩌면 맞고, 자본주의라는 기계가 노동자의 피를 기름칠해서 돌아간다는 아딜의 말도 어쩌면 일리가 있을 거야. 〈교환학생 바트〉

우리는 어떻게 반응해야 할지 모르는 상태가 된다. 호머가 하는 말을 전부 진지하게 받아들일 수 있을까? 아니면 재치 있는 대사로 가득 찬 이 쇼에서 또 하나의 재치 있는 대사에 불과한 것일까? 호머의 통찰은 그가 내뱉은 다른 말들과 같은 무게를 띠는 것일까?

심슨 가족이 사는 법

아이고, 아버지, 아버지가 훌륭한 일을 많이 하셨지만요, 너무 늙으셨잖아요. 노인네들은 쓸모가 없다고요. _‹도둑을 잡아라›

리사, 직장이 맘에 안 드는 사람은 파업 안 해. 매일 제때 출근해서 엉터리로 대충 일하지. 그게 미국식이야. _‹선생님들 파업에 들어가다›

대부분의 시청자는, 현명하고 세심하고 변증법적 사고방식을 갖춘 인물이라면 보편적 이해의 표시로서 첫 번째 대사를 말로 옮길 수는 있어도, 같은 인물이 두 번째, 세 번째 대사를 내뱉을 수는 없음을 알 것이다. 캐릭터의 비일관성 때문에 호머는 작가들이 쓴 대사의 전달자로만 머문다. 각각의 농담은 그 자체의 좁은 맥락 안에서는 웃기지만, 한데 모아놓으면 이 개별적인 농담들은 개선의 전망으로 보나, 사람들의 삶과 행동에 대한 진실을 정확히 반영하는 예술의 관점에서 보나 거의 무가치하다. 물론 «심슨 가족»은 사실적인 텔레비전 쇼가 아니지만, 관객은 작가들이 좋은 대사를 살리기 위해 인간이라기보다는 카멜레온에 가깝게 만들어놓은 인물들과 스스로를 동일시할 수 없다. 이 경우 작가들이 전복이라고 주장할 수 있는 것은 오로지 캐릭터 조형의 전복뿐이다. 살아남는 것은 농담뿐이다. 아무것도 그것만큼 중요하지 않다. 아이들은 분위기를 밝게 바꾸었다. 마르크스의 표현을 빌리자면, 모든 견고한 것은 녹아서 웃음 속으로 사라진다.

갈수록 문제

《심슨 가족》이―전통적인 풍자와 달리―더 나은 세상의 개념을 암시하지는 않지만, 어쩌면 마르크스주의적 관점에서 밀레니엄 전환기 미국의 삶을 정확히 반영한다고 볼 수도 있다. 《심슨 가족》은 지배 이데올로기에 도전하지는 않지만, 다른 모든 문화적 생산물이 그렇듯이 자신이 만들어진 시대의 물질적·역사적 조건으로부터 발전하며 또한 그것을 반영한다. 다시 말해서 20세기 말 미국의 자본주의 이데올로기를 반영한다. 이 텔레비전 시리즈가 (비록 한 사람이 각 에피소드 집필의 대부분을 맡고 있긴 하지만) 한 명의 작가가 아니라 최소 열여섯명의 작가와 기타 수많은 제작진에 의해 만들어진다는 사실은, 시리즈 전체가 궁극적으로 이데올로기를 전복하기보다 구현하는 이유를 특히 잘 설명해준다. 심지어 한 명의 작가가 한 편의 글을 쓸 때도 일관성과 연속성을 유지하기 힘들다는 걸 고려할 때 《심슨 가족》이 지금과 같은 균질성을 유지하는 건 놀라운 일이다. 하지만 이 쇼에는 대단히 많은 사람이 참여하고 있으므로, 이 시리즈가 한 사람의 천재성과 비전을 드러내는 게 아니라 한 사람(맷 그레이닝)의 관점에 따라 쇼를 제작하는 집합체의 노동을 드러내며, 짧고 강렬한 이미지, 해체된 테마들, 파편화된 의미에 익숙한 대중의 대량 소비를 위해 의도된 것이라고 가정할 수 있다.

실제로 포스트모던 텔레비전의 절정으로서, 문학적 언급, 문화적 인유, 자기반영적 패러디, 속사포 같은 유머, 부조리하게 아이러니한 상황을 섞어 끓인 이 잡탕 찌개는 파편화되고 해체되고 모순된 자본주의 세계의 완벽한 묘사이자 필연적인 결과다. 총체성과 일관성이 사라진 이 세계에서 '가진 자'와 '못 가진 자'뿐만 아니라 사회와 개인, 공과 사, 가정과 직장, 일반과 특수, 이상과 구체, 말과 행동 간의 격차는 점점 더 벌어진다. '반란'과 '혁명'은 닷지 트럭 판촉이나 «오프라 윈프리 쇼» 홍보나 공화당 당원 배가운동에 활용된다. 자본주의하에서 흔히 그러하듯 «심슨 가족»에서도 모든 반대는 흡수되고 비판은 갈취된다. 재니스 조플린은 이제 메르세데스 벤츠를 팔고,* 코믹북 가이는 «이치와 스크래치»의 제작진에게 쓰는 편지에서 «심슨 가족»을 비판하는 인터넷 유저들을 조롱한다. 자본주의하에서 모든 게 팔아먹을 물건이 되듯이, «심슨 가족»에서는 모든 게 웃음거리가 된다.

이 쇼가 자본주의 이데올로기를 천명하는 듯 보인다면, «심슨 가족»에서 노동자를 대하는 태도가 이랬다저랬다 하는 것은 모든 인간의 개성에 대한 존중을 선언하면서 한편으로는 소외 노동을 통해 노동자의 개성을 박탈하는 자본주의의 이중적 태도를 반영한다. 또 스테레오타입이자 농담거리가 되는 캐릭터의 대상화는, 사회관계를 대상의 자질로 환원하는 자본주의의 경향을 반영한 것으로 볼 수 있다. 죄르지 루카치 같은 일부 마르스크주의 비평가들과 어쩌면 마르크스와 엥겔스 자신은 «심슨 가족»의 캐릭터들이 현실적 존재의 추상적 의인화에 지나지 않는다며 그 비현실적 성격을 들어 이 쇼를 거부할지도 모르지만, 이 쇼가 인간의 개별적 자질을 인간의 효용 가치보다 덜 중요시하는 자본주의 이데올로기를 좀더 정확히 묘사했다고 주장할 수

---

* 　재니스 조플린의 노래 「메르세데스 벤츠」에는 하나님에게 메르세데스 벤츠를 사달라고 기도하는 가사가 있다.

도 있다.

따라서 마르크스주의자가 마침 기분이 좋다면, 그는 《심슨 가족》
을 특정 이데올로기의 창조적 구현으로 봐줄 수도 있다. 그래서 이 쇼
를 보고 웃는 것은 곧 자본주의의 모순을 보고 웃는 한 방식이 될 수
도 있다. 하지만 사람들이 웃는 이유는 물론 그것이 아니다. 이런 해석
이 유효하려면 관객이 마르크스주의 비평에 익숙하고, 자본주의가 결
함이 있으며 사람을 소외시키는 체제라는 데 동의해야 한다. 하지만
실은 그 반대가 맞는 것 같다. '좋을 때나 궂을 때나 서로의 곁을 떠나
지 않고'6 '무슨 일이 있어도 서로를 사랑하는'7 미국적 가정을 찬양한
다거나, 하느라고 하지만 어설퍼서 우리 모두가 동일시할 수 있는 인
물들을 제시한다거나, 반항과 같은 미국적 가치를 찬미하는 쇼라면서
《심슨 가족》을 가장 많이 칭찬하는 매체는 『타임』 『크리스천 사이언
스 모니터』 『뉴욕 타임스』 『내셔널 리뷰』 『아메리칸 엔터프라이즈』 같
은 곳들이다. 이 필자들이 《심슨 가족》의 요지를 파악하지 못했다거
나, 이 가족이 유지되지 않으면 당연히 다음 주에는 쇼가 방영될 수 없
을 것이라거나, 바트의 반항이 더 심각한 반항을 방지하는 안전밸브로
서 지배 계급이 용인하는 일종의 안전한 떼쓰기라고 말하고픈 생각이
든다. 하지만 사실 이 필자들은 정곡을 찌르고 있다. 《심슨 가족》은 ―
상업주의와 기업에 대한 날선 태도에도 불구하고 ― 전통적 부르주아
이데올로기를 반영할 뿐만 아니라 보존, 선전하고 있다는 것이다. 캐릭
터 전개와 풍자보다 한 줄짜리 농담과 심술궂은 유머에 더 집중하며
진보에 대한 희망을 갖지 못한 텔레비전 시트콤과 만화 들이 유행하

심슨 가족이 사는 법

게 된 건, 이 쇼의 성공에 적어도 일부분 책임이 있다고 보아야 한다.

《심슨 가족》이 대중에게 인기 있고 보수적인 비평가들이 이 쇼를 용인한다는 것은, 우리가 현대 미국의 이데올로기에 얼마나 만족하고 있는지를 입증한다. 몬티 번스가 말하듯이.

이봐, 스필버고, [오스카어] 신들러하고 나는 쌍둥이같이 닮았다고. 둘 다 공장주인 데다, 둘 다 나치를 위해 포탄을 제조했지. 하지만 내 포탄은 작동했다고, 젠장! _⟨스프링필드 영화제⟩

여기서 우리가 웃는 이유는, 번스 자신이 스스로 무엇을 인정하고 있는지에 무지하다는 데 경악하기 때문일 것이다. 하지만 그가 이렇다는 걸 알고도 시청자들이 그를 보고 계속 웃을 수 있는 건, 어디까지나 20세기 말과 21세기 초라는 더 큰 맥락에서 우리가 현상태에 만족하기 때문이다. 오든의 말은 이 요지를 파악하는 데 도움을 준다.

풍자는 도덕법칙에 대해 같은 관념을 지닌, 동질적인 사회에서 번성한다. 일반적인 사람이라면 어떻게 행동하리라고 기대할지에 대해 풍자가와 관객이 동의해야 되기 때문이다. 또한 풍자는 심각한 해악과 고통을 다룰 수 없기 때문에 비교적 안정되고 만족한 시대에 번성한다. 우리 시대[1940-1950년대]에 풍자는 사적인 집단 내에서와 사적인 반목의 표현일 때만 번성할 수 있을 따름이며, 공적인 삶에서는 심각한 해악이 너무나 급박하기 때문에 풍자는 하찮아보이고 오로지 예언자의 규탄만이 유일

하게 적합한 종류의 공격인 것 같다.[8]

　오든이 볼 때, 풍자는 해악과 고통의 시대에는 번성할 수 없다. «심슨 가족»이 번성하는 것은 고통이 심각하게 받아들여지지 않기 때문이다. 다시 말해서 우리가 번스 사장을 보고 웃을 수 있는 건, 어디까지나 그가 대변하는 계급이 입히는 피해에 우리가 크게 심려하지 않기 때문이다. «심슨 가족»을 만들어낸 세계에는 더 나은 세상도, 진정으로 우려해야 할 것도 없다. 노숙, 인종주의, 무기 판매, 정치적 부패, 경찰 폭력, 비효율적인 교육 체계 모두 먹음직한 코미디 소재가 될 수 있다. 이는 현상태를 변화시키지 말고 그냥 감내해야 한다는 명백한 메시지다. 물론 우리는 '현실'에서 우습게 여기지 않는 것일지라도 만화에서 보면 웃는다. 하지만 우리가 «심슨 가족»을 보고 흔쾌히 웃는다는 사실은 한편으로 우리가 노동자에게 가해지는 폭력, 고정관념을 씌우고 희생양을 만듦으로써 인간이 치르는 대가, 이윤 추구를 핑계로 행해지는 파괴를 진정으로 인식한다면 «심슨 가족»을 우습게 여길 수 없을 것임을 보여주기도 한다(고 마르크스주의자는 주장할 것이다). 실제로 «심슨 가족»은 더 나은 세상의 가능성을 제시하지 못할 뿐만 아니라 지배 관행에 대한 진지한 성찰이나 비판을 교묘히 방해하며, 끝으로 현 체제가 때때로 결함이 있고 우습기는 해도 가능한 최상의 것이라고 믿게 만든다는 점에서 최악의 부르주아 풍자로 여겨져야 할 것이다. 마르크스주의자라면 비록 웃음이 터지더라도 이 점에 실망해야 마땅하다.

　　　　　　　　　　　　　　　심슨 가족이 사는 법

《심슨 가족》은 웃긴다. 이 쇼는 우리에게 기대를 심어주었다가 꺾어버리며, 우리를 데리고 직진으로 폭주하다가 아무 경고 없이 오른쪽으로 (혹은 왼쪽으로) 급회전하여 우리의 의표意表를 찌른다. 이 쇼는 도전하고, 도발하고, 우리의 경계와 주의를 집중시키고, 기성 권위에 의문을 제기하고, 많은 부르주아 가치의 공허함을 폭로하곤 한다. 그렇게 멋진 부조화와 눈속임의 순간을 선보이고 몇몇 성역을 타파하기는 해도, 이 쇼는 지배 이데올로기에 대항한 일관된 풍자도, 인류의 가능성이 최소한이 아닌 최대한으로 실현되는 좀더 공정한 세계를 향한 진보의 희망도 제시하지 않는다. 그 모순과 비일관성은 마르크스가 상상한 통합되고 조화로운 세계와 정반대에 있는 세계를 반영한다. 결국이 쇼는 대중을 경제적으로 지배하는—대중에게 티셔츠, 열쇠고리, 도시락 가방, 비디오게임을 팔아먹는—계급의 이익을 도모한다. 이 쇼는 비전을 갖고 있지 않고, 적의를 고르게 분배하기 때문에 정적인 상태에 머물며, 비판으로부터 자유롭다. 그 어떤 변증법적 도전도 빨아들여 이용하며, 농담이라는 패권에 눈을 찡긋하며 쿡 찔러 호소함으로써 스스로를 방어할 수 있다. 그 농담이 웃길지는 모르나, 아무도 성장하지 않고 삶이 한 치도 나아지지 않는 《심슨 가족》의 세계에서 웃음은 변화의 촉매가 아닌 아편에 불과할 뿐이다.[9]

17

나머지는 저절로 써지지
: 롤랑 바르트, 《심슨 가족》을 보다

데이비드 L. G. 아널드

1978년 출간된 존 피스크와 존 하틀리의 『TV 읽기』는 기호학의 개념들, 기호와 기호체계에 대한 방법론적 검토를 기반으로 활용하여 텔레비전 연구라는 신생 분야의 기반을 다졌다. 피스크와 하틀리는 이들을 연결하면서, 텔레비전이 언어의 자질을 일부 공유하며 따라서 같은 도구를 활용하여 분석 가능할 뿐만 아니라, 텔레비전이 연구할 가치가 있음을, 즉 텔레비전이 우리에게 보여주는 바에 대한 면밀한 분석이 가치 있고 나아가 중요함을 제시하고자 했다. 그들은 도입부에서 이렇게 말한다.

우리는 우리 음성 언어의 확장으로서의 텔레비전 메시지 그 자체가, 본래 언어에 적용된다고 알려져온 많은 규칙을 따르고 있음을 보여줄 것이

심슨 가족이 사는 법

다. 우리는 원래 언어학과 기호학에서 발전되어온 용어 몇 개를 소개할 것이다. 이 용어들은 텔레비전 프로그램을 구성하는 코드화된 기호열을 성공적으로 해독하는 데 도움을 줄 수 있다. 텔레비전이라는 매체 자체는 친숙하고 재미있지만, 이러한 특징에 사로잡혀 그 독자성을 간과해서는 안 된다. (…) 다시 말해 구비 매체를 문맹의 매체로 오인해서는 안 되는 것이다.[1]

이 중대한 저작이 나온 지 22년이 흐른 지금 텔레비전 연구 분야는 크게 성숙했지만 놀랍게도 여전히 텔레비전을 저속하다고 여기며 이것을 분석하거나 심지어 생각하는 것조차 품위가 떨어진다고 치부하는 주류 학자들의 큰 저항에 직면하고 있다. 다른 한편으로, 텔레비전에 대해 행해지는 진지한 연구 중 다수는 여전히 대체로 구조주의적인 접근 방식을 출발점으로 삼는다. 「기호학, 구조주의, 텔레비전」이라는 글에서 엘런 세이터는, 우리가 기호학의 용어들에 힘입어 "무엇이 커뮤니케이션 매체로서의 TV를 두드러지게 만드는지, 또 어떻게 TV가 다른 기호체계에 의존하여 커뮤니케이션하는지를 식별하고 기술"[2]할 수 있다고 제시한다. 계속해서 그는 이렇게 말한다. "기호학과 구조주의는 인간 일반의 상징·소통 능력을 다룸으로써 대학에서는 보통 서로 다른 학과로 분리된 연구 분야들 사이의 연관성을 볼 수 있게 해준다. 그래서 텔레비전 연구에 특히 적합하다."[3] 세이터가 말한 융통성 덕에, 기호학과 구조주의는 (이제는 널리 인식되는 구조주의적 접근의 한계에도 불구하고) 텔레비전 만화와 같은 복잡한 텍스트를 분석하는 데 특히 유용하다.

이 글에서 나는 «심슨 가족»과 같은 복잡한 '텍스트'에 대해 기호학적 분석이 제시할 수 있는 통찰을 검토하고자 한다. 우리 시대의 텔레비전 쇼 대부분이 그렇듯이 이 쇼도 어질어질하게 속사포처럼 메시지를 발사하며, 우리는 이 메시지를 전해 옮길 수 있는 단순한 코드열로 분해함으로써 이 쇼가 어떻게 의미를 만들어내는지에 대한 파악에 착수할 수 있다. 하지만 «심슨 가족»의 기법은 구조주의와 기호학만으로 기술할 수 있는 범위를 다소 벗어나 있다. 일반적으로 텔레비전 시청자들은 안정되고 쉽게 해석할 수 있는 이미지와 개념 들을 기대하며 매체도 이를 부추기는 경향이 있지만, 어떤 면에서 «심슨 가족»은 이런 식상한 이미지와 개념을 전복하는 듯 보인다. 이 쇼가 이렇게 할 수 있는 능력은 일부분 만화 자체의 역학에 있다. 만화는 핍진성의 인상을 암시하는 동시에 부인하는 매체다. 만화 작가들은 실제 배우들의 활용에 따르는 물리적·재현적 제약으로부터 자유로우므로, 만화는 창조적이면서 해석적인 놀이를 북돋운다. 게다가 시청자들은 만화를 유치함, 무해함, 지적으로 공허한 오락과 (옳건 그르건 간에) 결부시키므로, 이 매체는 더글러스 러슈코프가 말하는 '미디어 바이러스'—외견상 순진하고 중립적인 포장지에 담겨 운반되는 전복적인, 심지어 혁명적인 메시지—를 전달하기에 안성맞춤이다.[4]

기호학-이미지-텔레비전

구조주의는 1950년대 프랑스에서 인류학자 클로드 레비스트로스와

심슨 가족이 사는 법

철학자 겸 비평가 롤랑 바르트 같은 사상가들의 저작으로부터 등장했다. 초기의 구조주의자들은 우리가 텍스트를 사회적·정치적·텍스트적 '구조들'의 복잡한 교차점으로 본다고 주장함으로써 이전 비평 학파들의 주체성과 인상주의를 극복하고자 했다. 이런 구조들은 흔히 높다/낮다, 자아/타자, 자연/문화 같은 양면 혹은 이항 대립으로 표현된다. 그들의 주장에 따르면 이런 구조들은 우리가 현실을 인지하는 방식에서 생겨나며, 좀더 급진적인 구조주의자들은 이것이 실제로 우리의 인지 방식을 형성한다고 말한다. 이런 분석 방법의 핵심은 의미가 대상 자체에 내재되어 있지 않고 대상 외부, 다른 구조들과의 관계 속에 존재한다는 것이다.

이런 개념을 일찍이 일관되게 적용한 예를 롤랑 바르트의 1950년도 저작 『신화론』[5]에서 찾아볼 수 있다. 이 얇은 책에 실린 「오늘의 신화」라는 에세이에서 바르트는 기호학의 원칙을 개설한 뒤 이를 프로 레슬링, 와인, 신형 시트로앵, 검투사 영화 같은 프랑스 대중문화의 다양한 현상에 적용한다. 기호학의 중심 개념은 기호$_{sign}$가 그것이 표상하는 대상이나 관념과 맺는 관계, 그리고 기호가 코드$_{code}$라는 체계에 결합되는 현상이다. 바르트가 취한 분석 방법의 핵심은 모든 기호(그리고 더 나아가 모든 메시지나 커뮤니케이션 행동)를 '기표$_{signifier}$'와 '기의$_{signified}$'라는 구성 요소로 분리하는 것이다. 기표는 메시지를 진술하거나 전달하는 요소(책장에 적힌 단어, 악보의 음표, 사진 등)이고, 기의는 이렇게 전달되는 내용이나 개념이다. 우리는 분석을 위해 이 두 요소를 분리할 수 있지만, 일반적으로 우리는 이들을 '기호'로서 동시에 경험한다. 예를 들어 우리는 길을 건너려다가 빨갛게 불이 들어온 손 윤곽을 보면 멈추어 선다. 이 그림 자체는 메시지의 매개체 혹은 전달 체계, 즉 기표다. 우리는 이 상징을 이전에 경험했기 때문에 그 메시지 자체, 즉 기의를 이해한다. "멈춰!"나 "지금 건너지 마세요!"가—비록 이런 말 자체가 쓰여 있지는 않지만—빛나는 손이 우리에게 전달하는 메시지다. 이 그림(과 그 빨간색과 계속 켜져 있는 불)은 기표이고 우리가 이해하는 메시지는 기의이지만, 평소 횡단보도를 건널 때 우리는 이런 분석 작업을 수행하지 않는다. 기표와 기의는 바르트가 말하는 기호로서 우리에게 동시에 작용한다.

이런 정식은 스위스 언어학자 페르디낭 드 소쉬르의 연구에 기초한 것이다. 그의 1915년도 저작 『일반언어학 강의』는 구조주의 사상의 모델을 제공했다. 소쉬르가 이 분석 방법을 발전시킨 건 언어를 연구하기 위해서였다. 언어와 같은 체계 내의 기표는 보통 자의적이다. 즉 '동기화되지 않았다unmotivated'. 다시 말해서, 빨간불이 들어온 손과는 달리 우리가 말하고 쓰는 언어는 그것이 가리키는 개념과 아무런 유기적 관련이 없으며, 그 코드가 사용되고 있음을 이용자가 알아볼 때에만 기능한다. 기호가 우리에게 의미를 띠는 것은 우리가 이런 규약이나 코드에 익숙하기 때문이다. 사진이나 사실주의 초상화 같은 몇몇 기표는 기의와 좀더 직접적인 관계를 맺고 있(는 듯하)다. 이런 기호를 '도상적iconic' 또는 '동기화된motivated' 기호라고 한다. 이것은 무슨 특수한 지식(특정 언어나 초상화 기법의 규약에 대한 지식)이 없어도 이해할 수 있다. 하지만 어떤 기호를 이해하는 데 특정한 규약이나 코드에 대

심슨 가족이 사는 법

한 이해가 필요할 때, 문화적으로 특수한 기호 체계의 측면이 표면화되기 시작한다. 소쉬르는 주어진 체계 내에 있는 코드들의 저장고—일례로 주어진 언어의 단어들—를 가리키기 위해 '랑그langue'라는 용어를 썼다. 이 저장고에서 코드를 갖다 쓰는 개별 사례들을 '파롤parole'이라고 한다. 따라서 프랑스어 화자에게 프랑스어는 랑그를 나타내며, 이 저장고를 끌어다 쓴 (빅토르 위고나 알렉상드르 뒤마의 소설 같은) 개별 저작들이 파롤의 예다. 이러한 언설은 프랑스어를 이루는 코드에 익숙한 사람들에게만 유의미하다. (의성어 같은 특수한 경우를 제외하면) 한 언어 체계의 기표는 그것이 의미하는 개념과 유기적 연관성을 거의 혹은 전혀 갖지 않기 때문에 의미는 오로지 규약에, 의미 작용을 구성하는 코드를 인식하느냐에 달려 있다.

앞에서 제시한 대로 이 방법을 사진이나 텔레비전 드라마 같은 좀 더 복잡한 기표에 적용할 때는 이런 이미지가 '코드화'되는, 즉 이미지에 의미가 실리는 방식을 판독하는 과정이 수반된다. 바르트는 1964년에 쓴 「이미지의 수사학」이라는 글에서 이 문제를 다룬다. 이 글에서 그는 한 특정 파스타 브랜드의 인쇄 광고물을 검토하며, '외연적denotative'이고 '함축적connotative'인 두 차원에서 이미지가 기능하는 방식을 보여준다. 바르트에 따르면 이미지를 '읽는' 데 따르는 난점의 일부는, 이미지가 (문자언어에서처럼) 음소의 결합에 의해서가 아니라 명백한 유사성에 의해 기능한다는 데 있다. 다시 말해 그들은 동기화된 기표 혹은 도상적 기표로 보인다. 우리가 그림의 '의미'를 이해하는 이유는 얼마간 그 그림이 무언가를 닮았다는 걸 인식하기 때문이다.

이것이 그림의 외연적 의미다. 하지만 "(적어도 광고에서는) 문자 그대로 순수한 상태의 이미지를 절대로 만날 수 없다"[6]고 바르트는 주장한다. 메시지의 일부로서, 누가 무엇을 전달하려는 시도의 일부로서가 아닌 한은 어떤 그림이나 사진도 이 맥락에서 우리에게 제시되지 않는다. 이것이 이미지의 함축적 의미다. 이미 드러난 이미지의 외연적 의미 위에 겹쳐 놓인, 문화적으로 특수한 메시지다. 이 메시지를 해독하려면 우선 이것이 어떻게 '코드화'되었는지를 밝혀야 한다. 즉 그 자체로서 독자적인 기호(파스타 봉지를 찍은 사진)였던 것이, 외연적 가치 이외의 것(광고주가 강조하고자 하는 파스타의 품질)을 암시하는 용도로 얼마나 동원되었는지를 밝혀야 한다. 바르트는 이 광고의 색채 배합, 초록색 피망, 신선한 토마토, 마늘의 존재를 언급하며, 이것을 '이탈리아풍'의 외연적 의미denotation로 읽는다. '이탈리아풍'은 우리가 어떤 파스타 브랜드를 구입할지 선택할 때 중요하게 여기는 자질이다. 또한 그는 이 식재료들이 그물 장바구니에서 쏟아져 나온 것처럼 외견상 아무렇게나 무심히 놓여 있는 것이 일종의 풍요와 여유를 암시하며 행복하고 부유한 집에서 풍성한 식탁을 누리는 쇼핑객을 연상시키게끔 고안되었다고 말한다. 이런 특징들은 이 사진이 구성된 것임constructedness을 보여주는 일부로서, 광고주와 사진가가 '자연스러운' 이미지의 암시력과 설득력을 강화하기 위해 취한 선택이다.

따라서 사진 이미지는 일종의 역설을 불러일으킨다. 바르트의 말에 따르면 "사진은 (…) 그 절대적 유사성에 힘입어 코드 없는 메시지를 구성하는 것처럼 보인다. 모든 이미지 가운데 오로지 사진만이, 불연속

심슨 가족이 사는 법

적 기호들이나 변형 규칙의 도움으로 정보를 형성하지 않고도 (말 그대로의) 정보를 전달할 수 있기 때문이다".7 문자언어가 작동하는 것은, 문자가 소리를 나타내며 소리가 특정 규칙에 따라 결합되면 특정 개념을 지시한다는 걸 우리가 알기 때문이다. 하지만 사진은 자연스럽고 매개되지 않은 종류의 기표, 즉 그것이 의미하는 대상이나 개념을 변형시키지 않고 직접적으로 재현한 것처럼 보인다. 바르트는 계속해서 이렇게 말한다.

> 사진에서 기의와 기표의 관계는 [문자언어에서처럼] '변형'의 관계가 아닌 '기록'의 관계이며, 코드의 부재는 사진의 '자연스러움'이라는 신화를 뚜렷이 강화한다. 장면은 인간적으로가 아니라 기계적으로 (여기서 기계적이라는 것은 객관성을 보증한다) 포착된 채 거기에 있다. 사진에 대한 인간의 개입(구도, 거리, 빛, 초점, 속도감)은 사실상 모두가 함축의 영역에 속한다.8

따라서 사진의 코드화와 그 함축적 측면을 뚜렷이 보기 시작하려면, 실은 사진이 인간 행동과 판단의 산물이라는 점에 초점을 맞추어야만 한다. 그리고 바르트가 볼 때 사진 메시지의 독특한 자질은, 그 자신이 코드화되었음을 **침묵**하는 능력, 사진이 메시지를 담게끔 구성되었다는 사실을 잊게 만드는 능력이다.

> 그것이 어떤 코드도 암시하고 있지 않는 한 (…) 외연적으로 지시된 이미지는 상징적 메시지를 자연스러운 것으로 만들며, 함축이라는 의미론적

술책을 순화한다. (…) '판자니' 포스터[파스타를 광고하는 사진]가 '상징들'로 가득 차 있다 하더라도, 그래도 사진 속에는 (…) 대상의 자연스러운 '거기 있음'이 남게 된다. 재현된 장면은 자연에 의해 저절로 만들어진 것처럼 보인다. 의미 체계의 단순한 유효성은 가짜 진실로 은밀히 대체된다. 코드의 부재는 문화의 기호들을 자연 위에 수립하는 것처럼 보이기 때문에 메시지를 탈지성화한다.[9]

사진이 우리에게 들이대는 메시지가 명백히 구성된 것임을 우리는 왠지 모르게 (아마도 일부러) 인식하지 못한다. 그 결과로 생겨나는 것이 의미화 체계signifying system다. 수사 체계 혹은 '의미 체계semantic system'와는 반대로, 이는 우리 눈에 마치 자연에서 튀어나온 것처럼, 그래서 진실을 재현하는 것처럼 보이는 의미를 만들어낸다.

이 글에서 바르트의 목적은 얼핏 자연스럽게 보이는 것이 실은 구성된 것임을 드러내고, 구성된 이미지가 단어나 문장처럼 코드화되거나 의미를 담을 수 있음을 제시하는 것이다. 이런 개념은 우리가 텔레비전에서 보는 이미지에도 똑같이 적용된다. 이 이미지들은 상당 부분이 조작되고 구성되고 날조되고 왜곡되었지만, 그럼에도 우리는 이를 자연과 현실에 대한 믿을 만한 지표로서 매우 수동적으로 받아들이는 경향이 있다.[10]

기호학과 《심슨 가족》

대부분의 텔레비전 이미지는 지시적 기호로서, 실제로 일어난 무언가의 외견상 자연스러운 재현으로서의 자격 요건을 갖추고 있다. 하지만 이런 이미지가 거의 항상 관습의 제약을 받으며 제작자들의 광범위한 수정을 허용한다는 사실은 여전하다. 본래의 물리적 대상은 촬영되었을 수도 그렇지 않았을 수도 있지만, 복잡한 조작을 통해 그것이 촬영되었다고 시청자들을 납득시킬 수 있다. 바르트에 의하면 극영화(그리고 한 발 더 나아가 텔레비전 드라마)는 지시적 기호보다는 사진에 더 가깝게 기능하는데, 서사나 스토리텔링의 기능이 우리가 보는 이미지를 양식화하고 정형화하는 경향이 있기 때문이다. 그들은 덜 동기화되고 덜 '자연스러워'지며 더 관습에 의해 매개된다.

이제 《심슨 가족》 같은 서사적 만화영화의 의미화하는 측면에 대한 논의를 시작할 시점이다. 텔레비전 애니메이션 서사는 여전히 약간이나마 지시적 기호로서 기능하지만, 그 재현은 광범위하게 매개되고 철저히 관습화된다. 그럼에도 만화와 같은 기호 체계는 핍진성에 유의하는 시늉이라도 하지 않고서는 작동할 수 없다. 실제로 《심슨 가족》의 에너지 자체는 그 기표가 매체에 의해 고도로 매개되었으며 비현실적이라는 인식과, 그럼에도 불구하고 우리가 아는 현실을 닮았다는 이해 사이의 충돌에서 나온다. 이 쇼의 풍자적 힘—사실 이 쇼의 통일성 자체—은 바로 때때로 희박해지는 이러한 유사성에 의존한다.

텔레비전 만화영화, 특히 《심슨 가족》의 이 같은 측면 또한 차후 논의에서 언급하겠지만, 나는 좀더 전통적인 구조주의적 접근 방식으로 이 쇼의 에피소드에 대한 분석을 시작하여 이것이 텔레비전 서사에 대해 무엇을 드러내는지, 또 그 한계는 무엇인지를 보여주고 싶다.

앞에서 제시했듯이, 구조주의자들은 서사나 텍스트를 보편화된 이항 대립의 연속, 개별 기호들에 의해 발현되는 더 큰 구조로 보며, 이것으로부터 특정 문화의 세계관과 인지 관습을 추론해내는 경향이 있다. 《심슨 가족》의 〈아빠의 졸업장〉이라는 에피소드에서는 쇼가 시작되자마자 이런 이항 대립이 수없이 제시된다. 이 에피소드에서 바트와 리사는 그들이 가장 좋아하는 TV 만화영화 《이치와 스크래치》의 '좀 맥빠지는' 에피소드를 본 뒤, 자기들이 만화를 써도 저것보단 낫겠다고 판단한다. 하지만 둘이 써 보낸 대본이 거절당하자 어린애라서 진지하게 받아들여지지 않은 거라 여기고 할아버지의 이름을 붙여 다시 제출한다. 구조주의자라면 이 상황에서 수많은 이항 대립이 작동하는 것을 볼 수 있다. 첫째는 현실과 픽션의 대립이다. 《이치와 스크래치》 에피소드에 대한 실망을 표현하면서 리사가 "작가들은 창피한 줄 알아야 해"라고 말하자 어리둥절한 바트는 "만화에도 작가가 있어?"라고 묻는다. 리사는 "뭐, 그 비슷한 게 있지"라고 대답한다. 이 대화를 통해, 바트의 머릿속에서는 구성되는 서사와 경험하는 현실 사이의 구분이 아주 제한적으로만 작동하고 있음을 알 수 있다. 실제로 경계를 모호하게 만드는 건 이 쇼의 중심적인 수사 기법 중 하나다.

초기 설정에서 제시되는 또 하나의 이항 대립은 어리고 미숙한 것과 늙고 경험 많고 지혜로운 것 사이의 대비다. 이 특정 에피소드의 상당 부분이 이 구조에 기반하고 있다고 할 수 있으므로 여기에 관해서는 좀더 상세히 탐구할 것이다. 그 외에도 우리는 《이치와 스크래치》의 장르 자체에서도 근본적인 (사실 고전적인) 이항 대립이 작동하는 것을 볼 수 있다. 바로 고양이와 쥐의 대립이다. 장르 비평가라면 이 어린이 만화의 전통적인 구조를 «톰과 제리»로부터 «픽시와 딕시»를 거쳐 이어져온 긴 역사의 관점에서 검토할지도 모른다. 또 우리는 고양이와 쥐의 관계라는 개념의 기저에 무엇이 있는지, 왜 전통적인 쥐와 고양이 만화에서 쥐가 긍정적이고 고양이가 부정적으로 그려지는지를 물을 수도 있다.[11] 하지만 구조주의자들은 이런 구조의 역사적·장르적 함의보다는 자연(동물)과 문화(말을 하고 인간다운 감정을 갖는 것)의 암시적 구분, 그리고 고양이와 쥐 만화가 이 구분을 모호하게 만드는 경향에 더 관심이 있을 것이다.

에피소드의 중심 구조인 젊음과 연륜 사이의 대립을 검토해보자. 매우 표준적인 이 개념은 처음부터 명백한 고찰과 풍자의 대상으로 제시된다. 바트와 리사가 만화 작가계로 진출하는 설정이 채 깔리기도 전에, 머리에 화장실용 뚫어뻥이 붙어서 끙끙거리는 호머의 모습을 보며 우리는 ('현명하고' '경험 많은') 부모와 ('순진하고' '미숙한') 자녀의 전통적이고 '자연스러운' 관계가 전도된 광경을 목격하게 된다. 여기에 배치된 기본적 기표는, 일반적으로 권위와 지혜를 대표한다고 여겨지는 아버지상과 그 권위를 명백히 격하하는 뚫어뻥이다. 실제로 이 두 기표의 결합은 부모의 권위라는 개념의 철저하고도 지저분한 잠식을 암시한다. 호머가 "마지, 또 이렇게 됐어"라는 호머의 말 외에는, 그가 왜 이런 곤경에 처했는지에 대한 설명이 나오지 않는다. 호머의 말은 이것이 상습적인 문제이며, 호머가 경험을 통해 배우지 못한다는 걸 암시한다(실제로 이 에피소드의 마지막 장면은, 노인이 되어 졸업

50주년 동창회장에 도착한 호머가 똑같은 문제를 겪고 있는 모습을 보여준다).
한편 바트와 리사는 상황을 재빨리 파악하고 대처하는 모습을 보인다.
"나중에 크면 너는 이름 뭘로 바꿀 거야?"라고 바트는 묻는다. 아이들
은 자신이 호머보다 경험적으로 열등함을 입증하는 유전적 압제를 극
복하려면 가문의 유산과 완전히 결별해야 한다고 판단한 셈이다. 따
라서 이 에피소드의 첫 장면은 전통적 구조와 그에 대한 거부를 제시
한다.

TV 대본의 결함에 정면으로 맞서 기업 만화 프로덕션의 성채를 공
습한 아이들은 다시금 늙음과 젊음이라는 전통적 이항 대립에 부딪힌
다. 책임자인 어른들이 그들의 노력을 저평가하는 것이다. 줄거리는
굽이마다 이러한 이분법의 유효성을 절하하는 방향으로 작동한다. 그
들은 할아버지의 이름을 연륜과 권위의 기표로 이용하지만 정작 할아
버지는 자기 이름조차 기억 못해서 팬티를 뒤집어 확인해보아야 한다.
다시금, 이 기표쌍(현명한 노인과 팬티)은 전통적인 젊음과 늙음이라는
이분법을 지저분하게 격하하는 효과를 발휘한다. 할아버지가 '이치와
스크래치 스튜디오' 작가진에 (거짓으로) 합류하자, 사장인 로저 마이어
스는 할아버지를 다른 작가들에게 소개하며 이 작가들을 인생 연륜이
없는 아이비리그 '백면서생egghead' 무리로 폄하한다. 한 작가가 "실은
제 서사논문 주제가 '인생의 연륜'이었는데요……" 하고 끼어들자, 마
이어스는 그를 묵살하고 할아버지의 흥미진진한 인생담을 들려달라
고 청한다. 할아버지는 이렇게 말한다. "40년간 크랜베리 창고의 야간
경비원으로 일했지." 마이어스는 이 말에 깊은 감명을 받은 듯하지만,

심슨 가족이 사는 법

우리는 이런 식의 답답하고 지루해빠진 노동이 유익하다거나 그에게 무슨 권위를 부여한다고 평가하는 일의 암묵적 부조리함을 포착할 수 있다.

따라서 이 에피소드의 구조주의적 독해는 이런 이항 대립을 아이러니하게 취급하는 부분에 주로 초점을 맞추며, 이 서사의 풍자적 에너지는 늙음과 젊음에 대한 우리의 예상을 뒤엎는 데서 나온다는 결론에 도달한다. 하지만 앞에서 제시한 대로, 이런 접근 방식으로는 물을 수 있는 질문의 범위에 한계가 있다. «심슨 가족» 같은 텍스트에서 우리는 기표들이 암시하는 구조적 대립뿐만 아니라 이 기표들이 실제로 무엇이고 어떻게 작동하는지에 대한 좀더 상세한 분석의 도움을 받을 수 있다.

만화화된 기표

이미지가 의미화하는 힘이 있다는 바르트의 말을 상기할 때, «심슨 가족»의 캐릭터 같은 드로잉은 고도로 관습화되어 있다고 말할 수 있다. 즉 이런 이미지를 이해하려면 상당한 문화적 지식을 동원해야 한다. 비록 사람과 유사하긴 해도, 심슨 가족의 구성원 대부분은 사실 사람의 형태를 암시하는 데서 그치는 고도로 양식화된 드로잉이다. 그럼에도 불구하고 우리는 그들이 미국 사회의 특정 부분을 재현했다고 인식한다. 그 드로잉과 캐릭터 조형은 풍자로 기능하기에 충분할 정도로 정확하다. 호머의 체중 문제와 맥주 소비, 바트의 못된 남자애다운 삐죽삐죽한 헤어스타일과 스케이트보드는 20세기 말의 풍경에서 쉽게 식별할 수 있는 특징들이며, 이런 기표들이 통상 어떻게 기능하고 무엇을 놀려먹는지 이해하는 데 도움을 준다. 하지만 이 캐릭터들은 온전한 인간이 아님이 명확하기 때문에 풍자적 기표로서 더욱 효과적으로 기능한다. 실제 사람(혹은 사람을 재현했다고 간주되는 드로잉)에게는 불가능하다고 여겨지는 물리적 속성, 습관, 행동 들이 «심슨 가족»에서는 레퍼토리의 일부로 고정되며, 덕분에 그들은 인간 배우나 사실적 드로잉보다 더 깊숙이 우스꽝스러운 차원으로 발을 들일 수 있다.

〈아빠의 졸업장〉에서는 그 사례로 할아버지가 자신의 신원을 확인하는 방법을 들 수 있다. 그는 바지를 그냥 입은 채로 팬티를 벗어서 자기 이름을 확인한다. 깜짝 놀란 아이들이 어떻게 그런 묘기를 부렸냐고 묻자, 그는 몸서리치며 "나도 몰라"라고 대답한다. 솔직히 이런 기표들의 결합이 앞에서 논의한 것 외에 정확히 뭘 의미하는지를 콕 집어내기란 어렵지만, 분명한 건 이 장면이 기표가 띠는 기표로서의 위치를 전면에 내세운다는 것이다. 여기서 이야기는 우리에게 이것이 만화 캐릭터임을 잊지 말라고 강조하고 있다. 내 생각에는 이것이야말로 이 이미지들이 취하는 수사학의 핵심이다. 작가들은 일거양득을 취한다. 핍진성 따위는 중요하지 않다고 대놓고 주장함으로써, 부조리와 환상성을 이용함으로써, 그들은 미국 사회를 좀더 효과적으로 풍자할 수 있다. 그들은 기표와 기의의 관계를 뒤틀 수 있기 때문에 무엇이든 묘사하거나 암시할 수 있는 무제한의 자유를 얻으며, 익히 예상할 수 있는 일이지만 그것이 이 쇼를 더 도발적이게 만든다. 하지만 이처럼 실사 촬영이나 사실적 재현의 따분한 제약으로부터 자유로우면서도,

심슨 가족이 사는 법

애니메이션의 전면에는 항상 지시성referentiality이 존재한다. 마지의 있을 수 없는 파란 머리나 가족들의 노란 피부는 이 캐릭터들이 실제가 아님을 항시 일깨우는 한편, 기표로서의 수용도를 더 높여준다. 그들이 실제 사람이기도 한 것 같다는 인상이 그들의 표상 능력을 저해하는 일은 절대로 없다. '불신의 유예'를 침범하는 것은 오로지 쇼의 자기지시성뿐이다.

그 외에 텔레비전 만화라는 «심슨 가족»의 위상 자체도 기표들이 작동하는 방식에 영향을 끼친다. 이것이 만화에 '불과함을' 알기 때문에 우리의 반응은 조건반사적이다. 바로 이것이 «고인돌 가족 플린스톤» «아빠 오실 때까지 기다려» 같은 다른 '성인용' 만화영화들이 겪은 운명이다. 이 만화들은 본래 성인을 위한 황금시간대 프로그램으로 기획되었다가, 상당 부분 시청자의 낮은 호응 때문에 어린이 프로편성 시간대로 강등되었다. 여기서의 미디어는 메시지를 미연에 제거한다. 또한 우리는 (본래 성인용 오락물로 기획된 단편물인) ‹벅스 버니› 같은 구식 극장용 만화영화가 토요일 아침 시간대로 내려온 데서도 같은 현상을 볼 수 있다. («비비스와 버트헤드» «렌과 스팀피» «패밀리 가이» 등 좀더 새로운 '포스트모던' 만화 세대에 속하는 많은 작품처럼) «심슨 가족»은 이런 몰이해를 역으로 활용하여, 말하자면 우리 이성적 사고의 레이더에 포착되지 않게끔 몸을 낮추었다. 만화는 안전하고 천진난만하며, 소프 오페라나 뉴스처럼 명백히 심각한 텔레비전 프로그램과 반대로 유희세계의 일부다. 마치 바이러스처럼, 이 쇼는 우리를 살살 달래어 지적 방어선을 낮추어놓은 뒤 풍자적이고 전복적인 발상에 우리를 감염시킨다.

《심슨 가족》에서 기표가 활용되는 방식과 우리가 예상하는 기의 로부터의 이탈은, 엄밀한 의미의 구조주의가 우리 질문에 답할 수 있는 영역에서 살짝 벗어난 곳으로 우리를 데려다놓는다. 그의 경력에서 후기에 해당되는 포스트구조주의 단계의 바르트는 1970년도 저작인 『S/Z』에서 이런 식의 텍스트 유희에 대해 논의한다. 발자크의 단편 소설을 기호학적으로 심도 있게 분석한 이 저작에서, 그는 자신이 말하는 '고전 텍스트classic text'라는 것을 정의한다. 고전 텍스트란 함축의 가능성이 닫혀 있는 텍스트다. 이런 텍스트는 순전히 외연적인 차원에서만 작동하며, 독자가 화자나 기타 저자의 목소리가 주장하는 바 너머를 추측하는 일은 권장되지 않는다. 바르트에 따르면 이는 '올바른' 읽기에 대한 일종의 법칙이나 종교를 암시한다. 텍스트는 독자에 의해 '쓰이거나written' 실질적으로 추가될 수 없다. 이것을 읽는 일은 본질상 수동적인 행동이므로, 바르트는 이것을 '읽히는readerly' 텍스트라고 부른다. 고전 또는 읽히는 텍스트의 반대는 '쓰이는writerly' 텍스트 혹은 '다원적plural' 텍스트로, 독자와 저자 모두의 자유로운 유희가 권장되고 풍부한 함축을 띠며 실제로 그 궁극적 의미에 제약이 없다. 바르트에 따르면, "읽는다는 것은 의미를 찾는 것이며, 의미를 찾는다는 것은 그들을 명명하는 것이다. 하지만 이렇게 명명된 의미들은 다른 이름을 향해 휩쓸려 간다. 이름들은 서로를 부르고 재집결하며, 이렇게 모인 집단들은 또 다른 명명을 요구한다. 나는 이름을 붙이고, 떼고, 또 다른 이름을 붙인다. 그렇게 텍스트는 지나간다. 이는 생성 과정 속의 명명이며, 지칠 줄 모르는 어림잡음이고, 환유적 노동이다".12 '지칠 줄 모르는 어림잡음'이 섞여서 하나가 되고 또 새로운 연상에 의해 휩쓸려 가버리므로, 읽기란 역설적이게도 그 자신을 없던 일로 만들어버리는 활동이다. 후기 바르트에게는 의미를 만드는 일보다 의미를 망각하는 일이 더 가치 있는 활동이다.

> 읽기란 체계들의 연쇄를 멈추고, 텍스트의 어떤 진실이나 정당성을 수립하고, 그래서 결과적으로 독자를 '오류'로 이끄는 일이 아니다. 읽기란 이 체계들을 그 유한한 양에 의거해서가 아니라 그 다원성에 의거하여 결합하는 일이다. (…) 나는 지나가고, 교차하고, 접합하고, 풀어놓는다. 나는 헤아리지 않는다. 의미를 망각하는 것은 변명할 일도, 능력의 유감스러운 결함도 아니다. 그것은 긍정적인 가치이며, 텍스트의 무책임성, 체계들의 다원성을 옹호하는 방식이다. (…) 그 이유는 바로 내가 읽는다는 것을 망각하기 때문이다.13

나는 《심슨 가족》이야말로 연상과 함축이 풍부하며 그 함축적 의미를 뚜렷이 드러내지 않으려 고집스레 버티는, 바로 그런 '무책임한' 텍스트라고 주장한다. 이는 모아놓고 보면 이전 텍스트들의 자기 패러디적, 자기지시적 패스티시가 된다는 의미에서 '포스트모던'하다. 또 자신이 풍자하고픈 문화의 기표들을 점거하고 그 문화의 약점들을 부조리할 정도로 부풀린다는 점에서 풍자적이다. 그러면서도 《심슨 가족》은 심지어 지금 우리가 하고 있는 우호적인 분석에 대해서도 발랄하게 저항한다는—사실 비웃는다는—점에서 무책임하다.

이 점을 확고히 하기 위해 ‹아빠의 졸업장›을 마지막으로 한 번 더 보기로 하자. 이번에는 특히, 기존에 제작된 방영분이 너무 불만스러운 나머지 바트와 리사가 직접 집필한 «이치와 스크래치» 에피소드를 살펴보자. 둘은 이발소를 배경으로 삼기로 하고, 리사는 이치가 스크래치의 머리를 면도날로 동강내는 시나리오를 착안한다. 바트가 말한다. “으, 너무 뻔해, 내 생각엔 말야, 이치가 스크래치의 머리에 샴푸 대신 바비큐 소스를 바르고 육식성 개미가 담긴 상자를 열면, 나머지는 저절로 써지지.” 그다음에 벌어지는 일, ‘저절로 써지는’ 부분은 주목할 가치가 있다. 육식성 개미가 스크래치의 머리를 해골만 남기고 먹어치운 뒤, 이치는 이발소 의자의 높이 조절 레버를 작동시켜서 스크래치를 위로 쏘아 올린다. 천장을 뚫고 올라간 스크래치는 윗집 텔레비전 수상기 바닥까지 뚫고 가서는 TV 속에 갇혀버린다. 이 텔레비전을 보고 있던 사람은 가수 엘비스 프레슬리처럼 분장하고 있는데, 그는 스크래치의 해골을 잠깐 동안 빤히 쳐다보다가 “아, 이 쇼 진짜 재미없네” 하고는 권총을 꺼내 텔레비전을 쏴버린다.

당황스러울 정도로 풍부한 무수한 기표를 헤치고 내가 여기서 흥미롭게 느끼는 것은, 특히 이런 장면이 ‘저절로 써질’ 수 있다는, 쉽게 접근할 수 있는 공통된 문화 코드의 저수지 속에서 마치 우발적인 것처럼 튀어나올 수 있다는 발상이다. 이치가 스크래치를 천장 위로 쏴서 넣는 것은 «이치와 스크래치» 쇼의 걷잡을 수 없이 고조되는 폭력적 리듬과 조화를 이루지만, 짝퉁 엘비스의 존재는 그렇게 뻔하지 않다.

하지만 바트의 언급은 엘비스를 흉내 내며 권총을 TV 리모컨 대신 쓰는 사람이 그가 참조하는 문화의 유기적 일부임을 암시한다. 그가 보기에 이는 안정되고 믿을 만하며 쉽게 알아볼 수 있는 기표들이다.

무엇의 기표들일까? 텔레비전 수상기는 «심슨 가족»에서 익숙한 이미지이고 바트의 상상 속에서 그것이 선두에 자리 잡고 있는 건 놀랄 일이 아니다. 실제로 이 쇼의 모든 에피소드 도입부에는 '카우치 개그couch gag'라는 것—가족들이 TV 시청이라는 저녁 의례를 시작하기 위해 거실로 모여드는 장면—이 배치되어 있다. 바로 뒤이어 비디오 플레이어와 V자형 안테나까지 완비한 TV 수상기의 화면을 배경으로 오프닝 크레딧의 마지막 프레임이 뜨면서, 마치 우리와 심슨 가족이 같은 TV를 보고 있는 듯한 인상을 준다. 이 영상은 앞에서 말했듯이 매 에피소드 앞에 배치되며 «심슨 가족»이 텔레비전 및 텔레비전 쇼로서 자신이 갖는 위치를 공식적으로 의식하고 있음을 상기시켜주는 일종의 지표 구실을 한다. 바트가 쓴 «이치와 스크래치» 쇼 대본에서 텔레비전 캐릭터(만화에 나오는 고양이)인 스크래치가 텔레비전 캐릭터(짝퉁 엘비스가 보고 있는 TV에 나오는 이미지) 역할을 강제로 맡게 될 때, 텔레비전의 중심성은 전면에 두드러진다. 짝퉁 엘비스가 이 '프로그램'에 대해 내리는 비평, 즉 "이 쇼 진짜 재미없네"라는 평가와 그러므로 텔레비전을 총으로 쏜다는 결정은, 애초에 바트와 리사가 «이치와 스크래치»에 대해 품었던 불만을 복제함으로써 이 미러링 행동을 한 단계 더 밀고나간다. 시청자이자 비평가로서 우리의 위치는 이 순환을 매듭지으며, 이야기를 텔레비전과 우리가 이것을 소비하는 다양한 방식 위에 견고히 위치시킨다.

짝퉁 엘비스의 존재는 뚜렷이 규명하기가 더 어렵다. 어쩌면 우리는 그를 우리 사회가 개성을 상품화하고 상업화하는 경향을 가리키는 기표로, 대량 생산된 스타 파워가 여러 매체에 상품을 판매하는 잠재력의 본보기로 읽을 수 있을지 모른다. 그 너머에는 물론 이 미국 대중 문화의 아이콘을 둘러싼 강박적 열광의 아우라가 존재한다. 엘비스 프레슬리는 문화적 의미가 없다고 폄하되던 로큰롤에 활기를 불어넣어 이 장르에 미국과 전 세계의 이목을 집중시킨 연예인이다. 팬들의 난잡한 경배에 휩싸인 그의 작품은 고급문화와 저급문화 간의 전투에서 일종의 전환점 구실을 했다. 죽은 뒤에도 무수한 '엘비스 목격담'의 형태로 수십 년간 지속되어온 그의 '존재감'과 번창하는 엘비스 모창 산업은 그에 대한 기억의 기이한 에너지와 내구성을 증언한다.

로큰롤의 제왕, 닥치는 대로 권총을 쏘는 행위, 일상화된 폭력, 무소부재한 텔레비전은 그가 속한 문화에 대한 바트의 관념 지도를 보여준다. 그가 이런 문화를 습득한 것은 부주의하고 잘못된 자녀 교육, 엉성한 교육체계, 이 모두를 아우르는 소비주의와 상업주의적 환경의 결과라고 이 쇼는 암시한다. 궁극적으로, 엘비스 이야기와 그것을 지어내는 과정을 보면서 우리는 (텔레비전) 텍스트를 창조하는 문화적 행동에 대해 생각해보게 된다. 쓰기는 사회적 활동이자, 목소리를 갖는 한 방식이다. 이 부분이 갖는 특수한 기의들 중 하나는 양질의 텔레비전 프로그램에 대한 탐색과 저급한 TV 프로그램에 대한 논리적 반응(TV를 쏴버리든 더 나은 프로그램을 쓰든)이다.

심슨 가족이 사는 법

우리가 아이비리그 출신들이 제작한 «이치와 스크래치»보다 바트의 텍스트를 더 세련되게 본다는 사실은 그 자체로 많은 걸 시사한다. ‹아빠의 졸업장›에 대한 우리의 구조적 분석은, 늙음을 젊음보다 더 특별 대우하는 손쉬운 이분법을 풍자하는 것이 이 에피소드의 목적임을 발견했다. 하지만 이제 우리는 기표가 암시하는 구조뿐만 아니라 그 기표 자체에도 의문을 제기해야 한다. 우리는 이 텍스트가 기표들을 쉽게 가져다 쓸 수 있는—엘비스가 저절로 써지는—사회를 풍자한다고 주장할 수 있을지도 모른다. 암묵적으로 «이치와 스크래치» 에피소드의 완벽성 여부는 폭력, 특히 창의적이고 흥미로운 폭력의 아라베스크와 관련이 있다. 쥐가 고양이의 머리를 망치로 치는 광경만을 보고 있기란 너무나 단조롭다. 다시 말해서 이것은 ‘쓰이는’ 상황이 아니라 ‘읽히는’ 상황, 즉 고전 텍스트다. 바트의 텍스트는 함축에 더 열려 있고 덜 안정적이다.

그렇다면 우리는 «심슨 가족»이라는 텍스트의 풍부함을 함축에 열려 있느냐의 문제로, 합체되었다가 언뜻 아무렇게나 분산되며 자유롭게 떠다니는 기표들, 바르트의 말을 빌리면 “담론의 자연적 흐름 속에 떠내려가는 듯 보이는 정보들”[14]의 유혹에 열려 있느냐의 문제로 규정할 수 있을지 모른다. «심슨 가족»이 특정한 기의들을 얼핏 무작위적으로 인용하는 듯 보이는 것은 이 쇼의 의미화 방식을 규정한다. 이런 식의 무작위적 연관에 대해 바르트는 이렇게 말한다.

이 같은 찰나적 인용, 슬쩍 주제를 진술하는 방식, 교대로 출현하는 흐름과 폭발은 한데 모여 함축의 매혹을 창조한다. 의소들은 자유롭게 떠다니며 자잘한 정보들의 은하를 이루는 것 같지만, 여기서 우리는 아무런 위계적 질서도 읽을 수 없다. 서사 기법은 인상주의적이다. 그것은 기표를 말이라는 질료로 된 입자들로 분해하며, 이 입자들은 합쳐짐으로써만 의미를 띠기 때문이다. 이 기법은 불연속을 분포시키는 놀이를 한다(그리하여 한 인물의 '성격'을 창조한다). 두 정보 간의 결합적syntagmatic 거리가 멀면 멀수록 서사는 더 능란해진다. 그것의 성과는 얼마간의 인상주의를 조작하는 데 있다. 필치는 마치 그것이 기억할 가치도 없다는 듯이 가벼워야 하며, 그럼에도 그것이 나중에 다른 외양을 띠고서 나타날 때 이미 기억 속에 박혀 있어야 한다. 읽히는readerly 것은 결속 작용(읽히는 것은 '붙는다')에 기반한 효과다. 그러나 이런 결속이 갱신되면 갱신될수록, 이해 가능한 것은 더욱 지적으로 된다. 이와 같은 기법의 (이데올로기적) 목적은 의미를 자연에 가깝게 만들고 이야기의 현실성을 신뢰하게 만드는 것이다.[15]

«허니무너스» «올 인 더 패밀리» 심지어 «고인돌 가족 플린스톤»과 같은 '고전' 텍스트에서도 기의들은 결국 '의미'로 합체된다. «심슨 가족»에서 이 합체는 무기한 연기된다. 고전 텍스트가 그 다원성을 상실하는 건, 모든 행동이 (결국에 가서는) 조율되리라는 우리의 기대 때문이다. 마치 서양 음악의 예측 가능한 종지와 해결에 길들여진 귀처럼, 읽히는 텍스트에 길들여진 눈은 최종적인 일관성을 요구한다. «다이너스티»나 «프레시 프린스 오브 벨에어» 같은 시트콤의 한 에피소드 줄거리는 마치 디킨스 소설의 내러티브처럼 우리를 매우 예측 가능한

심슨 가족이 사는 법

길로 인도하며, 해결되었다는 만족감과 함께 막을 내린다. 하지만 «심슨 가족»처럼 '쓰이는' 텍스트 혹은 다원적 텍스트는 이런 순응 압력에 저항한다. 이 쇼는 기표들을 전면에 배치한 뒤 그것을 안정되고 예측 가능한 기의로부터 명랑하게 이탈시킴으로써, 더 자유롭고 더 연상이 풍부한 읽기를 허용하며 더 날카로운 사회 풍자 효과를 낸다. '자잘한 정보들의 은하'라는 바르트의 표현은, 짝퉁 엘비스와 육식성 개미로 이루어진 바트의 세계, «심슨 가족»이 우리에게 제시하는 세계를 딱 알맞게 묘사한다. 바르트가 제시한 대로 이 세계에서 서사의 기술은 '정보 간의 거리', 외연과 함축 사이의 거리, 기표와 기의 사이의 거리로부터 나온다. 이것은 무작위적이고 부조리한 세계다. 이것이 실은 우리 자신의 세계임을 인정하기란, 우리가 안정성과 의미의 메커니즘에 대한 통제력을 이 정도로 상실했음을 인정하기란 너무나도 부끄러운 일일 것이다. 그래서 우리는 (자기방어를 위해서라도) 차라리 웃어야 함을 깨닫게 된다.

18

바트가 생각이라고 부르는 것

켈리 딘 졸리

"사유란 무엇으로 불리는가?" 끝 무렵에서야 우리는, 우리가 '사유'라는 독일어가 근원적으로 의미하는 바를 살펴보면서 처음으로 물어보았던 그 물음으로 되돌아간다. 게당크Gedanc는 기억, 회상, 감사 등을 의미한다. 그러나 그동안 우리는, 사유의 본질이 사려되어야 할 그것으로부터, 즉 현존자의 현존으로부터, 존재자의 존재로부터 규정된다는 것을 배워 알게 되었다. _마르틴 하이데거*

디시금 또한 그들은 너에게 감사해야겠다고 생각한다.
_거트루드 스타인, 『감사의 소설Novel of Thank You』

어이, 코와붕가! _바트 심슨

심슨 가족이 사는 법

서론

바트 심슨을 뮤즈로 삼는 건 좀 이상하다. 바트를 철학의 뮤즈로 삼는 건 더 이상하다. (철학에는 뮤즈가 없다. 그리고 있다 하더라도 바트 심슨은 아닐 것이다!)

내가 바트를 뮤즈로 삼은 건 바트가 세계에 참여하는 방식—그 참여가 사색적이든 활동적이든 간에—의 특징 때문이다. 바트의 세계는 바트의 머릿속에 있지 않다. 바트의 세계는 저기 바깥에 있다. 바트를 하이데거적으로 생각하는 인간으로 만들어주는 건 저기-바깥에-있음 out-thereness(더 나은 용어가 없어서 그냥 만들었다)의 편재성이다. 바트의 세계는 앞면들의 세계가 아닌 얼굴들의 세계. 즉 인격화된 세계. 바트의 생각은 밖으로 나가서 그것과 대면한다. 하지만 이 모든 것은 좀 더 명확하게 설명할 필요가 있다.

나는 소크라테스의 흙바닥에 그린 삼각형, 데카르트의 밀랍 덩어리, H. H. 프라이스의 붉은 토마토만 한 명성을 누릴 자격이 있는 철학적 예시 하나를 논의하면서 출발할 것이다. 바로 하이데거의 꽃이 만발한 나무다. 이 나무에 대한 논의는 하이데거가 사유라고 부르는 것을 규명해줄 것이다. 나는 바트 심슨이 하이데거적으로 생각하는 인간임을 보이면서 이 글을 끝맺을 것이다.

앞으로 나올 내용이 난해하므로 무대를 설정하기 위해 몇 가지를 미리 말해두고자 한다. 아르투르 쇼펜하우어는 그의 책 『의지와 표상으로서의 세계』의 서두에서, 철학적 지혜의 출발은 '세계가 표상'임을

---

* 마르틴 하이데거 지음, 권순홍 옮김, 『사유란 무엇인가』, 도서출판 길, 2005, 296쪽.

인식하는 것이라고 주장한다. 이에 대한 해설로서 쇼펜하우어는, 철학자는 세계가 자기 머릿속에 있음을 인식한다고 주장한다. 여기서 쇼펜하우어가 말하는 '세계'란 모든 것을 뜻한다. 나는 쇼펜하우어가 많은 철학적 사고의 살아 있는 중추를 꼭 집어냈다고 생각한다. 즉 탁월한 철학적 사고란, 내가 알고 있는 모든 것이 내 머릿속에 있다는 사고다. 그 나머지 모든 것에는 추론, 짐작, 인과관계의 상정 등 일종의 희망적 사고를 통해 도달하게 된다. 내가 여기서 하려는 일은, 탁월한 철학적 사고에 대한 어떤 응답, 그 응답 대상만큼이나 급진적으로 보이는 응답을 소개하는 것이다. 나는 생각 자체에 대해 생각하는 한 가지 방식을 소개하고자 한다. 이 방식에 따르면, 세계는 우리 머릿속에 있지 않을 뿐만 아니라 우리 생각 또한 우리 머릿속에 있지 않다. 다시 말해서, 우리가 생각할 때 우리의 생각은 우리가 생각하는 대상이 위치한 그 자리에 있다.

내 논의를 따라가기 위해 유용한 힌트 한 가지. 이 논의의 뼈대는 하이데거, 쇼펜하우어, 프레게의 인용들로 이루어져 있다. 그리고 이 중에서 가장 중요한 인용은 프레게의 것이다. 하이데거도 프레게도 생각을 머릿속으로부터 들어내고자 했다. 나는 하이데거와 프레게가 어떤 점에서 유사하고 어떤 점에서 다른지를 보이고자 할 것이다. 이 부분이 분명해지면 하이데거와 프레게가 쇼펜하우어를, 또 하이데거가 프레게를 어떤 점에서 부인했는지도 드러날 것이다. 그리고 그것이 우리를 다시 바트에게로 인도할 것이다.

심슨 가족이 사는 법

하이데거의 나무

『사유란 무엇인가』에서 하이데거는 꽃이 만발한 나무를 소개한다.

> 우리는 과학 바깥에 서 있다. 대신에 우리는, 예컨대 꽃이 만발한 나무 앞
> 에 서 있다. 그 나무는 우리 앞에 서 있다. 나무는 우리 쪽을 보고 서 있다.
> 나무가 저기에 서 있고 우리는 나무를 마주보고 있으므로, 나무와 우리
> 는 서로를 대면한다. 서로 이러한 관계를 맺고 서로의 앞에 선 채 나무와
> 우리는 있다. 이 맞대면은 우리 머릿속을 맴돌고 있는 '표상들ideas' 중의
> 하나가 아니다. 우리는 마치 도약을 하기 전후에 숨을 고를 때 그러하듯
> 이, 잠시 여기서 멈추기로 하자.[1]

하이데거가 "우리는 과학 바깥에 서 있다"라고 한 도입 부분은 잠
시 제쳐두자. 내가 초점을 맞추고 싶은 부분은 하이데거가 꽃이 핀 나
무를 인격화personify하는 방식이다. 하이데거에 따르면, 나무와 우리는
둘 다 얼굴faces을 지니고 있다. 나무는 우리 쪽을 본다faces. 우리는 나무
와 마주보고face-to-face 서 있다. 둘은 서로의 앞에 서 있다. 왜 하이데거
는 꽃이 핀 나무를 인격화했을까?

내 생각에, 이 질문에 대한 답은 나무와의 대면과 관련하여 하이데
거가 부인한 부분에 있다. "이 맞대면은 우리 머릿속을 맴돌고 있는
'표상들' 중의 하나가 아니다." 하이데거는 나무를 **탈개인화**depersonalize
하기 위해 나무를 인격화한다. 내 말은, 하이데거가 나무를 인격화한
것이 나무가 실은 우리 앞에, 우리와 분리된 채 놓여 있음을 강조하는

한 가지 방법이라는 것이다. 나무는 우리의 표상이 아니다.[2]

하이데거가 하고 있는 일을 내가 어떻게 이해하는지를 더 잘 보기 위해, 쇼펜하우어의 저작에 나오는 다음의 유명한 단락을 생각해보자. (하이데거는 이와 유사한 쇼펜하우어의 인용문을 꽃이 핀 나무에 대한 단락 앞에 서두 격으로 배치했다.)

"세계는 나의 표상이다." 이 말은 삶을 살면서 인식하는 모든 존재자에게 적용되는 진리다. 그렇지만 인간만이 이 진리를 반성적·추상적으로 의식할 수 있으며, 인간이 실제로 이를 의식할 때 인간의 철학적인 사려 깊음이 생겨난다. 그럴 경우 인간은 태양과 대지를 아는 것이 아니라 태양을 보는 눈과 대지를 느끼는 손을 지니고 있음에 불과하다는 것, 인간을 에워싸고 있는 세계는 표상으로서만 존재한다는 것, 즉 세계는 다른 존재인 인간이라는 표상하는 자와 관계함으로써만 존재한다는 것이 그에게 분명하고 확실해진다. 어떤 진리를 선험적a priori이라고 말할 수 있다면 이것이 바로 그러한 것이다. 이 진리는 생각해낼 수 있는 온갖 가능한 경험의 형식을 말하고 있기 때문이다. (…) 그러므로 이 진리보다 더 확실하고, 다른 모든 진리와 무관하며 증명을 덜 필요로 하는 것은 없다. 인식을 위해 존재하는 모든 것, 즉 전체 세계는 주관과의 관계 속에서 존재하는 객관에 지나지 않으며, 직관하는 자의 직관, 한마디로 말해 표상인 것이다. (…) 세계는 표상이다.[3]

쇼펜하우어는 세계를 개인화한다. 세계는 나의 표상이다. 그리고 물론, 꽃이 핀 나무 또한 개인화할 것이다. 나무, 그 나무가 자라는 들판, 그 들판이 속한 대지, 그 대지를 비추는 태양—이 모두가 나의 표상이다. 이 모두가 우리 머릿속을 맴돌고 있다. 쇼펜하우어는 나무를 개인화하여 우리 것으로 만든다.

하이데거는 나무를 인격화하여 그것을 우리가 아닌 타자로 만든다. 또 그는 이 일을 대단한 도약이 요구되는 일로 취급한다. 하이데거는 숨을 고르고 휴식을 취해야 하는 이유를 이렇게 설명한다.

지금 우리는 뛰쳐나온 터이니까. 낯익은 과학의 영역과, 앞으로 보겠지만, 심지어 철학의 영역 바깥으로 나와 있는 것이다. 그렇다면 우리는 어디로 뛰쳐나온 것인가? 아마도 심연으로?[4]

하이데거의 생각에 따르면, 우리는 나무와 마주서기 위해 심리학과 과학, 심지어 철학 바깥으로 뛰쳐나가야 한다. 확실히 과학과 철학에서는 나무에 얼굴이 없다.[5] (개인화된 나무는 인격화되지 않는다.) 하지만 나무는 어디에서 얼굴을 갖는가? 우리는 어디로 뛰쳐나온 것인가? 과학의 영역과 철학의 영역 외에 어디가 있을 수 있을까? 하이데거는 우리에게 거울 뒤의 세계로 뛰쳐나올 것을 요구하는 것일까? 확실히, 과학과 철학 너머에는 심연만이 있을 뿐이다.

어쩌면 우리는 심연으로 뛰쳐나온 것일까? 하는 자신의 질문에 하이데거는 이렇게 대답한다.

아니다! 오히려 땅 위로 뛰쳐나온 것이다. 어떤 땅 위인가? 다름 아니라, 우리 자신을 기만하지 않는다면, 우리가 살다가 죽는 그러한 땅 위이다. 우리가 본디부터 두 발 딛고 서 있던 땅위로 겨우 뛰어들어야만 한다는 것은 기이하고도 실로 섬뜩한 사태이다.[6]

하이데거의 주장은 우리가 우리 삶의 견고한 땅으로 뛰어들었다는 것이다. 여기서 충격적인 부분, 하이데거가 "기이하고도 실로 섬뜩하다"라고 강조한 부분은 우리가 익숙한 곳—과학, 철학—에서 낯선 곳으로, 즉 우리 삶의 견고한 땅으로 뛰쳐나가야 한다는 것이다. 우리는 우리가 이미 있는 곳으로 뛰쳐나가야만 한다.

머리 바깥에서 생각하기

꽃이 만발한 나무로부터 잠시 물러나보자. 내 생각에 이 단락에서 하이데거가 하는 일은, 우리에게 익숙한 과학과 철학이 공히 전념하는 어떤 것—주로 심리주의psychologism에의 몰입—과 투쟁을 벌이는 일이다. 간단히 말해서, 심리주의는 같은 계열에 속하는 여러 관점의 모음으로 생각하는 게 가장 좋다. 이런 저마다의 관점은 자기들이 다루는 주제가 (그 주제가 논리가 되었든 도덕이 되었든 사상이 되었든) 심리학의 한 분과라고 주장한다. 결과적으로 이런 주제들의 법칙은 인간의 머릿속에서 벌어지는 일을 일반화한 것으로 이해해야 옳다. 예를 들어 심리주의적 논리학자라면 논리학의 법칙을 인간의 머릿속에서 벌어지는 추론에 대한 일반화로 취급할 것이다. 또한 꽃이 핀 나무가 우리 머릿

심슨 가족이 사는 법

속에서 맴도는 표상이라는 주장에 대한 하이데거의 반박은 곧 심리주의적 주장에 대한 반박이다.

심리주의는 나무와 들판과 기타 모든 것을 머릿속에서 붕붕 맴도는 표상으로, 심리적인 것으로 취급함으로써 개인화한다. 하이데거는 꽃이 핀 나무에 대한 논의의 바로 앞 단락에서 이 점을 암시하며, 우리가 사유를 이해하려면 심리학을 한편으로 치워놓아야 한다고 언급한다. 물론 그가 후설에게서 받은 영향을 고려하면 하이데거의 반심리주의는 그다지 놀랍지 않다. 놀라운 부분은 하이데거가 심리주의와 전투를 벌이는 방식과 그 깊이에 있다. 이 점을 명확히 하기 위해, 나는 하이데거의 반심리주의와 프레게의 반심리주의를 비교하고자 한다. 이 비교는 또한 꽃이 핀 나무와 하이데거가 사유$_{thinking}$라고 부르는 것 사이를 잇는 가교 역할도 할 것이다.

프레게는 한평생 심리주의와의 전쟁을 벌였다. 프레게는 심리주의적 사상가들과 거듭 맞붙으며, 그들의 심리주의가 그들이 취급하는 외견상의 주제를 알아볼 수 없을 정도로 일그러뜨린다는 것을 보였다. 일례로 프레게는 유명한 논문인 「사상Der Gedanke」*에서 하이데거가 꽃이 핀 나무를 논하며 공격했던 바로 그 관념—표상이라는 관념—을 공격한다. (흥미롭게도 프레게 역시 나무를 예로 들고 있다.) 프레게의 주장은 길다(하지만 전문을 인용한다).

---

* 이 글에서는 (독일어 Gedanke에 상응하는) thought를 '생각'이라고 옮겼지만 프레게의 이 개념은 보통 '사상'이라고 번역된다.

하지만 여기서 의심이 생긴다. 첫 번째 사람과 두 번째 사람이 표현한 생각이 과연 똑같은 생각일까?

아직 철학의 영향을 받지 않은 사람이라면, 우선 무엇보다도 (…) 나무, 돌, 집처럼 자기가 보고 만질 수 있는 것들을 알게 되며, 다른 사람도 같은 나무와 같은 돌을 자신이 보고 만진 것처럼 똑같이 보고 만질 수 있다고 확신한다. 생각이 이런 사물들에 속해 있지 않음은 명백하다. 그럼에도 그것이, 한 나무처럼, 사람들에게 같은 것으로서 제시될 수 있을까?

심지어 철학적이지 않은 사람이라도, 외부 세계와 구분되는 내부 세계—감각 인상의 세계, 그의 상상이 만들어낸 세계, 느낌의 세계—를 인정할 필요가 있음을 곧 깨닫는다. (…) 간결성을 위해서, 나는 이렇게 발생하는 모든 일을 포괄하여 '표상'이라는 단어를 쓰고자 한다. (…)

그럼 생각은 이 내부 세계에 속한 것인가? 그것은 표상인가? (…)

표상은 외부 세계의 사물들과 어떻게 구분되는가?

첫째: 표상은 보거나, 만지거나, 냄새 맡거나, 맛보거나, 들을 수 없다.

나는 동행과 함께 산책을 나간다. 나는 푸른 들판을 보고, 따라서 푸르다는 시각적 인상을 갖는다. 나는 그런 인상을 갖는 것이지, 보는 것이 아니다.

둘째: 표상은 우리가 가진 무엇이다. (…) 누군가가 가진 표상은 그의 의식의 내용물에 속한다.

들판과 그 속의 개구리, 그들 위에 내리쬐는 태양은 내가 그들을 보든 안 보든 간에 그곳에 있지만, 푸름에 대해 내가 갖는 감각 인상은 오로지 나로 인해 존재하며, 내가 그것의 소유자다. (…) 내부 세계는 그것이 누군

심슨 가족이 사는 법

가의 내부 세계임을 상정한다.

셋째: 표상은 소유자를 필요로 한다. 이와 반대로 외부 세계의 사물들은 독립적이다.

나의 동행과 나는 우리 둘이 같은 들판을 보고 있다고 확신한다. 하지만 우리 각각은 푸름에 대해 저마다 특수한 감각 인상을 갖는다.

넷째: 모든 표상은 오로지 한 명의 소유자만을 갖는다. 어느 두 사람도 같은 표상을 갖지 않는다.

그렇지 않다면 표상은 이 사람과도, 또 저 사람과도 독립적으로 존재할 터이기 때문이다. 저 라임 나무는 나의 표상인가? 사실 나는 이 질문에서 '저 라임 나무'라는 표현을 씀으로써 이미 답을 예상하고 있다. 내가 이 표현을 쓰는 의도는, 내가 보고 다른 사람들도 볼 수 있는 것을 지칭하기 위해서이기 때문이다. [7]

여기서 프레게는 두 가지를 성취하려 하고 있다. 첫째로, 그는 내부 세계의 생물인 표상idea이 생각thought과 다름을 보이려 한다. 표상은 논리에서 아무런 역할도 수행하지 않지만, 생각은 수행한다. 우리 머릿속에서 맴도는 것들은 생각이 아니며, 생각의 일부도 아니다. 우리 머릿속의 붕붕거림은 생각이 아니다. 생각은—라임 나무, 들판, 개구리처럼—공유할 수 있고 소유자가 없기 때문이다.

여기서 프레게가 말하는 '생각'이란, '라임나무들이 있다'라든지 '호랑이는 동물이다'라든지 '2 + 2 = 4' 같은, 아주 일상적이고 흔해빠진 것들이다. 생각에 소유자가 있다는 데 대한 프레게의 부인은, 행위와 내용의 구분이라는 관점에서 이해할 필요가 있다. 물론 내가 호랑이가 동물이라고 생각할 때, 그 생각thought(내용)의 사고thinking(행위)에는 소유자가 있다. 나는 그 사고를 한다. 그것은 나의 사고다. 하지만 생각은 내 것이 아니다. 서로 다른 여러 사람이 얼마든지 그것을 가질 수 있다. 생각은 공유할 수 있다. 우리 둘 다 호랑이가 동물이라고 생각한다면, 우리는 한 생각을 공유하는 것이다.

둘째로, 프레게는 표상이란 사물이 아니며 외부 세계의 생물도 아님을 보이려 하고 있다. 세계가 나의 표상이라는 쇼펜하우어의 주장은, 프레게가 "저 라임나무는 나의 표상인가?"라는 질문에 대해 제시한 것과 같은 종류의 대답에 직면할 것이다.

이제 프레게는 이 표상에 대한 논의로부터 생각이 라임나무, 들판, 개구리와 비슷하면서 또한 다르다는 주장으로 넘어간다. 생각은 감지될 수 없다. 생각은 파악하거나 사고할 수 있을 뿐, 보거나 듣거나 만지거나 맛볼 수 없다. 그런 다음 프레게는 이것을 이용하여, 생각이 내부 세계에도 외부 세계에도 존재하지 않음을 보인다. 대신에 그는 생각을 '제3의 영역'에 가져다 놓는다.

따라서 결과는 다음과 같을 듯하다: 생각은 외부 세계의 사물도 아니고 표상도 아니다.

제3의 영역이 인정되어야 한다. 이 영역에 속한 모든 것은 감각에 의해 감지될 수 없다는 점에서 표상과 공통점이 있지만, 의식의 내용물에 속하기 위해 소유자를 필요로 하지 않는다는 점에서 사물과 공통점이 있다.

그러니까 프레게의 '제3의 영역'은 그의 반심리주의에서 없어서는 안 될 부분이다. 하이데거의 전술은 표상이 우리가 과학이나 철학을 할 때 우리가 생각하는 그런 식의 역할을 하지 않음을 보이는 것이다 (표상은 사물도 아니고 생각도 아니다). 여기서 중요한 것은 프레게와 심리주의가 벌이는 전쟁이 하이데거의 전술을 공유한다는 점이다. 하지만 프레게의 전쟁은, 심리주의를 피하기 위해 심리학이나 과학으로부터 (우리 삶의 견고한 땅이 아닌) 제3의 영역으로 도약할 것을 요구한다는 점에서 하이데거의 전쟁과 다르다.

프레게에게 있어, 생각은 머릿속에 있지 않다. 하지만 그것은 외부 세계에 있지도 않으므로 어떤 제3의 장소, '제3의 영역'에 있어야 한다. 하이데거는 생각이 머릿속에 있지 않다는 프레게의 확신을 공유한다. 하지만 그는 제3의 영역이 있어야 한다는 프레게의 확신까지 공유하지는 않는다. 아니 더 정확히 말하자면, 하이데거는 제3의 영역이라는 프레게의 개념을 공유하지 않는다. 이를 설명하려면 약간의 수고가 필요할 것이다.

사유란 무엇으로 불리는가

아마도 비밀을 발설하는 것이 논의를 시작하는 최선의 방법일 것이다. 하이데거는 우리 삶의 견고한 땅이 제3의 영역이라고 생각한다. 하지만 그게 무슨 뜻일까? 내부 세계는 우리 삶의 견고한 땅이 아니다. 그럼 외부의 영역이 견고한 땅인가? 아니다. 외부의 영역은 인과의 영역, 과학의 영역이다. 우리가 견고한 땅 위에 서 있을 때, 우리는 심리학(내부 세계)과 과학(외부 세계) 모두의 바깥에 있다. 그러니까 우리는 제3의 영역에 서 있다. 하지만 프레게가 말하는 제3의 영역은 이상한 나라인 것 같고, 육체를 가진 피조물인 우리는 여기서 이방인인 것 같다. 그런데 어떻게 우리 삶의 견고한 땅이 제3의 영역일 수 있을까?

이 질문에 대답하려면 후설로 돌아갔다가 하이데거로 되돌아와야 한다. 후설은 철학(현상학) 사상가들에게 "사물things(사태) 그 자체로 돌아가라"라는 유명한 구호를 외쳤다. 사물 그 자체로 돌아가는 길은 방법론적 난관이었다. 그러려면 새로운 종류의 봄, 즉 에포케epochê(판단 중지, 혹은 괄호 넣기)[8]를 숙달해야 했고, 새로운 방식으로 본 결과물을 전달하기 위해 새롭고 기이한 단어를 숙달해야 했다. 이 새로운 종류의 봄과 그렇게 해서 보이는 것에 대한 후설의 설명을 자세히 들여다보면, 우리는 (에포케에서 들여다보는) 지향적 영역intentional realm이 프레게가 말한 제3의 영역과 얼마나 닮았는가를 인식하게 된다. 실제로 비록 그렇게 말하는 데 있어 특정한 문제들이 따르기는 하지만, 지향적 영역을 들여다보는 일이 곧 프레게의 '제3의 영역'을 들여다보는 일이라고 말하는 것은 유용하고 타당하다.[9]

후기 저작에서 하이데거는 후설이 취한 방법의 모든 특징에 대해 숙고했다. 실제로 하이데거는 이 방법을 놀라울 만큼 내면화했다. 하지만 하이데거는 이 방법으로 후설이 약속한 것—사물 그 자체로 돌아가는 길—을 찾기를 원했다. 하이데거의 관점에서 볼 때, 나를 지향적 영역으로 데려다주는 방법은 그게 무엇이 됐든 나를 사물 그 자체로 돌아가게 해주는 방법이 아니다.[10] (후설은 자신의 말이 관념론적·심리주의적으로 들리지 않게 하려고 갖은 애를 썼지만 결국 그의 말은 쇼펜하우어와 매우 비슷하게 들린다. 지향적 영역의 사물들이 우리에게 보여주는 것은 얼굴이 아닌 앞면일 뿐이다.[11] 하이데거는 후설의 에포케를 자신의 그것(나중에 이것은 '열린 터'가 된다)과 대비한다.

> 후설에게 있어 [에포케는] (…) 현상학적 시야를, 사물들과 인격들의 세계에서 살아가고 있는 인간의 자연적 태도로부터 의식의 초월적 삶(…)—그 안에서 객체들은 의식의 상관자들로 구성된다—으로 이끄는 방법이다. 우리에게 있어 [에포케는] 현상학적 시야를, 어떤 방식으로건 규정된 존재자에 대한 파악으로부터 이 존재자에 대한 존재 이해로 이끄는 것이다.[12]

하이데거의 용어로 말하자면 후설이 취한 방법의 문제점은 에포케에서 "객체들이 의식의 상관자들로 구성된다"는 것, 즉 그들이 표상이라는 것이다. 내 용어로 말하자면, 문제는 에포케에서 객체가 개인화된다는 것이다.

하이데거는 이 방법 자체와 그것이 우리에게 보여주는 바를 인격화함으로써 이 문제에 대응한다. 이 방법은 후설의 손에 들려 있을 때 우리를 지향적 영역으로 데려갔고, 우리에게 개인적인 것을 보여주므로 이 방법 자체가 개인화된 것처럼 보였다. 하이데거는 이것을 인격화함으로써 탈개인화한다. 어떻게 그렇게 했을까?

하이데거는 이 방법의 핵심적 특성들을 가져다가, 그것을 실행하는 이들과 그 특성들을 다른 관계로 가져다 놓을 길을 찾는다. 즉 그들을 개념화하는 다른 방식을 찾는다. 하이데거는 에포케를 지향적·개인적 영역에서 꺼내어 그것을 인격화한다—에포케는 '열린 터'가 된다. 이 열린 터에서 우리는 존재자의 존재를 이해할 수 있다. 존재자를 있는 그대로, 지금 있는 자리에서 이해할 수 있다. 이 열린 터에서 우리가 대면하고 우리를 대면하는 객체들은 의식의 상관자가 아니다. 아니, 그들과 우리가 마주보고 서 있으므로 이 객체들은 인격화된 타자다. 열린 터에서 우리는 나무, 혹은 이를테면 그리스 신전과 맞대면할 수 있다. 에포케는 괄호 안에 든 나무, 괄호 안에 든 신전만을 제시한다. 말하자면 에포케는 그들을 그들이 딛고 선 땅으로부터 지향적 영역으로 옮겨놓는다. 에포케는 그들을 개인화한다. 하지만 열린 터는 나무와 신전이 지금 서 있는 곳에 서 있게끔 하며, 우리로 하여금 그들과 맞대면할 수 있게 해준다. 괄호 안에 든 나무와 신전은 모두 표면을 향하고 있는 듯—뒷면이 없는 듯—보인다. 하지만 뒷면이 없는 것은 진정으로 마주 대면될 수 없다. 오직 열린 터에서만 나무와 신전은 뒷면을 가지며, 오직 그곳에서만 나는 그들을 맞대면할 수 있다. 열린 터에서 나무와 신전은 인격화된다. 에포케를 열린 터로 대체하기 위해, 우리는 우리가 이미 서 있는 곳으로 다시 뛰어들어야 한다. 열린 터에서 우리는 사물 그 자체로 돌아갈 수 있다.

『사유란 무엇인가』에서 하이데거는, 우리가 사유를 심리화하지 않는 길을 찾을 수 있도록, 뿐만 아니라 우리가 사유를 프레게가 이해한 대로의 제3의 영역에 놓지 않을 수 있도록 사유를 위치시킬 길을 찾고자 애쓴다. 이를 위해 하이데거는 파르메니데스와 그의 잘 알려진, 또한 모호하기로도 유명한 구절 "존재자가 존재한다고 말하고 사유해야한다"[13]와 "왜냐하면 사유와 존재는 동일하기 때문이다"로 돌아간다. 여기서 나는 이 구절을 놓고 하이데거가 수행하는 고통스러우리만치 길고 구불구불한 고찰을 따라가자고 제안하는 것이 아니다. 내가 제안하는 건 이 고찰 배후의 동기를 파악하자는 것이다. 하이데거가 좇는 바는 개인화된 생각이 아닌 인격화된 생각이다. 파르메니데스의 구절이 매력을 띠는 것은 이 구절이 생각을 열린 터에 놓는 것처럼 보이기 때문이다. 이 구절은 생각을 우리 앞에 놓아서 우리가 생각과 마주보고 설 수 있게 해준다. 하이데거가 보기에 파르메니데스는 그가 나무에게 했던 일을 생각에게 하고 있다. 파르메니데스는 단지 우리의 생각을 갖는 법뿐 아니라 우리의 생각과 만나는 법을 보여주려 하고 있다. 하이데거가 볼 때, 파르메니데스를 정확히 따르는 일은 우리 생각을 그 자체로 우리가 생각하는 대로 사고하는 문제다. 비트겐슈타인의 구절을 빌리자면, 이렇게 이해된 생각은 "사실에서 떨어진 어딘가에 멈추어 서지 않는"[14] 생각일 것이다. 이런 생각을 사고하는 일은 머리 바깥에서 사고하는 일일 것이다. 생각에 대한 이런 이해를 완전히 규명하는 것은 하이데거가 하려 했던 일마저 넘어서는 것이다. 『사유란 무엇인가』는 파르메니데스가 가리키는 방향을 가리켜 보이면서, 또 왜 우리가 그 방향을 향해야 하는지에 대한 이해를 도우면서 끝이 난다. (뒤에서도 분명히 하고자 노력하겠지만, 도입부에서 암시한 대로 하이데거가 갖은 애를 써가며 밝히고자 노력한 바를 바트는 힘들이지 않고 살아낸다.)

이제는 잊어버린 듯한 질문으로 되돌아와서, 어떻게 우리 삶의 견고한 땅이 제3의 영역이 될 수 있을까? 그에 대한 짧은 대답은 이렇다. 우리는 우리 삶의 견고한 땅을 열린 터에서 바라보아야 한다. 우리는 땅을 인격화해야 한다. 그러기 위해 우리는 이미 우리가 있는 곳으로 뛰어들어야 하며, 그러려면 우리는 심리학의 바깥, 과학의 바깥에 서 있어야 한다. 달리 말해서 우리 삶의 견고한 땅을 열린 터에서 바라보고 그것을 인격화하는 것은, (다름이 아니라) 곧 우리 삶의 공간적·시간적 현상들을 보는 것이다. 하지만 이는 우리가 체스 말의 물리적 특징을 묘사할 때 체스 말을 보듯이 이런 현상을 보는 게 아니라, 체스를 둘 때 체스 말을 보듯이 보는 것이다.[15] 이렇게 보여지는 땅은 우리 앞에, 그것이 지금 서 있는 곳에 서 있다. 그리고 우리는 땅 앞에 서 있다. 우리는 우리가 서 있는 곳과 대면한다.

우리 삶의 견고한 땅을 인격화하고 그것을 열린 터에서 바라봄으로써, 우리는 그것을 생각에 적합한 것으로, 생각의 내용물이 되기에 적합한 것으로서 본다. 우리가 생각하는 사물들은 더 이상 우리 생각과 동떨어지고 우리로부터 단절되고 표상에 의해 가려진 것으로 여겨지지 않는다. 우리가 생각하는 사물들은 이제 우리 생각이 손을 뻗어 얼싸안는 사물들이다. 사고 행위는 삶의 시공간적 현상을 그 내용물로서 갖는다. 세계는 생각에 적합한 모든 것이다. 혹은 다시금 비트겐슈타인의 말을 빌려, "세계는 일어나는 모든 것이다".[16] 그리고 일어나는 것이란 우리가 생각할 수 있는 것이다.

심슨 가족이 사는 법

바트가 생각이라고 부르는 것

바트 심슨은 반심리주의적이고 인격화된 사고가 무엇인지를 명확히 밝히는 데 도움을 준다. 바트는 생각하고 행동하는 모든 것에서 사물과 맞대면한다. 그는 과학 바깥에 있지만, 무엇과 맞붙건 간에 그것의 정면에 서 있으며, 그것이 그의 앞에 있듯이 그도 그것의 앞에 있다. 바트에게는 아무것도 단지 그의 머릿속에 있지 않다. 그와 세계 사이에는 아무런 심리적·개인적 중재자가 없다. 바트에게는 모든 것이 인격화된다. 모든 것이 열린 터에 있다.

바트가 뭔가를 올바로 이해할 때, 그에게 이것은 세계와 소통하는 (그와 세계 사이의) 어떤 매개체를 갖는 문제가 아니다. 오히려 세계를 손아귀에 쥐거나 마음으로 잡는 문제다.

이렇게 함으로써 바트는 존재자들 사이의 존재자로서 사물들 사이에 견고히 있게 된다. 바트의 사고는 생각할 것이 뭐가 있는지에 의해 결정된다. 이런 식으로 결정되기 때문에 바트의 사고는 무엇이 있는가, 무엇이 자기 앞에 나타나는가에 특히 민감하게 반응한다. 내 생각에 이는 바트가 지닌 독특한 존재론적 힘의 여러 원천 중 하나다. 그의 무궁무진한 지략, 이성의 환심을 사고 위험이나 곤란을 피해가는 초자연적인 재주, 사건의 경로를 예측하는 신비로운 재능. (바트가 그의 힘을 항상 좋은 일에 쓴다는 주장이 아니다!) 개인적인 것을 짊어진 채, 매개체—우리 머릿속에서 붕붕 맴도는 표상들—에 의해 세계로부터 차단되어 있다고 여기는 나머지 우리, 나머지 스프링필드 주민들과 달리, 바트는 붕붕거림에 현혹되지 않는다. 그에게는 차단막도 짊어진 것도 없다.

바트의 사고는 본질적으로 세계를 향한다. 바트는 "생각은 어떻게 세계와 연결되는가?" 같은 철학적 수수께끼에 걸려 넘어지지 않는다. 바트가 활동하는 모습을 힐끗만 보아도 그가 이 질문을 (혹시라도 받는다면) 멍한 표정으로 튕겨낼 것임을 알 수 있다. 바트에게 세계는 그의 생각 속에 있으며, 그의 생각은 세계에 관여하고 있다. 그렇기 때문에 생각을 세계와 연결하는 철학적 고리는 필요치 않다. 바트는 이 질문을 자기 삶으로써 거부하기 때문에 이 글을 시작하고 끝맺기에 적절한 제재가 된다. 나는 바트가 우리를 즐겁게 만들고, 우리를 어리벙벙하게 만들고, 또 뮤즈가 되는 힘이 그의 하이데거적 사유에 있다고 본다.

그럼 나는 바트가 하이데거적으로 사유하는 인간임을 증명할 수 있을까? 적어도 일반적으로 이해되는 의미에서의 증명은 할 수 없다. 나는 하이데거의 사유를 설명하고 이 설명을 바트와 나란히 붙여놓으면서 둘 사이의 내적 관계(각각의 관계항이 이 관계 안에 반드시 서 있어야 하는 그런 관계)가 저절로 드러나길 바랄 뿐이며, 이것이 내가 할 수 있는 최선이다. (이 절차를 대충 다음과 비슷한 것으로 생각하면 된다. 나는 오리가 무엇인지를 여러분에게 설명하고 오리 그림을 보여준 다음, 심리학자 마커스 재스트로의 오리-토끼 그림*을 보여준다. 이 과정이 순조롭다면 오리 그림과 오리-토끼 그림 사이의 내적 관계는 따로 설명할 필요 없이 저절로 드러난다.) 내가 《심슨 가족》에서 어떤 사례를 끌어오더라도 그걸로 내 주장을 매듭짓지는 못할 것이다. 내가 제시하는 그런 식의 사례는 잘해야 가늠하기 어려

---

* 착시 현상을 설명하기 위해 고안된 그림으로, 어떻게 보느냐에 따라 오리로도 보이고 토끼로도 보인다.

심슨 가족이 사는 법

운 증거일 것이다. 나는 하이데거가 사유라고 부르는 것과 바트가 생각이라고 부르는 것 사이의 관계를 보게끔 도와줄 수 있고, 그러고자 했다. 하지만 이 관계를 삼단논법으로 유도될 수 있는 무언가로 취급한다면 그건 잘못 생각한 것이다.

감사의 글

『심슨 가족과 철학』의 집필 및 편집과 그 밖에 이 책을 만들기 위한 잡다한 일들은 재미있고 자극적인 경험이었다. 우리는 이 프로젝트 내내 전문성과 유머 감각을 둘 다 잃지 않은 필자들에게 감사를 표하고 싶다. 그리고 오픈코트 출판사의 좋은 사람들, 특히 데이비드 램지 스틸과 제니퍼 애스머스의 충고와 지원에 진심으로 감사드린다. 끝으로, 그러나 누구 못지않게 중요했던 우리의 친구와 동료, 학생 들에게 감사의 뜻을 전하고 싶다. 그들은 «심슨 가족»과 철학에 대해 우리와 함께 논의했고, 이 작업을 가능하게 만들어주었으며, 이 책을 쓰는 과정에서 귀중한 피드백을 제공해주었다. 이런 종류의 명단은 어쩔 수 없이 불완전할 수밖에 없지만 그중에서도 트리샤 앨런, 리사 반맨, 앤서니 하틀, 메건 로이드, 제니퍼 오닐, 피터 스트롬버그에게 큰 빚을 졌음을 밝히고 싶다.

심슨 가족이 사는 법

中

1_호머와 아리스토텔레스

1 이 글에서 아리스토텔레스에 대한 언급은 주로 테렌스 어윈이 영역한 그의 『니코마코스 윤리학Nichomachean Ethics』 1, 2, 5, 8권(Indianapolis: Hackett, 1985)과 『정치학Politics』(translated by B. Jowett, in Jonathan Barnes (ed.), *The Complete Works of Aristotle*, volume 2 (Princeton: Princeton University Press, 1984)을 참조한 것이다. 구체적인 출처는 본문에 명시했다. 말할 필요도 없겠지만, 아리스토텔레스에 대해 내가 한 말의 많은 부분은 논쟁의 여지가 있다.

2 악덕한 사람도 실천적 지혜를 지녔다고 여기고픈 유혹에 저항해야 한다. 아리스토텔레스에 따르면 악덕한 사람이 지닌 것은 프로네시스가 아니라 교활함이다. 아리스토텔레스가 볼 때, 실천적 지혜는 목적을 위한 수단 구실에만 머무는 것이 아니라 규범적 힘을 지녔다. 프로네시스는 삶에서 무엇이 중요하고 윤리적인 것인지를 알게 해준다. 옳은 것이란 덕성을 갖춘

행위자의 눈에 옳게 보이는 것이라고 아리스토텔레스가 거듭 말하는 이유
는 이 때문이다(예를 들어 『윤리학』 1176a16-19 참조).

3 《심슨 가족》의 에피소드들을 순서대로 정리한 목록은 이 책 맨 뒤에 실
린 '에피소드 목록'을 참조하라. 이 글의 많은 인용 대사와 모든 에피소드
제목은 다음의 두 책을 참조했다. *The Simpsons: A Complete Guide to Our
Favorite Family*, edited by Ray Richmond (New York: Harper Collins, 1997);
The Simpsons Forever, edited by Scott M. Gimple (New York: Harper Collins,
1999).

4 마지가 자신의 소울메이트라는 호머의 결론을 생각하면(‹영혼의 동반자를
찾아서›) 마지가 이 진술에 들어맞는 인물일 수도 있지만, 다른 대부분의 에
피소드는 실제로 두 사람의 목표와 관심사와 활동이 얼마나 크게 엇갈리
는지를 보여준다.

5 이 책 3장 참조.

6 여기서 '의식적으로'라고 쓴 데는 이유가 있다. ‹네드의 새 인생›에서, 호
머는 라스베이거스의 한 호텔에서 잠을 깬 뒤 자기가 간밤에 한 칵테일 웨
이트리스와 술김에 결혼했음을 깨닫는다. 호머가 이 웨이트리스와 실제로
섹스를 했는지 여부는 끝까지 불분명하게 처리된다.

7 아리스토텔레스의 관점에서 본 마지의 성품에 대해서는 이 책 4장 참조.

8 스프링필드의 악덕에 대해서는 이 책 12장 참조.

9 게다가 그는 행복해질 수도 없다. 이 책 13장 참조.

10 플랜더스의 성품에 대해서는 이 책 14장 참조.

11 여기서의 악조건으로는 지적·경제적 수단이 변변찮다는 점, 스프링필드
주민들 사이에서 살고 있다는 점 등을 들 수 있다. 우리가 호머의 성품을
존중하는 데는 다른 이유들도 있다. 그중 가장 명백한 이유는 그의 뛰어난
유머 감각이다. 혹은 그에게서 우리 자신—혹은 우리 중 일부—의 과장된

심슨 가족이 사는 법

모습을 보기 때문일지도 모른다.

12 나는 이 책의 편집자들이 건넨 매우 유익한 도움말에 감사드리고 싶다. 특히 빌 어윈은 지속적인 지원과 격려를 아끼지 않았고, 스티브 존스는 호머 심슨에 대해 멋진 대화를 나눠주었으며 내가 평소에 말하면서 호머의 대사를 끝없이 인용하는 것을 참아(때로는 즐겨)주었다. 또 시카고 미술대학의 우수한 학생들은 이 글의 주제에 대해 나와 여러 차례 (음식과 술에 대한 매우 무절제한 탐닉을 동반한) 토론을 벌였고, 그들의 철학 리포트에 «심슨 가족»의 사례들을 활용했으며, 내가 이 글을 쓰고 있다는 사실만으로 기뻐하여 나까지 기쁘게 해주었다. 이 학생들인 아니카 코너, 테드 두미트레스쿠, 크리스토퍼 코크, 코리 풀, 새러 퍼지, 오스틴 스튜어트, 달리아 툴렛에게 감사의 말을 전하며 이 글을 이들에게 헌정한다.

2_리사와 우리 시대의 반지성주의

1 철학박사가 텔레비전 쇼에 대한 에세이를 쓰는 것이 반지성적일까? 우리가 머리말에서 주장했듯이, 반드시 그렇지는 않다. 이는 그 쇼가 철학적인 문제를 조명하느냐, 철학적 요점을 설명할 때 알기 쉬운 사례를 제공하느냐에 달려 있다. 우리가 반지성적인 접근 방식을 취하고자 했다면 삶에 대해 알아야 할 모든 것은 TV를 보면서 배울 수 있다고 주장했겠지만, 그것이 우리가 말하려는 요지가 아님은 확실하다. 우리는 이 쇼에 대한 사람들의 흥미를, 사람들이 철학책을 더 많이 읽게 만들려는 방편으로 이용하려는 것이다.

2 물론 지식인과 전문가는 같지 않으며, 어떤 분야의 전문가도 아닌 지식인도 많다. 하지만 내가 보기에는 두 부류에 대한 반감의 뿌리가 유사하며 두 부류를 다 거부하거나 경멸하는 경향을 띠는 이들에게는 이런 구분이 무의미하지 않나 싶다.

3   여기서 나는 음식을 결정하는 객관적 판단 기준이 있을 수 있는가에 대한 논쟁을 다루는 것이 아니라, 다만 스미스가 바닐라보다 초콜릿을 선호하는 것과 존스가 상담보다 살인을 선호하는 것 사이의 실질적 차이를 구분하는 것이다.

4   다음 책에서 재인용. Christopher Cerf and Victor Navasky, *The Experts Speak* (New York: Pantheon Books, 1984), p. 215.

5   물론 문제의 물리학자가 (이를테면 취미로) 마라톤 전투의 전문가이기도 한 특수한 경우도 있겠지만, 여기서 나는 어디까지나 물리학자로서의 물리학자를 말하고 있다.

6   혹시 이 문제가 궁금하다면 다음 책을 참조하라. Peter Green, *The Greco-Persian Wars* (Berkeley: University of California Press, 1996).

7   예를 들어 다음의 책을 참조하라. Mary Lefkowitz, *Not Out of Africa* (New York: Basic Books, 1996). 이 책에서 고전학자인 저자는 인종에 기반한 고고학이라는 뜨거운 지뢰밭에서 합리적 연구 기준을 고수하고자 노력한 경험을 들려준다.

8   다음 책은 예술적 해석에 대한 보기 드문 객관적 서술이다. William Irwin, *Intentionalist Interpretation: A Philosophical Explanation and Defense* (Westport, CT: Greenwood Press, 1999). 아이러니하게도, 학계에서 진리와 전문성의 개념이 도전받는—도덕성에 대한 전문가 따위는 없다는—바로 이 시대에 토크쇼와 베스트셀러들은 이성관계, 점성술, 천사 따위에 대한 전문가들로 채워지고 있다. 하지만 사람들은 이런 전문가들이 자신의 경향을 재확인해줄 때에만 그들의 말에 귀를 기울이며, 그렇지 않을 때에는 앞서 말한 이유로 거부하는 것 같다. 확실히 가치 영역에서의 지식에 대한 거부는 물리적인 문제의 지식에 대한 거부와 다르지만, 흥미로운 것은 이 두 가지가 다 나타난다는 사실이며, 동시에 무수한 부적절한 주제에 대해

전문가를 자처하는 사기꾼들 또한 존재한다는 사실이다.

9 예를 들어 다음 책을 보라. Alan Sokal and Jean Bricmont, *Fashionable Nonsense: Postmodern Intellectuals' Abuse of Science* (New York: Picador, 1998) 〔한국어판은 앨런 소칼·장 브리크몽 지음, 이희재 옮김, 『지적 사기』, 한국경제신문, 2014〕. 이 책은 이제는 유명해진 소칼의 장난질에서 비롯되었다. 그는 이 주제에 기반한 가짜 에세이를 저널에 투고했는데 과학 지식이 부족했던 편집자들은 이 에세이의 게재를 기꺼이 수락했다. 문제의 에세이는 다음과 같다. "Transgressing the Boundaries: Toward a Transformative Hermeneutics of Quantum Gravity" originally published in *Social Text* (1996) 46-47, pp. 217-252. 〔1996년 『소셜 텍스트』에 처음 게재된 이 논문은 「경계의 침범: 양자중력의 변형 해석학을 위하여」라는 제목으로 『지적 사기』에 번역 수록되어 있다.〕

10 이는 '권위자'와 '지식인'에 대한 대중의 태도가 정확히 같지 않음을 부각하기도 한다. 일례로 배관공의 전문성을 우리 모두가 인정하는 것처럼, 사람들은 지적이지 않다고 여겨지는 분야에서는 권위자나 전문가에게 덜 저항한다. 하지만 물론 어떤 분야에서건 전문가가 되려면 일정한 지적 노력이 요구되므로 이런 구분은 잘못된 것이며, 이는 전문 기술자의 지적 수준에 대한 진술이라기보다는 사람들이 취하는 태도의 반영에 더 가깝다. 전문 기술자들은 명백히 전문 지식을 지녔음에도 그런 전문 지식을 지니지 못한 사람들에게 덜 위협적으로 간주되곤 한다. 이는 우리가 '지식인'이나 '똑똑한 사람들'에 대해 이야기할 때는 그 사람을 돋보이게 해주는 보편적 특성을 묘사하는 반면, '전문가'에 대해 이야기할 때는 그 자체로 고립적인 (그래서 덜 위협적으로 느껴지는) 속성을 묘사한다는 사실 때문일 수도 있다. 리사는 (지식 추구에 가치를 둔다는 면에서) 지식인이고 대단히 똑똑하지만, 딱히 어떤 분야의 '전문가'는 아니다.

11 ‹리사, 워싱턴에 가다›.

12 ‹사랑받는 아빠가 되기 위해›.

13 ‹스프링필드의 독립투사›.

14 ‹채식주의자 리사 심슨›.

15 ‹호머, 맥주를 끊다›.

16 이 사례에서 의사들은 매독에 감염된 '참가자'들의 동의를 받지 않은 채, 그들의 안녕은 거의 안중에도 없이 생체 실험을 했다.

17 ‹바트와 미식축구›.

18 ‹리사와 말리부 스테이시›.

19 일례로 지아이 조GI Joe 인형은 모든 장난감총 완구가 그렇듯이 호전성과 폭력을 조장한다는 비판을 받지만, 아이들을 다른 놀이로 유도해야 한다는 일부 지식인들의 촉구를 받아들이는 부모는 거의 없다.

20 이 에피소드에 대한 좀더 자세한 논의는 이 책 11장을 참조하라.

21 이 책 255쪽.

22 실제로 호머에게 명청한 인간으로 살아갈 권리가 없다고 주장하는 이들도 있다. 이 주장에도 일리가 있지만 내가 여기서 전개 중인 협소한 논의와는 무관하다.

23 이 글의 몇 가지 논점을 명확히 하는 데 도움을 주고 몇몇 유용한 사례를 일깨워준 마크 코너드와 윌리엄 어윈에게 감사를 표한다.

3_왜 매기가 중요한가: 침묵의 소리, 동양과 서양

1 *The Complete Poems of Emily Dickinson*, edited by Thomas Johnson (New York: Little Brown, 1961).

2 마르시아스는 그리스 신화에 나오는 유명한 음악가이자 올림포스의 스승이다.

3 The Symposium, 215c, in *The Symposium and the Phaedrus*, translated by William S. Cobb (Albany: SUNY Press, 1993)〔한국어판은 플라톤 지음, 강철웅 옮김, 『향연』, 이제이북스, 2014〕.

4 *The Family Idiot* (Vol. 1), translated by Carol Cosman (Chicago: University of Chicago Press, 1981), p. 35.

5 위의 책, p. 133.

6 위의 책, p. 129.

7 이 에피소드에 대한 더 상세한 논의는 이 책 14장을 참조하라.

8 *The Analects of Confucius*, translated by Arthur Waley (New York: Vintage, 1989), 2:18. 〔『논어』, 2:18. 뒷부분까지 옮기면 다음과 같다. "많이 듣되 의심스러운 것에 대해서는 침묵하라. 그 나머지에 대해 말할 때도 신중하라. 그러면 허물이 적어질 것이다."〕

9 *The Tao Te Ching*, translated by Stephen Addiss and Stanley Lombardo (Indianapolis: Hackett, 1993), Chapter 56.

10 *The Bhagavad-Gita*, translated by Barbara Stoler Miller (New York: Bantam, 1986), p. 33.

11 위의 책, p. 66.

12 *A Source Book of Indian Philosophy*, edited by Sarvepalli Radhakrishnan and Charles A. Moore (Princeton: Princeton University Press), p. 313.

13 나치당에서 하이데거가 수행한 역할을 균형 잡힌 관점으로 서술한 책으로는 다음을 보라. Richard Wolin, *The Heidegger Controversy* (Cambridge, MA: MIT Press, 1992).

14 《심슨 가족》에 대한 방대한 지식과 연구를 공유해준 파스쿠알 발디노와 유용한 조언을 해준 제니퍼 맥맨에게 특별히 감사드린다.

4_마지와 훌륭한 인간의 기준

1 이 주제에 대한 추가 논의는 이 책 1장 참조.

2 대니얼 바워도 다음 글에서 이와 비슷한 기획을 시도했다. "George's Failed Quest for Happiness: An Aristotelian Analysis," in William Irwin, ed., Seinfeld and Philosophy (Chicago: Open Court, 2000). 같은 책에 실린 이언 스코블의 글 "Virtue Ethics and TV's *Seinfeld*"도 참조.

3 이 구분에 대한 유익한 기초적 논의는 제임스 레이철스의 『도덕 철학의 기초』(한국어판은 노혜련·김기덕 옮김, 나눔의집, 2006)에 수록되어 있다. James Rachels, *Elements of Moral Philosophy* (New York: McGraw Hill, 1999), pp. 175-177.

4 이 목록은 『니코마코스 윤리학』(이후 NE로 축약) 4권에 나온다. T. Irwin, trans. *Nicomachean Ethics* (Indianapolis: Hackett, 1985); W.D. Ross and J.O. Urmson's translation in J. Barnes's edition of *The Complete Works of Aristotle: The Revised Oxford Translation* (Princeton: Princeton University Press, 1984).

5 *NE* 1106a6-1107a25.

6 아리스토텔레스는 미덕으로서의 중용이 모든 성격 특질에 존재하는 것은 아님을 인정했다. 예를 들어 그는 악의, 파렴치, 질투에는 덕이 있을 수 없으며 간음, 도둑질, 살인은 언제나 나쁘다고 주장한다. 그는 이렇게 썼다. "[이런 것에도 중용의 여지가 있다고 본다면, 이는] 불의하거나 비겁하거나 무절제한 행위에도 중용과 지나침과 모자람이 있다고 보는 것이나 마찬가지다. 그렇다면 지나침의 중용, 모자람의 중용, 지나침의 지나침, 모자람의 모자람도 있어야 할 테니 말이다(NE 1107a9-25)."

7 *NE* 1120b8-10.

8 *NE* 1097b1-5.

심슨 가족이 사는 법

9 T. Irwin, trans. *Nicomachean Ethics* (Indianapolis: Hackett, 1985), p. 407.

10 이런 비판에 대한 아리스토텔레스의 대답으로는 *NE* 1097b3과 1170b5
   를 보라. 또한 다음 책도 참조하라. T. Irwin, trans. *Nicomachean Ethics*
   (Indianapolis: Hackett, 1985), p. xviii.

11 마지가 이런 식의 활동을 통해 누리는 것이 과연 진정한 에우다이모니아
   인지, 단순한 신체적 쾌락에 더 가까운 것은 아닌지 의심할 수도 있다. 하
   지만 마지가 이런 활동을 하는 것은 무슨 이기적인 동기 때문이 아니라 그
   것이 가족의 유대 강화에 도움이 된다고 판단하기 때문인 것으로 보인다.
   마지에 대한 페미니즘적 반응과 비판은 이 책의 9장을 보라.

12 *NE* 1103a19.

13 *NE* 1103b1-2.

14 하지만 바트에게는 애석하게도, 일이 항상 그렇게 명확한 건 아니다. 실제
   로 〈바트의 도둑질〉에서 바트의 양심은 '해골폭풍Bonestorm' 비디오게임을
   훔치라고 그를 꼬드긴다.

15 플랜더스의 도덕철학에 대한 또 다른 해석은 이 책의 14장을 보라. 윤리학
   의 종교론에는 신명론만 있는 것이 아니다. 일례로 성 토머스 아퀴나스의
   자연법론도 종교적 도덕철학이지만 이는 신명론과는 매우 다르다.

16 신명론에 대한 이 같은 소개는 레이철스의 『도덕 철학의 기초』 4장 2절
   「신명론」의 설명을 따랐다.

17 또 네드는 러브조이 목사에게 전화를 걸어서 자기가 자기 아내를 탐내는
   것이 걱정되는데 더 정숙해지려면 어떻게 해야 되느냐고 묻기도 하고, 이
   쑤시개를 삼켰는데 어떻게 하느냐는 도덕과 무관한 질문을 하기도 했다.

18 러브조이 목사 자신도 성서의 가르침에 나름의 결함이 있음을 인정한다.
   〈행복한 결혼생활의 비결〉에서 그는 마지에게 상담을 해주다가 이렇게 묻
   는다. "이거 앉아서 제대로 읽어보신 적 있으세요? 엄밀히 따지면, 우린 화

장실 가는 것도 허용되지 않는답니다."

19 Plato, *Euthyphro*, in G. M. A. Grube, trans., *Five Dialogues* (Indianapolis: Hackett, 1981)〔한국어판은 플라톤 지음, 강성훈 옮김, 『에우튀프론』, 이제이북스, 2018〕.

5_바트는 이렇게 말했다: 니체와 나쁨의 미덕에 관하여

1 Friedrich Nietzsche, *The Gay Science*, trans. Walter Kaufmann (New York: Vintage, 1974), section 1, p. 74〔한국어판은 프리드리히 니체 지음, 안성찬·홍사현 옮김, 『즐거운 학문·메시나에서의 전원시·유고』, 책세상, 2005, 「즐거운 학문」〕.

2 ‹바트의 여자친구›.

3 『차라투스트라는 이렇게 말했다』는 픽션 형태로 된 저작이고, 이 대사는 허구의 인물인 노파가 선지자 차라투스트라에게 조언하는 말이다. 따라서, 비록 니체가 여성에 대해 우스꽝스러울 정도로 지독한 말을 한 것이 공인된 사실이긴 하지만, 이 대사가 니체 자신의 생각을 대변하는 말인지는 불분명하다. 게다가 이 회초리를 누구한테 쓰라는 말인지도 불분명하다!

4 Friedrich Nietzsche, *The Birth of Tragedy*, trans. Walter Kaufmann (New York: Vintage, 1967), section 4, p. 45〔한국어판은 프리드리히 니체 지음, 이진우 옮김, 『비극의 탄생·반시대적 고찰』, 책세상, 2005, 『비극의 탄생』〕.

5 위의 책, section 5, p. 52.

6 위의 책, section 4, p. 45.

7 위의 책, section 7, p. 60.

8 위의 책, section 7, p. 60.

9 위의 책, section 15, p. 95.

10 위의 책, section 15, p. 97.

11 Friedrich Nietzsche, *Twilight of the Idols*, "Reason in Philosophy," from *The*

Portable Nietzsche (New York: Penguin, 1954), section 6, p.484〔한국어판은 프리드리히 니체 지음, 백승영 옮김, 『바그너의 경우·우상의 황혼·안티크리스트·이 사람을 보라·디오니소스 송가·니체 대 바그너(1888-1889)』, 책세상, 2002, 『우상의 황혼』중 「철학에서의 '이성'」〕.

12 Friedrich Nietzsche, On the Genealogy of Morals, "'Good and Evil', 'Good and Bad'" (New York: Vintage, 1967), section 13, p. 45〔한국어판은 프리드리히 니체 지음, 김정현 옮김, 『선악의 저편·도덕의 계보』, 책세상, 2002, 『도덕의 계보』중 「제1논문: '선과 악', '좋음과 나쁨'」〕.

13 Friedrich Nietzsche, Twilight of the Idols, "Reason in Philosophy," from The Portable Nietzsche, section 5, p.483.

14 The Gay Science, section 107, p. 163.

15 The Will to Power, section 481, p. 267.

16 Alexander Nehamas, Nietzsche: Life as Literature (Cambridge: Harvard University Press), 1985, p. 182〔한국어판은 알렉산더 네하마스 지음, 김종갑 옮김, 『니체: 문학으로서 삶』, 연암서가, 2013〕.

17 The Gay Science, section 290, p. 232-233.

18 The Will to Power, section 371, p. 200.

19 Alexander Nehamas, Nietzsche: Life as Literature, p. 174.

20 Richard Schacht, Making Sense of Nietzsche, "Making Life Worth Living: Nietzsche on Art in The Birth of Tragedy" (Urbana: University of Illinois Press), 1995, p. 133.

21 On the Genealogy of Morals, "'Good and Evil', 'Good and Bad'," section 2, p. 26.

22 위의 책, section 10, p. 36-37. 니체는 프랑스어 단어인 'ressentiment(원한)'를 즐겨 쓴다. 이에 대한 설명은 월터 코프먼의 『비극의 탄생』 영역판 서

문을 참조.

23 위의 책, section 14, p. 47.

24 위의 책, section 15, p. 48.

25 Friedrich Nietzsche, *Ecce Homo*, "Why I Am a Destiny" (New York: Vintage, 1967), section 5, p. 330.

26 ⟨할아버지와 지옥의 물고기 소대⟩.

27 ⟨스프링필드의 방사능맨⟩.

28 ⟨해고당한 교장 선생님⟩.

29 ⟨모범 인간 바트⟩.

30 *The Will to Power*, section 15, p. 14.

31 위의 책, section 55, p. 35.

32 *The Birth of Tragedy*, section 7, p. 60.

6_ 알면 보이는 것들: 사상 최악의 에세이

1 이 정의에 대한 이론적 설명을 여기서 제시할 수는 없지만, 좀더 충분한 논의와 설명은 다음 논문을 참조하라. William Irwin, "What Is an Allusion?" *The Journal of Aesthetics and Art Criticism*, Volume 59, Issue 3, 2003.

2 이 에피소드에 대한 더 자세한 논의는 이 책 9장을 참조하라.

3 Ted Cohen, *Jokes: Philosophical Thoughts on Joking Matters* (Chicago: University of Chicago Press, 1999), p. 29〔한국어판은 테드 코언 지음, 강현석 옮김, 『농담 따먹기에 대한 철학적 고찰』, 이소출판사, 2001〕.

4 패러디에 대한 좀더 자세한 논의는 이 책 7장을 참조하라.

5 http://www.snpp.com/other/interviews/groeining99e.html.

6 이 글을 쓰는 데 도움을 준 다음 분들에게 감사드리고 싶다. 마크 코너드,

라자 할와니, 메건 로이드, 제니퍼 오닐, 데이비드 웨버먼, 세라 워스, 조 제
커디.

7_대중적 패러디: «심슨 가족», 범죄영화를 만나다

1   소위 '고급' 예술과 '대중' 예술 작품을 대비하여 말하는 것은 편리하지만
    문제가 많은 방식이다. 영화와 (좀더 최근에) 텔레비전은 이 구분을 거의 무
    너뜨리다시피 한 미디어의 명백한 예다. 스탠리 캐벌과 테드 코언 같은 예
    술철학자들은, 히치콕의 ‹북북서로 진로를 돌려라›가 렘브란트의 자화상
    못지않게 명백한 예술의 한 예임을 오래전부터 인정해왔다. 『대중예술의
    철학A Philosophy of Mass Art』(Oxford: Clarendon Press, 1998)에서 노엘 캐럴은, 우
    리가 가리키는 것이 "대량 기술에 의해 생산되고 유통되는 대중예술"이라
    면 '대량mass' 예술을 이야기하는 편이 더 낫다는 견해를 제시한다(p. 3). 나
    는 «심슨 가족»이 이런 종류의 대량 혹은 대중 예술의 사례로서 자격을 충
    족한다는 데 이론의 여지가 없다고 본다. 나는 '고급' 예술이 '대중' 예술보
    다 반드시 더 우월하다고 가정하지 않는다. 형편없는 '고급' 예술 작품이
    있듯이 위대한 대중예술 또한 존재한다.

2   이 책 6장 참조.

3   Thomas J. Roberts, *An Aesthetics of Junk Fiction* (Athens, GA: University of
    Georgia Press, 1990).

4   Linda Hutcheon, *A Theory of Parody: The Teachings of Twentieth-Century
    Artforms* (New York: Methuen, 1985), p. 33(한국어판은 린다 허천 지음, 김상구·윤
    여복 옮김, 『패러디 이론』, 문예출판사, 1992).

5   Robert Burden, "The Novel Interrogates Itself: Parody as Self-consciousness
    in Contemporary English Fiction," in Malcom Bradbury and David
    Palmer, eds., *The Contemporary English Novel* (London: Edward Arnold, 1979).

6   마틴 스코세이지의 엄청난 인기를 과소평가해서는 안 된다. 예를 들어 『타임아웃 필름 가이드Time-out Film Guides』의 독자들은 그를 가장 —심지어 히치콕보다도 — 인기 있는 영화감독으로 뽑았고, 이 가이드의 2000년판에서는 〈좋은 친구들〉이 가장 인기 있는 영화 리스트 11위 — 〈멋진 인생〉과 〈북북서로 진로를 돌려라〉 사이 — 에 올랐다. 가장 인기 있는 상위 30위권 중에서 〈좋은 친구들〉보다 더 나중에 나온 영화는 〈펄프 픽션〉(13위)과 〈쉰들러 리스트〉(20위) 두 편뿐이었다.

7   Roberts, p. 90에서 재인용한 앨지스 버드리의 말.

8   이 책 11장을 보라.

9   조지 맥나이트, 빌 어윈, 칼 매시선의 조언과 제안에 감사를 표한다.

8_《심슨 가족》과 초아이러니, 그리고 삶의 의미

1   그렇다고 《심슨 가족》이 패러디를 활용하지 않는다는 말은 아니다. 지금 논의하는 에피소드에도, 그 제목〔유명 뮤지컬 〈오! 캘커타!〉의 제목을 패러디한 〈오! 전차!〉〕에서부터 극중 박수갈채를 받는 노래 「낯선 사람은 단지 아직 만나지 못한 친구랍니다!」〔〈욕망이라는 이름의 전차〉에서 블랜치의 마지막 대사 "나는 항상 낯선 사람들의 친절에 의존해왔지요"를 패러디했다〕에 이르기까지 브로드웨이 각색물의 훌륭한 패러디들이 포함되어 있다.

2   《심슨 가족》의 인유에 대한 더 자세한 논의는 이 책 6장 참조.

3   이와 다른 관점을 취한 글로는 다음을 보라. Robert A. Epperson, "Seinfeld and the Moral Life," in William Irwin, ed., *Seinfeld and Philosophy: A Book about Everything and Nothing* (Chicago: Open Court, 2000), pp. 163-174.

4   《심슨 가족》이 가족의 가치를 옹호한다는 논지의 에세이는 이 책 11장을 보라.

5   Arthur Danto, *After the End of Art* (Princeton: Princeton University Press, 1996)

〔한국어판은 아서 단토 지음, 김광우·이성훈 옮김, 『예술의 종말 이후: 컨템퍼러리 미술과 역사의 울타리』, 미술문화, 2004〕.

6 Thomas Kuhn, *The Structure of Scientific Revolutions*, second edition (Chicago: University of Chicago Press, 1970)〔한국어판은 토머스 쿤 지음, 김명자·홍성욱 옮김, 『과학혁명의 구조』, 까치, 2013〕. Paul Feyerabend, *Against Method* (London: NLB, 1975)〔한국어판은 파울 파이어아벤트 지음, 정병훈 옮김, 『방법에의 도전: 새로운 과학관과 인식론적 아나키즘』, 한겨레, 1987〕. 지식사회학의 한계에 대한 좀더 활발한 논쟁은 다음을 보라. James Robert Brown (ed.), *Scientific Rationality: The Sociological Turn* (Dordrecht: Reidel, 1984).

7 Richard Rorty, "Philosophy as a Kind of Writing," pp. 90-109 in *Consequences of Pragmatism* (Minneapolis: University of Minnesota Press, 1982) 〔한국어판은 리처드 로티 지음, 김동식 옮김, 『실용주의의 결과』, 민음사, 1996, 「글쓰기로서의 철학: 데리다에 관한 에세이」〕.

8 노동계급에 대한 더 자세한 논의는 이 책 16장을 보라.

9 리사는 위선자였을까? 정당한 위선에 대한 논의는 이 책 12장을 보라.

10 이 견해를 처음 내게 제시해준 동료이자 이 책의 공저자, 제이슨 홀트에게 감사를 표한다.

11 나는 《심슨 가족》의 유머가 잔인할 때가 많음을 보여주었지만, 항상 잔인하다는 말은 아니다. 사실 그렇지 않다. 사이드쇼 밥이 자기 머리 모양과 윤곽이 정확히 일치하는 복잡한 형태의 비행기 조각상 뒤에 몸을 숨기는 장면처럼, 무해한 몸짓 개그를 가지고 대단히 웃기는 순간들도 있다. 게다가 이 쇼가 잔인함에서 오랫동안 멀어질 때 웃기지 않는다는 말은 논증이라기보다 진술에 더 가깝다. 내 주장은 일부분 (유머의 모든 사례가 아니라) 모든 코미디가 잔인함에 기반을 두고 있다는 내 믿음에 입각한다. 하지만 이 주장은 논란의 여지가 대단히 크며 여기서는 이에 대해 논증할 지면이

없다. «심슨 가족»이 활용하는 유머의 원동력으로서 잔인함의 중요성을 평가하려면 우리는 이 쇼에서 웃기다고 여겨지는 수많은 사례를 검토해보아야 할 것이다. 다만 내가 우려하는 문제는 무엇이 웃긴가에 대해 사람마다 생각이 다르다는 점이다. 현시점에서 이는 철학적으로 흥미롭지만 지극히 골치 아픈 문제이므로, 이 쇼에서 잔인함이 수행하는 역할에 대해서는 그 어떤 보편적 주장도 큰 논란의 여지가 있으며 추가적인 근거가 필요함을 인정해야겠다.

12 이 글은 하이디 리스, 제이슨 홀트, 애덤 멀러, 에밀리 멀러, 조지 톨스, 스티브 스나이더, 가이 매딘과의 토론에서 크나큰 도움을 받았다. 편저자로서 지원을 아끼지 않은 윌리엄 어윈과 대단히 유용한 에피소드 정보가 실린 '심슨 가족 아카이브(www.snpp.com)'에도 감사를 표한다.

9_성정치학으로 본 «심슨 가족»

1   Gerd Steiger, "The Simpsons: Just Funny or More?" *The Simpsons* Archive, http://www.snpp.com/other/papers/gs.paper.html.

2   *Gendered Lives: Communication, Gender, and Culture* (Belmont, CA: Wadsworth, 1994), p. 232. 도널드 M. 데이비스도 황금시간대 텔레비전에서 비슷한 패턴을 발견한다. 황금시간대 텔레비전 등장인물의 65.4퍼센트가 남성이고, 34.6퍼센트가 여성이다("Portrayals of Women in Prime-Time Network Television: Some Demographic Characteristics," *Sex Roles* 23: 325-332).

3   "Who's Who? In Springfield" https://www.simpsonsarchive.com/guides/whoiswho.html.

4   Matt Groening, Ray Richmond, ed., New York: Harperperennial Library, 1997.

5   Matt Groening, Scott M. Gimple, ed., New York: Harperperennial

Library), 1999.

6 *A Complete Guide*, pp. 178-179.

7 *Simpsons Forever*, pp. 86-87.

8 https://www.nohomers.net/content/info/articles/14.shtml.

9 *The Simpsons* Archive, "The Lisa File," created by Dave Hall, Contributions from Dale G. Abersold, Maintained by Bruce Gomes, https://www.simpsonsarchive.com/guides/lisa.file.html.

10 〈리사의 영웅〉 〈리사에게 방을!〉 〈꼬마 시장 리사〉 〈공포의 할로윈 X〉에 삽입된 〈지나를 찾아서Desperately Xeeking Xena〉 〈엄마 노릇은 힘들어〉 〈미래로 간 바트〉 〈스프링필드에서의 마지막 탭댄스〉 〈리사 A를 받다〉.

11 https://www.simpsonsarchive.com/guides/marge.file.html.

12 이 영예를 차지한 인물은 〈호머의 천적〉 〈셀마 이모의 남편〉 〈이모는 외로 워〉 〈셀마 이모 결혼하다〉에서의 패티와 셀마, 그리고 〈호머의 어머니〉에서 의 모나 심슨뿐인 것 같다. 〈사랑에 빠진 할아버지〉〔원제는 〈부비에 부인의 연 인Lady Bouvier's Lover〉〕는 명백히 할아버지에게 집중하고 있다.

13 https://www.simpsonsarchive.com/guides/gueststars.html.

14 William Smart (ed.), *Eight Modern Essayists*, 4th edition (New York: St. Martin's Press, 1985), p. 9〔한국어판은 버지니아 울프 지음, 이소연 옮김, 『자기만의 방』, 펭귄 클래식코리아, 2010, 183쪽, 「여성의 전문직」〕.

15 June M. Frazer and Timothy C. Frazer, "'Father Knows Best' and 'The Cosby Show': Nostalgia and the Sitcom Tradition," *Journal of Popular Culture*, 13, p. 167에서 재인용.

16 레이 리치먼드는 이렇게 언급한다. "《먼스터 가족》 이전까지, 방송에서 재현되는 부부들은 분리된 트윈베드에서 잠을 자야 했다. 그런 식으로는 늘 줄줄이 튀어나오는 자녀들을 임신하기가 몹시 힘들었을 텐데 말이다.

하지만 릴리와 허먼은 퀸사이즈 침대에서 한 이불을 덮고 꼭 붙어서 잤다. 어쨌든 그들은 일종의 만화 캐릭터이므로 현실과 무관하다는 생각에 서였음이 분명하다. 하지만 실은 상관이 있었다." *TV Moms: An Illustrated Guide* (New York: TV Books, 2000), p. 52.

17 호머는 요양원에서의 생활을 이렇게 회상한다. "아기 때로 돌아간 것 같아. 다른 점은 그걸 즐길 정도로 나이가 들었다는 것뿐이지(〈아푸의 결혼식〉)."

18 "Yeardley's Top Ten Episodes" in "*The Simpsons* Folder: Writings" at http://springfield.simplenet.com/folder/yardley.html(현재는 페이지가 소실됐다).

19 John Sohn, "Simpson Ethics." *The Simpsons* Archive, https://www.simpsonsarchive.com/other/papers/js.paper.html.

20 이 책에 실린 이언 J. 스코블의 「리사와 미국의 반지성주의」는 《심슨 가족》의 지식인 묘사에서 리사가 수행하는 역할을 좀더 본격적으로 분석하고 있다.

21 Sam Tingleff, "The Simpsons as a Critique of Consumer Culture," https://www.simpsonsarchive.com/other/papers/st.paper.html.

22 "More Than Sight Gags and Subversive Satire," *New York Times* (20 June, 1999); 또한 in *The Simpsons* Archive, https://www.simpsonsarchive.com/other/articles/morethan.html.

23 이는 《심슨 가족》의 제작자인 제임스 L. 브룩스의 말을 인용한 것이다. "The Simpsons: Just Funny or More?", by Gerd Steiger, *The Simpsons* Archive, https://www.simpsonsarchive.com/other/papers/gs.paper.html.

24 "And on the Seventh Day Matt Created Bart," *The Simpsons* Archive, https://www.simpsonsarchive.com/other/interviews/groening96.html.

10_칸트주의적 관점에서 본 《심슨 가족》의 도덕세계

1 네드의 도덕성에 대한 논의는 이 책 14장 참조.

2 호머의 도덕적 결함에도 불구하고 그의 '삶에 대한 사랑'이 존경할 만하다
   는 논의는 이 책 1장 참조.

3 위선에 대한 상세한 검토는 이 책 12장 참조.

4 마지에 대한 페미니즘적 비평은 이 책 9장 참조.

5 마지가 의무감보다 덕성을 갖춘 사람이라는 논의는 이 책 4장 참조.

11_스프링필드의 가족과 정치

1 Ed Henry, "Heard on the Hill" in *Roll Call* 44, no. 81 (13 May 1999). 이 칼
   럼은 『올버니 타임스유니언Albany Times-Union』의 기사를 인용했다.

2 〈아빠는 실업자〉에서 큄비가 독일어로 "나는 스프링필드 시민입니다"라고
   말하는 장면은 케네디와의 동일시를 완벽하게 보여준다("나는 베를린 시민
   입니다"는 1963년 케네디 대통령의 서베를린 연설에서 유명한 대목이다). 이 글에
   서 《심슨 가족》의 모든 에피소드는 귀중한 참고자료인 다음 책의 정보를
   참조하여 제목을 인용했다. Ray Richmond and Antonia Coffman, ed., *The
   Simpsons: A Complete Guide to Our Favorite Family* (New York: HarperCollins,
   1997).

3 〈새로 온 이웃사촌〉.

4 이 쇼가 클린턴 비판에 소극적이었던 경향과 관련하여, 핼러윈 에피소드
   인 〈할로윈 이야기〉에서 1996년 대통령 선거를 매우 밋밋하게 풍자한 '외
   계인 대통령' 코너를 참조하라. 하지만 1998-1999년도 시즌에서 눈덩이
   처럼 불어나는 클린턴 행정부의 스캔들에 직면한 《심슨 가족》의 제작자
   들은 결국 대통령을 조심스럽게 다루던 태도를 벗어던지기로 한다. 이 점
   은 특히 (호머가 서류상의 이름을 맥스 파워로 바꾼) 〈내 이름은 호머 심슨〉에서

두드러진다. 파티에서 클린턴에게 이끌려 억지로 춤을 추게 된 마지는 이렇게 묻는다. "내가 당신과 춤을 취야 한다고 연방법에 규정돼 있다는 게 정말이에요?" 클린턴은 자기 정도 위상의 인물에게 마지 정도면 충분하다는 걸 주지시키기 위해 이렇게 말한다. "나는 돼지들이랑도 했는걸요. 농담 아니고 진짜 돼지들이요."

5 〈아빠의 졸업장〉.

6 『월스트리트 저널』 지면에서 《심슨 가족》의 정치학을 놓고 재미나는 논쟁이 벌어진 적이 있다. 이 논쟁은 《심슨 가족》에 정치가 없다고 주장한 벤저민 스타인의 칼럼 「TV 랜드: 마오에서 도까지TV Land: From Mao to Dow」(1997년 2월 5일 자)로 촉발되었다. 이에 대한 반론인 존 맥그루의 「《심슨 가족》은 익숙한 가치들을 공격한다The Simpsons Bash Familiar Values」(1997년 3월 19일 자)는 이 쇼가 정치적이며 일관되게 좌파적이라고 주장했다. 한편 드로이 머독과 H. B. 존슨 주니어의 1997년 3월 12일 자 기고문은 이 쇼가 좌파를 겨냥해서 공격하거나 전통적 가치를 지지하는 경우도 많다고 주장했다. 사실 이러한 논쟁 자체가 《심슨 가족》이 '정치적으로 모호'하며 따라서 '진보뿐만 아니라 보수에게도' 어필한다는 존슨의 결론을 뒷받침하는 증거라 할 수 있다.

7 아마 그중 가장 유명한 예는 〈비벌리 힐빌리즈〉(1962-1971)를 뒤집어서 〈그린 에이커스〉(1965-1971)를 만들어낸 사례일 것이다. 방송국 임원들은 농촌에서 도시로 이사 온 시골뜨기 가족이 웃긴다면 도시에서 농촌으로 이사 온 깍쟁이 커플 또한 뜰 것이라는 결론을 내렸다. 이 생각은 맞아떨어졌다.

8 《심슨 가족》의 자기반영적 특성에 대해서는 내가 쓴 다음 글을 참조하라. "The Greatest TV Show Ever," *The American Enterprise*, Vol. 8, No. 5 (September-October 1997), pp. 34-37.

9 기묘한 일이지만, 바트의 창조자인 맷 그레이닝도 이제 바트 심슨을 비난

하는 대열에 합세했다. 1999년 한 통신사의 인용 보도에 따르면 그는 바트를 나쁜 롤모델이라고 비판하는 이들에게 이렇게 말했다고 한다. "이젠 나도 일곱 살, 아홉 살 소년들의 아빠가 되었기에 죄송하다고밖에는 드릴 말씀이 없다. 여러분이 무슨 말을 하려는지 이제 알 것 같다."

10 〈도망자 마지〉.

11 〈공포의 할로윈 IV〉 중 '악마의 도넛'.

12 〈아빠와 딸의 날〉.

13 〈사랑받는 아빠가 되기 위해〉.

14 〈심슨 가족의 위기〉.

15 〈호머와 하나님〉.

16 〈바트의 여자친구〉.

17 이 쇼에 대해서도 논평하고 싶지만, 공교롭게도 《심슨 가족》과 같은 시간대에 편성되어 한 번도 보지 못했다.

18 예를 들어 노먼 매클린의 동명 소설을 로버트 레드퍼드가 영화화한 〈흐르는 강물처럼〉에서 톰 스케릿이 연기한 목사 캐릭터를 생각해보자.

19 이러한 전형의 좋은 예를 영화 〈컨택트〉에서 찾아볼 수 있다. 매슈 매코너히(선)와 제이크 부시(악)가 연기한 두 종교적 인물은 서로 극명한 대조를 이룬다.

20 〈상담원이 된 엄마〉.

21 〈아빠는 실업자〉.

22 예를 들어 〈바트와 크러스티〉를 보라.

23 〈시장이 된 사이드쇼 밥〉.

24 〈반대! 폭력 만화영화〉.

25 〈스프링필드의 방사능맨〉이라는 에피소드는 거대 미디어와 소도시의 삶 사이에 일반적으로 형성되는 관계의 재미난 역전을 보여준다. 할리우드의

한 영화사가 스프링필드에 와서 만화책 영웅인 방사능맨을 주인공으로 한 영화를 찍는다. 스프링필드 주민들은 촬영 팀을 상대로 바가지요금을 물리고 온갖 명목으로 세금을 신설해서 순진한 영화 제작진을 뜯어먹는다. 결국 빈털터리가 되어 캘리포니아로 돌아온 촬영 팀은 할리우드 지역사회의 따뜻한 이웃들에게 마치 소도시 영웅처럼 환대받는다.

26 『심슨 가족: 우리가 가장 사랑하는 가족에 대한 완벽 가이드』에 대한 서평에서 마이클 더다는 이 쇼를 "20세기 말 미국인의 삶에 대한, 사악하게 웃기면서도 기묘하게 애정 어린 풍자"라고 적절히 정의했다. "『매드』 매거진, 멜 브룩스의 영화들, 손턴 와일더의 희곡 「우리 읍내」가 교배하여 낳은 부도덕한 자식을 상상해보라." *The Washington Post*, Book World (11 January 1998), p. 5.

27 기묘하게도, 이는 폭스 TV의 또 다른 훌륭한 텔레비전 시리즈 «X 파일»의 핵심 주제이기도 하다.

28 *Die fröhliche Wissenschaft*, sect. 193 in Friedrich Nietzsche, Paul A. Cantor, trans., *Sämtliche Werke: Kritische Studienausgabe*, ed. Giorgio Colli and Mazzino Montinari (Berlin: de Gruyter, 1967-1977), Vol. 3, p. 504〔한국어판은 프리드리히 니체 지음, 안성찬·홍사현 옮김, 『즐거운 학문·메시나에서의 전원시·유고』, 책세상, 2005, 「즐거운 학문」〕.

29 이 에세이는 원래 1998년 9월 보스턴에서 열린 미국정치학회 연례 학술대회의 발표문을 상당 부분 수정하여 *Political Theory* 27 (1999), pp. 734-749에 게재한 것으로, 저자와 Sage Publications, Inc.의 허락을 받아 이 책에 옮겨 실었다.

12_ 스프링필드의 위선

1 호머에게 존경할 만한 구석이 있다는 생각에 대해서는 이 책에 실린 라자

할와니의 「호머와 아리스토텔레스」 참조.

2 이 주제에 의한 변주는 다음의 문헌들에서 찾아볼 수 있다. Gilbert Ryle, *The Concept of Mind* (London: Hutchinson, 1949), p. 173, Jonathan Robinson, *Duty and Hypocrisy in Hegel's Phenomenology of Mind* (Toronto: University of Toronto Press, 1977), p. 116, Béla Szabados, "Hypocrisy," *Canadian Journal of Philosophy* 9 (1979), p. 197, Eva Kittay, "On Hypocrisy," *Metaphilosophy* 13 (1982), p. 278, Judith Shklar, *Ordinary Vices* (1984), p. 47〔한국어판은 주디스 슈클라 지음, 사공일 옮김, 『일상의 악덕』, 나남출판, 2011〕, Jay Newman, *Fanatics and Hypocrites* (Buffalo: Prometheus Books, 1986), p. 109, Christine McKinnon, "Hypocrisy, With a Note on Integrity," *American Philosophical Quarterly* 28 (1991), p. 321, Ruth Grant, *Hypocrisy and Integrity* (Chicago: University of Chicago Press, 1997), p. 67, Béla Szabados and Eldon Soifer, "Hypocrisy After Aristotle," *Dialogue* 37 (1998), p. 563. 이상은 완전한 목록이 아니라 대표적인 글 몇 개만 추린 것이다.

3 여기서 섣불리 판단하기 어려운 두 가지 사례를 언급할 만하다. 〈스프링필드의 독립투사〉에서 리사는 제버다이어 스프링필드의 진실을 폭로하지 않기로 결심하고, 〈엄마의 새 옷〉에서 마지는 스프링필드 글렌 컨트리클럽의 회원이 되려고 시도한다. 만일 리사의 침묵이 위선적이라면, 이는 내 앞선 주장과 반대로 칭찬할 만한 위선의 예라 할 수 있다. 컨트리클럽에 가입하려는 마지의 시도는 리사의 침묵처럼 명백한 위선은 아니지만 어느 정도 공감할 만하다. 이 두 사례를 내게 일깨워준 윌리엄 어윈과 애덤 멀러에게 각각 감사를 표한다.

4 진실성이 항상 선한 것은 아니라는 생각에 대해서는 다음 글을 참조하라, Robert A. Epperson, "Seinfeld and the Moral Life," in William Irwin, ed., *Seinfeld and Philosophy: A Book about Everything and Nothing* (La Salle: Open

Court, 2000), pp. 165-166.

5   초고를 읽고 논평해준 론다 마텐스와 편집자들께 감사드린다. 또한 함께 활발한 토론을 나누고 '바 이탈리아'에 잠입해준 칼 매시선과 애덤 멀러에게 뒤늦게나마 감사를 표한다.

13_얼음과자 즐기기: 번스 사장과 행복에 관하여

1   기묘하게 들리겠지만 이 이야기는 요리책에서 인용한 것이다. Robert Farrar Capon, *The Supper of the Lamb* (New York: Doubleday, 1969), pp. 106-107.

2   이 책 1장 참조.

3   행복에 대한 많은 설명에서 이와 비슷한 설명을 찾아볼 수 있다. K. Duncker, "On Pleasure, Emotion, and Striving," *Philosophy and Phenomenological Research* Vol. 1 (1941), pp. 391-430 참조. 가장 간결한 서술로는 *Encyclopedia of Philosophy*, p. 414에 리처드 B. 브랜트가 집필한 '행복happiness' 항목을 들 수 있다.

4   몬티 번스는 1914년도 예일대 졸업생 중 한 명이었다. 통상적인 나이인 22세 무렵에 졸업했다고 가정하면 번스 사장은 1892년에 태어났을 것이다. 그러면 이 에피소드가 방영된 1996년에 그의 나이는 104세가 된다. (그 이전에 방영된 에피소드에서는 그의 나이를 72세로 못 박았지만, 작가들은 72세가 번스 사장만큼 노쇠한 연령이 아니라는 걸 깨달았을 것이다.)

14_안녕하신가, 이웃사촌: 네드 플랜더스와 이웃 사랑

1   우리의 사례를 생각해보면 이 문제는 더더욱 해소된다. 대부분의 해석에 따르면 오로지 하느님만이 진짜로 영생을 줄 수 있다. 따라서 목적은 우리 능력 밖에 있다. 우리 능력으로 할 수 있는 건 구원에 필요한 일부 수단(이

경우에는 세례)을 제공하기 위해 노력하는 일이다. 따라서 이 경우에 내가 제공하기 위해 노력할 의무가 있는 것은 사실 목적 그 자체가 아닌 수단이다.

2 자신의 일에 대해 아직 선택할 수 없는 갓난아기에게 세례를 주는 문제도 있다. 앞에서 후견인은 자기가 보호하는 아이를 위해 자기가 판단한 최선의 행동을 할 도덕적 책임이 있다고 주장하면서 이 문제를 짧게 다룬 바 있다. 게다가, 특히 갓난아기의 경우 세례는 아이가 특정한 종교적 믿음을 택하게끔 강요하는 게 아니다. 그들은 훗날 성장한 뒤에 부모의 신앙과 자유롭게 결별할 수 있다.

3 말할 필요도 없겠지만, 여기서의 '사랑'은 감정을 뜻하는 게 아니라(즉 사랑에 빠진 감정을 느껴야 할 의무가 있다는 게 아니라) 타인과 관계 맺는 방식을 뜻한다.

4 칸트가 네 이웃을 네 몸같이 사랑하라는 명령에 대해 길게 논의한 경우는 놀랍게도 드물다. 『윤리형이상학』의 제2부에서 그는 이렇게 말한다. "'너는 네 이웃을 너 자신처럼 사랑해야 한다'는 말은, 너는 직접적으로 (우선) 사랑해야 하고, 이 사랑을 매개로 해서 (나중에) 친절해야 한다고 말하는 것이 아니라, '네 이웃사람에게 친절하라, 이 친절로 인해 네 안에 (친절 일반을 지향하는 능력으로서의) 인간사랑이 생겨날 것이다'라는 뜻이다(Immanuel Kant, *Practical Philosophy*, Cambridge: Cambridge University Press, 1996. p. 531)〔한국어판은 이마누엘 칸트 지음, 백종현 옮김, 『윤리형이상학』, 아카넷, 2012, 제2부 「덕이론의 형이상학적 기초원리」〕." 같은 책 뒷부분에서 그는 이렇게 쓴다. "그러므로 이웃 사랑의 의무는 타인들의 목적을 (그 목적이 비윤리적이지 않은 경우에 한하여) 나의 목적으로 만드는 의무라고도 표현할 수 있다. (…) '네 이웃을 너 자신처럼 사랑하라'는 완전성의 윤리학적 법칙에 따라, 호의의 준칙(실천적 인간 사랑)은 서로를 사랑할 만한 사람으로 보든 아니든 간에 모든 인간이 서로에 대해 져야 할 의무다(*Practical Philosophy*, pp. 569-570)."

5 하지만 원칙을 나의 것으로 삼는다고 해서 그것이 도덕적 원칙이 되는 것은 아니며, 어디까지나 올바른 종류의 원칙이어야 함을 유의하라. 즉 원칙의 도덕성은 내가 그 원칙을 의욕하는 것과는 무관하다. 우리는 칸트의 관점이 전개됨에 따라 이 점을 더 자세히 보게 될 것이다. 물론 칸트의 복잡한 도덕론을 여기서 다 소개할 수는 없다. 칸트 윤리학을 훌륭하게 소개한 책으로는 다음을 참조하라. Allan Wood, *Kant's Ethical Thought* (Cambridge: Cambridge University Press, 1999).

6 칸트는 정언명령을 몇 가지 서로 다른 버전으로 제시했다. 이 중에서 자율성(도덕적 자기입법)에 대한 우리의 강조와 가장 관련이 깊은 것은, "보편적 법칙 수립의 의지는 개개의 이성적 존재자의 의지라는 이념"(*Practical Philosophy*, p. 81)(한국어판은 이마누엘 칸트 지음, 백종현 옮김, 『윤리형이상학 정초』, 아카넷, 2014)에 따라 행동하라는 원칙이다. 이 말은 모든 사람을 자율적인 행위자가 될 능력을 갖춘 존재로 취급하라는 뜻이다. 이것과 친절의 원칙(타인이 그 자신을 완성시킬 수 있게끔 도우라)은 사실상 '네 이웃을 사랑하라' 원칙이 우리에게 부과하는 내용이다. 우리는 모든 사람을 자율성을 갖춘 존재로 인정하고 그들이 그러한 목적을 이룰 수 있게끔 도와야 한다.

7 우리가 심슨네 아이들에 대한 질문으로부터 멀어지긴 했지만, 어떻게 이 추론을 내가 돌보는 아이들은 물론이고 모든 아이에게 적용할 수 있느냐는 문제가 있다. 칸트는 모두가 자율적으로 행동할 능력이 있지만 모두가 이 능력을 실현하지는 못했다고 생각했다. 아이들이 자율적으로 행동할 수 있는 경우는 드물다. 따라서 자신이 돌보고 있든 그렇지 않든 모든 아이에게 세례를 주고자 노력해야 한다는 주장은 여전히 유효할 수 있다. 여기서 이 문제에 대한 대응 논리를 충분히 전개할 여유는 없지만, 내 생각에 두 가지 경로(중 하나)를 취하면 성공적일 것 같다. 하나는 자율적인 사람들이 자기가 돌보는 아이들을 위해 내리는 판단은 존중해야 한다는 주

장이다. 또 하나는 이웃을 사랑한다면 이웃의 구원을 위해 노력하거나 아니면 이웃의 자율성을 실현하기 위해 노력해야 한다는 주장이다.

15_호머에게도 배울 점이 있다: 누스바움과 픽션의 힘

1 《심슨 가족》에서 인유의 역할과 효과에 대한 상세한 논의는 이 책 6장을 보라.

2 비록 누스바움이 가장 유명하긴 하지만, 픽션의 발견적 기능에 대해 주장하는 철학자는 비단 그뿐만이 아니다. 이 주제를 논의한 다른 저자의 책과 논문으로는, Wayne Booth, *The Company We Keep: An Ethics of Fiction* (Berkeley: University of California Press, 1988), Susan Feagin, *Reading with Feeling* (Ithaca: Cornell University Press, 1996), David Novitz, *Knowledge, Fiction, and Imagination* (Philadelphia: Temple University Press, 1987), Jenefer Robinson, "L'Education Sentimentale" in *Australasian Journal of Philosophy* 73:2 (1995)〔한국어판은 제니퍼 로빈슨 지음, 조선우 옮김, 『감정, 이성보다 깊은』, 북코리아, 2015, 6장「감정적 교육」〕등이 있다.

3 Martha Nussbaum, *Love's Knowledge* (Oxford: Oxford University Press, 1990), p. 5. 앞으로 이 책의 인용구는 LK와 페이지 수를 괄호에 넣어서 표시한다.

4 어떻게 픽션이 문제적 태도와 신념을 조장할 수 있는가에 대한 더 상세한 논의는 Cynthia Freeland, *Realist Horror in Philosophy and Film* (New York: Routledge, 1995)을 보라. 여기서 저자는 많은 사실주의적 호러영화에서 일어나는 악당의 성애화와 미화가 어떤 영향을 끼치는지를 검토한다. 〈양들의 침묵〉과 프리랜드가 예로 든 〈헨리: 연쇄 살인범의 초상〉 같은 영화에서 관객들은 연쇄 살인범에게 공감하게끔 유도된다. 프리랜드의 설명에 따르면 이런 공감의 배양이 반드시 부정적이지만은 않다. 실제로 관객이 자신의 공감과 그 문제적 성격을 스스로 인식한다면 이런 공감의 배양은 성찰

을 촉발하고 이해를 높일 수도 있다. 하지만 무비판적이고 외부 영향에 쉽게 휘둘리는 관객들에게서 이런 공감이 발생할 경우에는 긍정적 결과가 나오지 않을 수도 있다.

5   《심슨 가족》에서 우리 감정을 교육하는 픽션의 힘을 보여주는 사례는 ‹할아버지와 지옥의 물고기 소대›라는 에피소드에 등장한다. 에피소드 끝에서 시청자들은 바트가 남들 앞에서 할아버지를 포옹하는 걸 보고 마음이 훈훈해진다. 심슨 할아버지는 바트가 남들 앞에서 자기랑 포옹하는 걸 창피해하리라 여기고 바트도 포옹하는 동안 남의 눈을 의식하긴 하지만, 처음에 바트는 이런 식의 애정 표현을 꺼리지 않는다. 실제로 바트는 자기가 할아버지를 사랑한다는 걸 남들이 알더라도 상관없다고 선언한다. 흔히 우리가 겉으로 특정한 인상을 주기 위해 자신의 행동을 조절하기는 하지만, 바트의 행동에 대해 우리가 느끼는 만족감은 겉모습에 대한 걱정보다 진실한 감정 표현이 우선되어야 함을 일깨워준다.

6   Flint Schier, "Tragedy and the Community of Sentiment" in *Philosophy and Fiction* (Aberdeen: Aberbeen University Press, 1983), p. 84. 앞으로 이 글에서 인용하는 어구는 *TCS*와 페이지 수를 괄호에 넣어 표시한다.

7   Susan Feagin, *Reading with Feeling* (Ithaca: Cornell University Press, 1996), p. 98. 앞으로 이 책에서 인용하는 어구는 *RF*와 페이지 수를 괄호에 넣어 표시한다.

8   픽션의 혜택은 독자나 관객에게 외부자의 관점과 내부자의 관점을 둘 다 제시하는 능력에 있다. 우리 모두는 내부자의 관점이 반드시 가장 정확한 것만은 아님을 경험으로 안다. 사물에 너무 근접해 있어서 그것을 객관적으로 보지 못할 때도 있다. 하지만 동시에 외부자나 관찰자의 관점 또한 항상 충분하지는 않다. 대개는 살면서 내부자의 관점과 관찰자의 관점을 둘 다 접하는 사치를 누리지 못하는데, 픽션은 바로 이러한 사치를 개개인

에게 선사한다.

9   Wayne Booth, *The Company We Keep: An Ethics of Fiction* (Berkeley: University of California Press, 1988), p. 485. 앞으로 이 책에서 인용하는 어구는 *CWK*와 페이지 수를 괄호에 넣어 표시한다.

10 물론 이런 식으로 획득한 관점은 실제가 아닌 가상적 관점이다. 따라서 그 정확성을 보장할 수 없다. 그렇더라도 자신이 마음에 품은 행동이나 상황과 유사한 픽션 속의 행동이나 상황을 평가할 기회를 갖는 게 그런 기회가 없는 경우보다 더 바람직해 보인다.

11 Gregory Currie, "The Moral Psychology of Fiction," *Australasian Journal of Philosophy*, 73:2 (1995), p. 256. 앞으로 이 글에서 인용하는 어구는 *MPF*와 페이지 수를 괄호에 넣어 표시한다.

12 여기서 내가 좀더 일상적인 용어를 써서 가리키고 있는 것은 바로 '카타르시스', 즉 부정적 감정의 정화 과정이다. 아리스토텔레스 같은 이들은 픽션이 흔히 북돋는 카타르시스적 감정 발산이 불쾌하거나 파괴적인 감정을 표출할 안전한 장을 마련해주기 때문에 이는 픽션의 가장 긍정적인 효과 중 하나라고 강조한다.

13 일례로 소설을 읽거나 영화를 보면서 어떤 인물에게 강렬하게 반응하고는, 그렇게 강한 감정을 느끼리라 예상치 못했기 때문에 스스로에게 놀라는 경우가 있다. 이런 강렬한 감정의 유도는 성찰의 촉매 구실을 할 수 있다. 특히 내가 보인 반응의 근거를 파악하려는 노력의 일환으로 그 반응을 유발한 허구의 상황을 주의 깊게 성찰함으로써 나조차도 깨닫지 못했던 나의 믿음이나 감정을 발견할 수 있다.

14 ‹매트릭스›나 ‹‹하쉬렐름›› 같은 작품에 묘사된 가상세계가 무시무시한 건 인물들이 그 세계에서 탈출할 수 없거나 (대개의 경우) 탈출하지 않는다는 점이다.

15 『존재와 시간』에서 독일 철학자 마르틴 하이데거는 바로 곁에 있는 것이 항상 가장 잘 이해될 수 있는 건 아님을 보여준다. 우리는 (내가 누구이고 어떠한가와 같은 문제처럼) 가장 가까이 있는 것에 대해 가장 혼란스러워할 때가 많다는 것이다.

16 이런 정확성이 없이는 풍자의 효과를 거둘 수 없다. 풍자 효과를 거두려면 무엇을 풍자하고 있는지를 사람들이 알아보아야 하기 때문이다.

17 사장을 창문 밖으로 내던질 때 그 여파에 대해 일말의 우려도 없는 호머의 분개한 태도가 우리에게 즐거움을 주기는 하지만, 그의 방식은 대개 역효과를 낳고 그를 멍청하게 보이도록 만든다는 점에서, 호머는 그와 비슷한 상황에서 하지 말아야 할 일을 전형적으로 보여준다.

18 예외가 있긴 하지만, 코미디는 코미디이기 때문에 너무 고압적으로 느껴지지 않는 경향이 있다. 그 속성상 코미디에는 다른 매체에서 보여주는 진지함이 결여되어 있다. 심지어 대단히 심각한 문제를 다룰 때에도 코미디 특유의 스타일이 그 무게를 덜어주어, 다른 매체 같았으면 반발에 부딪힐 만한 내용도 전달할 수 있게 해준다.

19 일부가 초콜릿을 좋아한다는 이유로 모두가 초콜릿을 좋아한다고 결론짓는 일이 비논리적이듯, 일부 대중 픽션이 텅 비었다는 이유로 모든 대중 픽션이 그렇다고 결론 내릴 수는 없다.

20 《심슨 가족》 등의 대중 픽션에 대한 노출이 초래할 수 있는 부정적 효과를 고려하는 것 또한 중요하다. 대중 픽션은 그 영향력이 광범위하기 때문에 우리는 부정적 효과를 끼칠 수 있는 그것의 잠재력을 심각하게 고려해야 한다. 픽션의 독서나 관람이 초래할 수 있는 효과를 개개인에게 인식시켜서 작품을 선택하는 안목을 높이고 작품의 이용에 대한 비판 능력을 길러야 한다. 현재는 "그저 픽션일 뿐인걸!"이라는 가정이 픽션의 영향력에 대한 우려를 가로막고 있다. 하지만 픽션이 실제로 끼치는 영향력을 인식

한다면 우리는 픽션이 제공하는 것을 더 잘 활용하면서도 그 부작용에 덜 휩쓸릴 수 있을 것이다.

21 앞에서도 논의했듯이, 픽션은 우리에게 알게 모르게 영향을 끼친다. 예를 들어 픽션을 읽는 과정은 (그런 변화가 일어나는 걸 우리가 인지하든 아니든 간에) 우리의 주의 패턴을 변화시킨다. 픽션은 세부에 더 주의를 기울이게끔 우리를 교육시킨다. 이렇게 주의력이 향상되는 것은 확실한 이점이다. 하지만 픽션이 지니는 긍정적 효과는 이뿐만이 아니며, 다른 효과들의 덕을 보려면 개개인이 더 큰 수용성을 갖추어야 한다. 예를 들어 토끼와 거북이 이야기를 단지 재미있는 동물 이야기로만 본다면 이 이야기는 그냥 거기서 끝일 것이다. 하지만 이 이야기가 재미와 교훈을 둘 다 갖출 수 있다는 생각에―아이들처럼―열려 있다면 그것은 두 가지 기능을 수행할 것이다. 여기서 나는 단지 태도가 지식 획득에 방해가 될 수 있음을 보여주려는 것이다.

22 이 글을 준비하는 데 도움을 준 B. 스티브 차키에게 특별히 감사드린다. 그리고 이 글의 많은 부분이 내 학위논문에서 끌어온 것인 만큼, 학위논문 준비에 도움을 준 캐럴린 코스마이어 박사, 제임스 롤러 박사, 조가경 박사, 케네스 이나다 박사에게도 감사를 표한다.

16_스프링필드의 마르크스주의자

1   E. B. White, "Some Remarks on Humor." *In The Second Tree from the Corner* (New York: Harper, 1954), p. 174.

2   Immanuel Kant, *The Critique of Judgement*, trans. James Creed Meredith (New York: Oxford University Press, 1952), p. 199〔한국어판은 이마누엘 칸트 지음, 백종현 옮김, 『판단력 비판』, 아카넷, 2009〕.

3   George Meredith, *An Essay on Comedy and the Uses of the Comic Spirit* (New

York: Scribners, 1897), p. 141.

4   Michael Ryan, "Political Criticism," *Contemporary Literary Theory*, eds.
    Douglas Atkins and Laurie Morrow (Amherst: University of Massachusetts Press,
    1989), p. 203.

5   Frederick Engels, Letter to Minna Kautsky. In *Marx and Engels on
    Literature and Art* (Moscow: Progress Publishers, 1976), p. 88〔한국어판은 카를 마
    르크스·프리드리히 엥겔스 지음, 김대웅 옮김, 『마르크스 엥겔스 문학예술론』, 미다스
    북스, 2015, 「엥겔스, 민나 카우츠키에게 보낸 편지에서(1885. 11. 26)」〕.

6   Richard Corliss, "Simpsons Forever," *Time* (2 May 1994), p. 77.

7   M. S. Mason, "Simpsons Creator on Poking Fun," *Christian Science Monitor*
    (17 April 1998), p. B7.

8   W. H. Auden, "Notes on the Comic," *Thought* 27 (1952), pp. 68–69.

9   이 글의 수많은 초고를 읽고 많은 제언을 해준 루이스 레이더에게 감사드
    린다.

17_ 나머지는 저절로 써지지: 롤랑 바르트, 《심슨 가족》을 보다

1   John Fiske and John Hartley, *Reading Television* (London: Methuen, 1978),
    pp. 16–17〔한국어판은 존 피스크·존 하틀리 지음, 이익성 옮김, 『TV 읽기』, 현대미학
    사, 1994, 20-21쪽〕.

2   Ellen Seiter, "Semiotics, Structuralism, and Television" in Robert C.
    Allen, ed., *Channels of Discourse Reassembled: Television and Contemporary
    Criticism* (Chapel Hill: University of North Carolina Press, 1987), p. 31〔한국어판은
    로버트 앨런 엮음, 김훈순 옮김, 『텔레비전과 현대 비평』, 나남, 1993, 엘런 세이터, 「기
    호학과 텔레비전」〕.

3   앞의 글, p. 32.

4 Douglas Rushkoff, *Media Virus: Hidden Agendas in Popular Culture* (New York: Ballantine, 1994)〔한국어판은 더글러스 러시코프 지음, 방재희 옮김, 『미디어 바이러스』, 황금가지, 2003〕.

5 Roland Barthes, *Mythologies*, trans. Annette Lavers (London: Paladin, 1973)〔한국어판은 롤랑 바르트 지음, 정현 옮김, 『신화론』, 현대미학사, 1995〕.

6 Roland Barthes, *Image-Music-Text*, trans. Stephen Heath (New York: Noonday, 1977), p. 42〔한국어판은 롤랑 바르트 지음, 김인식 엮고 옮김, 『이미지와 글쓰기』, 세계사, 2000, 「이미지의 수사학」〕.

7 위의 글, pp. 42-43, 강조는 지은이.

8 위의 글, p. 44.

9 위의 글, p. 45.

10 바르트는 사진의 수사학에 대한 이런 개념을 (따지고 보면 사진의 빠른 연속에 지나지 않는) 영화에 적용하는 것이 더 어려울 수 있다고 언급한다. 영화에서는 '사물이 지금 거기 있음'에 대한 감각, 즉 현장감이 과장되기 때문이다. 우리는 영화를 지금 바로 옆에 있고 마치 직접 관여하는 것처럼 체험한다. (내 생각에 텔레비전은 더하다.) 바르트는 이렇게 말한다. "대체로 영화는 투영적이고 '주술적인' 허구의 의식에 의존하지만, 사진은 이와 다르게 순수한 관찰자적 의식과 결부되어야 한다." 바르트는 이것이 영화와 사진 이미지의 '근본적 대립'을 부과한다고 시사하지만, 그럼에도 나는 이미지가 의미를 띠는 힘이 있다는 그의 개념을 텔레비전 만화영화에 대한 논의에 생산적으로 적용할 수 있다고 믿는다. 대형 스크린으로 보는 극영화와 달리, 텔레비전 만화는 영화가 의존하는 '투영적이고' '주술적인' 불신의 유예를 닿을 듯 말 듯한 방식으로 타파하기 때문에 오히려 이런 적용이 더 유효할 수도 있다(앞의 글, p. 45).

11 우리는 〈이치와 스크래치 쇼〉와 이 장르의 관계에 대해 길게 추론해 볼 수

있을 것이다. 실제로 이는 «심슨 가족»에서 오랫동안 이어내려 온 논의 주제 중 하나다. 예를 들어 바트가 «이치와 스크래치»의 원작자이자 자칭 만화 폭력의 아버지인 체스터 J. 램프윅을 만나는 ‹법정으로 간 이치›를 보라. 또 «이치와 스크래치»의 역사를 보여주는 ‹이치와 스크래치›도 참조하라.

12 Roland Barthes, *S/Z*, trans. Richard Miller (New York: Hill and Wang, 1974), p. 11〔한국어판은 롤랑 바르트 지음, 김웅권 옮김, 『S/Z』, 연암서가, 2015〕.

13 위의 책, p. 11.

14 위의 책, p. 22.

15 위의 책, p. 23.

18_바트가 생각이라고 부르는 것

1 Martin Heidegger, *What Is Called Thinking?*, trans. J. Glenn Gray (New York: Harper and Row, 1968), p. 41〔한국어판은 마르틴 하이데거 지음, 권순홍 옮김, 『사유란 무엇인가』, 도서출판 길, 2005〕.

2 앞으로 이 용어들을 쓸 것인데, 내 용법에서 이 용어들이 아주 명료하게 다가오지 않을 수도 있기 때문에 부연하자면, 여기서 무언가를 인격화한다는 것은 그것을 나로부터 독립된 다른 무언가로, 자기 의지와 자기 방식이 있는 무언가로 취급한다는 뜻이다. 그래서 여기서 얼굴이 중요한 것이다. 얼굴을 지녔다고 간주되는 무언가는 인격화된 것이다. (여기서 C. S. 루이스의 소설 『우리가 얼굴을 찾을 때까지』를 생각해보자. 이 이야기의 요지 중 일부는, 천국이 아닌 이곳에서의 우리는 온전히 인격화되지 않았고, 얼굴을 갖지 않는다는 것이다.) 무언가를 개인화personalize한다는 것은 그 무언가를 내 것으로, 내게 의존한 것으로, 내게 의존하여 존재하고 행동하는 무엇으로 취급한다는 뜻이다. 따라서 예컨대 뒤에서 인용할 쇼펜하우어, 하이데거, 프레게의 글에서 언급되는 표상은 개인적인(혹은 개인화된) 것이다. 프레게의 말에 따르

면 표상은 우리가 가진 무엇, 우리가 소유한 무엇이다. (인격화된 것은 우리가 갖거나 소유한 것이 아니다.)

3 Arthur Schopenhauer, *The World as Will and Representation* Vol. 1, trans. E.F.J. Payne (Indian Hook, Colorado: Falcon Wing Press, 1958), p. 1〔한국어판은 아르투르 쇼펜하우어 지음, 홍성광 옮김, 『의지와 표상으로서의 세계』, 을유문화사, 2015, 41-42쪽〕. 나는 하이데거가 인용한 이와 유사한 단락보다는 이 단락이 더 명료하다고 생각해서 이것을 인용했다(하이데거가 인용한 단락은 Vol. II, pp. 3-4에서 찾아볼 수 있다).

4 *What Is Called Thinking?*, p. 41〔한국어판은 『사유란 무엇인가』, 77쪽〕.

5 여기서 하이데거가 말하는 '철학'은 자신이 하고 있는 철학이 아닌, 그때까지 다른 사람들이 해온 기존의 철학을 뜻한다.

6 *What Is Called Thinking?*, p. 41〔한국어판은 『사유란 무엇인가』, 77쪽〕.

7 Gottlob Frege, *Logical Investigations*, trans. Peter Geach and R. H. Stoothoff (New Haven: Yale University Press, 1977), pp. 13-16.

8 에포케, 즉 괄호 치기에 대해 후설은 이렇게 지시한다. "우리는 자연적 태도의 본질에 속한 일반정립을 작용중지시키고, 이 일반정립이 존재적 관점에서 포괄하는 각각의 모든 것을 괄호 속에 넣는다. 따라서 항상 '우리에 대해 거기에' '현존해' 있고 의식에 적합한 '실제성'으로서 언제나 거기에 남아 있는 이 자연적 세계 전체를, 우리가 정말 그 자연적 세계 전체를 괄호칠 것을 원할 때, 괄호 속에 넣는다. 만약 내가 그러한 괄호 침이 나의 완전한 자유이듯이 그렇게 실행한다면, 따라서 이때 나는 마치 소피스트인 것처럼 이 '세계'를 부정하지 않고, 나는 마치 내가 회의주의자인 것처럼 세계의 현존을 의심하지 않는다. 그러나 나는 공간적-시간적 현존에 관한 모든 판단을 나에게 완전히 차단하는 '현상학적' 판단 중지를 수행한다. 그러므로 나는 이 자연적 세계에 관련된 모든 학문—비록 이 학

문들이 나에게 확고하더라도, 내가 이 학문들을 아무리 찬양하더라도, 내가 이 학문들에 반론을 제기하는 것을 추호도 생각하지 않더라도—을 배제하고, 학문들의 타당성을 결코 사용하지 않는다. 나는 그 학문들에 속한 명제들의 어느 하나도 (…)—그 명제가, 이것이 학문들 속에 주어지듯이, 이 세계의 실제성에 관한 하나의 진리로서 이해되는 한—내 것으로 삼지 않는다. (…) 나는 내가 그 명제를 괄호 친 다음에만 그 명제를 받아들일 수 있다. 즉 판단을 배제하는 변양시키는 의식 속에서만, 따라서 바로 학문에서의 명제와 같은 것이 아닌 명제, 즉 타당성을 요구하는 명제와 그 타당성을 나는 인정하고 이용한다." Edmund Husserl, *Ideas*, trans. W. R. Boyce Gibson (New York: Collier, 1962), pp. 99-100〔한국어판은 에드문트 후설 지음, 이종훈 옮김, 『순수현상학과 현상학적 철학의 이념들』, 한길사, 2009, 124-125쪽〕. (시각적으로 생생하게, 아주 단순화해서 표현하자면) 에포케의 괄호가 2차원의 지향적 항목들(표상들)로 가득 찬 스크린을 둘러싸고 있다고 할 때, 하이데거는 에포케를 '열린 터Lichtung, the clearing'로 인격화하면서 에포케의 괄호를 아래로 기울여 땅에 눕힌 뒤 이 스크린을 제거한다. 그래서 사물들에 대응하는 지향적 항목(표상)이 아닌 사물 그 자체들이, 이제 열린 터를 둘러싸고 있는 괄호 안에 서 있을 수 있게 된다.

9   이 문제는 내 논의에서의 걸림돌이 아니므로 그냥 이렇게만 말하고 비켜가겠다.

10 이 점에서 하이데거가 옳은지 그른지 여부를 판단하는 건 어려운 문제다. 여기서는 이 문제를 무시하겠다. 즉 하이데거가 옳다는 논증은 생략하고 일단 하이데거가 옳다고 취급하겠다.

11 하이데거에게, 우리 앞에 선 꽃이 핀 나무는 괄호 안에 든 우리 시야의 2차원적 부분이다. 이것은 우리 머릿속에 있지 않으며 의식의 상관자에 불과하다. 우리 머릿속에 있는 것은 우리 앞에 서 있을 수도, 우리와 만날 수도,

우리와 대면할 수도 없다. 우리는 표상 앞에 서 있을 수도, 표상과 만날 수도, 표상과 대면할 수도 없다.

12 Martin Heidegger, *The Basic Problems of Phenomenology*, trans. Albert Hofstadter (Bloomington: Indiana University Press, 1982), p. 21〔한국어판은 마르틴 하이데거 지음, 이기상 옮김, 『현상학의 근본 문제들』, 문예출판사, 1994, 45쪽〕.

13 하이데거가 이 행에 대한 고찰을 끝맺을 즈음에 이 구절은 다음과 같이 되어 있다. "그것은 앞에 놓여 있도록 내어두기 및 마찬가지로 또한 보살핌 안으로 영접하기를 필요해서 쓴다〔『사유란 무엇인가』, 336쪽〕."

14 Ludwig Wittgenstein, *Philosophical Investigations*, trans. G. E. M. Anscombe (New York: MacMillan, 1953), p. 95〔한국어판은 루트비히 비트겐슈타인 지음, 이승종 옮김, 『철학적 탐구』, 아카넷, 2016〕. 이러한 생각 개념에 대한 더 자세한 논의는 다음을 참조하라. John McDowell, *Mind and World* (Cambridge, MA: Harvard University Press, 1994), pp. 27ff. 또 같은 저자의 다음 글도 참조하라. "Putnam on Mind and Meaning" in *Meaning, Knowledge, and Reality* (Cambridge, MA: Harvard University Press, 1998), pp. 275-291.

15 이를 *Philosophical Investigations*, 109와 비교해보라.

16 Ludwig Wittgenstein, *Tractatus Logico-Philosophicus* (Mineola, New York: Dover, 1999), p. 1〔한국어판은 루트비히 비트겐슈타인 지음, 이영철 옮김, 『논리-철학 논고』, 책세상, 2006〕.

에피소드 목록

심슨 가족이 사는 법

시즌 2(1990~1991)

<table>
<tr><td>11</td><td>한 물고기, 두 물고기, 복어, 파란 물고기
One Fish, Two Fish, Blowfish, Blue Fish(7F11)</td><td>1991년 1월 24일</td></tr>
<tr><td>12</td><td>우리는 그랬었지
The Way We Was(7F12)</td><td>1991년 1월 31일</td></tr>
<tr><td>13</td><td>도둑질하지 말라
Homer vs. Lisa and the 8th Commandment(7F13)</td><td>1991년 2월 7일</td></tr>
<tr><td>14</td><td>올드미스, 우리 이모
Principal Charming(7F15)</td><td>1991년 2월 14일</td></tr>
<tr><td>15</td><td>형제여 당신은 어디에 있는가
Oh Brother, Where Art Thou?(7F16)</td><td>1991년 2월 21일</td></tr>
<tr><td>16</td><td>우리 집 개는 아무도 못 말려
Bart's Dog Gets an F (7F14)</td><td>1991년 3월 7일</td></tr>
<tr><td>17</td><td>로맨스 그레이
Old Money(7F17)</td><td>1991년 3월 28일</td></tr>
<tr><td>18</td><td>엄마는 화가
Brush with Greatness(7F18)</td><td>1991년 4월 11일</td></tr>
<tr><td>19</td><td>선생님, 사랑해요
Lisa's Substitute(7F19)</td><td>1991년 4월 25일</td></tr>
<tr><td>20</td><td>결혼의 위기
The War of the Simpsons(7F20)</td><td>1991년 5월 2일</td></tr>
<tr><td>21</td><td>만화책 소동
Three Men and a Comic Book(7F21)</td><td>1991년 5월 9일</td></tr>
<tr><td>22</td><td>피의 원한
Blood Feud(7F22)</td><td>1991년 7월 11일</td></tr>
</table>

시즌 3(1991-1992)

<table>
<tr><td>1</td><td>쓸쓸한 리사의 생일
Stark Raving Dad(7F24)</td><td>1991년 9월 19일</td></tr>
<tr><td>2</td><td>리사, 워싱턴에 가다
Mr. Lisa Goes to Washington(8F01)</td><td>1991년 9월 26일</td></tr>
<tr><td>3</td><td>우리는 이웃사촌
When Flanders Failed(7F23)</td><td>1991년 10월 3일</td></tr>
<tr><td>4</td><td>대부 바트
Bart the Murderer(8F03)</td><td>1991년 10월 10일</td></tr>
</table>

심슨 가족이 사는 법

10 특집 심슨 가족
The Simpsons 138th Episode Spectacular(3F31)

11 바트의 도둑질
Marge Be Not Proud(3F07)

12 아빠의 볼링 팀
Team Homer(3F10)

13 새로 온 이웃사촌
Two Bad Neighbors(3F09)

14 엄마의 새 옷
Scenes From the Class Struggle in Springfield(3F11)

15 바트와 크러스티
Bart the Fink(3F12)

16 스프링필드의 독립투사
Lisa the Iconoclast(3F13)

17 호머, 비서가 되다
Homer The Smithers(3F14)

18 법정으로 간 이치
The Day the Violence Died(3F16)

19 셀마 이모의 남편
A Fish Called Selma(3F15)

20 바트의 운전면허
Bart on the Road(3F17)

21 스프링필드 이야기 22
Short Films About Springfield(3F18)

22 할아버지와 지옥의 물고기 소대
Raging Abe Simpson and His Grumbling Grandson
in 'The Curse of the Flying Hellfish'(3F19)

23 불법체류자, 아푸 아저씨
Much Apu About Nothing(3F20)

24 아빠와 록 페스티벌
Homerpalooza(3F21)

25 리사의 여름방학
Summer of 4 ft. 2(3F22)

1995년 12월 3일

1995년 12월 17일

1996년 1월 7일

1996년 1월 14일

1996년 2월 4일

1996년 2월 11일

1996년 2월 18일

1996년 2월 25일

1996년 3월 17일

1996년 3월 24일

1996년 3월 31일

1996년 4월 14일

1996년 4월 28일

1996년 5월 5일

1996년 5월 19일

1996년 5월 19일

시즌 8(1996-1997)

1	할로윈 이야기 Treehouse of Horror VII(4F02)	1996년 10월 27일
2	호머의 새 직장 You Only Move Twice(3F23)	1996년 11월 3일
3	권투선수가 된 호머 The Homer They Fall(4F03)	1996년 11월 10일
4	번즈 사장의 아들 Burns, Baby Burns(4F05)	1996년 11월 17일
5	바트의 밤일 Bart After Dark(4F06)	1996년 11월 24일
6	밀하우스 부모, 이혼하다 A Milhouse Divided(4F04)	1996년 12월 1일
7	리사의 남자친구 Lisa's Date With Density(4F01)	1996년 12월 15일
8	네드와 허리케인 Hurricane Neddy(4F07)	1996년 12월 29일
9	영혼의 동반자를 찾아서 El Viaje Misterioso de Nuestro Jomer (The Mysterious Voyage of Homer)(3F24)	1997년 1월 5일
10	스프링필드의 X 파일 The Springfield Files(3G01)	1997년 1월 12일
11	엄마의 새 사업 The Twisted World of Marge Simpson(4F08)	1997년 1월 19일
12	동계훈련에서 생긴 일 Mountain of Madness(4F10)	1997년 2월 2일
13	현명한 새 보모 Simpsoncalifragilisticexpiala (Annoyed Grunt) cious(3G03)	1997년 2월 7일
14	이치, 스크래치, 푸치 쇼 The Itchy & Scratchy & Poochie Show(4F12)	1997년 2월 9일
15	진짜 사나이 Homer's Phobia(4F11)	1997년 2월 16일
16	사이드쇼 밥의 동생 Brother From Another Series(4F14)	1997년 2월 23일

심슨 가족이 사는 법

심슨 가족이 사는 법

Natural Born Kissers(5F17)

시즌 10(1998-1999)

1	리사의 댄스 파티 Lard of the Dance(5F20)	1998년 8월 23일
2	호머와 에디슨 The Wizard of Evergreen Terrace(5F21)	1998년 9월 20일
3	엄마가 된 바트 Bart, the Mother(5F22)	1998년 9월 27일
4	공포의 할로윈 IX Treehouse of Horror IX(AABF01)	1998년 10월 25일
5	스프링필드에 온 스타들 When You Dish Upon a Star(5F19)	1998년 11월 8일
6	호머 히피가 되다 D'Oh-in' in the Wind(AABF02)	1998년 11월 15일
7	리사 A를 받다 Lisa Gets an 'A'(AABF03)	1998년 11월 22일
8	할아버지의 신장 수술 Homer Simpson in: 'Kidney Trouble'(AABF04)	1998년 12월 6일
9	시장을 보호하라! Mayored to the Mob(AABF05)	1998년 12월 20일
10	네드의 새 인생 Viva Ned Flanders(AABF06)	1999년 1월 10일
11	스프링필드의 통금령 Wild Barts Can't Be Broken(AABF07)	1999년 1월 17일
12	슈퍼볼에 간 남자들 Sunday, Cruddy Sunday(AABF08)	1999년 1월 31일
13	내 이름은 호머 심슨 Homer to the Max(AABF09)	1999년 2월 7일
14	발렌타인 데이 소동 I'm With Cupid(AABF11)	1999년 2월 14일
15	엄마의 난폭 운전 Marge Simpson in: 'Screaming Yellow Honkers'(AABF10)	1999년 2월 21일

시즌 11(1999-2000)

3	철부지 아빠 크러스티 Insane Clown Poppy(BABF17)	2000년 11월 12일
4	환경운동가 리사 Lisa the Tree Hugger(CABF01)	2000년 11월 19일
5	돈이냐 자존심이냐 Homer vs. Dignity(CABF04)	2000년 11월 26일
6	호머의 홈페이지 The Computer Wore Menace Shoes(CABF02)	2000년 12월 3일
7	부자 합동 사기단 The Great Money Caper(CABF03)	2000년 12월 10일
8	스프링필드의 눈사태 Skinner's Sense of Snow(CABF06)	2000년 12월 17일
9	나 다시 돌아갈래 HOM'R(BABF22)	2001년 1월 7일
10	위험한 자원봉사 Pokey Mom(CABF05)	2001년 1월 14일
11	비즈니스맨 바트 Worst Episode Ever(CABF08)	2001년 2월 4일
12	애증의 테니스 코트 Tennis the Menace(CABF07)	2001년 2월 11일
13	크러스티 암살 소동 Day of the Jackanapes(CABF10)	2001년 2월 18일
14	아이돌 스타 바트 New Kids on the Blecch(CABF12)	2001년 2월 25일
15	호머의 단식투쟁 Hungry Hungry Homer(CABF09)	2001년 3월 4일
16	두 얼굴의 전학생 Bye Bye Nerdie(CABF11)	2001년 3월 11일
17	심슨 가족의 아프리카 여행 Simpson Safari(CABF13)	2001년 4월 1일

이상은 이 책이 출간된 2001년 4월까지 방영된 에피소드 목록이다. 이후 에피소드 목록은 *The Simpsons* Archive https://www.simpsonsarchive.com/에서 찾아볼 수 있다.

이 책에 아이디어를 준 사람들

탈레스(기원전 624?-기원전 546?)

"만물은 신들로 충만하며 저마다의 혼을 갖고 있다."

아낙시만드로스(기원전 611?-기원전 546?)

"있는 것들이 그 근원으로부터 생성하고, 필연에 따라 다시 그곳으로 돌아가 소멸한다. 그것들이 자신의 불의에 대해 시간의 질서에 따라 벌을 받고 또 서로에게 배상하기 때문이다."

노자(기원전 604?-기원전 ?)

"아는 사람은 말하지 않고, 말하는 사람은 알지 못한다."

아낙시메네스(기원전 585?-기원전 528?)

"공기는 존재하는 것들의 근원이다. 그로부터 모든 것이 생겨나고 다시 그 속으로 분해되기 때문이다."

석가모니(기원전 624?-기원전 544?)

"모든 중생은 병에 걸렸다. 나는 병을 알아 약을 베푸는 의사로서 세상에 왔다."

공자(기원전 551-기원전 479)

"군자는 태평하여 마음이 너그러우나, 소인은 늘 초조하고 근심에 차 있다."

헤라클레이토스(기원전 544?-기원전 484?)

"같은 강물에 두 번 발을 담글 수는 없다. 새로운 물, 또 새로운 물이 계속 흘러오기 때문이다."

파르메니데스(기원전 515?-기원전 445?)

"있지 않은 것들을 있게끔 강제하지 마라."

소크라테스(기원전 470?-기원전 399)

"부는 탁월함을 가져다주지 않지만, 탁월함은 부와 그 밖의 모든 공사公私의 축복을 가져다준다."

플라톤(기원전 428?-기원전 348?)

"철학자들이 왕이 되어 통치하거나 현재 왕과 지도자라 불리는 이들이 참으로 충분히 철학적으로 사색할 때까지, 즉 정치권력과 철학이 완전히 일치할 때까지, 또한 한편으로 어느 한쪽만을 추구하는 다양한 성향들이 강제로나마 저지될 때까지, 국가는, 아니 내 생각에 인류는 나쁜 것으로부터 절대 해방되지 못할 것이다."

아리스토텔레스(기원전 384-기원전 322)

"각자에게 고유한 것이, 본성적으로 각자에게 가장 좋은 것이자 가장 즐거운 것이다. 따라서 인간에게는 지성에 걸맞은 삶이 최선이자 가장 즐거운 삶이다. 지성이야말로 다른 어떤 것보다도 인간이기 때문이다. 그러니 그런 삶은 또한 가장 행복한 삶일 것이다."

에피쿠로스(기원전 341-기원전 270)

"우리는 쾌락을 우리가 타고난 첫째의 선이라고 인식하며, 선택하고 기피하는 모든 행동을 쾌락으로부터 시작한다. 또한 우리는 이 쾌락의 느낌을 기준으로서 신뢰하여 모든 선을 판단할 때 그것으로 돌아간다."

에픽테토스(55?-135?)

"인간을 괴롭히는 것은 사물 자체가 아니라 사물에 대한 그의 판단이다."

마르쿠스 아우렐리우스(121-180)

"일어나는 모든 일은 봄철의 꽃이나 여름철의 과일처럼 정상적이고 예측 가능한 것이다. 질병, 죽음, 중상, 음모, 그리고 어리석은 인간들을 기쁘거나 괴롭게 하는 다른 모든 것 또한 이와 같다."

아우구스티누스(354-430)

"심지어 악이라고 불리는 것도, 그것이 규제되고 제자리에 있다면 선에 대한 우리의 찬양을 더욱 높여주기만 할 뿐이다."

캔터베리의 안셀무스(1033-1109)

"주 나의 하느님, 당신은 참으로 존재하시며, 당신이 존재하지 않는다고는 생각조차 할 수 없습니다."

토마스 아퀴나스(1255?-1274)

"이성적인 피조물은, 그것 자체가 섭리의 일부를 나누어 갖는 한, 그 자신과 다른 것들에 어떤 규정을 줌으로써, 신의 섭리에 다른 무엇보다도 더 탁월한 방식으로 종속되어 있다. 따라서 그것은 저마다의 영원한 이성을 가지며, 그럼으로써 올바른 행동과 목표로 자연스럽게 기울게 된다. 그리고 이성적 피조물이 이렇게 영원법에 참여하는 것을 자연법이라고 부른다."

프랜시스 베이컨(1561-1626)

"우리는 지금보다 더 많은 실험을 탐색하고 습득해야 할 뿐만 아니라, 경

험을 지속·발전시키기 위해 지금까지와는 전혀 다른 방법과 순서와 과
정을 도입해야 한다."

토머스 홉스(1588-1679)

"[자연 상태에서] 인간의 삶은 고독하고, 빈곤하고, 험악하고, 야만적이고,
짧다.

르네 데카르트(1596-1650)

"그[교활한 기만자]가 마음껏 나를 속이게 하라. 그러나 내가 나 자신을 어
떤 무엇이라고 생각하는 한, 그는 나를 결코 아무것도 아닌 것으로 만들
수 없으리라. 따라서 모든 것을 충분히 생각하고 주의 깊게 살핀 연후에,
나는 다음과 같이 결론짓지 않을 수 없다. '나는 있다, 나는 존재한다'라
는 명제는, 내가 이것을 말하거나 머릿속으로 생각할 때마다 필연적으로
참이라고."

바뤼흐 스피노자(1632-1677)

"사물의 그 어떤 본성도 우연적이지 않으며, 모든 것은 일정한 방식으로
존재하고 작용하게끔 신적 본성의 필연성에 의해 결정되어 있다."

존 로크(1632-1704)

"인간의 자연적 자유란 지상의 그 어떤 우월한 권력으로부터도 자유로운
것이며, 타인의 의지나 입법권에 구속되지 않고 오로지 자연법만을 자신

의 준칙으로 삼는 것이다."

고트프리트 라이프니츠(1646-1716)

"영혼은 그 자신의 법칙을 따르고, 육체도 마찬가지로 그 자신의 법칙을 따른다. 그들은 모든 실체 사이의 예정조화 덕에 서로 일치를 이룬다. 그들 모두는 하나이자 동일한 우주의 표상이기 때문이다."

조지 버클리(1685-1753)

"존재한다는 것은 곧 지각되는 것이다."

데이비드 흄(1711-1776)

"이성은 정념의 노예이고 또 노예일 뿐이어야 하며, 정념에 봉사하고 복종하는 것 외에 어떤 다른 직무도 탐낼 수 없다."

이마누엘 칸트(1724-1804)

"그러나 우리의 모든 인식이 경험과 함께 시작된다 할지라도, 우리의 인식 모두가 경험으로부터 생겨나는 것은 아니다."

G. W. F. 헤겔(1770-1831)

"철학이 학문의 형식에 가까워지게 하는 데 기여하는 것, 철학의 진의라고 할 '지知에 대한 사랑'이라는 이름을 떨쳐버리고 현실적인 지知를 목표로 나아가는 것, 이것이 바로 내가 지향하는 일이다."

아르투르 쇼펜하우어(1788-1860)

"'세계는 나의 표상이다.' 이 말은 삶을 살면서 인식하는 모든 존재자에게 적용되는 진리다. 그렇지만 인간만이 이 진리를 반성적·추상적으로 의식할 수 있으며, 이를 실제로 의식할 때 인간의 사려 깊음이 생겨난다."

존 스튜어트 밀(1806-1873)

"만족한 돼지보다 불만족한 인간이 되는 편이 낫다. 만족한 바보보다 불만족한 소크라테스가 되는 편이 낫다."

쇠렌 키르케고르(1813-1855)

"만약 내 무덤에 묘비명을 새겨야 한다면 다만 '단독자'라 새겨달라 청하겠다."

카를 마르크스(1818-1883)

"개인들은 자신의 삶을 표현하는 방식대로 존재한다. 따라서 그들이 어떤 존재인가 하는 것은 그들의 생산, 다시 말해서 그들이 무엇을 생산하는가, 그리고 어떻게 생산하는가와 일치한다. 그러므로 개인의 본질은 그의 생산을 결정하는 물질적 조건에 달려 있다."

찰스 샌더스 퍼스(1839-1914)

"논리학을 공부하는 사람은 드물다. 모두 자신이 이미 추론 기술에 충분히 능숙하다고 여기기 때문이다. 하지만 내가 관찰하건대 이 만족감은 자기 자신의 추론에만 한정되며 다른 사람의 추론에는 미치지 않는다."

윌리엄 제임스(1842-1910)

"자유의지에 의한 내 첫 번째 행위는 자유의지를 믿는 일일 것이다."

프리드리히 니체(1844-1900)

"삶의 사관학교로부터: 나를 죽이지 못하는 것은 나를 더욱 강하게 만든다."

고틀로프 프레게(1848-1925)

"자신이 한 단어와 연관시키는 의미를 스스로에게 최대한 명확히 밝히려는 노력은 확실히 가상하다. 하지만 모든 걸 정의내릴 수는 없음을 잊어선 안 된다."

에드문트 후설(1859-1938)

"사태 자체로."

앙리 베르그송(1859-1941)

"눈은 마음이 이해할 준비가 되어 있는 것만을 본다."

존 듀이(1859-1952)

"광범위하게 기저에 깔린 전체에 대한 감각은 모든 경험의 맥락이며 그 것이 멀쩡한 정신의 본질이다."

알프레드 노스 화이트헤드(1861-1947)

"이처럼 자연은 발전하는 여러 과정의 조직체다. 실재는 과정이다."

버트런드 러셀(1872-1970)

"회의론은 논리적으로는 흠잡을 데 없지만 심리적으로는 불가능하며, 이 를 받아들이는 척하는 모든 철학에는 경솔하게 불성실한 요소가 있다."

G. E. 무어(1873-1958)

"'무엇이 선인가?'라는 질문을 받는다면 나는 '선은 선이다'라고 대답할 뿐이며, 이 이상의 대답은 내놓을 수 없다."

루드비히 비트겐슈타인(1889-1951)

"철학의 목적은 무엇인가? 파리에게 파리통에서 빠져나갈 출구를 보여 주는 것이다."

마르틴 하이데거(1889-1976)

"현존재는 단지 여러 다른 존재자 사이에서 발견되는 그런 존재자 중의 하나가 아니다. 오히려 그것은, 그것의 존재함에 있어 이 존재함 자체가 그것에게 문제가 된다는 점에서 존재적으로 두드러진다."

길버트 라일(1900-1976)

"'어떻게'를 배우거나 능력을 개선하는 일은 '무엇'을 배우거나 정보를 얻는 일과 같지 않다."

칼 포퍼(1902-1994)

"나는 지식의 근원을 묻는 질문을 완전히 다른 다음의 질문으로 대체할 것을 제안한다. '우리는 어떻게 오류를 검출하고 제거하기를 기대할 수 있는가?'"

장폴 사르트르(1905-1980)

"인간은 다른 무엇도 아닌 그 자신이 그 자신으로써 만드는 것이다. 그것이 실존주의의 첫 번째 원칙이다."

시몬 드 보부아르(1908-1986)

"여성은 태어나지 않는다. 여성은 만들어진다."

W. V. O. 콰인(1908-2000)

"번역 불확정성은 문장의 의미와 같은 명제 관념이 성립할 수 없음을 보여준다. 전 세계 과학의 경험적 미결정성은 세계를 상상하는 다양한 타당한 방식이 있음을 보여준다."

알베르 카뮈(1913-1960)

심슨 가족이 사는 법

"참으로 진지한 철학적 문제는 하나뿐이다. 그것은 바로 자살이다. 인생이 살 만한 가치가 있느냐 없느냐를 판단하는 것이야말로 철학의 근본 문제에 답하는 것이다."

이 책에 목소리를 준 사람들

데이비드 L. G. 아널드David L. G. Arnold는 위스콘신대학 스티븐스포인 트캠퍼스의 영문학 조교수다. «심슨 가족»과 대중문화 외에 관심 갖는 연구 주제로는 윌리엄 포크너의 애가와 체스터 하임스의 사회 저항 소설 등이 있다. 모드 플랜더스가 진짜로 어떻게 죽었는지 안다고 생각한다.

대니얼 바웍Daniel Barwick은 앨프리드주립칼리지의 철학 교수로 윤리학, 형이상학, 대학 교양교육의 평가 등에 대해 강의했으며 현재는 캔자스에 있는 인디펜던스커뮤니티칼리지 총장으로 있다. 저서로 『지향적 함축Intentional Implications』이 있고, 많은 논문을 썼다. (껍질 깐) 스페인 땅콩을 좋아하고 아기들에게서 사탕을 (진짜로) 빼앗아 먹으며 술독에 빠져 있다.

에릭 브론슨Eric Bronson은 뉴욕시 버클리칼리지 철학 및 역사학부 전임 강사를 거쳐 현재는 토론토 요크대학 인문학부 교수로 재직 중이다. 『소크라테스, 야구장에 가다』 『철학으로 반지의 제왕 읽기』 등을 공저했다. 러시아 바르나울의 알타이주립대학에서 방문교수를 지내기도 했다. 음……콜바사〔콜바사는 러시아식 소시지다. "음…… 도넛"이라는 호머의 대사를 패러디한 것〕.

폴 A. 캔터Paul A. Cantor는 버지니아대학 영문학 교수로, 미국 국립인문학위원회 위원을 지냈다. 『맥베스/양심을 지닌 아킬레스』 등 셰익스피어, 낭만주의 문학, 문학 이론 등의 주제에 대한 많은 책과 논문을 썼고, 대중문화에 대한 에세이집으로 『자유의 몸이 된 길리건Gilligan Unbound』(2003) 『대중문화의 보이지 않는 손The Invisible Hand in Popular Culture』(2012) 등을 펴냈다. 《심슨 가족》에 대한 연구가 『내셔널 인콰이어러』지에 호평과 함께 인용되기도 했다. 그는 라이너 울프캐슬이 주연하는 폭스 서치라이트 사의 《트윈스》 리메이크에서 평소 탐내온 대니 드비토 역에 캐스팅되기도 했다.

마크 T. 코너드Mark T. Conard는 소설가이자 철학자로서 한때는 더 이상 아무것도 믿을 수 없어서 로스쿨에 가기로 결심하기도 했으나 현재는 뉴욕 메리마운트 맨해튼칼리지의 부교수로 있다. 『코언 형제의 철학

The Philosophy of The Coen Brothers』『필름누아르의 철학The Philosophy of Film Noir』『우디 앨런과 철학Woody Allen and Philosophy』 등을 공저했고, 니체에 대한 책으로『니체와 철학자들Nietzsche and the Philosophers』을 썼다.

제럴드 J. 어리언Gerald J. Erion은 뉴욕 버펄로 메다일칼리지의 철학 교수로 재직 중이다. 심리철학과 윤리학에 대한 논문들을 발표했지만 '성경 퀴즈 폭격' 게임에서는 한 번도 이기지 못했다.

라자 할와니Raja Halwani는 시카고예술대학SAIC 인문학부 철학 교수다. 그가 관심 있는 철학 분야는 윤리학, 예술철학, 성과 사랑의 철학이다. 지은 책으로『덕스러운 관계: 돌봄, 사랑, 성, 그리고 덕윤리 Virtuous Liaisons: Care, Love, Sex, and Virtue Ethics』(2007)『사랑, 성, 결혼의 철학Philosophy of Love, Sex, and Marriage』(2018) 등이 있다. 하지만 그의 가장 큰 업적은 아침과 아점 사이에도 식사가 가능함을 발견한 것이다.

제이슨 홀트Jason Holt는 매니토바대학 시간 강사를 거쳐 현재는 캐나다 아카디아대학 운동학과 교수로 스포츠 철학을 가르치고 있다. 지은 책으로『맹시와 의식의 본질Blindsight and the Nature of Consciousness』(2003)『레너드 코언과 철학Leonard Cohen and Philosophy』(공저)『스포츠의 철학 Philosophy of Sport』(2013) 등이 있다. 그의 책에는 '크러스티 브랜드 공식 승인 마크'가 붙어 있지 않다.

윌리엄 어윈William Irwin은 펜실베이니아 킹스칼리지의 철학 교수다. 해석 이론과 미학에 대한 학술논문들을 발표했으며, 지은 책으로 『의도주의적 해석Intentionalist Interpretation』(1999) 『비판적 사고Critical Thinking』(공저, 2001) 『자유시장 실존주의The Free Market Existentialist』(2015) 등이 있다. '대중문화와 철학' 시리즈를 처음 기획한 인물로, 『심슨 가족이 사는 법』 외에도 『매트릭스로 철학하기』 『헝거 게임으로 철학하기』 등 다수의 책을 기획·편집·집필했다. 그는 모의 술집과 더프 맥주를 멀리하게끔 도와준 데이비드 크로스비에게 감사를 표하고 싶다고 한다.

켈리 딘 졸리Kelly Dean Jolley는 오번대학 철학과 교수다. 저서로 『비트겐슈타인의 핵심 개념들Wittgenstein: Key Concepts』(공저, 2014) 『말馬의 역설과 비트겐슈타인의 개념적 탐구The Concept 'Horse' Paradox and Wittgensteinian Conceptual Investigations』(2016) 등이 있다. 세계 최대 규모의 말리부 스테이시 컬렉션을 소장하고 있다.

데버라 나이트Deborah Knight는 캐나다 킹스턴 퀸스대학의 철학과 부교수다. 미학, 문학철학, 심리철학, ‹매트릭스›, 서부영화, 호러영화, 클린트 이스트우드 영화, 팀 버튼 영화 등에 대해 많은 논문과 책을 썼으며, 조랑말에 대한 바트의 충고를 항상 따르고 있다.

제임스 롤러James Lawler는 뉴욕주립대학 버펄로캠퍼스 철학과 교수다.

저서로 『장폴 사르트르의 실존주의자적 마르크스주의The Existentialist Marxism of Jean-Paul Sartre』 『아이큐, 유전력, 인종주의IQ, Heritability, and Racism』 『물질과 정신: 칸트 이전 근대 서양철학에서의 형이상학 논쟁Matter and Spirit: The Battle of Metaphysics in Modern Western Philosophy before Kant』 『신의 튜브: 대중문화에 숨은 영적 메시지의 발견The God Tube: Uncovering the Hidden Spiritual Message in Pop Culture』과 칸트, 헤겔, 마르크스에 대한 논문들을 썼다. 그는 블리딩 검스 머피의 초기 음반을 수집하는 취미가 있으며, 특히 머피의 악명 높은 파리 체류 시절에 대한 정보에 관심이 높다.

J. R. 롬바도J. R. Lombardo는 뉴욕시티대학에서 강의하며 개인 클리닉에서 상담과 심리치료를 제공하고 있다. 전문 분야는 정신질환과 가치관이지만, 「천상의 숲으로의 여행Tripping through the Celestial Woods」이라는 시로 '최우수 신인 시인'에 선정되기도 했다. 백스트리트 보이즈 멤버 중에서는 '그 쥐새끼 같이 생긴 녀석'(〈도망자 가족〉에서 레니의 대사)을 가장 좋아한다.

칼 매시선Carl Matheson은 매니토바대학 철학과 교수다. 예술철학, 과학사와 과학철학, 형이상학에 대한 저서와 논문 들을 펴냈다. 데이비드 데이비스와 함께 『현대 문학철학 논문 선집Contemporary Readings in the Philosophy of Literature』(2008)을 편집했다. 예산만 허락한다면 거대 자석을 이용해 학생들을 자리에 붙들어두는 것이 그의 소망이다.

제니퍼 L. 맥맨Jennifer L. McMahon은 이스트센트럴대학 영문학과의 철학 및 영문학 부교수다. 사르트르, 미학, 동양철학 등에 대한 논문을 발표했다. 농장에서 말 여덟 마리를 키우고 있다. 승마복을 사기 위해 부업을 뛸 필요는 없었지만, 그는 아버지가 딸에게 조랑말을 사주었을 때 무슨 일이 벌어지는가를 보여주는 산 증인이다.

이언 J. 스코블Aeon J. Skoble은 프레이저연구소 선임연구원이자 메사추세츠 브리지워터주립대학 철학과 부교수다. 지은 책으로『국가 지우기Deleting the State』등이 있으며,『정치철학 논문 선집Political Philosophy: Essential Selections』(1999)을 공동 편집했고『슈퍼 히어로 미국을 말하다』『철학으로 반지의 제왕 읽기』등을 공저했다. 도덕철학, 사회이론, 정치철학에 대한 글을 여러 학술지와 대중지에 발표했다.

데일 E. 스노Dale E. Snow는 메릴랜드 로욜라대학 철학과 부교수다. 지은 책으로『셸링과 관념론의 종말Schelling and the End of Idealism』이 있고 많은 독일어 학술서를 번역 출간했다. 너희 남대생들의 관심사는 오직 하나뿐(〈기적의 소년, 바트〉에서 마지의 대사)이라는 마지의 견해에 동의한다.

제임스 J. 스노James J. Snow는 메릴랜드 로욜라대학 철학과 및 교육대학원의 객원 조교수다. 토머스 하디의 소설과 아르투르 쇼펜하우어의 철학, 그리고 대량학살 등을 주제로 한 논문들을 (일부는 네덜란드어로, 프랑스어 학술지에) 발표했다. "내가 휴식 시간이라고 하면 그때가 내 휴식 시간이야!"라는 호머의 말을 신조로 삼고 있다.

데이비드 베시David Vessey는 그랜드밸리주립대학 철학과 부교수다. 전공은 19-20세기 대륙철학으로 사르트르, 푸코, 리쾨르에 대한 논문들을 발표했다. 네드처럼 지오〔1997년까지 생산된 GE의 소형차 브랜드〕를 몰았고, 네드처럼 칵테일 제조학 박사학위는 없지만 학위를 따기에 충분한 학점을 이수했다고 자부한다.

제임스 M. 월리스James M. Wallace는 펜실베이니아 킹스칼리지 영문과 교수다. 미국문학에 대한 여러 논문을 발표했고, 지은 책으로『캠퍼스 열전: 소설로 배우는 사고와 글쓰기Parallel Lives: A Novel Way to Learn Thinking and Writing』(1997)『비판적 사고Critical Thinking』(공저, 2001)가 있다. 토마토 세례를 받을 것을 각오하고 있다.

조지프 A. 제커디Joseph A. Zeccardi는 캘리포니아 세인트메리스칼리지의 '범교과적 글쓰기 센터' 부소장이다. 관심 있는 연구 주제로는 사르트르와 실존주의 문학 등이 있다.『몽고메리 "이게 신문이라니 믿을 수 없어" 라이프』와 같은 유력지의 스타 기자로 여러분에게 친숙할지도 모르겠다. 배고픈 철학자로서 그는 이 책과 하등 무관한 수백 편의 신문 기사를 썼다. 중요한 사실은 그가 존재한다는 것이다.

심슨 가족이 사는 법

옮긴이의 글

『심슨 가족이 사는 법』(원제: 심슨 가족과 철학 The Simpsons and Philosophy)은 철학자 윌리엄 어윈이 기획하여 미국 오픈코트 출판사에서 펴낸 '대중문화와 철학 Popular Culture and Philosophy' 시리즈의 두 번째 책이다. '대중문화와 철학'은 2000년 『사인펠드와 철학』으로 시작해서 2019년 현재까지 125권이 출간된 장수 시리즈다. 우리나라에도 각기 다른 출판사를 통해 여러 권이 소개되었는데, 그 목록을 정리해보았다.

슬라보예 지젝·윌리엄 어윈 외, 『매트릭스로 철학하기』, 이운경 옮김, 한문화, 2003.

에릭 브론슨·이언 J. 스코블·제니퍼 맥맨 외, 『철학으로 반지의 제왕 읽기』, 최연순 옮김, 자음과모음, 2003.

톰 모리스 외, 『해리 포터 철학 교실』, 강주헌 옮김, 재인, 2006.

이언 J. 스코블 외, 『슈퍼 히어로 미국을 말하다』, 하윤숙 옮김, 잠, 2010.

브랜든 포브스 외, 『라디오헤드로 철학하기』, 김경주 옮김, 한빛비즈, 2012.

에릭 브론슨 외, 『소크라테스, 야구장에 가다』, 문은실 옮김, 미다스북스, 2013.

조지 A. 라이시 외, 『광기와 소외의 음악: 혹은 핑크 플로이드로 철학하기』, 이경준 옮김, 생각의힘, 2018.

윌리엄 어윈은 2006년 오픈코트 출판사를 떠나 블랙웰와일리 출판사로 자리를 옮겨 '블랙웰 철학과 대중문화 시리즈The Blackwell Philosophy and Pop Culture Series'라는 비슷한 총서를 기획하고 있다. 이 시리즈 중에서 국내에 번역 소개된 책들은 다음과 같다.

마크 D. 화이트 외, 『배트맨과 철학』, 남지민·신희승·이해림·차유진 옮김, 김민훈 감수, 그린비, 2013.

그레고리 배스햄 외, 『호빗: 뜻밖의 철학』, 박지니·이현정·류혜원·김세정 옮김, 북뱅, 2013.

윌리엄 어윈 외, 『헝거 게임으로 철학하기』, 이석연 옮김, 한문화, 2014.

메간 S. 로이드 외, 『앨리스처럼 철학하기』, 윤영애 옮김, 인벤션, 2014.

윌리엄 어윈·헨리 제이코비 외, 『하우스 박사와 철학하기』, 신현승 옮김, 인텔렉투스, 2014.

윌리엄 어윈은 "과학이 대중화되어야 하듯이 철학도 대중화되어야 한다"는 신념으로 이들 시리즈를 기획했다고 밝히며, "이 책들의 독자층은 일반 대중이다. 슬프게도 4년간 철학 강의를 한 개도 듣지 않고 대학을 졸업하는 학생이 대부분이며 그 결과는 철학 맹인 사회다. 이 시리즈의 목표는 이 책들을 만나지 않았다면 철학에 노출되지 못했을 이들의 곁으로 철학을 가져다주는 것이다. (…) 쓴 약을 넘기기 쉽게끔 설탕 한 스푼을 곁들이는 것"이라고 말하고 있다.* 역시 철학 대중화의 기수 중 한 명인 영국 철학자 줄리언 배지니는 왜 철학자들이 «심슨 가족»과 같은 만화에 매료되는지에 대해 이렇게 설명한다. "사실 만화는 철학에 이상적인 예술 매체다. 우리는 문학적으로 창조된 풍부한 개성을 결여한 캐릭터를 가리켜 '만화에서 오려낸' 것 같다고 말하곤 한다. 하지만 이 명백한 약점이야말로 스프링필드 주민들을 철학에 더없이 적합한 인물들로 만들어준다. 철학은 실제 세계를 다루지만 그것을 일반론과 추상의 차원에서 다루며, 특수보다는 보편을 추구한다. 이런 의미에서 철학은 항상 일종의 만화세계를 기술한다고 할 수 있다."**

『심슨 가족이 사는 법』은 '대중문화와 철학' 시리즈 중에서 가장 초창기에 나왔고 가장 많이 팔린 책 중 하나다. 1부는 주요 등장인물인 호머, 리사, 매기, 마지, 바트를 한 명씩 집중 조명하며 아리스토텔레

---

*   William Irwin, "Fancy taking a pop?", *The Philosophers' Magazine* 2nd quarter, 2010, https://www.psychologytoday.com/files/attachments/55564/fancy-taking-pop.pdf.
**   Julian Baggini, "Glasgow University Offers a Simpsons Philosophy Class—and It Makes Perfect Sense", *The Guardian* (16 November 2016).

스의 덕 이론, 반지성주의, 동서양 철학에서의 침묵, 니체의 철학 등을 탐색한다. 또 2부에서는 인유, 패러디, 아이러니, 페미니즘 등의 테마를 중심으로, 3부에서는 칸트의 도덕철학, 소도시와 가족이라는 미국적 가치, '위선'과 '행복' 개념 등 윤리학적 관점에서 《심슨 가족》을 분석한다. 4부에서는 마르크스, 롤랑 바르트, 하이데거 등 개별 철학자의 이론을 《심슨 가족》에 적용해본다.

여러 사람의 글을 모은 책이 대개 그러하듯 이 책에 실린 글들도 저마다 성격이 다르다. 《심슨 가족》에 대한 깊은 애정을 담아 쓰인 듯한 글도 있고, 《심슨 가족》을 필자의 철학적 논의를 전개하는 단서로만 활용한 글도 있는가 하면, 《심슨 가족》을 정면으로 비판하는 글도 있다. 예를 들어 9장의 데일 E. 스노·제임스 J. 스노는 페미니즘의 관점에서, 16장의 제임스 M. 월러스는 마르크스주의의 관점에서 각각 《심슨 가족》 이면의 보수성을 폭로한다. 리사와 '블리딩 검스 머피'의 관계를 다룬 방식에 대해 8장을 쓴 칼 매시선과 10장을 쓴 제임스 롤러의 평가가 극과 극으로 갈린다는 점도 흥미진진하다. 그리고 5장을 쓴 마크 T. 코너드는 바트가 니체 철학의 이상으로 부적합하다는 냉정한 판정을 내린 반면, 18장을 쓴 켈리 딘 졸리는 바트를 하이데거 철학의 뮤즈로 삼고 있는 점 또한 재미있다.

이 책은 많은 대학의 철학 강의에서 부교재로 채택되었고 UC 버클리에는 아예 '심슨 가족과 철학'이라는 제목의 강의가 개설되기도 했다.* 또 2017년에는 스코틀랜드 글래스고대학에도 '뜨악! 심슨 가족으

---

*   The Simpsons and Philosophy http://thesimpsonsandphilosophy.com/.

로 입문하는 철학D'oh! The Simpsons Introduce Philosophy'이라는 제목의 일일 강좌가 개설되어 큰 호응을 얻었다.

《심슨 가족》의 에피소드 제목들은 최대한 국내 방영 당시의 제목을 따르기 위해 노력했다. 1995년 MBC에서 처음 시즌 1-2를 방영했을 당시의 에피소드 제목들을 찾아서 알려준 MBC 보도국 문화과학부의 양효경 기자께 감사드린다. 그리고 정보공개청구에 대한 답변으로 2001년 7월부터 2003년 10월까지 EBS에서 방영한 《심슨 가족》 시즌 3-12의 한국어 부제 목록을 찾아 보내준 EBS 운영지원부의 이종호 선생님께도 감사드린다. 그럼에도 불구하고 자료가 누락되거나 잘못 기재된 제목이 있을 수 있는데, 이는 옮긴이의 책임이다. 제목을 끝내 확인할 수 없었던 몇몇 에피소드는 원제를 참조하여 직접 옮겼다.

찾아보기

심슨 가족이 사는 법

심슨 가족이 사는 법

심슨 가족이 사는 법

심슨 가족이 사는 법

코미디를 뛰어넘는 철학의 성찰

1판 1쇄	2019년 6월 19일
1판 5쇄	2023년 2월 1일

엮은이	윌리엄 어윈 마크 T. 코너드 이언 J. 스코블
옮긴이	유나영
펴낸이	강성민
편집장	이은혜
책임편집	박은아
마케팅	정민호 이숙재 김도윤 한민아 이민경 정유선 김수인
브랜딩	함유지 함근아 김희숙 고보미 박민재 박진희 정승민
제작	강신은 김동욱 임현식

펴낸곳	㈜글항아리	출판등록 2009년 1월 19일 제406-2009-000002호
주소	10881 경기도 파주시 회동길 210
전자우편	bookpot@hanmail.net
전화번호	031-955-2696(마케팅)	031-955-2663(편집)
팩스	031-955-2557

ISBN	978-89-6735-645-3 03100

잘못된 책은 구입하신 서점에서 교환해드립니다.
기타 교환 문의 031-955-2661, 3580

www.geulhangari.com